中国文论读本丛书
主编 党圣元 张云鹏

ZHONGGUO GUDAI WENLUN DUBEN

中国古代文论读本

第三册 （隋唐五代宋金元卷）

任竞泽 杨新平◎编著

河南大学出版社
·郑州·

图书在版编目(CIP)数据

中国古代文论读本.第三册,隋唐五代宋金元卷/任竞泽,杨新平编著.—郑州:河南大学出版社,2019.7
(中国文论读本丛书/党圣元,张云鹏主编)
ISBN 978-7-5649-2614-4

Ⅰ.①中… Ⅱ.①任…②杨… Ⅲ.①中国文学-古代文论-隋唐时代②中国文学-古代文论-五代(907—960)③中国文学-古代文论-辽宋金元时代 Ⅳ.①I206.2

中国版本图书馆CIP数据核字(2016)第279080号

责任编辑:纪庆芳
责任校对:卢志宇
封面设计:马　龙

出　版	河南大学出版社
	地址:郑州市郑东新区商务外环中华大厦2401号　邮编:450046
	电话:0371—86059701(营销部)　网址:www.hupress.com
排　版	郑州市今日文教印制有限公司
印　刷	开封智圣印务有限公司
版　次	2019年9月第1版　印　次　2019年9月第1次印刷
开　本	787mm×1092mm　1/16　印　张　24.75
字　数	430千字　定　价　75.00元

(本书如有印装质量问题,请与河南大学出版社营销部联系调换)

说　明

一、本《读本》之定位

首先是关于中国古代文学理论批评文献中最具精义、最具节点性意义之经典名篇之辑要，及其精神义理之叙要性、疏解性阐释，目的是向读者提供了解、研习中国古代文学理论批评的入门性质的读物。其次，本《读本》也可为大学中文系本科、研究生的中国古代文论教学提供具有原典精读意义与作用的教材，基于这一点，在编撰理念和宗旨方面，我们根据自己的构想作了一些新的尝试。我们根据当下高校中文系本科、研究生中国古代文论教学出现的新特点，结合近年来古代文论研究在学术理念、方法方面出现的新特点，增强创新意识，重新思考、探索中国古代文论选的编撰理念，力求为古代文论教学、研究提供一个具有学术创新性的、超越以往的"文论选"范式的"读本范式"，努力尝试提供一种"读本范式"的别样的批评史言说、书写类型。

二、本《读本》之内容结构与板块设计以及体例

为了充分体现上言之编撰理念，在《读本》的框架结构上，我们设计涵括作者介绍、原文、题解、注释、讲疏、关键词诠解、相关知识链接、延伸阅读、思考题九个方面的内容。我们意欲通过经审慎筛选出的每篇选文，及其诠释、考辨、概说中包含的内容，来联结文论经典名篇、文论家、文论概念范畴系统、文论术语和命题、理论内涵和思想意义、传统文论批评言说方式、古代文论发展演进过程及其特点、文学史和思想文化史及学术史语境、批评史史料学（包括文献、版本、考辨和训诂等）等传统文论的构成因素，以便读者可以更加全面地理解把握每篇所选文论经典名篇的方方面面。

在全书的编排方面，我们以每篇选文为一个小单元，以每一个朝代为一个大单元，同时又根据中国古代文学理论批评发展演进的历史阶段性，将全书厘分为四编四卷，分别为：先秦两汉卷、魏晋南北朝卷、隋唐五代宋

金元卷、明清卷，每卷40余万字左右，总计约180万字。全书的开篇有说明、导论，导论内容包括中国古代文论的一个总概述，以及选本与中国古代文论教学方面的思考。在每编前面，我们加一个系统而又极其简要地介绍这一阶段文论发展演变的概述性文字。这样做的目的是为了有点有面，点面结合，力求在充分的"国学"和"大文论"视野中来了解、认识传统文论，从而实现为读者还原中国传统文论"大文论"特点之生成及其批评言说方式等的理论风貌，以使学生通过学习该《读本》，达到对中国古代文论的深度理解和系统的知识把握。

三、本《读本》的总体要求和撰写风格

通过选篇，以及注释、讲疏、关键词诠解、知识链接等，来极力体现一种在国学视野和文化通识眼光导引下的努力发掘、建构中国古代文论知识体系的"大文论"内涵品格。撰写风格方面的要求是该详则详，该略则略，行文务求省净、典雅、简洁、明快，要有文史味道和行家风范，要有理论穿透力。我们期盼通过对每篇原文的7个方面的介绍、讲述、诠释等，将选、笺注、疏证、评析（可以姑且言为理论批评方面的"正义"）等等置于一炉而共炼之。

四、本《读本》其他方面的一些必要说明

关于选文来源：本《读本》主要选辑中国历代典籍中的经典文论作品并解读阐释之，以总集、别集中的可视为文论文献的篇什以及文论专著之节录为主，兼录经、史、子、笔记等相关典籍中的具有代表性的文论文献。

关于选文标题：总集、别集中的书信序跋等专文直列篇名，经、史、子及文论专著中的选文列书名加篇名。

关于作者介绍：主要介绍作者生卒年、字号、籍贯、家世、师承、仕履、成就、著作等。

关于选文排列顺序：本书按先秦两汉、魏晋南北朝、隋唐五代宋金元、明清四个版块厘分为四卷，入选作品依此朝代顺序并按作者生年编次，生卒年不详者、作者不详者以及朝代更替之际的作者，依作者主要仕宦事迹、文学活动及文学史、批评史、学术史的惯例排列顺序。

关于文献选录：以选取经典文论为主，遇有文章过长或文中与文论无关的文字部分则适当节录。选文末标出具体的文献出处和所据版本。

关于注释：尽量讲求简洁明了，直指要害，并且文字雅驯，不啰嗦，不阐述。必要的释义、书证、典章制度、地名以及其他的诸如典故、疑难字句

等,凡需要注出的,均注出。原文中生僻的、认读和理解起来难度大的古汉语字词,注释之外,个别的在括号内注出了汉语拼音读音,但是一般不出书证。

关于题解:对所选文论典籍之题旨进行解读阐释,包括作品所产生的社会时代背景、主要内容结构、作品真伪考辨、版本源流沿革等。

关于讲疏:主要分析、阐发每篇选文所体现的作者的文学理论批评方面的内涵,此部分与题解、关键词解读、相关知识链接部分的关系既相对独立、自成一个理论板块,又相互组合在一起构成一个不可分割、有机联系的整体。相关理论观点,凡遇到学界存在有不同见解的,一般的、无关痛痒的,忽略不管,而重要的、有学术价值的,作简要介绍。

关键词解读:历代文论中重要概念、范畴、术语、命题等文论关键词,是中国古代文学理论批评思想与知识形态及理论言说方式的核心和基础,对此我们在编写过程中格外予以重视。所选文论关键词前后选篇不重复出现,诠解时则力求文字简洁,理论阐释力度强。书中从每篇选文中选择提炼出来的文论关键词及其解读,分则反映了文论家及时代文论的主要特征,合则体现出以重要概念、范畴、术语、命题等文论关键词为纽带链接而成的中国古代文论理论概念、批评术语的发展状况。

关于相关知识链接:相关知识链接所述,大体上是该篇原文的理论批评所涉及的文论史、文学史、思想史、政治史、社会史、史学史、学术史(包括经学史)等方面的背景知识,以及其他的整体思想文化语境方面的必须予以叙说的相关内容。

关于延伸阅读:属于正选文论的附录文论资料,目的是起到进一步了解领会正选原文的理论观点及其作者文学思想体系的重要作用。在选录延伸阅读文献前,对这些文献加以简要说明,重点介绍这些文论文献的主要意涵,以及与该文论家前面所选的原文的关联性,我们认为,这些作为延伸阅读而辑录的文论文献,对于了解该文论家的文论思想,具有不可或缺的作用。所选延伸阅读文献,原则上是选录该文论作家自己的文论资料;但个别文论家只有一篇经典文论,此时便酌情选录同时代其他学者的相关文论加以对照解读,如李清照只有《论词》一篇,则延伸阅读选录了胡寅《题酒边词序》等,钟嗣成只有《录鬼簿》一篇,则延伸阅读选录了杨维桢《优戏录序》等。

关于思考题:针对该篇的核心要旨及范畴命题,每篇列出1~2个思考题,以引发或引导读者在阅读了该篇文论经典以及我们所作的解释和讲疏等之后,作进一步深入的深入思考,形成问题意识和自己的见解。

五、本《读本》编撰者及分工方面的说明

该《读本》由党圣元、张云鹏共同担任主编,在商定总体规划、主要内容及编辑出版要求的基础上,由党圣元具体主持、组织、实施编撰工作。首先,由党圣元具体设计出全书的编撰宗旨与定位、编写原则和要求、内容框架与结构、选编与撰写体例,以及在选目、辑录、版本、注释、解说、评析等等方面的具体要求。然后,由夏静根据以上所述的要求与体例,撰写了样稿,以供集体讨论之用。其后,党圣元(中国社会科学院大学人文学院)、夏静(首都师范大学文学院)、陈志扬(华南师范大学文学院)、肖锋(中国传媒大学文学院)、任竞泽(陕西师范大学文学院)、李斌(广东外语外贸大学文学院)、杨新平(西北大学文学院)七人多次集体讨论,充分切磋,正式确定了《读本》的编写体例和工作流程,正式开始了编撰工作。成稿之后,党圣元在夏静、任竞泽、陈志扬、肖锋的协助下,对全部书稿进行了审读、统合、修改,而为能发现更多编撰过程中的错讹,几位编写者还对书稿进行了交换阅读。在定稿并交付出版社之前,党圣元又对全部书稿进行了审定,对各卷编撰者提出了一些具体的修改定稿意见。本《读本》的作者,都长期在高校文学院从事古代文论研究与教学工作,均具有较为突出的研究实绩和丰厚的教学实践经验。《读本》具体分工如下:

内容框架和体例设计等:党圣元(中国社会科学院大学人文学院教授)

导论:党圣元(中国社会科学院大学人文学院教授)

先秦两汉卷:肖锋(中国传媒大学副教授)

魏晋南北朝卷:夏静(首都师范大学教授)

隋唐五代宋金元卷:任竞泽(陕西师范大学教授)、杨新平(西北大学副教授)

明清卷:陈志扬(华南师范大学教授)、李斌(广东外语外贸大学教授)

在《读本》的编写和修改定稿过程中,河南大学出版社社长、总编辑张云鹏教授也参与讨论,提供了一些很好的编撰意见与建议,如果说本《读本》的编撰和出版能够顺利进行,与张云鹏教授和河南大学出版社的大力支持是分不开的,这里一并致以诚挚的谢意!在编撰过程中,我们参考和吸收了不少同行专家、学者的研究成果,但是由于该《读本》系著作性质,与学术论文、专著有所不同,因体例所限,难以对其中参借同行专家们的观点、见解一一作出注释,在此特予说明,并致谢意。由于我们学识有限,缺点错误之处,在所难免,敬请专家和读者批评指正。

目 录

隋唐五代卷

隋唐五代文学理论批评概述	(3)
王通	(13)
中说(选录)	(13)
中说(选录)	(19)
令狐德棻	(21)
周书·王褒庾信传论	(21)
晋书·文苑传序(选录)	(32)
陈书·文学传序(选录)	(32)
隋书·经籍志集部总论(选录)	(33)
隋书·文学传序(选录)	(34)
王勃	(36)
上吏部裴侍郎启(节录)	(36)
续诗序	(42)
平台祕略论十首(选录)	(43)
平台祕略赞十首(选录)	(43)
陈子昂	(44)
与东方左史虬修竹篇序	(44)
上薛令文章启	(49)
刘知几	(50)
史通·叙事(节录)	(50)
史通·载文	(66)
史通·言语(节录)	(69)
史通·杂说上(选录)	(70)
殷璠	(75)
河岳英灵集序	(75)

河岳英灵集论……………………………………………（81）
河岳英灵集诗人评语（选录）…………………………（81）

杜甫 ……………………………………………………（85）
戏为六绝句………………………………………………（85）
解闷十二首（选录）……………………………………（92）
偶题………………………………………………………（92）

元结 ……………………………………………………（94）
箧中集序…………………………………………………（94）
二风诗论…………………………………………………（99）
系乐府序…………………………………………………（99）
刘侍御月夜宴会序………………………………………（100）
文编序（节录）…………………………………………（100）

皎然 ……………………………………………………（101）
诗式（选录）……………………………………………（101）
诗式中序…………………………………………………（126）
诗议（选录）……………………………………………（127）

韩愈 ……………………………………………………（128）
答李翊书…………………………………………………（128）
答尉迟生书………………………………………………（135）
答刘正夫书（节录）……………………………………（135）
送孟东野序………………………………………………（136）

白居易 …………………………………………………（138）
与元九书…………………………………………………（138）
读张籍古乐府……………………………………………（156）
寄唐生……………………………………………………（157）
新乐府序…………………………………………………（157）
策林六十九·采诗以补察时政（节录）………………（157）

柳宗元 …………………………………………………（159）
答韦中立论师道书………………………………………（159）
与吕道州温论《非国语》书……………………………（167）
报袁君陈秀才避师名书（节录）………………………（168）
报崔黯秀才论为文书……………………………………（169）

杜牧 ……………………………………………………（171）
答庄充书…………………………………………………（171）

上知己文章启 …………………………………… (175)
　　献诗启 …………………………………………… (176)
皮日休 ……………………………………………… (177)
　文薮序 ……………………………………………… (177)
　　霍山赋序 ………………………………………… (182)
　　正乐府序 ………………………………………… (183)
　　七爱诗(选录) …………………………………… (183)
司空图 ……………………………………………… (184)
　与李生论诗书 ……………………………………… (184)
　　与极浦书 ………………………………………… (190)
　　与王驾评诗书(节录) …………………………… (191)
　　(旧题)司空图　二十四诗品(选录) …………… (191)

宋金元卷

宋金元文学理论批评概述 ………………………… (195)
柳开 ………………………………………………… (203)
　应责 ………………………………………………… (203)
　　上王学士第四书 ………………………………… (208)
　　昌黎集后序 ……………………………………… (209)
　　答臧丙第一书 …………………………………… (210)
王禹偁 ……………………………………………… (212)
　答张扶书 …………………………………………… (212)
　　再答张扶书 ……………………………………… (217)
　　送孙何序 ………………………………………… (218)
石介 ………………………………………………… (220)
　怪说中 ……………………………………………… (220)
　　尊韩 ……………………………………………… (226)
　　与裴员外书 ……………………………………… (226)
　　上张兵部书 ……………………………………… (227)
欧阳修 ……………………………………………… (228)
　答吴充秀才书 ……………………………………… (228)
　　记旧本韩文后 …………………………………… (233)
　　读李翱文 ………………………………………… (234)
　　送徐无党南归序 ………………………………… (234)

答祖择之书……………………………………………(235)
与黄校书论文章书……………………………………(236)
梅圣俞诗集序…………………………………………(237)

王安石…………………………………………………(239)
上人书……………………………………………………(239)
与祖择之书……………………………………………(243)
答吴孝宗书……………………………………………(244)

苏轼……………………………………………………(245)
书黄子思诗集后………………………………………(245)
凫绎先生文集叙………………………………………(250)
答谢民师书……………………………………………(251)
范文正公文集叙………………………………………(252)
江行唱和集叙…………………………………………(253)
文说………………………………………………………(253)

黄庭坚…………………………………………………(255)
答洪驹父书……………………………………………(255)
与王观复书……………………………………………(261)
与秦少章书……………………………………………(262)
书王知载朐山杂咏后…………………………………(262)

李清照…………………………………………………(264)
论词………………………………………………………(264)

张戒……………………………………………………(272)
岁寒堂诗话(选录)……………………………………(272)
岁寒堂诗话卷上(选录)………………………………(282)

陆游……………………………………………………(285)
九月一日夜读诗稿有感走笔作歌……………………(285)
题庐陵萧彦毓秀才诗卷后(其二)……………………(285)
读近人诗…………………………………………………(286)
示子遹……………………………………………………(286)
上辛给事书……………………………………………(291)
澹斋居士诗序…………………………………………(292)

真德秀…………………………………………………(293)
文章正宗纲目序………………………………………(293)
文章正宗纲目…………………………………………(298)

跋彭忠肃文集 …………………………………… (300)
严羽 ………………………………………………………… (301)
　　沧浪诗话(诗辨) ……………………………………… (301)
　　沧浪诗话(节录) ……………………………………… (309)
　　答出继叔临安吴景仙书 ……………………………… (311)
元好问 ……………………………………………………… (313)
　　论诗三十首 …………………………………………… (313)
　　　　陶然集序 ………………………………………… (322)
　　　　东坡诗雅引 ……………………………………… (323)
　　　　杨叔能小亨集引 ………………………………… (323)
王若虚 ……………………………………………………… (326)
　　滹南诗话(选录) ……………………………………… (326)
　　　　文辨(选录) ……………………………………… (331)
　　　　论诗诗 …………………………………………… (333)
郝经 ………………………………………………………… (335)
　　文弊解 ………………………………………………… (335)
　　　　五经论·诗 ……………………………………… (340)
　　　　唐宋近体诗选序 ………………………………… (341)
　　　　文说送孟驾之 …………………………………… (342)
方回 ………………………………………………………… (344)
　　瀛奎律髓(选录) ……………………………………… (344)
　　　　送罗寿可诗序 …………………………………… (351)
张炎 ………………………………………………………… (353)
　　词源(选录) …………………………………………… (353)
　　　　词源卷下(选录) ………………………………… (360)
刘将孙 ……………………………………………………… (366)
　　黄公诲诗序 …………………………………………… (366)
　　　　胡以实诗词序 …………………………………… (370)
　　　　须溪先生集序 …………………………………… (371)
　　　　本此诗序 ………………………………………… (372)
钟嗣成 ……………………………………………………… (373)
　　录鬼簿序 ……………………………………………… (373)
杨维桢 ……………………………………………………… (378)
　　赵氏诗录序 …………………………………………… (378)

李仲虞诗序……………………………………………………（381）
张北山和陶集序………………………………………………（382）
沈氏今乐府序…………………………………………………（383）

隋唐五代卷

隋唐五代文学理论批评概述

隋唐五代是中国古代文论发展的一个重要时期。这一时期的文学理论批评形式丰富多彩,呈现出多元发展的趋势,既有汉魏晋南北朝时期流行的那种单篇的文学论文,包括子书中的篇章,如王通《中说》之"王道""天地"诸篇;史书中的传论及序,如令狐德棻《周书·王褒庾信传论》、魏徵《隋书·文学传序》等;史学理论著作中的篇章,如刘知几《史通》之"叙事""言语"等篇;文人集序及书信,如杨炯《王勃集序》、陈子昂《与东方左史虬修竹篇序》、韩愈《答李翊书》、柳宗元《答韦中立论师道书》、白居易《与元九书》、杜牧《答庄充书》、司空图《与李生论诗书》等。同时又出现了一些独具时代特点或为唐人首次创立的批评体式,包括唐五代的诗格、诗式、诗图类著作,如王昌龄《诗格》、皎然《诗式》、张为《诗人主客图》等;唐诗选本批评,如殷璠《河岳英灵集》、元结《箧中集》、高仲武《中兴间气集》等;论诗诗,如杜甫《戏为六绝句》。

隋唐五代文学理论批评的发展,大致可以分为三个阶段:第一阶段为隋及初、盛唐时期,这一阶段文学理论批评的主要倾向是在批判南朝文学的基础上确立思想内容和艺术方面的新标准,其中主要是追求风骨和要求作品有深沉的感慨。第二阶段为中唐时期,这一阶段出现了元稹、白居易倡导的"新乐府运动"和韩愈、柳宗元倡导的"古文运动",他们的共同倾向是强调诗文要为现实政治服务;此外,还有皎然专论诗艺的重要言论。第三阶段为晚唐五代时期,这一阶段既有杜牧、皮日休等人要求诗文为现实政治服务的理论主张,还有司空图有关"象外之象""味外之旨"的诗歌理论,这种要求景物描写具有悠远韵味的艺术见解,在"意境"说形成过程中具有重要意义。

隋朝的建立结束了魏晋南北朝三百余年的分裂局面,但却短祚而亡。代之而起的李唐王朝,及时地汲取了隋亡的历史教训,重新建立起空前强大统一的封建帝国。为了巩固大一统王朝的统治,隋初和唐初的统治者及士人在总结历史的经验教训时,也积极思考文学与政治兴衰的关系、文学对政治起何种作用等问题,形成了一种重政教而轻审美的思想倾向。

反映在文学理论批评方面,表现为对南朝绮靡文风的批判和对文学须发挥政治教化功能的强调。在隋代,以李谔和王通的观点为代表。李谔的《上隋文帝书》激烈抨击魏晋以至齐梁文学注重辞藻、华而不实的文风,认为曹氏父子"忽君人之大道,好雕虫之小艺",已开不正之风;降及齐梁,则文学创作"连篇累牍,不出月露之形,积案盈箱,唯是风云之状",更每况愈下。因此,他主张文章写作要"屏黜轻浮,遏止华伪",讲求实用,以有益于政教。王通则站在维护儒家传统思想的立场,认为文章之作关系到国家的存亡得失,故其《中说》竭力主张文章必须"贯乎道""济乎义",必须"上明三纲,下达五常",而把声律、辞采等诗艺的讲求则贬为末流。后来王勃论文也受乃祖影响,认为文章必须"甄明大义"(《上吏部裴侍郎启》),以利于家国政教,并由此整个否定了自屈原、宋玉以迄南朝的文学发展。这些论文主张虽然对于纠正南朝不良文风有一定的积极意义,但均有矫枉过正之嫌。

  初唐史臣和政治家们论文一般不如此偏激,他们大都不满南朝特别是齐梁的浮艳文风,但并不完全排斥辞采和文学的审美作用,并在强调文学的政治教化作用的同时,希望创造新时代文质兼备的新文学。所以,一方面,他们批评六朝文学内容的空洞无物和淫靡之风,对以萧纲、萧绎、徐陵、庾信为代表的梁、陈宫体诗风给予严厉批判。如令狐德棻称庾信前期诗文创作,"其体以淫放为本,其词以轻险为宗,故能夸目侈于红、紫,荡心逾于郑、卫",批评其为"词赋之罪人"(《周书·王褒庾信传论》);魏徵《隋书·文学传序》更指出:"梁自大同之后,雅道沦缺,渐乖典则,争驰新巧。简文、湘东,启其淫放;徐陵、庾信,分路扬镳。其意浅而繁,其文匿而彩,词尚轻险,情多哀思。格以延陵之听,盖亦亡国之音乎!"体现了新王朝统治阶层意欲端正和规范文风的决心。另一方面,他们又对六朝以文采丽藻见长的文人予以充分肯定,如李世民《晋书·陆机传后论》盛赞陆机云:"其词深而雅,其义博而显,故足远超枚、马,高蹑王、刘,百代文宗,一人而已。"魏徵亦称赞江淹、沈约诸人"并学穷书圃,思极人文,缛采郁于云霞,逸响振于金石,英华秀发,波澜浩荡,笔有余力,词无竭源"(《隋书·文学传序》)。在此基础上,他们提出了建立文质相兼的新文风的主张,如令狐德棻要求文章创作须"文质因其宜,繁约适其变,权衡轻重,斟酌古今,和而能壮,丽而能典"(《周书·王褒庾信传论》)。魏徵则站在大一统王朝的新立场,从总结南北文学不同特点的角度,提出了合南北文学之长以建立新文风的主张,其《隋书·文学传序》有云:"然彼此好尚,互有异同。江左宫商发越,贵于清绮;河朔词义贞刚,重乎气质。气质则理胜其词,清绮则文过其意,理深者便于时用,文华者宜于咏歌,此其南北词人得失之大较也。若能掇彼清音,简兹累句,各去所短,合其两长,则文质斌斌,尽善尽美矣。"提倡将风格清丽的南朝文学与爽直朴实的北朝文学相结合,以建立文质彬彬的新文风。由此可见,唐初史臣对六朝文学的评价和对文学功能的认识,较之王通等人要通达得多。

当然,初唐史臣的主张更多的是一种理论上的呼吁,虽对转移风气具有一定的作用,但对当时文坛的实际影响并不明显。直到陈子昂登上诗坛,提倡"风骨"和"兴寄",要求作品的情感表现鲜明爽朗、语言质朴有力,并有深沉的感慨和寄托,这就从内容和形式两方面对齐梁诗歌"繁采寡情"的弊病进行了彻底批判。陈子昂以复古为革新的诗论,为唐代诗歌的健康发展指明了方向,对后来的李白、杜甫、白居易、元稹等人的创作和批评都产生了重要的影响。

进入盛唐时代,伴随着诗文创作的繁荣,此时的文学理论批评较初唐时代也有了较大的发展和变化。这主要表现为:首先,盛唐文论家接续了初唐人对南朝华靡文风的批判和对风骨的提倡。李白鄙薄魏晋以下的绮靡文风,称"自从建安来,绮丽不足珍"(《古风》其一);推崇建安风骨,有云"蓬莱文章建安骨"(《宣州谢朓楼饯别校书叔云》)。殷璠也对六朝诗歌专尚声律、藻采表示不满,故大力提倡风骨,将之作为选评诗歌的重要标准之一,如《河岳英灵集》评王昌龄云:"元嘉以还,四百年内,曹、刘、陆、谢,风骨顿尽。顷有太原王昌龄、鲁国储光羲,颇从厥迹。"评高适云:"适诗多胸臆语,兼有气骨。"评崔颢云:"晚节忽变常体,风骨凛然。"这表明盛唐人不仅在理论上提倡风骨,而且诗歌创作也已经具备了明朗刚健的风骨,故《河岳英灵集序》称赞盛唐诗歌"声律风骨始备矣"。

其次,重视立意取境、兴象等艺术美的探讨。王昌龄《诗格》着重讨论了诗人构思的问题以及如何触发并保持诗兴的具体方法。关于构思,王昌龄指出诗人必须"左穿右穴,苦心竭智",进入"忘身"的状态;又须令想象自由驰骋,无所拘束,"凝心天海之外,用思元气之前"。关于触发和保持诗兴,王昌龄认为,可以通过欣赏江山清景以生兴,所谓"舟行之后,即须安眠,眠足之后,固多清景,江山满怀,合而生兴";也可以通过欣赏古今妙句以发兴,所谓"作诗之人,皆自抄古今诗语精妙之处,名为随身卷子,以防苦思。作文兴若不来,即须看随身卷子,以发兴也"。此外,王昌龄还论及诗"境"问题,《诗格》云:"思若不来,即须放情却宽之,令境生。然后以境照之,思则便来,来即作文。"又云:"夫置意作诗,即须凝心,目击其物,便以心击之,深穿其境。"其所谓"境",指通过想象浮现在心中的外物形象。他还进一步提出了著名的"诗有三境"说：一是物境，指自然景物；二是情境，指人的感情；三是意境，指人的思想意识。王昌龄关于诗"境"的探讨，为"意境"说的走向成熟，奠定了基础。殷璠《河岳英灵集》提出了"兴象"说，"兴"指诗人由外界事物触发而产生的情兴、兴致，"象"指诗中所描写的外界事物的具体形象。"兴象"既包含作家浓郁的情思，又包含外界事物的生动形象，这样主客观互相融合，便可形成情景交融、包孕宏深的艺术境界。

再次，文质兼顾，博采众长。盛唐文论家既提倡风骨，又重视意境、兴象，同时还注意吸收南朝文学中的词藻、对偶、声律等各种写作技巧，使盛唐文学终于形成了文质彬彬的新文风。殷璠《河岳英灵集序》指出了盛唐诗歌"声律风骨始备"的事实，所以他在《河岳英灵集论》中明确提出自己的选录标准是："既闲新声，复晓古体，文质半取，风骚两挟，言气骨则建安为传，论宫商则太康不逮。"表示兼采古、近二体诗，在语言风格上兼顾文质。在对待前代文学遗产方面，盛唐人的态度较之初唐人也更为通达。杜甫主张"不薄今人爱古人""转益多师是汝师"（《戏为六绝句》其五、六），提倡多方面地向前代诗人学习，包括对初唐人所批判的六朝诗人也多所肯定，如称"孰知二谢将能事，颇学阴何苦用心"（《解闷》其七），"谢朓每篇堪讽诵"（《寄岑嘉州》），"庾信文章老更成，凌云健笔意纵横"（《戏为六绝句》其一），体现出对于前代遗产既有所抉择批判，又充分尊重、广收博取的态度。

安史之乱的爆发，使大唐帝国迅速走向了衰落，唐代的历史也步入了繁华已逝的中唐。盛、中唐之交的某些士人经历了这场空前的动乱，他们对社会现实、民生疾苦有了较深的体验，创作了许多反映现实、充满忧患意识的作品，同时在理论上也要求文学能反映现实、对政治进行美刺，其中以杜甫和元结最为突出。杜甫主张诗歌创作要"别裁伪体亲风雅"（《戏为六绝句》其六），即发扬《诗经》以来诗歌密切联系现实的优良传统，他对继承这一传统的诗人诗作给予了高度评价，如称陈子昂"有才继骚雅，哲匠不比肩"（《陈拾遗故宅》），又称元结《舂陵行》《贼退示官吏》这两首反映民生疾苦的诗，"不意复见比兴体制，微婉顿挫之词"（《同元使君舂陵行有序》）。杜甫自己的创作同样体现了这一主张，他创作了大量反映现实、表现民瘼的诗作，号称"诗史"，从理论到创作都体现了对于以诗讽谕现实的自觉。元结则着重强调诗歌的教化规讽作用，要求诗歌积极影响政治和现实生活，反对内容空洞而"拘限声病，喜尚形似"（《箧中集序》）之作。所以，他自称其作《二风诗》的目的在于"极帝王理乱之道，系古人规讽之流"

(《二风诗论》),写作《系乐府》十二首也是出于"可以上感于上,下化于下"(《系乐府序》)的动机。元结的散文创作,也非常重视发挥文章干预现实的作用,《文编序》自称其安史之乱以后,"所为之文,多退让者,多激发者,多嗟恨者,多伤闵者。其意必欲劝之忠孝,诱以仁惠,急于公直,守其节分,如此非救时劝俗之所须者欤?"在作品的思想内容上注意宣扬忠孝仁惠等伦理道德观念,以达到救时劝俗的作用。以上这些理论主张,正是他们目睹了安史叛乱所造成的满目疮痍的社会现实之后,而发出的救弊之论。

皎然也是一位由盛唐至中唐过渡时期的诗论家,虽然经历了安史之乱,但作为一名诗僧,他并不重视诗歌反映现实的作用,而更关注诗艺的探讨,且发表了一些颇为精到的见解。皎然的诗论主要体现在《诗式》中,《诗式》是唐代现存最具系统、理论价值最高的一部诗学著作,其中最突出的内容是有关构思取境之说,有云:"取境之时,须至难至险,始见奇句。成篇之后,观其气貌,有似等闲,不思而得,此高手也。"所谓取境,是指诗人构思时在头脑中构造意象和境界的思维过程。皎然主张取境时须苦心构思、惨淡经营,这样才能获得"奇句";但当写成文字时,又须等闲从容,气貌天然,这才是"高手"。与"诗境"论相联系,皎然还特别重视诗歌应表现得含蓄而有言外之意,耐人寻味,故他主张诗歌要有"含蓄之情"、"文外之旨",要"情在言外"(均见《诗式》)。在诗歌艺术表现方面,皎然主张人工与自然相结合,如以上所言取境之时要将构思的深险和表现的从容自然相结合,即属此例。又如他既肯定声律、偶对之法,对擅长律诗的沈佺期、宋之问评价颇高,又反对过分拘束声病,批评沈约"酷裁八病,碎用四声,故风雅殆尽"("明四声"条)。"诗有六至"条曰:"至丽而自然,至苦而无迹。"亦要求在语言与构思方面做到人工与自然相结合。皎然还主张处理好复古与通变的关系,要求把继承与创新二者结合起来。但在"复"、"变"二者之中,他更强调"变",说"复忌太过",而"变若造微,不忌太过"("复古通变体"条)。因此,他对"复少而变多"的沈佺期、宋之问肯定较多,而对"复多而变少"的陈子昂评价稍低。此外,皎然还对诗歌的体貌风格进行了详细探讨,他将诗歌体貌分为高、逸、贞、忠、节、志、气、情、思、德、诫、闲、达、悲、怨、意、力、静、远等十九体,其分类更趋详细,在诗歌风格学的发展中有着独特的贡献。

安史之乱后的中唐社会,经济虽然逐渐恢复,但政治上又出现了藩镇割据、宦官专权和官僚党争的局面,这无疑又加深了百姓的苦难。面对这样的社会现实,知识分子也在积极思考如何改革政治、干预现实,以中兴唐王朝。适应时代的需求，文坛上出现了由元稹、白居易倡导的新乐府运动和由韩愈、柳宗元倡导的古文运动，它们分别代表了这一时期诗、文理论革新的方向。

元、白提倡新乐府，要求用诗歌反映民瘼，进行美刺，以期有裨于政治，这是唐代讽谕诗理论的高峰。讽谕诗是具有讽刺、讽谏意义的诗，其重点在暴露和讽刺政治、社会的不良现象，以引起在上者的注意，促进改革。白居易主张朝廷应恢复古代的采诗制度，采诗以观民风，他在《采诗官》中说："采诗听歌导人言，言者无罪闻者诫，下流上通上下泰。……君兮君兮愿听此：欲开壅蔽达人情，先向歌诗求讽刺。"《策林》六十九"采诗以补察时政"亦说："圣王酌人之言，补己之过，所以立理本、导化源也。将在乎选观风之使，建采诗之官，俾乎歌咏之声，讽刺之兴，日采于下，岁献于上者也。所谓言之者无罪，闻之者足以自诫。"希望统治者通过采诗了解时事、世情，使得上下和谐，天下清明。对于诗人而言，白居易认为应积极反映各种社会现象，促使统治者注意，以有助于时政的改革。他指出自己写作讽谕诗的目的在于"救济人病，裨补时阙"（《与元九书》），在于"惟歌生民病，愿得天子知"（《寄唐生》）。基于此，他提出了讽谕诗的写作原则，即"文章合为时而著，歌诗合为事而作"（《与元九书》），或云"为君、为臣、为民、为物、为事而作，不为文而作也"（《新乐府序》），要求诗歌创作和社会政治发生密切联系，积极地干预现实，不为空洞无物之作。白居易的讽谕诗创作确也体现了这一原则，如《卖炭翁》《轻肥》《买花》《宿紫阁山北村》《新丰折臂翁》等，反映民病，指斥时弊，具有强烈的讽谏作用。元稹也十分重视讽谕诗的写作，他在《叙诗寄乐天书》中详述了和白居易写作讽谕诗的时代背景："……诸侯敢自为旨意，有罗列儿孙以自固者，有开导蛮夷以自重者，省寺符篆固几阁，甚者碍诏旨，视一境如一室，刑杀其下，不啻仆畜。厚加剥夺，名为进奉，其实贡入之数百一焉。京城之中，亭第邸店以曲巷断；侯甸之内，水陆腴沃以乡里计。其余奴婢资财，生生之备称之。……豪家大帅，乘声相扇，延及老佛，土木妖炽，习俗不怪。上不欲令有司备宫闱中小碎须求，往往持币帛以易饼饵，吏缘其端，剽夺百货，势不可禁。"面对这样的社会现实，元稹积极倡导写作新乐府以揭露时弊、匡正流俗，故其《乐府古题序》着重指出，写作乐府诗应为现实服务，认为写乐府古题应当"刺美见事"，反对那种"沿袭古题，唱和重复"之作，而对于杜甫所作"即事名篇，无复倚傍"的新题乐府则尤为肯定，并表示他和白居易、李绅写作新乐府诗，正是受了杜甫的影响。

韩、柳倡导的古文运动，是较新乐府运动更有声势、更有影响的文学革新运动。一方面,古文运动主要是针对六朝以迄唐代盛行的骈文而进行的文体改革运动。骈文经过几百年的发展以后,已走向了极端,讲求对偶、辞藻、用典、声律等形式技巧,严重束缚了思想的表达。因此,古文运动的倡导者主张以散代骈,恢复先秦两汉时期那种单行散句的"古文",以自由地表达思想。另一方面,古文运动也是一场儒学复兴运动。安史之乱使唐王朝由盛转衰,乱后的中唐社会,藩镇割据,中央王朝的统治力量削弱,且朝廷上下形成了佞佛崇道的风气,社会动荡不安。于是许多有识之士思考历史的教训,企图进行政治改革,他们思考的结果是必须恢复、加强儒道在现实生活中的地位和作用。这样韩、柳等人就提出了文以明道的问题,而先秦两汉的古文正是儒道的载体,所以他们欲借助提倡古文而弘扬儒道。

在韩、柳之前,萧颖士、李华、贾至、独孤及、梁肃、柳冕等人,已开始将文道关系的论述与改革文体的要求结合起来,他们被称为古文运动的先驱者。这些先驱者认为,"文本于道"(梁肃《补阙李君前集序》),"文章之道,不根教化,别是一枝耳"(柳冕《谢杜相公论房杜二相书》),所以他们要求文章担负"宏道"(独孤及《唐故殿中侍御史赠考功郎中萧府君文章集录序》)、"行道"(柳冕《答杨中丞论文书》)的任务,"道"当然指儒道而言。由明道的立场出发,他们提倡恢复先秦两汉经史学术文章言之有物的传统,强调学习儒家经典及汉代一些思想内容纯正的议论文和史学著作。如贾至《工部侍郎李公集序》云:"唐、虞《赓歌》,殷、周《雅》《颂》,美文之盛也。……仲尼删《诗》述《易》作《春秋》,而叙帝王之书,三代文章,炳然可观。"独孤及称赏汉代文章云:"荀、孟朴而少文,屈、宋华而无根。有以取正,其贾生、史迁、班孟坚云尔。"(见梁肃《常州刺史独孤及集后序》)萧颖士亦称贾谊"文词最正,近于理体"(见李华《扬州功曹萧颖士文集序》)。魏晋以后,文章的骈俪成分增加,骈偶之体日盛,文人专注于骈文的形式之美而忽视了内容的充实有物,尤其缺乏对于儒道的阐发。因此,他们正式提出了反对骈体,如萧颖士反对"局夫俪偶,放于奇靡"(《江有归舟诗序》),独孤及以"俪偶章句""八病四声"为文章大坏的表现(《赵郡李公中集序》)。由于反对文章华美,他们一般都表现出否定文学审美的倾向,对偏于缘情体物的前代文学,包括屈原的作品,都加以否定。如萧颖士认为:"《六经》之后,有屈原、宋玉,文甚雄壮而不能经。"(见李华《扬州功曹萧颖士文集序》)李华亦说:"屈平、宋玉哀而伤,靡而不返,《六经》之道遁矣。"(《赠礼部尚书清河孝公崔沔集序》)柳冕则对屈、宋以迄齐梁的辞赋诗歌一概予以否定,如《谢杜相公论房杜二相书》称:"至于屈、宋,哀而以思,流而不反,皆亡国之音也。"又《与徐给事论文书》云:"自屈、宋以降,为文者本于哀艳,务于恢诞,亡于比兴,失古义矣。虽扬、马形似,曹、刘骨气,潘、陆藻丽,文多用寡,则是一技,君子不为也。"这些观点都在不同程度上表现出重实用、轻审美的理论倾向。

到了韩愈、柳宗元,他们进一步完善了古文革新理论,将古文运动推向了高潮。韩、柳在以文明道、反对骈体等问题上,继承了前驱者的看法,但又有所发展,见解更为通达。就以文明道而言,前驱者所言之"道"比较空泛,而韩、柳论及"道"时,则更贴近现实政治与社会生活,内容较为充实。韩愈言"道",内容涵摄很广,上至国家政治,下至交友为人,都有"道"贯彻其中。如论交友之道云:"古之道,不苟誉毁于人。"(《题欧阳生哀辞后》)并感叹"朋友道缺绝久,无有相箴规磨切之道"(《答冯宿书》)。又论用兵之道云:"夫一众人心力耳目,使所至如时雨,三代用师,不出是道。"(《与鄂州柳中丞书》)柳宗元论"道",特别重视"辅时及物之道"(《答吴武陵论〈非国语〉书》),他说:"道假辞而明,辞假书而传,要之,之道而已耳。道之及,及乎物而已耳。"(《报崔黯秀才论为文书》)强调将"道"施之于物,以发挥实际的社会功用。因此,他们所主张的文以明道,在很大程度上便具有要求文章密切联系现实的意义,这就更加有利于古文运动的发展。就文章审美性能的认识而言,前驱者或多或少都有轻视文学审美作用的倾向,如萧颖士《江有归舟诗序》云:"文也者,非云尚形似,牵比类,以局夫俪偶,放于奇靡。其于言也,必浅而乖矣。所务乎激扬雅训、彰宣事实而已。"独孤及《赵郡李公中集序》云:"志非言不行,言非文不彰,是三者相为用,亦犹涉川者假舟楫而后济。……文不足言,言不足志,亦犹木兰为舟,翠羽为楫,玩之于陆而无涉川之用。"他们都强调文学的教化、实用功能,而轻视其审美作用。韩、柳则在强调文以明道的同时,并不排斥古文的审美愉悦作用,认为写作古文也可舒忧泄愤、自娱娱人。如韩愈自称所作"亦时有感激怨怼奇怪之辞"(《上宰相书》),"怪怪奇奇,不可时施,只以自嬉"(《送穷文》),所以他创作有《毛颖传》《送穷文》《进学解》等构思奇特、颇富戏谑成分的游戏之文,给人以轻松愉悦的审美享受。柳宗元认为文章写作,"阙其文采,固不足以竦动时听,夸示后学"(《杨评事文集后序》),也肯定古文具有审美愉悦作用;所以他对韩愈的游戏之文《毛颖传》十分欣赏,以"若捕龙蛇,搏虎豹,急与之角而力不敢暇"(《读韩愈所著〈毛颖传〉后题》)数语来形容此文的艺术感染力。总之,韩、柳既强调文章要为政教服务,又很重视文章的写作艺术,并总结出一些规律,如务去陈言、气盛言宜说等,这是古文运动能够取得成功的一个重要原因。

晚唐时期，藩镇跋扈，战乱频仍，民生凋敝，社会危机日益深重。此时有不少关心国事民生的有识之士，延续中唐诸家重视现实的文论传统，主张诗文应反映现实，发挥救时济世的积极作用。如杜牧《上安州崔相公启》自称所作多"铺陈功业，称校短长"之文；又在《上知己文章启》中，称其早年所作的一些重要作品，都是目击时艰，有感而发，如因"往年吊伐之道未甚得所，故作《罪言》。自艰难来始，卒伍佣役辈，多据兵为天子诸侯，故作《原十六卫》"；又因"宝历大起宫室，广声色，故作《阿房宫赋》"。从其自我评价中，不难看出杜牧对文章现实功用的格外重视。皮日休则自称其作品"皆上剥远非，下补近失，非空言也"（《文薮序》）；又称乐府诗应当具有美刺作用，《正乐府序》有云："诗之美也，闻之足以观乎功；诗之刺也，闻之足以戒乎政。"直接继承了元、白的新乐府诗论。与皮日休齐名的陆龟蒙，虽隐居不仕，但也有讽时劝世之论，如自称其《蚕赋》有"诗人《硕鼠》之刺"（《蚕赋序》），又批评江淹《青苔赋》惟有状物之能，而无"化下讽上之旨"（《苔赋序》）。吴融《禅月集序》亦表达了重视诗教、美刺的思想："夫诗之作，善善则颂美之，恶恶则风刺之。苟不能本此二道，虽甚美，犹土木偶不主于气血，何所尚哉？"认为若不能以美刺为根本，则其诗虽美，亦不足崇尚。此外，孙樵、黄滔、顾云等人也有类似的观点。这些言论，上承陈子昂、杜甫、元结、白居易等人的意见，表现了不少晚唐文人对社会政治的关心，希冀文学创作能发挥救时济世的功效。

晚唐时期除了关心现实一派的理论批评外，还有一部分文论家注重探讨文学的审美艺术特征，其中以司空图为代表。司空图在王昌龄、殷璠、皎然等人论诗歌意境、兴象、情景关系等的基础上，提出了"韵外之致""味外之旨"（《与李生论诗书》）和"象外之象""景外之景"（《与极浦书》）等理论命题，所谓"韵外之致"等是指通过作品的文字形象所传达出的能够启人思考和联想的深层意蕴，这就要求诗歌所描写的景象应该做到"近而不浮，远而不尽"（《与李生论诗书》），具有深长的韵味和言外的景象，使人体会不尽。这种追求意在言外的悠长意趣的诗学思想，标志着"意境"说的趋向成熟，并对后世重视蕴藉含蓄的诗论，如严羽的"兴趣"说、王士禛的"神韵"说、王国维的"境界"说等，都产生了重要影响。

此外，晚唐五代还产生了一批专门探讨诗歌作法的诗格类著作，如王叡《炙毂子诗格》、李洪宣《缘情手鉴诗格》、僧齐己《风骚旨格》、僧虚中《流类手鉴》、徐衍《风骚要式》、徐夤《雅道机要》、王玄《诗中旨格》、王梦简《诗要格律》、僧神彧《诗格》等。与初唐时期的诗格侧重探讨诗歌的声韵、病犯、对偶等不同，这一时期的诗格大多注重探讨诗歌的体势、结构、句法等,且主要是针对律诗而发。论体势,如王玄《诗中旨格》"拟皎然十九字体"条、齐己《风骚旨格》"诗有十体"条、徐夤《雅道机要》"明体裁变通"条等,均就此立论。论结构章法,如王叡《炙毂子诗格》"一篇血脉条贯体"条云:"李太尉诗云:'远谪南荒一病身,停舟暂吊汨罗人。'此诗首一句发语,次一句承上吊屈原。'都缘靳尚图专国,岂是怀王厌直臣。'此二句为颔下语,用为吊汨罗之言。'万里碧潭秋景静,四时愁色野花新。'此腹内二句,取江畔景象。'不劳渔父重相问,自有招魂拭泪巾。'此二句为断章,虽外取之,不失此章之旨。"这里以李德裕《汨罗》诗为例,阐述了律诗各联之间如何互相联系,使全篇血脉首尾相贯,成为一个有机的整体,反映了晚唐人对律诗章法进行整体布局的观念。论句法,如徐夤《雅道机要》"叙句度"条云:"破题构物象,语带容易,势须紧险。颔联为一篇之眼目,句须寥廓古淡,势须高举飞动,意须通贯,字须子细裁剪。腹中句势须平律细腻,语似抛掷,意不疏脱。断句势须快速,以一意贯两意,或背断,或正断,须有不尽之意堆积于后,脉脉有意。"对律诗各联的句法锤炼提出了具体要求,是对律诗创作经验的一种总结。不过就整体水平而言,这些诗格著作多为教示初学而作,内容较为肤浅琐碎,缺乏系统性,理论价值也不是很高。

王 通

【作者简介】

王通(584?—617),字仲淹,绛州龙门(今山西河津)人。出身儒学世家,少承家学,又四方延师,有经世之志。年十八,举秀才高第。曾至长安,向隋文帝献太平十二策,不见用,遂东归乡里,著述讲学。后文帝、炀帝仍有征召,均不就。弟子颇多,唐初名臣、文士如魏徵、房玄龄、薛收等,皆出其门。著有《续诗》《续书》《元经》《礼论》《乐论》《赞易》,均佚。现存《中说》,系门人编缀其言论而成,因卒后门人私谥"文中子",故亦称《文中子》。

中说(节录)

子谓薛收[1]曰:"昔圣人述史三焉[2]:其述《书》也,帝王之制备矣,故索焉而皆获;其述《诗》也,兴衰之由显,故究焉而皆得;其述《春秋》也,邪正之迹明,故考焉而皆当。此三者,同出于史而不可杂也,故圣人分焉。"文中子曰:"吾视迁、固而下[3],述作何其纷纷乎!帝王之道,其暗而不明乎;天人之意,其否而不交乎[4];制理者,参而不一乎[5];陈事者,乱而无绪乎!"

子在长安,杨素、苏夔、李德林皆请见[6],子与之言,归而有忧色。门人问子,子曰:"素与吾言终日,言政而不及化[7];夔与吾言终日,言声而不及雅[8];德林与吾言终日,言文而不及理。"门人曰:"然则何忧?"子曰:"非尔所知也。二三子皆朝之预议者也,今言政而不及化,是天下无礼也;言声而不及雅,是天下无乐也;

言文而不及理,是天下无文也。王道从何而兴乎?吾所以忧也。"(《王道篇》)

李伯药见子而论诗[9],子不答。伯药退,谓薛收曰:"吾上陈应、刘[10],下述沈、谢[11],分四声八病[12];刚柔清浊,各有端序,音若埙篪[13]。而夫子不应,我其未达欤?"薛收曰:"吾尝闻夫子之论诗矣,上明三纲,下达五常[14]。于是征存亡,辩得失,故小人歌之以贡其俗[15],君子赋之以见其志,圣人采之以观其变。今子营营驰骋乎末流[16],是夫子之所痛也,不答则有由矣。"

子曰:"学者博诵云乎哉!必也贯乎道;文者苟作云乎哉!必也济乎义。"(《天地篇》)

子谓文士之行可见。谢灵运小人哉[17]!其文傲,君子则谨;沈休文小人哉!其文冶,君子则典。鲍昭、江淹[18],古之狷者也[19],其文急以怨;吴筠、孔珪[20],古之狂者也,其文怪以怒;谢庄、王融[21],古之纤人也[22],其文碎;徐陵、庾信[23],古之夸人也,其文诞。或问孝绰兄弟[24],子曰:"鄙人也,其文淫。"或问湘东王兄弟[25],子曰:"贪人也,其文繁。谢朓,浅人也,其文捷;江总[26],诡人也,其文虚。皆古之不利人也[27]。"子谓颜延之、王俭、任昉有君子之心焉[28],其文约以则[29]。

房玄龄问史[30]。子曰:"古之史也辩道,今之史也耀文。"问文。子曰:"古之文也约以达,今之文也繁以塞[31]。"薛收问《续诗》[32]。子曰:"有四名焉,有五志焉。何谓四名?一曰化,天子所以风天下也;二曰政,蕃臣所以移其俗也;三曰颂,以成功告于神明也;四曰叹,以陈诲立诫于家也。凡此四者,或美焉,或勉焉,或伤焉,或恶也,或诫焉,是谓五志。"(《事君篇》)

《四部丛刊》影印宋本《中说》

【题解】

《中说》是一部语录体著作,体仿《论语》,系王通与门人的问答笔记。后由王氏子孙定为王道、天地、事君、周公、问易、礼乐、述史、魏相、立命、关朗十篇行世。此书较集中地体现了王通的政治、哲学见解,其思想主干是儒家学说。王通在议政论学的同时,还发表了一些泛论文章写作、评论历代作家作品的见解和主张。本篇节录"王道""天地""事君"诸篇中语,即是有关文学思想的部分,其中涉及对诗歌的政教作用、汉魏以迄隋代作家作品的评价等。王通的批评以儒家正统思想为标准,体现了重道轻文、强调美刺教化的儒家文艺观。

【注释】

1. 薛收(592—624):字伯褒,蒲州汾阴(今山西万荣西)人。薛道衡之子,与王通亦师亦友。隋时未出仕,后投李世民,授秦府主簿、判陕东道大行台金部郎中,后又授天策府记室参军。

2. 圣人:指孔子。

3. 迁、固:指司马迁和班固。

4. 否:隔绝不通。

5. "制理"句:制理,犹言立义;参而不一,谓杂而不纯。

6. "杨素"句:杨素(?—606),字处道,弘农华阴(今属陕西)人。隋之重臣。初仕北周,屡立战功。入隋,以平陈功封越国公,官至司徒。苏夔(生卒年不详),字伯尼,京兆武功(今属陕西)人。自幼聪敏,能言善辩。曾任太子舍人、太子洗马、鸿胪少卿、通议大夫等职。著《乐志》十五篇。李德林(531?—591?),字公辅,博陵安平(今河北深县)人。幼聪敏,善属文。初仕北齐,齐亡入周。入隋后,官内史令,终于怀州刺史。

7. 化:教化。

8. 雅:指正声,与俗乐相对。

9. 李伯药(565—648):《隋书·李德林传》、两《唐书》本传皆作"百药"。字重规,李德林之子。隋时任东宫通事舍人、礼部员外郎、建安郡丞等职。入唐,为泾州司户、中书舍人、礼部侍郎等。

10. 应、刘:指应玚、刘桢,同属建安七子。应玚(?—217),字德琏,汝南南顿(今河南项城)人。擅作赋。刘桢(?—217),字公幹,东平宁阳(今属山东)人。诗文兼善,以气骨见长。曹丕《与吴质书》:"徐、陈、应、刘,一时俱逝。"谢庄《月赋》:"陈王初丧应、刘。"均以应、刘并称。

11. 沈、谢:指沈约、谢朓,二人均倡声病之说。沈约(441—513),字休文,吴兴武康(今浙江湖州南)人。历仕宋、齐、梁三朝。诗风平稳工整,上继鲍(照)、谢(灵运),下开齐、梁。谢朓(464—499),字玄晖,原籍陈郡阳夏(今河南太康)人。南齐时曾任尚书殿中郎、宣城太守等职。诗风清峻,对后世影响较大。

12. 四声八病:四声,平、上、去、入。八病,平头、上尾、蜂腰、鹤膝、大韵、小韵、旁纽、正纽。

13. 埙箎:两种古乐器名。阮逸注:"埙,土音,刚而浊;箎,竹音,柔而清。"

14. "上明三纲"两句:三纲,《白虎通义·三纲六纪》:"三纲者何谓也?谓君臣、父子、夫妇也。……故君为臣纲,父为子纲,夫为妻纲。"五常,谓仁、义、礼、智、信。

《白虎通义·情性》:"故人……得五气以为常,仁、义、礼、智、信是也。"

15. "小人"句:意即老百姓通过歌诗表现其人情风俗。小人,指平民。

16. "今子"句:营营,往来不绝貌。末流,指齐、梁以来流行的声律之说。

17. "谢灵运"句:谢灵运(385—433),原籍陈郡阳夏(今河南太康)人。晋、宋间诗人,以山水诗著称。小人,品德堕落之人。

18. 鲍昭、江淹:鲍昭即鲍照(414?—466),唐人因避武则天讳而常作"昭"。字明远,东海(今山东郯城)人。南朝宋著名作家,官至临海王刘子顼前军参军。江淹(444—505),字文通,原籍济阳考城(今河南兰考)人。历仕宋、齐、梁三朝,官至散骑常侍,封醴陵侯。诗风古奥遒劲,稍近鲍照,故有"江鲍"之称。

19. 狷:指器量狭小,性情急躁。狷与狂为对文,《论语·子路》云:"不得中行而与之,必也狂狷乎!狂者进取,狷者有所不为。"狂之远于中行,更甚于狷;"怪以怒"亦尤甚于"急以怨"。

20. 吴筠、孔珪:吴筠,当是"吴均"之误。吴均(469—520),字叔庠,吴兴故鄣(今浙江安吉)人。南朝齐、梁时诗人,其诗清拔有古气,时人效之,号"吴均体"。孔珪,即孔稚圭(447—501),字德璋,会稽山阴(今浙江绍兴)人。南朝齐作家,尤以骈文著称。

21. 谢庄、王融:谢庄(421—466),字希逸,原籍陈郡阳夏(今河南太康)人。南朝宋作家,官至金紫光禄大夫。王融(467—493),字元长,原籍琅琊临沂(今属山东)人。南朝齐作家,作诗重声律,与沈约、谢朓同为"永明体"的创始者。

22. 纤人:指气质柔弱之人。

23. 徐陵、庾信:徐陵(507—583),字孝穆,原籍东海郯(今山东郯城)人。南朝梁、陈时作家。梁时任东宫学士、散骑常侍等;入陈,迁太子少傅。庾信(513—581),字子山,原籍南阳新野(今属河南)人。梁时与徐陵齐名,二人均为宫体诗赋代表作家。后入北,仕于西魏、北周。

24. 孝绰兄弟:指南朝梁作家刘孝绰及弟孝威、孝仪,均以才名著称。

25. 湘东王兄弟:梁元帝萧绎(武帝第七子),初封湘东郡王。其兄昭明太子萧统(武帝长子)、简文帝萧纲(武帝第三子),均以爱好文学著称。

26. 江总(519—594):字总持,原籍济阳考城(今河南兰考)人。历仕梁、陈、隋三代。好属文,尤善五七言诗,然伤于浮艳,为陈后主所爱幸。

27. 不利人:不利于家国之人。

28. "子谓"句:颜延之(384—456),字延年,原籍琅琊临沂(今属山东)。晋、宋间诗人,与谢灵运齐名,并称"颜谢"。好读书,博学广览,文章之美冠于当时。王俭(452—489),字仲宝,原籍琅琊临沂(今属山东)。南朝齐作家。齐时曾为国子祭酒、中书监等,专心笃学,发言吐论,必据儒学。任昉(460—508),字彦升,原籍乐安博昌(今山东博兴)人。南朝齐、梁时作家,善作文,尤长于诏册、章奏、碑传等。

29. "其文"句:指所作文章简约有法度。

30. 房玄龄(579—648):名乔,齐州临淄(今山东淄博东)人。隋时举进士,曾校雠秘书省,为隰城尉。唐太宗时,官尚书左仆射,封魏国公。曾监修国史及《晋书》。

31. "今之文"句：谓今人所作文章词繁而意晦。
32.《续诗》：王通撰，已佚。选录六代（一云七代，据北宋阮逸注，当为晋、宋、北魏、北齐、北周、隋，或再加南齐）诗作凡三百六十篇，诗前各有小序，仿《诗经》而撰录。

【讲疏】

王通为隋末大儒，以继承道统自命，其文学思想也以重道轻艺、重德轻文为核心，是对儒家传统文艺观的全面复古。

王通认为文章的本质在于"贯乎道""济乎义""及乎理"，所谓"道""义""理"，均指儒家所奉行的礼义教化等思想义理。因此，他主张写作文章须"上明三纲，下达五常"，从而发挥"王道"，明乎"礼""乐"。

王通强调文学要发挥为政教服务的社会功用。他认为作文的目的在于劝勉和教化，故作品中要表达出作者对于政教风俗的态度，"或美焉，或勉焉，或伤焉，或恶焉，或诫焉"，并具有"征存亡，辩得失"的功用，亦即必须为封建政教服务。基于这种认识，王通对于辞藻、声律等艺术技巧颇为鄙视，视之为"末流"，不承认文学形式所具有的审美意义。

王通还对汉魏以迄隋代的许多作家进行了评论。在《事君》篇中，他以"谨""典""约""则"为标准，从人品与文品相结合的角度，批评了六朝以来的一批文学杰出之士。对于谢灵运、沈约、鲍照、江淹、谢庄、王融、徐陵、庾信、谢朓等人，王通认为他们在为人为文方面均有所不足，甚至予以完全否定；而对于颜延之、王俭、任昉三人则加以肯定，这与他们的言行在某些方面符合儒道有关。颜延之著《庭诰》，告诫子弟要立德立言，孝悌守信，颇合于儒家传统伦理；王俭则"发言吐论，造次必于儒教"（《南史·王俭传》）；任昉亦究心儒学，其"行可以厉风俗，义可以厚人伦"（《南史·任昉传》）。王通认为此三人"有君子之心"，故而予以肯定。

要之，王通从他的政治理想出发，以儒家的正统思想来解释文学的本质及社会作用，评价作家作品，复归以政治教化为中心的儒家传统文艺观，其理论主张是作为魏晋南北朝以来以审美为中心的文学理论的对立物而出现的。

【关键词解读】

贯乎道　济乎义

王通强调文章要为封建政治服务，充分发挥其教化作用，这就要求文章内容充实有物，以反映实际问题为主，他据此提出了"贯乎道""济乎义"

的理论主张。所谓"贯道""济义",就是指文章内容须着重表达和阐发儒家义理,以有补于政教为益,如此作品才具有真正的价值;否则,"营营驰骋"于词藻、声律等"末流"之艺,纵使作品形式精美工致,也将毫无价值可言。因此,他又说:"古君子志于道,据于德,依于仁,而后艺可游也。"(《中说·事君》)主张先德行而后文艺。基于此,王通认为《书》《诗》《春秋》为圣人之制作,其之所以不朽者,是因为它们揭示了"帝王之制""兴衰之由""邪正之迹"等道理;而后世之文所以每况愈下、与圣人之作异轨者,就在于其未能发明"帝王之道""天人之意"等儒家义理。这种要求文章"贯乎道""济乎义"的理论主张,可以说是后世"文以贯道""文以载道"说的先声。

【相关知识链接】

魏晋南北朝是文学自觉的时代,人们对于文学作品审美价值的认识已经相当深入,如对作品情感的动人与否,对词藻、声律、对偶等艺术技巧的特征等都进行了深入探讨,逐渐将文学作为一个独立的对象予以观照。而到了王通这里,他不承认文学的审美价值,把讲求作品形式之美看作是有悖于文学理论原则的行为,认为无裨于政教。这种对于"文"的认识,又回到了汉代以前那种涵括学问、文教、文化修养、典籍、文章等在内的大"文"概念,是文学观念上的一种复古和倒退。

王通主张文章要发挥"王道",并以恢复儒家功利主义文学观的地位自期,《中说·述史》载:"内史薛公(道衡)谓子曰:'吾文章可谓淫溺矣。'文中子离席而拜曰:'敢贺丈人之知过也。'薛公固执子手,喟然而咏曰:'老夫亦何冀,之子振颓纲。'"可知改变六朝绮靡文风,振起文章之"颓纲"而不致于"淫溺",是王通的一种期望。因此,他以"贯道""济义"相标榜,要求文章积极为政治教化服务。这种重道轻文、充满着儒家功利主义色彩的文学观,虽然十分偏狭,存在很大的缺陷,但他的一些观点仍可视为唐代诗文革新理论的先声,尤其对重视文章政教作用的文论家颇有影响。中唐古文运动的前驱者如萧颖士、独孤及、柳冕等,都发表过不少重政教、轻审美的言论。如萧颖士《江有归舟诗序》云:"文也者,非云尚形似,牵比类,以局夫俪偶,放于奇靡。其于言也,必浅而乖矣。所务乎激扬雅训、彰宣事实而已。"独孤及《检校尚书吏部员外郎赵郡李公中集序》称道李华之文云:"公之作本乎王道,大抵以五经为泉源,抒情性以托讽,然后有歌咏;美教化,献箴谏,然后有赋颂。"柳冕《答衢州郑使君论文书》云:"盖言教化,发乎性情,系乎国风者,谓之道。故君子之文,必有其道。道有深浅,故文有崇替。……惜乎王公大人之言,而溺于淫丽怪诞之说,非文之罪也,为文者之过也。"这些论文观点,大要都在于强调教化和复古,批判骈偶声律之美,与王通的文学思想是一脉相承的。

【延伸阅读】

隋朝文人在评价前代文学遗产时,对南朝以来形成的华靡文风深表不满,要求文章写作应有关政教,其中以王通《中说》的观点最具代表性。除了以上所选《王道》《天地》《事君》篇外,王通在《礼乐》《关朗》等篇中也有相关的批评意见。如《礼乐篇》高扬儒家伦理道德及礼乐制度,以此树立立身准则,并指陈时论;《关朗篇》则除了强调儒道在政事中的作用外,还继承了《诗大序》以来主张诗歌吟咏情性的批评思想。这些都体现了一种强调政教作用,要求文艺为政教服务的批评观。

中说(节录)

贾琼、薛收曰:"道不行,如之何?"子曰:"父母安之,兄弟爱之,朋友信之,施于有政,道亦行矣,奚谓不行?"

贾琼问群居之道,子曰:"同不害正,异不伤物。"曰:"可终身而行乎?"子曰:"乌乎而不可也!古之有道者,内不失真而外不殊俗,夫如此故全也。"

或曰:"君子仁而已矣,何用礼为?"子曰:"不可行也。"或曰:"礼岂为我辈设哉?"子不答,既而谓薛收曰:"斯人也,旁行而不流矣,安知教意哉!有若谓先王之道,斯为美也。"

程元问《六经》之致,子曰:"吾续《书》以存汉、晋之实,续《诗》以辩六代之俗,修《元经》以断南北之疑,赞《易》道以申先师之旨,正《礼》《乐》以旌后王之失,如斯而已矣。"(《礼乐篇》)

薛收问曰:"今之民胡无诗?"子曰:"诗者民之情性也,情性能亡乎? 非民无诗,职诗者之罪也。"

魏徵问议事以制何如,子曰:"苟正其本,刑将措焉。如失其道,议之何益? 故至治之代,法悬而不犯,其次犯而不繁,故议事以制。噫! 中代之道也。如有用我,必也无讼乎!"

文中子曰:"不知道,无以为人臣,况君乎!"(《关朗篇》)

《四部丛刊》影印宋本《中说》

【思考题】

你如何评价王通的功利主义文学观?

令狐德棻

【作者简介】

令狐德棻(583—666),宜州华原(今陕西耀县)人。隋大业末,授药城(今安徽亳县东南)长,以世乱未赴任。唐高祖李渊入关,引直大丞相府记室,后转起居舍人,迁秘书丞。曾奏请购募遗书,并修北周、北齐、梁、陈、隋五代史。太宗时,历礼部侍郎、太子右庶子、秘书少监等。高宗时,奉敕撰定律令,监修国史,任礼部侍郎、太常卿、国子祭酒等。博涉文史,勤于著述,朝廷凡有修撰,无不参与,曾先后预修《艺文类聚》《周书》《晋书》等。

周书·王褒庾信传论

史臣曰:两仪定位,日月扬晖,天文彰矣;八卦以陈,书契有作,人文详矣[1]。若乃《坟》《索》所纪[2],莫得而云;《典》《谟》以降[3],遗风可述。是以曲阜多才多艺[4],鉴二代以正其本[5],阙里性与天道[6],修六经以维其末[7]。故能范围天地[8],纲纪人伦[9]。穷神知化,称首于千古[10];经邦纬俗,藏用于百代[11]。至矣哉!斯固圣人之述作也。

逮乎两周道丧,七十义乖[12]。淹中、稷下[13],八儒三墨[14],辩博之论蜂起;漆园、黍谷[15],名法兵农,宏放之词雾集。虽雅诰奥义,或未尽善[16],考其所长,盖贤达之源流也。

其后逐臣屈平,作《离骚》以叙志,宏才艳发,有恻隐之美[17]。宋玉[18],南国词人,追逸辔而亚其迹[19]。大儒荀况[20],赋礼智以陈其情[21],含章郁起[22],有讽论之义。贾生[23],洛阳才子,继清景而奋其晖。并陶铸性灵,组织风雅。词赋之作,实为其冠。

自是著述滋繁,体制匪一。孝武之后,雅尚斯文,扬葩振藻者如林,而二马、王、杨为之杰[24];东京之朝,兹道愈扇,咀徵含商者成市[25],而班、傅、张、蔡为之雄[26]。当涂受命[27],尤好虫篆[28];金行勃兴[29],无替前烈[30]。曹、王、陈、阮[31],负宏衍之思,挺栋干于邓林[32];潘、陆、张、左[33],擅侈丽之才,饰羽仪于凤穴[34]。斯并高视当世[35],连衡孔门[36]。虽时运推移,质文屡变[37],譬犹六代并凑[38],易俗之用无爽[39];九流竞逐,一致之理同归[40]。历选前英,于兹为盛。

既而中州版荡[41],戎狄交侵,僭伪相属,士民涂炭,故文章黜焉。其潜思于战争之间,挥翰于锋镝之下,亦往往而间出矣。若乃鲁徽、杜广、徐光、尹弼之畴,知名于二赵[42];宋谚、封奕、朱彤、梁谠之属,见重于燕、秦[43]。然皆迫于仓卒,牵于战争。竞奏符檄[44],则粲然可观;体物缘情[45],则寂寥于世。非其才有优劣,时运然也。至朔漠之地,蕞尔夷俗[46],胡义周之颂国都[47],足称宏丽;区区河右,而学者埒于中原[48],刘延明之铭酒泉[49],可谓清典。子曰:"十室之邑,必有忠信。"[50]岂徒言哉!

洎乎有魏,定鼎沙朔,南包河、淮,西吞关、陇[51]。当时之士,有许谦、崔宏、崔浩、高允、高闾、游雅等[52],先后之间,声实俱茂,词义典正,有永嘉之遗烈焉[53]。及太和之辰[54],虽复崇尚文雅,方驾并路,多乖往辙,涉海登山,罕值良宝[55]。其后袁翻才称澹雅[56],常景思摽沉郁[57],彬彬焉,盖一时之俊秀也。

周氏创业,运属陵夷[58]。纂遗文于既丧,聘奇士如弗及。是以苏亮、苏绰、卢柔、唐瑾、元伟、李昶之徒[59],咸奋鳞翼,自致青紫[60]。然绰建言务存质朴,遂糠粃魏、晋,宪章虞、夏[61]。虽属词有师古之美,矫枉非适时之用,故莫能常行焉[62]。

既而革车电迈,诸宫云撤[63]。尔其荆、衡杞梓,东南竹箭,备器用于庙堂者众矣[64]。唯王褒、庾信[65],奇才秀出,牢笼于一代。是时,世宗雅词云委[66],滕、赵二王[67],雕章间发[68]。咸筑宫虚馆[69],有如布衣之交。由是朝廷之人,闾阎之士[70],莫不忘味于遗韵,眩精于末光[71]。犹丘陵之仰嵩、岱,川流之宗溟渤也。

然则子山之文,发源于宋末,盛行于梁季。其体以淫放为本,其词以轻险为宗。故能夸目侈于红、紫,荡心逾于郑、卫[72]。昔扬子云有言:"诗人之赋丽以则,词人之赋丽以淫。"[73]若以庾氏方之,斯又词赋之罪人也。

原夫文章之作,本乎情性。覃思则变化无方[74],形言则条流遂广[75]。虽诗赋与奏议异轸,铭诔与书论殊涂[76],而撮其指要,举其大抵,莫若以气为主,以文传意[77]。考其殿最,定其区域[78],撮六经百氏之英华,探屈、宋、卿、云之秘奥[79]。其调也尚远,其旨也在深,其理也贵当,其辞也欲巧。然后莹金璧[80],播芝兰,文质因其宜,繁约适其变,权衡轻重,斟酌古今,和而能壮,丽而能典,焕乎若五色之成章,纷乎犹八音之繁会[81]。夫然,则魏文所谓通才足以备体矣,士衡所谓难能足以逮意矣[82]。

中华书局排印本《周书》卷四十一

【题解】

《周书·王褒庾信传论》是一篇以史传形式进行文学理论批评的文章。本篇概述先秦以迄北周文学发展的历史,对先秦诸子以来的各时代作家进行了评价。身为史臣的令狐德棻从政治需要的角度出发,特别关注文学与时代的关系,指出"时运推移,质文屡变"。同时,令狐氏还在继承魏晋以来相关文论的基础上,提倡"文章之作,本乎情性",各体文章创作须"以气为主,以文传意"等理论主张,并在批判齐梁华丽文风的基础上,提出了质文兼备的文学理想。

【注释】

1. "两仪定位"六句:两仪,天地。《易·系辞上》:"是故易有太极,是生两仪。"八卦,《周易》中的八种卦象,传为伏羲氏所作,包括乾、坤、震、巽、坎、离、艮、兑。书契,指文字。《易·系辞下》:"上古结绳而治,后世圣人易之以书契,百官以治,万民以察。"孔安国《尚书序》:"古者伏牺氏之王天下也,始画八卦,造书契,以代结绳之政,由是文籍生焉。"

2. 《坟》《索》:《左传·昭公十二年》:"良史也,……是能读《三坟》《五典》《八索》《九丘》。"贾逵注:"《三坟》,三王之书;《五典》,五帝之典;《八索》,八王之法;《九丘》,亡国之戒。"这里泛指已经失传的上古帝王之书。

3. 《典》《谟》:泛指《尚书》。《尚书》中有《尧典》《舜典》《大禹谟》《皋陶谟》等篇。

4. "是以"句：曲阜，指周公姬旦。武王灭商，封周公于曲阜。《尚书·金縢》载周公祷辞，自称"多材多艺，能事鬼神"。

5. "鉴二代"句：《论语·八佾》："子曰：周监于二代，郁郁乎文哉！"二代，指夏、商。此谓周公以夏、商二代为鉴，制礼作乐，以端正其治道之本。

6. "阙里"句：阙里，孔子故里，在今山东曲阜城内阙里街，此代指孔子。《论语·公冶长》："子贡曰：夫子之文章，可得而闻也；夫子之言性与天道，不可得而闻也。"此用其语。

7. "修六经"句：今文学家以为六经皆孔子所修。维其末，与"正其本"相对而言，意即孔子能继承周公，维持文教于末世。

8. 范围天地：谓全面效法天地间的一切。范围，效法。《易·系辞上》："范围天地之化而不过。"韩康伯注："范围者，拟范天地而周备其理也。"孔颖达疏："范谓模范，围谓周围……言法则天地以施其化。"

9. 纲纪人伦：谓治理君臣、父子、夫妇、长幼等种种人际关系。纲纪，治理、管理。

10. "穷神"两句：谓六经穷尽神奇微妙的道理，知晓万物变化的规律，所以称得上千古文章之首。穷神知化，语见《易·系辞下》。孔颖达疏云："穷极微妙之神，晓知变化之道。"

11. "藏用"句：《易·系辞上》："显诸仁，藏诸用。"韩康伯注："日用而不知，故曰藏诸用。"此谓周孔之教，犹如自然之"道"，潜移默化，百姓日用而不知。

12. "逮乎"两句：两周，指西周和东周。七十，指孔子的七十二位贤达弟子。乖，背离，不合。刘歆《移书让太常博士》："及夫子没而微言绝，七十子卒而大义乖。"

13. 淹中、稷下：淹中，春秋鲁国里名，在今山东曲阜。《汉书·艺文志》："《礼古经》者，出于鲁淹中及孔氏。"颜师古注引苏林曰："里名也。"稷下，战国时齐国都临淄西门稷门附近地区。应劭《风俗通·穷通·孙况》："齐威、宣王之时，聚天下贤士于稷下，尊宠之。"

14. 八儒三墨：《韩非子·显学》："故孔、墨之后，儒分为八，墨离为三，取舍相反不同，而皆自谓真孔、墨。"八儒，包括子张之儒、子思之儒、颜氏之儒、孟氏之儒、漆雕氏之儒、仲良氏之儒、孙氏之儒、乐正氏之儒。三墨，包括相理氏之墨、相夫氏之墨、邓陵氏之墨。

15. 漆园、黍谷：指庄子、邹衍。漆园，古地名。《史记·老子韩非列传》："庄子者，蒙人也。名周，周尝为蒙漆园吏。"黍谷，山谷名，又称寒谷、燕谷山。刘向《别录》："传言邹衍在燕，有谷地，美而寒，不生五谷。邹子居之，吹律而温至，生黍，到今名黍谷焉。"（《太平御览》卷八百四十二引）

16. "虽雅诰"两句：谓诸子之书在雅正深奥方面，未能尽善。

17. 恻隐之美：恻隐，悲痛愁怨。《汉书·艺文志》："大儒孙卿及楚臣屈原，离谗忧国，皆作赋以风，咸有恻隐古诗之义。"

18. 宋玉（生卒年不详）：战国时楚国鄢（今湖北宜城）人，著名辞赋家。或曾师事屈原，后人以之与屈原并称"屈宋"。著有《九辩》《风赋》《高唐赋》《登徒子好色赋》等。

19. "追逸锴"句:指宋玉的辞赋能追蹑屈原,但成就较为逊色。

20. 荀况(生卒年不详):荀、孙一音之转,或谓汉人避宣帝讳,故一作孙卿。战国时赵国人,后游学于齐,仕于齐、楚。他是战国时期儒家学派的主要人物,然又不主一家,兼融诸子。

21. "赋礼智"句:《荀子·赋篇》凡赋礼、知、云、蚕、箴五物,以礼、知(智)为首。

22. 含章郁起:含章,内含美质。《易·坤》六三爻辞:"含章可贞。"孔颖达疏:"章,美也。"郁,繁盛貌。

23. 贾生:贾谊(前200—前168),洛阳人。西汉文学家。曾官太中大夫、长沙王太傅等。敢于上疏言事,但未获重用,抑郁不得志而卒。

24. 二马、王、杨:指司马迁、司马相如、王褒、扬雄。

25. 咀徵含商:指吟咏、写作。徵、商,音阶名,此代指辞赋写作中的音律格调。

26. 班、傅、张、蔡:指班固、傅毅、张衡、蔡邕。

27. 当涂受命:指曹魏代汉而立。《后汉书·袁术传》:"又少见谶书,言'代汉者当涂高',自云名字应之。"李贤注:"当涂高者,魏也。"当道而高大者乃魏阙,与曹魏之魏谐音,故以"当涂高"附会曹魏。

28. 虫篆:指写作诗赋文章。扬雄《法言·吾子》:"或问:'吾子少而好赋?'曰:'然。童子雕虫篆刻。'俄而曰:'壮夫不为也。'"

29. 金行:指晋朝。古代阴阳家以各代王朝与五行之德相配合,《文选》卷二十陆机《皇太子宴玄圃宣猷堂有令赋诗》,李善注引程猗《说石图》曰:"金者,晋之行也。"

30. 无替前烈:谓继承前代。替,废。烈,功业。

31. 曹、王、陈、阮:指曹植、王粲、陈琳、阮瑀。

32. 邓林:桃林,此喻文才荟萃之地,即文坛。

33. 潘、陆、张、左:指潘岳、潘尼、陆机、陆云、张载、张协、张亢、左思。亦即钟嵘《诗品序》所云"三张二陆两潘一左"。

34. "饰羽仪"句:饰羽仪,谓修饰词藻,潘、陆诸人特别重视文章的藻饰之美,故云。凤穴,借喻文坛。

35. 高视:傲视。曹植《与杨德祖书》:"德琏发迹于此魏,足下高视于上京。"

36. 连衡孔门:谓可以接踵孔门文学之士。衡,车辕。连衡犹云并驾。孔门文学之士,是指熟悉前代文献典籍者,并非指擅长写作诗赋者,此处为笼统借用。

37. 质文屡变:谓各时代的文学风尚不同,或崇质朴,或尚华丽。

38. 六代并凑:六代,这里指黄帝、尧、舜、禹、殷、周六代的礼乐。《周礼·春官·大司乐》:"以乐舞教国子,舞《云门》《大卷》《大咸》《大磬》《大夏》《大濩》《大武》。"郑玄注:"此周所存六代之乐。"凑,会聚。

39. "易俗"句:《礼记·乐记》:"乐也者,……其感人深,其移风易俗,故先王著其教焉。"爽,失。

40. "九流"两句:九流,据《汉书·艺文志》,指儒、道、阴阳、法、名、墨、纵横、杂、农、小说等诸家者流。《易·系辞下》:"天下同归而殊途,一致而百虑。"谓各家言论主张虽各不相同,但其"经邦纬俗""易俗之用"的目标是一致的。

41. 版荡:版,通"板"。《板》《荡》是《诗·大雅》中讥刺周厉王无道而导致国家败坏、社会动乱的诗篇,后因以指政局混乱或社会动荡。此处指西晋末中原动乱,致使"五胡乱华",晋室东迁之事。

42. "若乃"两句:鲁徽(？—314),仕前赵刘聪为长史,后为赵染所杀。杜广(生卒年不详),前赵殷州刺史,见《太平御览卷》五百一十九引《三十国春秋》。徐光(？—333),仕后赵石勒,为中书令,后为石虎所杀。尹弼,待考。二赵,指前、后赵。

43. "宋谚"两句:宋谚,《北史·文苑传》作"宋该"(生卒年不详)。平原(今属山东)人,仕前燕,慕容廆、慕容皝时,曾为主簿、常伯、右长史、辽东内史等。封奕(？—365),渤海(今属河北)人,仕前燕,历仕慕容氏四世,曾任军祭酒、司马、太尉等。朱肜(生卒年不详),怀经世之才,仕前秦,符坚时为秘书监。梁谠(生卒年不详),字伯言,仕前秦为著作郎、中书令、侍中、安远将军、幽州刺史诸职。燕、秦:指前燕、前秦。

44. 竞奏符檄:"竞"当作"章",据《北史·文苑传序》校改。符檄,官符移檄等文书的统称。

45. 体物缘情:指诗赋。陆机《文赋》:"诗缘情而绮靡,赋体物而浏亮。"

46. "至朔漠"两句:指夏,匈奴人赫连勃勃所建,建都统万城(在今内蒙古乌审旗南白城子)。蕞尔,形容小。

47. "胡义周"句:胡义周(生卒年不详),安定临泾(今甘肃镇远)人,初仕后秦姚泓,为侍讲,官至黄门侍郎;后为赫连勃勃秘书监。《晋书·赫连勃勃载记》录有《统万城铭》一篇,谓"其秘书监胡义周之辞也"。一说此铭为义周子方回作(见《魏书》《北史》之《胡方回传》)。

48. "区区"两句:河右,河西的别称,大体当今甘肃兰州以西武威、张掖、酒泉、敦煌一带。此指前凉、后凉、西凉、北凉等政权。埒,等同。

49. "刘延明"句:刘昞,字延明,一作彦明。仕西凉、北凉、北魏。时称硕儒,著述颇多。《晋书·凉武昭王李玄盛传》:"玄盛既迁酒泉,乃敦劝稼穑。群僚以年谷频登,百姓乐业,请勒铭酒泉,玄盛许之。于是使儒林祭酒刘彦明为文,刻石颂德。"其铭已佚。

50. "十室"两句:《论语·公冶长》:"子曰:十室之邑,必有忠信如丘者焉,不如丘之好学也。"

51. "洎乎"四句:指拓跋氏建立北魏,并逐步统一北方之事。

52. "有许谦"句:许谦等六人皆为北魏文人。许谦(334—396),字元逊,代郡(今属河北)人,曾任郎中令、右司马、阳曲护军、安远将军等。崔宏(？—418),字玄伯,清河(今属山东)人,少有俊才,北魏时官黄门侍郎。崔浩(？—450),字伯渊,崔宏长子,曾任著作郎、博士祭酒、司徒等职。高允(390—487),字伯恭,渤海(今属河北)人,初为杜超从事中郎,后任中书博士、侍郎等。高闾(424？—502),字阎士,渔阳雍奴(今属天津)人,曾官中书博士、中书侍郎、中书令、幽州刺史等。游雅(？—461),字伯度,广平(今属河北)人,曾为中书博士、著作郎、散骑常侍、秘书监等。

53. "有永嘉"句:永嘉,晋怀帝年号(307—312)。谓永嘉以后,文章道丧,直到北魏重新统一北方,文才辈出,始能稍复永嘉之旧。

54. 太和:北魏孝文帝年号(477—499)。

55. "方骖并路"四句:意谓当时的文人作品,往往违反前贤的创作道路,故文章不及汉魏西晋。

56. "其后袁翻"句:袁翻(476—528),字景翔,陕郡项(今属河南)人。曾为著作佐郎、中书令、度支尚书等。澹雅,平淡典雅。

57. "常景"句:常景(?—550),字永昌,河内(今属河南)人。先世避乱居凉州。曾为积射将军、给事中、中书舍人、中散大夫等。沉郁,深沉富盛。

58. 运属陵夷:谓当国运衰颓之际。

59. "是以苏亮"句:苏亮(?—550),字景顺,武功(今属陕西)人。仕北魏、西魏,官至侍中。好属文,善章奏。苏绰(498—546),字令绰,武功(今属陕西)人,苏亮从弟。仕西魏,官至大行台度支尚书,兼著作,领司农卿。卢柔(生卒年不详),字子刚,范阳涿(今属河北)人。仕北魏、西魏、北周,官至开府。唐瑾(生卒年不详),字附璘,北海平寿(今属山东)人。仕西魏、北周,官至司宗中大夫,兼内史。元伟(?—580?),字猷道,洛阳人,鲜卑族,魏宗室。仕西魏、北周。官至襄州刺史,进位大将军。李昶(516—565),顿丘临黄(今属山东)人。仕西魏、北周,官至昌州刺史。

60. "咸奋"两句:古代传说鱼集龙门下,凡能登上龙门者则化为龙,此喻仕宦得意。青紫,公卿绶带之色,此借指高官显爵,"自致青紫"谓凭借自己的努力而获取高位。

61. "然绰建言"三句:《周书·苏绰传》:"自有晋之季,文章竞为浮华,遂成风俗。太祖(宇文泰)欲革其弊,因魏帝(西魏文帝)祭庙,群臣毕至,乃命绰为《大诰》,奏行之。……自是之后,文笔皆依此体。"宪章虞、夏,谓学习《尚书》,《尚书》中有《虞书》《夏书》。

62. "虽属词"三句:意谓苏绰改革文体,以质朴古奥的《尚书》体代替当时风行的骈文,但却并不适用于当时的社会需要。

63. "既而"两句:谓西魏南侵萧梁,攻占江陵之事。革车,兵车。渚宫,楚宫,在江陵,时为梁元帝萧绎都城。撤,除去。

64. "尔其"三句:谓江陵陷落以后,南方人才为北周所用之事。杞、梓,树名,两木皆良材,多以喻优秀人才。《晋书·陆机陆云传论》:"观夫陆机、陆云,实荆衡之杞梓,挺珪璋于秀实,驰英华于早年。"竹箭,即筱,细竹。《尔雅·释地》:"东南之美者,有会稽之竹箭焉。"此亦借喻南方俊秀之士。

65. 王褒、庾信:王褒(511?—574?),字子渊,琅琊临沂(今属山东)人。梁时官至吏部尚书、左仆射。江陵为西魏所破,入北朝,官至宜州刺史。庾信(513—581),字子山,祖籍南阳新野(今属河南)人。梁时为萧纲东宫学士,领建康令,侯景之乱,逃奔江陵。后出使西魏,被滞留,仕于西魏、北周,官至司宪中大夫。

66. "世宗"句:世宗,指北周明帝宇文毓。云委,谓如云聚积。

67. 滕、赵二王:指滕王宇文逌、赵王宇文招。

68. 雕章:精心修饰文辞,此代指美文。

69. 筑宫虚馆:筑宫,战国时燕昭王筑碣石宫礼待贤士;虚馆,汉武帝时宰相公孙弘曾置宾馆,延引宾客。此喻北周帝王礼遇文士。

70. 闾阎之士:民间的文士。闾阎,泛指民间。《史记·樗里子甘茂列传论》:"甘茂起下蔡闾阎,显名诸侯,重强齐楚。"

71. "莫不"两句:谓北周君臣文士,皆忘情沉迷于王褒、庾信的作品。忘味,《论语·述而》:"子在齐闻《韶》,三月不知肉味,曰:不图为乐之至于斯也!"眩精,眩目、耀眼,"精"同"睛"。曹操《破袁尚上事》:"望旗眩精,闻声丧气,投戈解甲,禽然沮坏。"

72. "故能"两句:庾信轻靡奇险的文辞导源于宋之鲍照,故此处借萧子显批评鲍照之语批判庾信。萧子显《南齐书·文学传论》:"次则发唱惊挺,操调险急,雕藻淫艳,倾炫心魂。亦犹五色之有红紫,八音之有郑卫。斯鲍照之遗烈也。"红、紫为正色以外的间色,郑、卫多指轻靡淫逸之音。

73. "诗人之赋"两句:见扬雄《法言·吾子》。

74. 覃思:深思。

75. 形言:谓用语言文辞表现出来。《毛诗序》:"情动于中而形于言。"

76. "虽诗赋"两句:曹丕《典论·论文》:"夫文本同而末异:盖奏议宜雅,书论宜理,铭诔尚实,诗赋欲丽。"轸,车后横木,代指车,又代指路途。故"异轸"即异路。

77. "莫若"两句:《典论·论文》:"文以气为主。"范晔《狱中与诸甥侄书》:"常谓情志所托,故当以意为主,以文传意。以意为主,则其旨必见;以文传意,则其词不流。"

78. "考其"两句:谓对构思中的辞、意加以权衡安排。陆机《文赋》:"考殿最于锱铢,定去留于毫芒。"殿最,古代考核政绩或军功,称下等为"殿",称上等为"最",后泛指等级的高低上下。

79. 屈、宋、卿、云:指屈原、宋玉、司马相如(字长卿)、扬雄(字子云)。

80. 莹金璧:使黄金、璧玉明亮。此指对文辞精心琢磨。

81. 八音:古代对乐器的统称。《周礼·春官·大师》:"皆播之以八音:金、石、土、革、丝、木、匏、竹。"

82. "则魏文"两句:《典论·论文》:"此四科不同,故能之者偏也,唯通才能备其体。"《文赋》:"恒患意不称物,文不逮意。盖非知之难,能之难也。"

【讲疏】

《周书·王褒庾信传论》是代表初唐史臣和政治家文学思想的重要理论批评文章,主要论及以下几个方面的问题:

其一,评价历代作家及文学发展。本文回顾了先秦以迄北周文学的发展,论及历代许多作家。令狐德棻对先秦、汉、魏、晋文学非常肯定,对这期间的代表作家如屈原、宋玉、荀况、贾谊、司马相如、司马迁、王褒、扬雄、班固、傅毅、张衡、蔡邕、曹植、王粲、陈琳、阮瑀、潘岳、陆机、张协、左思等都十分推重，称他们或"陶铸性灵，组织风雅"，或"高视当世，连衡孔门"，予以高度褒扬。接着认为十六国文学受社会动乱的影响，成就不高，虽然也指出二赵、燕、秦、凉州有一些作家作品值得称道，但多为"竞奏符檄"等应用之文，"体物缘情"的诗赋作品却多付阙如。然后论及北魏，认为其统一北方，为文学发展创造了有利条件，其时作者"有永嘉之遗烈"，但"罕值良宝"，杰出之士很少。最后谈到北周，着重指出统治者对于自萧梁入北的著名文人王褒、庾信的礼遇，以及王、庾二人对北方文风的影响。但令狐德棻对庾信文风又施以严厉的批评，称其文"淫放""轻险"，为"词赋之罪人"，这主要是针对庾信入北前所作宫体诗文而发。

其二，探讨文学与社会时代的关系。身为史臣兼政治家的令狐德棻，重视文学的现实功效，特别强调文学发挥"纲纪人伦""经邦纬俗，藏用于百代"的实际功用。基于此，他很关注社会时代与文学的关系，指出"时运推移，质文屡变"，看到了社会时代的变迁对文学发展的影响。他指出十六国时期"中州版荡，戎狄交侵，僭伪相属，士民涂炭，故文章黜焉"，其时作者成就不足，"非其才有优劣，时运然也"。又说北周统治者喜好文学，"雅词云委""雕章间发"，并"筑宫虚馆"，礼遇文士；上行而下效，致使朝廷士人及民间庶人均驰骋于文场，促进了北周文学的繁荣。

其三，提出质文兼备的文学理想。令狐德棻在论述历代文学发展的基础上，还对文学创作、文风建设等问题发表了自己的看法。他认为"文章之作，本乎情性"，当"以气为主，以文传意"，意在主张内容与形式并重，亦即质文不可偏废。接着又指出："文质因其宜，繁约适其变。权衡轻重，斟酌古今，和而能壮，丽而能典。"希望文学创作达到质文兼备的理想境界。秉持这种标准，一方面，他对以庾信为代表的梁、陈绮艳文风进行了严厉抨击；另一方面，他又反对苏绰"务存质朴，遂糠粃魏晋，宪章虞夏"的盲目复古，认为矫枉过正。可见他既反对文学作品过于浮靡，也不赞成质俚无文。文质并重的文学思想不是令狐德棻的首创，而是在吸收刘勰、钟嵘等南朝文论家观点的基础上提出的。他主要是针对南朝文风之失而想救弊补偏，同时又不否认文学的形式之美，故虽是承袭前人论点，但对扭转唐初沿袭的南朝颓靡文风，还是有积极作用的。

【关键词解读】

文章之作，本乎情性

令狐德棻指出"文章之作，本乎情性"，"情性"指思想情感，"本乎情性"谓文章创作是作者真情实感的表现。文本于情，这是自古以来文学创作的一个基本规律，也是一个常讲常新的理论命题，汉魏以来的文论家对此不断予以阐发。《毛诗序》云："诗者，志之所之也。在心为志，发言为诗。情动于中而形于言。"强调诗歌是诗人情志激动的产物，但又说"发乎情，止乎礼义"，故其所言之"情"是被封建"礼义"规范化了情感。魏晋以后，这一命题更被文论家反复论及，不过由于儒道的衰落，魏晋六朝文论家所言之情不再限定于儒家礼义的范围。如陆机《文赋》云："诗缘情而绮靡。"刘勰《文心雕龙·情采》云："情者文之经，辞者理之纬；经正而后纬成，理定而后辞畅。"又《体性》云："夫情动而言形，理发而文见。"萧子显《南齐书·文学传论》亦云："文章者，盖情性之风标，神明之律吕也。"均从不同的角度强调了表现情性是文章创作的根本。令狐德棻继承传统文论的观点，其旨在纠正南朝以来文学作品过于重视文辞工巧而忽视情感内容充实动人的偏颇，这与他倡导文质并重的思想是一致的。

【相关知识链接】

唐初年间，在房玄龄、令狐德棻、魏徵等名臣的主持或参与下，编修了《晋书》《北齐书》《周书》《梁书》《陈书》《隋书》《南史》《北史》等多部史书，史家们在撰著文苑传或经籍志序及某些著名文学家专传或合传的论、赞等篇章中，往往会发表对于文学的见解，由此可以看出修史者的文学观念。唐初史家的文学思想观念有一些大致相同的倾向，主要表现为：

其一，重视文章的政教作用。如房玄龄《晋书·文苑传序》云："移风俗于王化，崇孝敬于人伦，经纬乾坤，弥纶中外，故知文之时义大哉远矣！"姚思廉《梁书·文学传序》云："经礼乐而纬国家，通古今而述美恶，非文莫可也。"又《陈书·文学传序》云："孔子曰'焕乎其有文章'也。……大则宪章典谟，裨赞王道；小则文理清正，申纾性灵。至于经礼乐，综人伦，通古今，述美恶，莫尚乎此。"修史者由于历览古今成败兴亡，明晓政治得失，所以立论之时更重视文章的经世致用功能，将文学看成为政教服务的工具。

其二，肯定前代著名作家。唐初史家对前代著名作家多表示肯定和赞赏。如房玄龄《晋书·文苑传序》云："泪姬历云季，歌颂滋繁，荀、宋之流,导源自远,总金羁而齐骛,扬玉轪而并驰,言泉会于九流,文律谐于六变。自时已降,轨躅同趋,西都贾、马,耀灵蛇于掌握;东汉班、张,发雕龙于绨椠,俱标称首,咸推雄伯。逮乎当涂基命,文宗郁起,三祖叶其高韵,七子分其丽则,……独彼陈王,思风遒举,备乎典奥,悬诸日月。"魏徵《隋书·经籍志集部总论》亦对屈原、宋玉、严忌、邹阳、枚乘、司马相如、张衡、王粲、潘岳、陆机、谢灵运、颜延之、谢朓、沈约等都予以褒赞。不过,从他们所列举推扬的作家来看,与南朝人所推重者大体一致。又如均不提诗风朴质的陶渊明,对玄言诗作者不推崇,也同于南朝多数论者的认识。这反映出唐初史家肯定作品的审美性质,并不单纯强调文章的政教功能,意见是较为通达的。

其三,严厉批判梁、陈宫体诗风。令狐德棻批评庾信文风"淫放""轻险",主要是针对其在梁朝后期所作宫体诗赋而言。魏徵也对以萧纲、萧绎、徐陵、庾信为代表的梁、陈宫体诗文大加挞伐,斥为"亡国之音"。《隋书·经籍志集部总论》云:"梁简文之在东宫,亦好篇什。清辞巧制,止乎衽席之间;雕琢蔓藻,思极闺闱之内。后生好事,递相放习,朝野纷纷,号为宫体。流宕不已,讫于丧亡。陈氏因之,未能全变。"这些观点都是从总结历史教训的立场出发,对刻意描绘女性和男女情事的宫体作品予以批判,反映了唐初史家意欲端正文风、维持风教的共同倾向。

其四,崇尚质文兼备的文学观。令狐德棻强调文章须"文质因其宜",从而获得"和而能壮,丽而能典"的质文兼备的艺术效果。魏徵在《隋书·文学传序》也发表了类似的观点,不过他是从整合南北文风的角度提出的。魏氏认为,南方文学"宫商发越,贵于清绮",北方文学则"词义贞刚,重乎气质",故"若能掇彼清音,简兹累句,各去所短,合其两长,则文质斌斌,尽善尽美矣"。意谓整合南方文学的清绮华美和北方文学的质朴刚健,就能达到文质彬彬的理想境界。

【延伸阅读】

房玄龄《晋书·文苑传序》、姚思廉《陈书·文学传序》、魏徵《隋书·经籍志集部总论》及《隋书·文学传序》诸篇,是代表唐初史臣文学思想观念的重要批评文献。房玄龄诸人在重视发挥文章的政教作用、肯定前代作家等方面的批评倾向,与令狐德棻十分接近,研读此数篇将有助于全面了解唐初史家、政治家的文学思想。

晋书·文苑传序(选录)

(唐)房玄龄

夫文以化成,惟圣之高义,行而不远,前史之格言,是以温洛祯图,绿字符其丕业;苑山灵篆,金简成其帝载。既而书契之道聿兴,钟石之文逾广,移风俗于王化,崇孝敬于人伦,经纬乾坤,弥纶中外,故知文之时义大哉远矣!

洎姬历云季,歌颂滋繁,荀、宋之流,导源自远,总金羁而齐骛,扬玉轪而并驰,言泉会于九流,文律谐于六变。自时已降,轨躅同趋,西都贾、马耀灵蛇于掌握,东汉班、张发雕龙于绨椠,俱标称首,咸推雄伯。逮乎当涂基命,文宗郁起,三祖叶其高韵,七子分其丽则,《翰林》总其菁华,《典论》详其藻绚,彬蔚之美,竞爽当年。独彼陈王,思风遒举,备乎典奥,悬诸日月。

及金行纂极,文雅斯盛。张载擅铭山之美,陆机挺焚研之奇,潘、夏连辉,颉颃名辈,并综采繁缛,杼轴清英,穷广内之青编,辑平台之丽曲,嘉声茂迹,陈诸别传。至于吉甫、太冲,江右之才杰;曹毗、庾阐,中兴之时秀。信乃金相玉润,林荟川冲,坿美前修,垂裕来叶。今撰其鸿笔之彦,著之《文苑》云。

中华书局排印本《晋书》卷九十二

陈书·文学传序(选录)

(唐)姚思廉

《易》曰"观乎人文以化成天下",孔子曰"焕乎其有文章"也。自楚、汉以降,辞人世出,洛汭、江左,其流弥畅。莫不思侔造化,明并日月,大则宪章典谟,裨赞王道;小则文理清正,申纾性灵。至于经礼乐,综人伦,通古今,述美恶,莫尚乎此。后主嗣业,雅尚文词,傍求学艺,焕乎俱集。每臣下表疏及献上赋颂者,躬自省览,其有辞工,则神笔赏激,加其爵位,是以搢绅之徒,咸知自励矣。若名位文学晃著者,别以功迹论。今缀杜之伟等学既兼文,备于此篇云尔。

中华书局排印本《陈书》卷三十四

隋书·经籍志集部总论(选录)

(唐)魏徵

文者,所以明言也。古者登高能赋,山川能祭,师旅能誓,丧纪能诔,作器能铭,则可以为大夫。言其因物骋辞,情灵无拥者也。唐歌虞咏,商颂周雅,叙事缘情,纷纶相袭,自斯已降,其道弥繁。世有浇淳,时移治乱,文体迁变,邪正或殊。

宋玉、屈原,激清风于南楚,严、邹、枚、马,陈盛藻于西京,平子艳发于东都,王粲独步于漳、滏。爰逮晋氏,见称潘、陆,并黼藻相辉,宫商间起,清辞润乎金石,精义薄乎云天。永嘉已后,玄风既扇,辞多平淡,文寡风力。降及江东,不胜其弊。宋、齐之世,下逮梁初,灵运高致之奇,延年错综之美,谢玄晖之藻丽,沈休文之富溢,辉焕斌蔚,辞义可观。梁简文之在东宫,亦好篇什,清辞巧制,止乎衽席之间,雕琢蔓藻,思极闺闱之内。后生好事,递相放习,朝野纷纷,号为宫体。流宕不已,讫于丧亡。陈氏因之,未能全变。

其中原则兵乱积年,文章道尽。后魏文帝,颇效属辞,未能变俗,例皆淳古。齐宅漳滨,辞人间起,高言累句,纷纭络绎,清辞雅致,是所未闻。后周草创,干戈不戢,君臣戮力,专事经营,风流文雅,我则未暇。其后南平汉、沔,东定河朔,讫于有隋,四海一统,采荆南之杞梓,收会稽之箭竹,辞人才士,总萃京师。属以高祖少文,炀帝多忌,当路执权,逮相摈压。于是握灵蛇之珠,韫荆山之玉,转死沟壑之内者,不可胜数,草泽怨刺,于是兴焉。古者陈诗观风,斯亦所以关乎盛衰者也。班固有《诗赋略》,凡五种,今引而伸之,合为三种,谓之集部。

中华书局排印本《隋书》卷三十五

隋书·文学传序(选录)

(唐)魏徵

《易》曰:"观乎天文,以察时变,观乎人文,以化成天下。"《传》曰:"言,身之文也,言而不文,行之不远。"故尧曰则天,表文明之称;周云盛德,著焕乎之美。然则文之为用,其大矣哉!上所以敷德教于下,下所以达情志于上,大则经纬天地,作训垂范,次则风谣歌颂,匡主和民。或离逸放逐之臣,涂穷后门之士,道轗轲而未遇,志郁抑而不申,愤激委约之中,飞文魏阙之下,奋迅泥滓,自致青云,振沉溺于一朝,流风声于千载,往往而有。是以凡百君子,莫不用心焉。

自汉、魏以来,迄乎晋、宋,其体屡变,前哲论之详矣。暨永明、天监之际,太和、天保之间,洛阳、江左,文雅尤盛。于时作者,济阳江淹、吴郡沈约、乐安任昉、济阴温子昇、河间邢子才、巨鹿魏伯起等,并学穷书圃,思极人文,缛采郁于云霞,逸响振于金石。英华秀发,波澜浩荡,笔有余力,词无竭源。方诸张、蔡、曹、王,亦各一时之选也。闻其风者,声驰景慕,然彼此好尚,互有异同。江左宫商发越,贵于清绮;河朔词义贞刚,重乎气质。气质则理胜其词,清绮则文过其意,理深者便于时用,文华者宜于咏歌,此其南北词人得失之大较也。若能掇彼清音,简兹累句,各去所短,合其两长,则文质斌斌,尽善尽美矣。

梁自大同之后,雅道沦缺,渐乖典则,争驰新巧。简文、湘东,启其淫放;徐陵、庾信,分路扬镳。其意浅而繁,其文匿而彩,词尚轻险,情多哀思。格以延陵之听,盖亦亡国之音乎!周氏吞并梁、荆,此风扇于关右,狂简斐然成俗,流宕忘反,无所取裁。

高祖初统万机,每念斫彫为朴,发号施令,咸去浮华。然时俗词藻,犹多淫丽,故宪台执法,屡飞霜简。炀帝初习艺文,有非轻侧之论,暨乎即位,一变其风。其《与越公书》《建东都诏》《冬至受朝诗》及《拟饮马长城窟》,并存雅体,归于典制。虽意在骄淫,而词无浮荡,故当时缀文之士,遂得依而取正焉。所谓能言者未必能行,盖亦君子不以人废言也。

爰自东帝归秦,逮乎青盖入洛,四隩咸暨,九州攸同,江、汉英灵,燕、赵奇俊,并该天网之中,俱为大国之宝。言刈其楚,片善无遗,润木圆流,不能十数,才之难也,不其然乎!时之文人,见称当世,则范阳卢思道、安平李德林、河东薛道衡、赵郡李元操、巨鹿魏澹、会稽虞世基、河东柳䛒、高阳许善心等,或鹰扬河朔,或独步汉南,俱骋龙光,并驱云路,各有本传,论而叙之。其潘徽、万寿之徒,或学优而不切,或才高而无贵仕,其位可得而卑,其名不可埋没。今总之于此,为《文学传》云。

中华书局排印本《隋书》卷七十六

【思考题】

1. 试述"文章之作,本乎情性"的理论意义。
2. 你如何理解"文"与"质"的关系?

王　勃

【作者简介】

王勃(649—676),字子安,绛州龙门(今山西河津)人。隋末大儒王通之孙。唐高宗麟德初,经刘祥道表荐,对策高第,授朝散郎。后为沛王府修撰,总章二年(669),因戏作《檄英王鸡文》,为高宗所恶,被逐出府,遂游巴蜀数载。后任虢州参军,以匿杀官奴当诛,遇赦革职。其父王福畤亦受牵连而贬为交趾令,勃渡海省亲,归返时溺海而亡。其诗文气体刚健,于纠正当时文坛积弊,颇有积极作用。有《王子安集》。

上吏部裴侍郎启(节录)

……夫文章之道,自古称难。圣人以开物成务[1],君子以立言见志[2]。遗雅背训,孟子不为[3];劝百讽一,扬雄所耻[4]。苟非可以甄明大义[5],矫正末流,俗化资以兴衰,家国由其轻重[6],古人未尝留心也。自微言既绝,斯文不振[7]。屈、宋导浇源于前,枚、马张淫风于后[8]。谈人主者,以宫室苑囿为雄;叙名流者,以沉酗骄奢为达[9]。故魏文用之而中国衰[10],宋武贵之而江东乱[11]。虽沈、谢争骛[12],适先兆齐、梁之危;徐、庾并驰[13],不能止周、陈之祸。于是识其道者,卷舌而不言[14];明其弊者,拂衣而径逝[15]。《潜夫》《昌言》之论[16],作之而有逆于时;周公、孔氏之教,存之而不行于代[17]。天下之文,靡不坏矣[18]。

国家应千载之期,恢百王之业。天地静默,阴阳顺序。方欲激扬正道,大庇生人[19],黜非圣之书[20],除不稽之论[21]。牧童顿颡,思进皇谋[22];樵夫拭目,愿谈王道[23]。崇大厦者,非一木之材;匡弊俗者,非一日之卫。众持则力尽[24],真长则伪消,自然之数也。君侯受朝廷之寄[25],掌镕范之权[26],至于舞咏浇淳[27],好尚邪正,宜深以为念也。伏见铨擢之次[28],每以诗赋为先,诚恐君侯器人于翰墨之间[29],求材于简牍之际,果未足以采取英秀,斟酌高贤者也。徒使骏骨长朽,真龙不降[30]。衒才饰智者,奔驰于末流[31];怀真蕴璞者,栖遑于下列[32]。《易》不云乎,"言行,君子之所以动天地"[33];"失之毫厘,差以千里"[34]。《书》不云乎,"敝化奢丽,万世同流";"余风未殄,公其念哉"[35]。嗟乎!盖有识天人之幽致[36],明国家之大体,辨焉而不穷,酌焉而不竭,抱膝无闷,眄衡自得[37],彼悠悠之技,焉足为君侯道矣。自非奉闲宴,接清谈[38],未可一二言也。……

上海古籍出版社蒋清翊《王子安集注》卷四

【题解】

本文作于唐高宗咸亨初年,王勃自蜀返京参选之时。当时主管铨选者为吏部侍郎裴行俭,他曾两次"招延"王勃,王勃乃录其所作《古君臣赞》十篇并序,且作此启一同献上。此文旨在阐发选拔人才不应以诗赋为先,认为若仅凭"翰墨""简牍"之工以定优劣,则会造成"骏骨""真龙",即有真才实学之士被埋没的后果。基于此,王勃反对浮华绮靡的文风,认为文章之作应当"立言见志""甄明大义",以服务于政教,故他对包括屈原、宋玉、司马相如等在内的创作缘情体物之文的作家一概予以否定。

【注释】

1. 开物成务:指通晓万物的道理,并按理行事而使人事各得其宜。《易·系辞上》:"夫《易》开物成务,冒天下之道,如斯而已者也。"孔颖达《正义》:"言《易》能开通万物之志,成就天下之务,有覆冒天下之道。"
2. 立言见志:《左传·襄公二十四年》:"豹闻之:'大上有立德,其次有立功,其次有立言。'虽久不废,此之谓不朽。"
3. "遗雅"两句:谓有悖于正道、不合圣人之训的事,孟子决不会做。《孟子·尽心下》:"在彼者,皆我所不为也;在我者,皆古之制也。"《离娄下》:"非仁无为也,非礼无行也。"此处借以指文章必须遵循古训。
4. "劝百"两句:《汉书·司马相如传赞》:"扬雄以为靡丽之赋,劝百而风一。"扬雄认为司马相如作赋，虽意在讽谏，但因铺张过甚，结果适得其反。

5. 甄明：辨明、彰明。

6. "俗化"两句：意谓在文章的影响下习俗教化变得更好，家国的地位威望也愈隆。俗化，习俗教化。

7. "自微言"两句：微言，精微要妙之言。刘歆《移书让太常博士》："及夫子没而微言绝，七十子卒而大义乖。"斯文，指礼乐教化、典章制度。《论语·子罕》："天之将丧斯文也，后死者不得与于斯文也。"后特指文学。

8. "屈宋"两句：屈、宋，指屈原、宋玉。浇，浮薄。枚、马，指枚乘、司马相如。淫风，指汉大赋靡丽铺排的文风。

9. "谈人主"四句：谓议论君主的赋作，以大肆铺排宫殿园林的奇伟壮阔来表现其不凡的气势；讲述社会名流的赋作，以描写沉溺酒气和傲慢奢侈来表现其放达。

10. 魏文：指魏文帝曹丕。

11. 宋武：当指南朝宋孝武帝刘骏。

12. 沈、谢：指沈约、谢朓。详见《中说》注11。

13. 徐、庾：指徐陵、庾信。详见《中说》注23。

14. 卷舌：闭口不言。扬雄《剧秦美新》："卷其舌而不谈。"又《解嘲》："是以欲谈者卷舌而同声。"李善注："故欲谈者卷舌而不言，待彼发而同其声。"

15. "拂衣"句：拂衣，撩起衣裳。径逝，迅速离开。

16. "《潜夫》"句：《潜夫》，即《潜夫论》，东汉王符著，共三十六篇，大多是讨论治国安民之术的政论文章，旨在评论时政得失，反对谶纬迷信。《昌言》，东汉仲长统著，共三十四篇，原本已佚，清人严可均有辑存二卷。仲氏每论说古今及时俗行事，常发愤叹息，因著此书。

17. 代：世。为避李世民讳而改。

18. 靡：无、没有。

19. 生人：即生民，指人民、民众。避李世民讳而改称"人"。

20. 非圣：谓诋毁圣人之道。《后汉书·周燮传》："不读非圣之书。"

21. 不稽：即"无稽"，无可查考，没有根据。《尚书·大禹谟》："无稽之言勿听。"

22. "牧童"两句：顿颡，叩头。颡，额、头。皇谟，治国的妙策。皇，美好。

23. "樵夫"两句：扬雄《长杨赋》："士有不谈王道者，则樵夫笑之。"拭目，谓观其教化。《汉书·张敞传》："今天子以盛年初即位，天下莫不拭目倾耳，观化听风。"颜师古注："言改易视听，欲急闻见善政化也。"

24. "众持"句：谓众人起而尽力扶助，方能抵御不良倾向。持，扶持、扶助。力尽，谓尽其力。

25. 君侯：秦汉时称列侯而为丞相者为君侯，后用为对达官贵人的敬称。

26. 镕范：本指铸造器物用的模具，借喻培育、造就人才。

27. 舞咏浇淳：指文章所反映的人心民俗之浮薄或淳厚。舞咏，颜延之《三月三日曲水诗序》："夫方策既载，皇王之迹已殊；钟石毕陈，舞咏之情不一。"浇，浮薄。淳，质朴、淳厚。《梁书·武帝纪上》:"夫在上化下,草偃风从,世之浇淳,恒由此作。"

28. 铨擢:衡量选拔人才。

29. 器人:选择人才。《汉书·史丹传》:"若乃器人于丝竹鼓鼙之间,则是陈惠、李微高于匡衡,可相国也。"颜师古引如淳曰:"器人,取人器能也。"

30. "徒使"两句:谓贤才被埋没。骏骨,《战国策·燕策》载:郭隗以买马为喻,说古代有以重金买千里马之骨,千里马不求而自至,劝燕昭王招贤。后以"骏骨"喻杰出人才。真龙,比喻真正的贤才,用"叶公好龙"的典故,而反用其意。

31. 末流:指颓风弊俗。

32. "怀真"两句:谓品行高尚、有真才实学而静退淳朴之人忙碌奔波于下层。怀真,犹"怀贞",怀抱坚贞的节操。蕴璞,《韩非子·和氏》载:楚人卞和得玉璞于山中,献给楚厉王、武王,都认为是石而先后断其左、右足。楚文王时,卞和抱璞哭于荆山,文王使人剖之而得宝玉。栖遑:奔忙不定。

33. "言行"两句:《周易·系辞上》:"言行,君子之所以动天地也,可不慎乎!"

34. "失之"两句:《史记·太史公自序》:"故《易》曰:失之豪厘,差以千里。"裴骃《集解》:"今《易》无此语,《易纬》有之。"

35. "敝化"四句:语出《尚书·毕命》。伪孔传:"言敝俗相化,车服奢丽,虽相去万世,若同一流。"又:"纣以靡靡利口惟贤,覆亡国家。今殷民利口余风未绝,公其念绝之。"殄,灭绝。

36. "盖有识"句:谓通晓天人关系的隐微道理。幽致,隐微深奥的道理。

37. 盱衡:举眉扬目,引申为纵观大局之意。

38. "自非"两句:谓未能在闲暇时在您身旁恭候,聆听您高雅的谈论。闲宴,悠闲安静。清谈,清雅的谈论。

【讲疏】

王勃此文旨在论述人才选拔问题,并由此而论及前代作家及文风问题。王勃主张选拔人才不应以诗赋为先,认为这样的选拔制度致使"衔才饰志者奔驰于末流,怀真蕴璞者栖遑于下列"。所以他建议执掌铨选之职的裴行俭应当改变"器人于翰墨之间,求材于简牍之际"的做法,选用那些"识天人之幽致,明国家之大体"的实干人才,为国效力。

基于这种认识,王勃以古代圣人君子"开物成务""立言见志"的有物之文为榜样,要求文章发挥积极的社会功能,以矫正不良风习,有助于家国政教。接着他以此为标准否定诗赋等缘情体物之作,进而对楚辞、汉赋及南朝文学予以全盘否定,甚至认为造成"中国衰""江东乱"的局面,以及齐、梁、周、陈之亡国,都与重视文学创作有关。这种论调显得十分偏激,尚不如唐初史臣的议论较为通达,但在唐初文坛力图克服南朝绮靡文风影响的背景下,自有其一定的合理性。王勃此种观念,当也是受其祖父王通思想的影响。他曾续撰王通《元经》之传,还为其《续诗》《续书》制序,有志于继承乃祖衣钵,因而在轻视、否定文学审美功能方面也深受王通影响。如《平台秘略论·艺文》云:"故文章经国之大业,不朽之能事。而君子等役心劳神,宜于大者远者,非缘情体物、雕虫小技而已。"这便与王通之论十分接近。

但是,王勃毕竟又是一位才华横溢的作家,所作诗文形式精美,并不排斥藻采,他在其他场合也发表过一些肯定文学审美功能的言论,如《山亭思友人序》云:"至若开辟翰苑,扫荡文场,得宫商之正律,受山川之杰气。虽陆平原、曹子建,足可以车载斗量;谢灵运、潘安仁,足可以膝行肘步。思飞情逸,风云坐宅于笔端;兴洽神清,日月自安于调下云尔。"因此,我们需要联系其全部批评及创作实践来理解其文学思想。

【关键词解读】

立言见志

古人有"立言"以期不朽的传统,《左传·襄公二十四年》云:"豹闻之:'大上有立德,其次有立功,其次有立言。'虽久不废,此之谓不朽。"所谓"立言","谓言得其要,理足可传"(孔颖达疏),意即提出具有真知灼见的言论以传诸后世。后来"立言"也泛指著书作文,如葛洪《抱朴子外篇·行品》:"摛锐藻以立言,辞炳蔚而清允者,文人也。"刘勰《文心雕龙·章句》:"夫人之立言,因字而生句,积句而成章,积章而成篇。"他们所说的"立言"均指写作而言。所谓"见志",指表现思想志向,如《文心雕龙·诸子》云:"诸子者,入道见志之书。"意即诸子的著作,是深入研究道且表达自己思想之书。

王勃志向远大,欲求有用于世,而不甘心仅仅做一介文人,所以他强调"立言见志",意谓要像古代圣人君子那样作文立说,以表达自己的理想志趣,进而有补于世。当然,王勃提倡"立言见志"说的意义不止于此,他还有针对南朝以迄唐初文学中那种但见形式而无内涵可言的弊端进行纠偏的用意。南朝文学中那些徒具文律的作品,往往"遗理存异,寻虚逐微,竞一韵之奇,争一字之巧"(李谔《上隋文帝书》);唐高宗龙朔年间流行的"上官体"亦是"争构纤微,竞为雕刻……影带以徇其功,假对以称其美"(杨炯《王勃集序》),倾心于双关、对偶等形式技巧的讲求,内容却空洞无物。因此,王勃高举"立言见志"之训作为因应之道,要求文章"甄明大义",而不应徒骋文华。

【相关知识链接】

初唐"四杰"是唐诗发展过程中的关键性人物,他们不仅在创作上取得了丰硕的成就,在文学理论批评上也颇有建树。"四杰"对前代及唐初文学的发展都有过评价,其中有一些共同的倾向,如他们程度不同地表现出对六朝以迄唐初流行的浮靡文风的不满。但在评价前代文学时,也存在一些差异,这表现为:

王勃《上吏部裴侍郎启》从文学是否发挥了政教作用的立场出发,对屈原、宋玉以迄南朝的文学发展一概予以否定(当然王勃这种偏激之论,是针对当时以文取士的人才选拔制度而发,他在其他场合对魏晋南朝优秀的作家作品也多有肯定)。杨炯对于汉魏以来文学的评价,与王勃的观点基本相似。他在《王勃集序》中指出:以贾谊、司马相如、曹植、王粲为代表的汉魏文学已"亏于《雅》《颂》""失于《风》《骚》";西晋潘岳、陆机以下的文学创作,则"或苟求虫篆,未尽力于《丘》《坟》;或独徇波澜,不寻源于《礼》《乐》"。杨炯否定汉魏六朝文学,也是从维护儒家传统诗教的立场出发的,不过其评价没有王勃那样极端而已。

同王、杨不同的是,卢照邻和骆宾王对前代文学的评价则比较宽和。卢照邻《南阳公集序》云:"自获麟绝笔,一千三四百年,游夏之门,时有荀卿、孟子;屈、宋之后,直至贾谊、相如。两班叙事,得丘明之风骨;二陆裁诗,含公幹之奇伟。邺中新体,共许音韵天成;江左诸人,咸好瑰姿艳发。精博爽丽,颜延之急病于江、鲍之间;疏散风流,谢宣城缓步于何、刘之上。北方重浊,独卢黄门往往高飞;南国轻清,惟庾中丞时时不坠。"对不同时代、不同风格的作家均予以肯定,对六朝文学虽有保留,但仍表示出对个别作家如颜延之、谢朓、庾信等的推崇。骆宾王在《和道士闺情诗启》中,对李陵、班婕妤、张衡、蔡邕、曹植、王粲、刘桢、陆机、潘岳、左思等东晋以前诗人都加以称赞,称他们为"文苑之羽仪,诗人之龟镜";对东晋玄言诗及其以下诗作则稍露微词:"爰逮江左,讴谣不辍,非有神骨仙才,事事玄风道意。颜、谢特挺,戕伐典丽。自兹以降,声律稍精。其间沿改,莫能正本。"但总体上要比王、杨的评价更客观积极一些。

【延伸阅读】

王勃的文学批评思想受其祖父王通的影响很大。如《续书序》极力表彰乃祖撰作《元经》《续诗》《续书》《易赞》等,以发扬儒道的功绩,并表达了继承乃祖衣钵之志向。又《平台祕略论》及《赞》中之"艺文"篇,视文章为经国之大业,认为文章"宜于大者远者",而不能将其作为"缘情体物"的"雕虫小技"看待。这都反映了王勃受隋及唐初反对齐梁文风而提倡发挥文学实际功用的批评风气的影响。

续 书 序

序曰:书以记言,其来尚矣。越在三代,左史职之,百官以理,万人以察,扬于王庭,用实大焉。苟非可以燮理情性,平章邦国,敷彝伦而叙要道,察时变而经王猷,树皇极之纲维,资生灵之视听,皆可略也。昔者仲尼之述书也,将以究事业之通,而正性命之理。故曰吾欲托之空言,不如附之行事。道德仁义,于是乎明;刑政礼乐,于是乎出。非先王之德行不敢传,非先王之法言不敢道。纪千数百岁,断自唐虞,迄于商周,风流所存,百篇而已。以此见圣人言约理举,神明不劳,而体时务之撰矣。故能法象天地,同符易简。借前箸于筌蹄,驱后主于轨物。密而显,宏而奥,久而弥新,用而不竭。非古之聪明圣智,玄览博达,孰能为此哉!孔安国曰:"帝王之制,坦然明白,可举而行。"嗟乎!其言甚大,可使南面称圣人之后矣。

自时以降,史述陵迟,人自为家,标指失中。陈事乱而无当,制理参而不一。由是大典散而人文乖,是非繁而取舍谬,与夫古先哲人制述之意,不其疏乎?我先君文中子,实秉睿懿,生于隋末,睹后作之违方,忧异端之害正。乃喟然曰:"宣尼既没,文不在兹乎?"遂约大义,删旧章,《续诗》为三百六十篇;考伪乱而修《元经》;正《礼》《乐》以旌后王之失;述《易赞》以申先师之旨;经始汉魏,迄于有晋,择其典物宜于教者,《续书》为百二十篇,而广大悉备。嗟乎!贤圣之述,岂多为哉?亦足垂训作则,冒天下之道,如斯而已矣。当时门人百千数,董、薛之徒,并受其义。

遭代丧乱,未行于时。历年永久,稍见残缺。贞观中,太原府君考诸六经之目,则亡其小序;其有录而无篇者,又十六焉。呜呼!兹不可复见矣。家君钦若丕烈,图终休绪。乃例六经,次《礼》《乐》,叙《中说》,明《易赞》,永惟保守前训,大克敷遗后人。

勃兄弟五六冠者，童子六七，祗祗怡怡，讲问伏渐之日久矣。躬奉成训，家传异闻，犹恐不得门而入，才之不逮至远也。是用厉精激愤，宵吟昼咏，庶几乎学而知之者。其修身慎行，恐辱先也。岂声禄是徇，前人之不继是惧。

间者承命为百二十篇作序，而兼当补修其阙。爰考众籍，共参奥旨，泉源浩然，罔识攸济。呜呼小子，何敢以当之也，其尽心力乎！始自总章二年，泊乎咸亨五年，刊写文就定，成百二十篇，勒成二十五卷。昔者文中子曰："汉魏之礼乐未足称，其书不可废也，尚有近古之对议存焉。制诏册，则几乎典诰矣。"后之达悟者，将有得于斯文乎！于时龙集阉茂，勉踵前修，在大唐御天下之五十七祀也。

平台祕略论十首（选录）

艺文第三

论曰：《易》称"观乎天文，以察时变。"《传》称"言而无文，行之不远。"故"文章经国之大业，不朽之能事。"而君子等役心劳神，宜于大者远者，非缘情体物、雕虫小技而已。是故思王抗言辞颂，耻为君子；武皇裁敕篇章，仅称往事，不其然乎。至若身处魏阙之下，心存江湖之上，诗以见志，文宣王有焉。

平台祕略赞十首（选录）

艺文第三

荣分上邸，业盛文场。争开宝札，竞耸雕章。气凌云汉，字挟风霜。后之来者，其在君王。

上海古籍出版社蒋清翊《王子安集注》

【思考题】

你如何理解王勃的理论主张与创作实际不一致的现象？

陈　子　昂

【作者简介】

陈子昂(661—702),字伯玉,梓州射洪(今属四川)人。家世豪富,少时任侠,后发愤从学。武后文明元年(684)登进士第,授麟台正字,官至右拾遗。曾两度随军出塞,往张掖、幽州等地。为人刚直,屡上书言事,不见采用,反被构陷入狱。圣历元年(698),以父老,解职归侍。后遭射洪县令段简迫害,冤死狱中。其诗文创作在扭转六朝以至初唐沿袭的绮艳文风方面居功甚伟,在唐代文学发展史上占有重要地位。有《陈伯玉文集》。

与东方左史虬修竹篇序

东方公足下[1]:文章道弊五百年矣[2]。汉、魏风骨,晋、宋莫传,然而文献有可征者。仆尝暇时观齐、梁间诗,彩丽竞繁,而兴寄都绝,每以永叹[3]。思古人常恐逶迤颓靡[4],风雅不作,以耿耿也[5]。一昨于解三处见明公《咏孤桐篇》[6],骨气端翔[7],音情顿挫[8],光英朗练[9],有金石声[10]。遂用洗心饰视,发挥幽郁[11]。不图正始之音[12],复睹于兹,可使建安作者相视而笑[13]。解君云:"张茂先、何敬祖[14],东方生与其比肩。"仆亦以为知言也[15]。故感叹雅制[16],作《修竹诗》一篇[17],当有知音,以传示之。

《四部丛刊》影印明刊本《陈伯玉文集》卷一

【题解】

武后时担任左史的东方虬作有《咏孤桐篇》,陈子昂读此诗后颇为欣赏,故作《修竹篇》诗并序以赠东方虬。《修竹篇序》是陈子昂诗歌理论的集中体现,此序抨击了晋、宋以来诗歌"风雅不作""彩丽竞繁"的弊病,从而提倡继承汉魏诗歌的优秀传统,突出地强调"风骨"与"兴寄",要求诗歌的思想内容与艺术形式并重,并将此作为变革当代诗风的指导思想。陈子昂以复古求创新的主张,是唐代诗文革新理论的先声。

【注释】

1. 东方公:东方虬(生卒年不详),武后时为左史、礼部员外郎。
2. 文章道弊:指风雅传统衰微,代之以繁缛靡丽、华而不实的文风。
3. 永叹:长叹。
4. 逶迤颓靡:指诗风的颓废衰微。逶迤,衰败貌。
5. 耿耿:心中不安貌。《楚辞·远游》:"夜耿耿而不寐兮,魂茕茕而至曙。"洪兴祖补注:"耿耿,不安也。"
6. "一昨"句:一昨,前些日子。解三,生平事迹不详,当为陈子昂之诗友。明公,古时对有名位者的尊称,两汉之际已有其语。《东观汉记·邓禹传》:"明公虽建蕃辅之功,犹恐无所成立。"《咏孤桐篇》,原诗已佚。
7. 骨气端翔:端,端正挺拔。翔,指作品有生气、有力量。《文心雕龙·风骨》:"其(风骨)为文用,譬征鸟之使翼也。""鹰隼乏采,而翰飞戾天,骨劲而气猛也。文章才力,有似于此。"皆以飞鸟高翔比喻文章有风骨。
8. 音情顿挫:谓诗的声音抑扬铿锵,感情波澜起伏。《后汉书·孔融传赞》:"北海天逸,音情顿挫。"李贤注:"顿挫,犹抑扬也。"
9. 光英朗练:谓作品有光彩,明朗精练。《文心雕龙·才略》:"士龙朗练,以识检乱,故能布采鲜净,敏于短篇。"
10. 有金石声:《世说新语·文学》:"孙兴公(绰)作《天台赋》成,以示范荣期,云:'卿试掷地,要作金石声。'"后因以"金石声"比喻作品文辞音韵铿锵、优美动人。
11. "遂用"两句:谓此诗可以使人心目开豁,涤荡幽郁。饰视,犹言拭目,擦亮眼睛。《释名·释言》:"饰,拭也。物秽者,拭其上使明。"
12. "不图"句:不图,不料。正始,魏齐王芳年号(240—248)。文学史上的"正始之音",泛指曹魏后期出现的嵇康、阮籍等作家的作品。此所谓"正始之音"并非指正始时期的作家作品,而实指上文"汉魏风骨"而言。
13. 相视而笑:《庄子·大宗师》:"四人相视而笑,莫逆于心,遂相与为友。"
14. "张茂先"句:张华(232—300),字茂先,范阳方城(今河北固安)人。魏、晋间诗人,官至司空。以"博物洽闻"知名于世,著有《博物志》。何劭(236—302),字敬祖,陈国阳夏(今河南太康)人。晋初诗人,入晋官至太宰。

15. 知言:有见识的话。

16. 雅制:高雅的制作,是对《咏孤桐篇》的推崇之意。

17. 《修竹诗》:主要咏修竹"岁寒霜雪苦,含彩独青青"的坚贞品格,并借以自喻,同时诗中还表现出一定的游仙思想。

【讲疏】

隋、唐之际,文坛上不少人都感受到了六朝文风之弊及其不良影响,纷纷起而批评,意欲矫正其失。但王通、李谔、王勃等人的批评,观念过于守旧,又走向了否定文学艺术形式及审美功能的偏狭之途,矫枉过正而效果并不明显。至陈子昂登上诗坛后,大力倡导诗歌革新,继续批判六朝文风余波,但他论诗内容与形式并重,给人耳目一新之感。《与东方左史虬修竹篇序》就是陈子昂诗歌革新理论的总纲领。

《修竹篇序》针对晋宋以还,特别是齐梁诗歌提出了两点尖锐的批评:一是"汉魏风骨,晋宋莫传",批评晋宋以后的诗歌创作日趋浮艳柔靡,丧失了汉魏诗歌那种刚健清新、慷慨昂扬的艺术感染力。因此,他提倡以情感表现鲜明、语言端直有力为表征的"风骨",来补救南朝诗歌"瘠义肥辞"(刘勰《文心雕龙·风骨》)、柔靡无力的弊病。二是"彩丽竞繁,而兴寄都绝",批判齐梁间诗歌徒具华辞丽藻,缺乏有感而发而又能感发于人的情志寄托。故他又倡导"兴寄",要求诗歌须有感而发,寄寓深情,尤其是关乎社会及人生的情怀意蕴,而不要无病呻吟。风骨与兴寄,前者是对诗歌艺术风貌的要求,后者是对内容方面的要求,这两者可以说切中了六朝诗歌的要害。陈子昂认为只有继承和发扬"汉魏风骨"及自《诗经》以来的"兴寄"传统,才能摆脱六朝浮靡文风的影响,使诗歌创作步入正途,进而使"正始之音复睹于兹","建安作者相视而笑"。

在强调"风骨"、"兴寄"的基础上,陈子昂赞美东方虬的《咏孤桐篇》"骨气端翔,音情顿挫,光英朗练,有金石声",谓此诗既有动人的情感和飞动的气势,又有顿挫铿锵的声音与明朗皎洁的光彩,这正是"风骨"与"兴寄"兼具的佳作,也就是他心目中的理想作品。陈子昂自己的诗歌创作也是朝着这一方向努力的,并取得了突出的成就,如《登幽州台歌》《感遇》三十八首等都是寄托深远、风清骨峻之作。

【关键词解读】

风骨

"风骨"作为一个文学理论概念,最早是由刘勰提出来的,《文心雕龙·风骨》云:"怊怅述情,必始乎风;沈吟铺辞,莫先于骨。故辞之待骨,如体之树骸;情之含风,犹形之包气。结言端直,则文骨成焉;意气骏爽,则文风清焉。"所谓风骨,是就作品的整体风貌而言,指作品思想感情表现得鲜明爽朗,语言质朴而劲健有力,从而形成的一种明朗刚健的艺术风格。《文心雕龙·明诗》说建安诗歌"慷慨以任气,磊落以使才;造怀指事,不求纤密之巧,驱辞逐貌,唯取昭晰之能";《时序》篇称"观其时(建安)文,雅好慷慨,……并志深而笔长,故梗概而多气"。钟嵘《诗品》亦有"建安风力"之说。都是讲建安文学具有情感充沛、表现明朗的风骨之美。陈子昂所倡导的"汉魏风骨"就是借自南朝人的成说,但与南朝文论家又有所不同,刘勰、钟嵘既讲风骨,又很重视藻采,所谓"风骨乏采,则鸷集翰林;采乏风骨,则雉窜文囿"(《文心雕龙·风骨》),"干之以风力,润之以丹彩"(钟嵘《诗品序》),认为二者恰当地结合才合乎理想。而陈子昂则因力图革除六朝绮靡华艳文风的余习,故只强调风骨而不提藻采,对建安作者的推崇亦较刘勰、钟嵘更为突出。

兴寄

所谓"兴寄",是指作者有感而发,在作品中寄寓充实的情志、深沉的感慨。"兴寄"说是陈子昂针对六朝尤其是齐梁诗歌繁彩寡情的弊病而提出的救弊之策,它来源于传统的比兴说。"兴"为《诗经》六义之一,汉儒释之为"托事于物"(《周礼·春官·大师》郑玄注引郑众语),或云:"兴,见今之美,嫌于媚谀,取善事以喻劝之。"(《周礼·春官·大师》郑玄注)认为"兴"是在具体物象的描写、叙述中寄托人事和有关社会生活方面的含意,特别是有关美刺的内容。后来的论者释"兴",则更强调表现个人的感受,如挚虞认为兴是"有感之辞"(《文章流别论》),刘勰认为"起情,故兴体以立"(《文心雕龙·比兴》)。陈子昂所提兴寄之"兴",也指兴发情感而言,他认为诗歌不能仅仅追求体物工巧,而首先应该表现深沉、丰富的人生感慨,这样的感慨可以采用托物寓意的方法表现,也可以通过直抒胸臆的方式表达。陈子昂自己的诗歌中就有不少兴寄深远的佳作,如《感遇三十八首》其二,以兰若自比,借兰若压倒群芳的风姿,比况自身芳洁的品性与出众的才华;又借兰若凋零而芳华逝去,暗喻自己理想破灭、功业未成的迟暮之感,寓意凄婉,寄慨遥深。要之,兴寄说强调诗歌要言之有物、寄怀深远,可以说切中了六朝诗歌内容空洞、专尚藻采之弊,为唐诗的健康发展指明了道路,具有重要的理论意义。

【相关知识链接】

陈子昂在唐初诗坛六朝余习积重难返的情况下,高扬"汉魏风骨"与"兴寄"传统,以复古为革新,这对于纠正齐梁以来靡丽绮艳的诗风居功甚伟,也直接影响了后来的李白、杜甫、白居易、元稹等人的诗歌理论及创作,对唐代的诗歌革新起了先导作用,有力地推动和促进了唐诗的发展与繁荣。

陈子昂诗歌革新的历史功绩,得到了历代诗论家的充分肯定和高度评价。首先对陈子昂变革诗歌的成就给予崇高评价的是其好友卢藏用,卢氏在《右拾遗陈子昂文集序》中称其"卓立千古,横制颓波,天下翕然,质文一变",肯定其在转变诗风中的地位与作用。此后,杜甫、韩愈也对陈子昂的诗文成就赞誉有加,或称其"有才继骚雅,哲匠不比肩。公生扬马后,名与日月悬"(杜甫《陈拾遗故宅》);或赞云:"国朝盛文章,子昂始高蹈。"(韩愈《荐士》)宋代以后的诗论家对陈子昂诗论的开创之功更是称颂至极,如南宋刘克庄《后村诗话》云:"唐初王、杨、沈、宋擅名,然不脱齐梁之体。独陈拾遗首倡高雅冲淡之音,一扫六代之纤弱,趋于黄初、建安矣。"金人元好问《论诗绝句》有云:"沈、宋横驰翰墨场,风流初不废齐梁。论功若准平吴例,合著黄金铸子昂。"均极力肯定了陈子昂力矫齐梁诗风的功绩。明代高棅、胡应麟等人的评论,则着重突出陈子昂的诗论和创作对后代诗歌所产生的巨大影响。如高棅《唐诗品汇·五言古诗叙目》云:"(陈子昂)继往开来,中流砥柱,上遏贞观之微波,下决开元之正派。"胡应麟《诗薮·内编》云:"唐初承袭梁、隋,陈子昂独开古雅之源。……高适、岑参、王昌龄、李颀、孟云卿,本子昂之古雅,而加以气骨者也。"

当然,陈子昂以复古求革新的诗论主张,在强调继承前代文学的优良传统时,似乎对诗歌艺术的创新重视不够,故皎然《诗式》谓其"复多而变少",认为其创变之功在"复少而变多"的沈佺期、宋之问之下,这与皎然论诗重视艺术技巧有关。事实上,历代诗歌的发展总是在"复"与"变"的互动中不断向前推进的,诚如清人吴乔《围炉诗话》所云:"诗道不出乎变复。变,谓变古;复,谓复古。变乃能复,复乃能变,非二道也。汉、魏诗甚高,变三百篇之四言为五言,而能复其淳正。盛唐诗亦甚高,变汉、魏之古体为唐体,而能复其高雅;变六朝之绮丽为浑成,而能复其挺秀。艺至此尚矣!"据此而言,则陈子昂的复古诗论在改革齐梁余风、创立唐诗新风气过程中的历史贡献,是不可被低估的。

【延伸阅读】

陈子昂在《修竹篇序》中力倡风骨与兴寄,主张变革齐梁以来柔靡浮艳的文风。与此相应,他在《上薛令文章启》中表示自己不愿像齐梁以至唐初宫廷文人那样做俳优式的御用文人,对自己曾"名陷俳优,长为童子之群,无望壮夫之列"而懊悔,表现出以贤臣自期、并期望创作有寄托、能用世之文的志趣。

上薛令文章启

某启:一昨恭承显命,再索拙文,祗奉恩荣,心魂若励。幸甚!幸甚!某闻鸿钟在听,不足论击缶之音;太牢斯烹,安可荐藜羹之味。然则文章薄伎,固弃于高贤;刀笔小能,不容于先达。岂非大人君子以为道德之薄哉?某实鄙能,未窥作者。斐然狂简,虽有劳人之歌;怅尔咏怀,曾无阮籍之思。徒恨迹荒淫丽,名陷俳优,长为童子之群,无望壮夫之列。岂图曲蒙荣奖,躬奉德音,以小人之浅才,承令君之嘉惠,岂不幸甚!岂不幸甚!

伏惟君侯星云诞秀,金火间成,衣冠礼乐。范仪朝野,致明君于尧、舜;皇极允谐,当重寄于阿衡。中阶协泰,非夫聪明博达,体变知机,如其仁!如其仁!方当拔俊赏奇,使拾遗补阙,坐开黄閤,高视赤松,然后与稷、契、夔、龙,比功并德;岂徒萧、曹、魏、丙,屑屑区区而已哉!

某实细人,过蒙知遇,顾循微薄,何敢祗承。谨当毕力竭诚,策驽磨钝,期效忠以报德,奉知己以周旋,文章小能,何足观者,不任感荷之至。

《四部丛刊》影印明刊本《陈伯玉文集》

【思考题】

1. 陈子昂为什么要倡导诗歌革新运动?
2. 谈谈陈子昂以复古为革新的诗歌理论的意义。

刘 知 几

刘知几(661—721),字子玄,彭城(今江苏徐州)人。高宗永隆元年(680)登进士第,授怀州获嘉县主簿。武后朝,历任著作佐郎,兼修国史、左史、凤阁舍人等职。中宗时,除著作佐郎、太子中舍人、修文馆学士等。玄宗时,迁左散骑常侍,坐子刘贶事,贬安州别驾,不久卒。长于史学,曾长期兼修史之任,预修《三教珠英》《唐史》及高宗、武后、中宗、睿宗诸朝实录。著有《史通》,为中国史学史上重要的理论著作。

史通·叙事(节录)

夫史之称美者,以叙事为先。至若书功过,记善恶,文而不丽[1],质而非野[2],使人味其滋旨[3],怀其德音[4],三复忘疲[5],百遍无斁[6],自非作者曰圣[7],其孰能与于此乎?……

夫叙事之体,其流甚多,非复片言所能觏缕[8],今辄区分类聚,定为三篇,列之于下。

夫国史之美者,以叙事为工,而叙事之工者,以简要为主。简之时义大矣哉!历观自古,作者权舆[9],《尚书》发踪[10],所载务于寡事[11];《春秋》变体,其言贵于省文[12]。斯盖浇淳殊致,前后异迹。然则文约而事丰,此述作之尤美者也[13]。始自两汉,迄乎三国,国史之文,日伤烦富。逮晋已降,流宕逾远[14]。寻其冗句,摘其烦词,一行之间,必谬增数字;尺纸之内,恒虚费数行。夫聚蚊成雷,群轻折轴[15],况于章句不节,言词莫限,载之兼两[16],曷足道哉?

盖叙事之体,其别有四:有直纪其才行者,有唯书其事迹者,有因言语而可知者,有假赞论而自见者[17]。至如《古文尚书》称帝尧之德[18],标以"允恭克让"[19];《春秋左传》言子太叔之状,目以"美秀而文"[20]。所称如此,更无他说,所谓直纪其才行者。又如《左氏》载申生为骊姬所谮,自缢而亡[21];班史称纪信为项籍所围,代君而死[22]。此则不言其节操,而忠孝自彰,所谓唯书其事迹者。又如《尚书》称武王之罪纣也,其誓曰:"焚炙忠良,刳剔孕妇。"[23]《左传》纪随会之论楚也,其词曰:"筚辂蓝缕,以启山林。"[24]此则才行事迹,莫不阙如[25],而言有关涉,事便显露,所谓因言语而可知者。又如《史记·卫青传》后,太史公曰:"苏建尝责大将军不荐贤待士。"[26]《汉书·孝文纪》末,其赞曰:"吴王诈病不朝,赐以几杖。"[27]此则传之与纪,并所不书,而史臣发言,别出其事,所谓假赞论而自见者。然则才行、事迹、言语、赞论,凡此四者,皆不相须[28]。若兼而毕书,则其费尤广[29]。(原注:近史纪传欲言人居哀毁损,则先云至性纯孝;欲言人尽夜观书,则先云笃志好学;欲言人赴敌不顾,则先云武艺绝伦;欲言人下笔成篇,则先云文章敏速。此则既述才行,又彰事迹也。如《谷梁传》云:"骊姬以酖为酒,药脯以毒。献公田来,骊姬曰:'世子已祀,故致福于君。'君将食,骊姬跪曰:'食自外来者,不可不试也。'覆酒于地,而地坟;以脯与犬,犬毙。骊姬下堂而啼呼曰:'天乎!天乎!国,子之国也,子何迟乎为君!"又《礼记》云:"阳门之介夫死,司城子罕入而哭之哀。晋人之觇宋者反报于晋侯曰:'阳门之介夫死,而子罕哭之哀,而民说,殆不可伐也。'"此则既书事迹,又载言语也。又近代诸史,人有行事,美恶皆已具其纪传中,续以赞论,重述前事。此则才行事迹,纪传已书,赞论又载也。)但自古经史,通多此类[30]。(原注:《公》《梁》《礼》《新序》《说苑》《战国策》《楚汉春秋》《史记》,迄于皇家所撰《五代史》皆有之。)能获免者,盖十无一二。(原注:唯左丘明、裴子野、王劭无此也。)

又叙事之省,其流有二焉:一曰省句,二曰省字。如《左传》宋华耦来盟,称其先人得罪于宋,"鲁人以为敏"[31]。夫以钝者称敏,(原注:鲁人,谓钝人也。《礼记》中已有注解。)则明贤达所嗤,此为省句也。《春秋经》曰:"陨石于宋五。"³²夫闻之陨,视之石,数之五³³。加以一字太详,减其一字太略,求诸折中,简要合理,此为省字也。其有反于是者,若《公羊》称郤克眇,季孙行父秃,孙良夫跛,齐使跛者逆跛者,秃者逆秃者,眇者逆眇者³⁴。盖宜除"跛者"已下句,但云"各以其类逆"。必事加再述,则于文殊费,此为烦句也。《汉书·张苍传》云:"年老,口中无齿。"盖于此一句之内去"年"及"口中"可矣³⁵。夫此六文成句,而三字妄加,此为烦字也。然则省句为易,省字为难,洞识此心,始可言史矣。苟句尽余剩,字皆重复,史之烦芜,职由于此³⁶。

盖饵巨鱼者,垂其千钧,而得之在于一筌³⁷;捕高鸟者,张其万罝,而获之由于一目³⁸。夫叙事者,或虚益散辞³⁹,广加闲说,必取其所要⁴⁰,不过一言一句耳。苟能同夫猎者、渔者,既执而罝钓必收⁴¹,其所留者唯一筌一目而已,则庶几骈枝尽去⁴²,而尘垢都捐,华逝而实存,滓去而渖在矣⁴³。嗟乎!能损之又损,而玄之又玄⁴⁴,轮扁所不能语斤,伊挚所不能言鼎也⁴⁵。

夫饰言者为文,编文者为句,句积而章立,章积而篇成⁴⁶。篇目既分,而一家之言备矣。古者行人出境,以词令为宗⁴⁷;大夫应对,以言文为主。况乎列以章句,刊之竹帛,安可不励精雕饰⁴⁸,传诸讽诵者哉⁴⁹?自圣贤述作,是曰经典,句皆韶、夏⁵⁰,言尽琳琅,秩秩德音⁵¹,洋洋盈耳⁵²。譬夫游沧海者,徒惊其浩旷;登太山者,但嗟其峻极⁵³。必摘以尤最⁵⁴,不知何者为先。然章句之言,有显有晦。显也者,繁词缛说,理尽于篇中;晦也者,省字约文,事溢于句外。然则晦之将显⁵⁵,优劣不同,较可知矣⁵⁶。夫能略小存大,举重明轻,一言而巨细咸该⁵⁷,片语而洪纤靡漏,此皆用晦之道也。

昔古文义,务却浮词。《虞书》云:"帝乃殂落,百姓如丧考妣。"⁵⁸《夏书》云:"启呱呱而泣,予不子。"⁵⁹《周书》称"前徒倒戈","血流漂杵"⁶⁰。《虞书》云:"四罪而天下咸服。"⁶¹此皆文如阔略⁶²,而语实周赡⁶³。故览之者初疑其易,而为之者方觉其难,固非雕虫小技所能斥苦其说也⁶⁴。既而丘明受经,师范尼父⁶⁵。夫经以数字包义,而传以一句成言,虽繁约有殊,而隐晦无异。故其纲纪而言邦俗也[66]，则有士会为政，"晋国之盗奔秦"[67]；"邢迁如归，卫国忘亡"[68]。其款曲而言人事也[69]，则有"犀革裹之，比及宋，手足皆见"[70]；"三军之士，皆如挟纩"[71]。斯皆言近而旨远，辞浅而义深，虽发语已殚[72]，而含意未尽。使夫读者望表而知里，扪毛而辨骨，睹一事于句中，反三隅于字外[73]。晦之时义，不亦大哉！洎班、马二史，虽多谢五经，必求其所长，亦时值斯语。至若高祖亡萧何，"如失左右手"[74]；汉兵败绩，"睢水为之不流"[75]；董生"乘马，三年不知牝牡"[76]；翟公之门，"可张雀罗"[77]，则其例也。

自兹已降，史道陵夷，作者芜音累句，云蒸泉涌。其为文也，大抵编字不只，捶句皆双，修短取均，奇偶相配。故应以一言蔽之者[78]，辄足为二言；应以三句成文者，必分为四句。弥漫重沓，不知所裁。是以处道受责于少期[79]（原注：《魏书·邓哀王传》曰：容貌姿美，有殊于众，故特见宠异。裴松之曰：一类之言而分以为三，亦叙属之一病也。），子昇取讥于君懋[80]（原注：王劭《齐志》曰：时议恨邢子才不得掌兴魏之书，怅怏温子昇，亦若此而撰《永安记》，率是支言。），非不幸也。

盖作者言虽简略，理皆要害，故能疏而不遗，俭而无阙。譬如用奇兵者，持一当百，能全克敌之功也。若才乏俊颖，思多昏滞，费词既甚[81]，叙事才周，亦犹售铁钱者，以两当一，方成贸迁之价也[82]。然则《史》《汉》已前，省要如彼；《国》《晋》已降，（原注：《国》谓《三国志》，《晋》谓《晋书》也。）烦碎如此。必定其妍媸，甄其善恶。夫读古史者，明其章句，皆可咏歌[83]；观近史者，悦其绪言[84]，直求事意而已。是则一贵一贱，不言可知，无假权扬，而其理自见矣。

昔文章既作，比兴由生，鸟兽以媲贤愚，草木以方男女，诗人骚客，言之备矣。洎乎中代[85]，其体稍殊，或拟人必以其伦，或述事多比于古[86]。当汉氏之临天下也，君实称帝，理异殷、周；子乃封王，名非鲁、卫[87]。而作者犹谓帝家为王室，公辅为王臣。盘石加建侯之言，带河申俾侯之誓[88]。而史臣撰录，亦同彼文章，假托古词，翻易今语。润色之滥，萌于此矣。

降及近古,弥见其甚。至如诸子短书[89],杂家小说,论逆臣则呼为"问鼎"[90],称巨寇则目以"长鲸"[91]。邦国初基,皆云"草昧";帝王兆迹,必号"龙飞"[92]。斯并理兼讽谕,言非指斥[93],异乎游、夏措词,南、董显书之义也[94]。如魏收《代史》[95],吴均《齐录》[96],或牢笼一世,或苞举一家,自可申不刊之格言,弘至公之正说。而收称刘氏纳贡,则曰"来献百牢"[97];均叙元日临轩[98],必云"朝会万国"。夫以吴征鲁赋,禹计涂山[99],持彼往事,用为今说,置于文章则可,施于简册则否矣。

亦有方以类聚,譬诸昔人。如王隐称诸葛亮挑战,冀获曹咎之利[100];崔鸿称慕容冲见幸,为有龙阳之姿[101]。其事相符,言之说矣。而卢思道称邢邵丧子不恸,自东门吴已来,未之有也[102];李百药称王琳雅得人心,虽李将军恂恂善诱,无以加也[103]。斯则虚引古事,妄足庸音,苟矜其学,必辨而非当者矣。

昔《礼记·檀弓》,工言物始[104]。夫自我作故,首创新仪,前史所刊,后来取证。是以汉初立辕,子长所书[105];鲁始为髦,丘明是记[106]。河桥可作,元凯取验于《毛诗》[107];男子有笄,伯支远征于《内则》[108]。即其事也。案裴景仁《秦记》称苻坚方食,抚盘而诟[109];王劭《齐志》述洛干感恩,脱帽而谢[110]。及彦鸾撰以新史,重规删其旧录,乃易"抚盘"以"推案",变"脱帽"为"免冠"[111]。夫近世通无案食[112],胡俗不施冠冕,直以事不类古,改从雅言[113],欲令学者何以考时俗之不同,察古今之有异?

……至如翼犍,道武原讳;黑獭,周文本名[114]。而伯起革以他语,德棻阙而不载[115]。盖庲降、蒯聩[116],字之媸也;重耳、黑臀[117],名之鄙也。旧皆列以《三史》,传诸五经,未闻后进谈讲,别加刊定。况齐丘之犉,彰于载谶,(原注:杜台卿《齐记》载谶云:"首牛入西谷,逆犉上齐丘"也。[118])河边之狗,著于谣咏。(原注:王劭《齐志》载谣云:"𤠔𤠔头团圞,河中狗子破尔菀"也。[119])明如日月,难为盖藏,此而不书,何以示后?亦有氏姓本复,减省从单,或去"万纽"而留"于",或止存"狄"而除"库"。求诸自古,罕闻兹例[120]。

昔夫子有云:"文胜质则史。"[121]故知史之为务,必藉于文。

自五经已降,《三史》而往,以文叙事,可得言焉。而今之所作,有异于是。其立言也,或虚加练饰,轻事雕彩;或体兼赋颂,词类俳优。文非文,史非史,譬夫乌孙造室,杂以汉仪[122],而刻鹄不成,反类于鹜者也。

上海古籍出版社王煦华校点《史通通释》卷六

【题解】

刘知几《史通》是我国现存最早的一部史学理论著作,分内、外篇两部分,各十卷。内篇三十九篇(其中《体统》《纰缪》《弛张》三篇已佚),论述史书的源流、体例和编撰方法;外篇十三篇,论述史籍源流,杂品古人过失。书中关于史学批评的一些观点与文学多有相通之处,故在文学批评史上也产生了一定的影响。本篇节录《叙事》部分,针对史书写作中存在的"繁冗"、"虚饰"之弊,提出了尚简、求真的写作原则。"尚简"要求做到"文约而事丰",即用简省的文字表现丰富的内容;"求真"要求用当世口语据实而书,按照历史的本来面貌作真实的叙述,而反对"假托古词,翻易今语",滥用典故,以徒增矫饰。

【注释】

1. 文而不丽:语本扬雄《法言·吾子》:"文丽用寡,长卿也。"
2. 质而非野:语本《论语·雍也》:"质胜文则野。"
3. 滋旨:美好的滋味或意味。
4. 德音:善言。《诗·邶风·谷风》:"德音莫违,及尔同死。"郑玄笺:"夫妇之言无相违者,则可与女长相与处至死。"
5. 三复:谓反复诵读。《论语·先进》:"南容三复白圭,孔子以其兄之子妻之。"何晏集解引孔安国曰:"《诗》云:'白圭之玷,尚可磨也。斯言之玷,不可为也。'南容读《诗》至此,三反复之,是其心慎言也。"
6. 斁:厌弃,厌倦。《诗·周南·葛覃》:"为絺为绤,服之无斁。"毛传:"斁,厌也。"
7. "自非"句:《礼记·乐记》:"故知礼乐之情者能作,识礼乐之文者能述。作者之谓圣,述者之谓明。明圣者,述作之谓也。"
8. 觙缕:详述。
9. 权舆:起始,开端。《广韵》:"造衡自权始,造车自舆始。"
10. 发踪:犹言显示迹象。
11. "所载"句:《史通·六家》:"原夫《尚书》之所记也,若君臣相对,词旨可称,则一时之言,累篇咸载。如言无足纪,语无可述,若此故事,虽有脱略,而观者不以为非。"谓《尚书》以记言为主,偶有述事则十分简要。

12. "《春秋》"两句:谓《春秋》变《尚书》的记言体为记事体,而其记事又以简要为务。《春秋说》:"孔子作《春秋》,一万八千字。"其叙事若非简省其文,难以述二百四十余年之历史事件。

13. "斯盖"四句:意谓《尚书》和《春秋》记录古代或简质或繁复之人事,都能达到文辞简约而记事丰富的效果,所以为述作之最优者。

14. 流宕逾远:流,漫无检束。宕,同"荡",放荡。逾远,指距古代史家简要之体越来越远。

15. "聚蚊"两句:谓积少成多,便会造成严重后果。比喻不简省词语,就会造成文章的繁芜。语见《汉书·中山靖王胜传》:"夫众煦漂山,聚蚊成雷……丛轻折轴。"颜师古注:"言众蚊飞声有若雷也。""言积载轻物,物多至令车轴毁折。"

16. "载之"句:喻文字繁芜,多得要用加倍的车辆才装载得下。兼,加倍。两,车辆。语出《后汉书·吴祐传》:"恢欲杀青简以写经书。祐谏曰:'……此书若成,则载之兼两。'"

17. 论赞:史传文篇末所附作者评论之语。

18. 古文尚书:《隋书·经籍志·书家序》:"初,汉武帝时,鲁恭王坏孔子旧宅,得其末孙惠所藏之书,字皆古文。孔安国以今文校之,得二十五篇。……安国并依古文,开其篇第,以隶古字写之,合成五十八篇。其余篇简错乱,不可复读,并送之官府。安国又为五十八篇作传,……谓之《尚书古文》之学,而未得立。后汉扶风杜林,传《古文尚书》,同郡贾逵为之作训,马融作传,郑玄亦为注解。然其所传,唯二十九篇,又杂以今文,非孔旧本。自余绝无师说。……至东晋,豫章内史梅赜,始得安国之传,奏之。"

19. 允恭克让:语见《尚书·尧典》:"允恭克让,光被四表,格于上下。"允,诚实。恭,敬慎不懈。克,能够。让,谦让。

20. "春秋左传"两句:语本《左传·襄公三十一年》:"子产之从政也,择能而使之:冯简子能断大事,子大叔美秀而文,公孙挥能知四国之为。"子大叔,即游吉,春秋郑国大夫。美秀而文:美秀指其外貌举止,文指其熟悉典章制度等。

21. "又如《左传》"两句:据《左传·僖公四年》载:申生是晋献公的太子,献公宠爱骊姬,欲立骊姬之子奚齐为太子。骊姬由是诬陷申生欲毒死其父。有人劝申生为自己辩白或出走,申生仁孝,不愿申辩,亦不愿出走,终自缢而死。

22. "班史"两句:班史,指《汉书》。据《汉书·高帝纪》载,楚汉相争时,刘邦曾被项羽围困于荥阳,部下纪信舍己救主,自己乘上刘邦战车后假称降楚,刘邦乘机逃走。项羽发现受骗后,烧死了纪信。

23. "焚炙"两句:是武王伐纣时在孟津所作誓词中的话。语见《尚书·泰誓上》,孔颖达疏:"《殷本纪》云:'纣为长夜之饮,时诸侯或叛,妲己以为罚轻。纣欲重刑,乃为熨斗,以火烧之然,使人举,辄烂其手,不能胜。纣怒,乃更为铜柱,以膏涂之,亦加于炭火之上,使有罪者缘之,足滑跌坠入中。纣与妲己以为大乐,名曰炮烙之刑。'是纣焚炙之事也。……皇甫谧《帝王世纪》……云：'纣剖比干妻,以视其胎。'即引此为刳剔孕妇也。"焚炙,烧灼。刳剔,剖杀、割剥。

24. "《左传》"四句："随会"当作"栾书",浦起龙《史通通释》云："二人皆称武子,所以误也。《左传·宣公十二年》记晋国大夫栾书说,楚的祖先"筚路蓝缕,以启山林"。杜预注："筚路,柴车。蓝缕,敝衣。言此二君(若敖、蚡冒)勤俭以启土。"谓坐着柴车,穿着破衣服去开辟疆土。

25. 阙如：缺少,没有。

26. "苏建"句：汉平陵侯苏建曾作为校尉从大将军卫青击匈奴,他责备卫青不能荐举贤者,优遇士人。《史记·卫将军骠骑传赞》载苏建语曰："吾尝责大将军至尊重,而天下之贤大夫毋称焉,愿将军观古名将所招选择贤者,勉之哉！"浦起龙《史通通释》："按其文全出苏建口语,史公运之为赞,事举而传文省矣。"

27. "吴王"两句：吴王,指刘濞,汉高祖刘邦之兄刘仲之子,统辖会稽、豫章、鄣诸郡。他曾假称有病不入朝,汉文帝反赐给他几杖,以示仁厚之心。浦起龙《史通通释》："本皆《史记》纪中正文,班氏取以为赞,又一运化省笔之法。"

28. 相须：彼此相待,互相依存。

29. 费：犹词费。

30. 纇：疵病,缺点。

31. "《左传》"三句：《左传·文公十五年》："宋华耦来盟……公与之宴,辞曰：'君之先臣督,得罪于宋殇公,名在诸侯之策。臣承其祀,其敢辱君？请承命于亚旅。'鲁人以为敏。"杜预注："无故扬其先祖之罪,是不敏。鲁人以为敏,明君子所不与也。"孔颖达疏："鲁人,鲁钝之人。"此谓宋国使者华耦到鲁国来会盟,鲁文公欲与之宴,华耦以其曾祖华督乃宋之罪人,故不敢屈辱文公亲自参加宴会。按：鲁人,或解作鲁国人。如杨伯峻《春秋左传注》云："鲁人,鲁国之人也。"

32. "陨石"句：见《左传·僖公十六年》。

33. "夫闻之"三句：杜预注云："闻其陨,视之石,数之五。各随其闻见先后而记之。"《公羊传》："曷为先言霣(同"陨")而后言石？霣石记闻,闻其磌然,视之则石,察之则五。"

34. 若《公羊》"六句：眇,一目失明。逆,迎接。《公羊传·成公二年》："晋郤克与臧孙许同时而聘于齐。萧同侄子者,齐君之母也,踊于棓而窥客,则客或跛或眇,于是使跛者迓跛者,使眇者迓眇者。"迓,迎。《谷梁传·成公元年》载："冬,十月。季孙行父秃,晋郤克眇,卫孙良夫跛,曹公子手偻,同时而聘于齐。齐使秃者御秃者,使眇者御眇者,使跛者御跛者,使偻者御偻者。萧同侄子处台上而笑之。"此处《公羊》当作《谷梁》。

35. "《汉书·张苍传》"三句：浦起龙《史通通释》云："《汉书·张苍传》：'免相后,口中无齿,食乳。'按：句上无'年老'字。又按：本传全录《史记》。《史记》有'老'字,无'年'字,岂唐初写本《汉书》有此二字耶？"

36. 职：犹惟、只。表示主要由于某种原因。

37. 筌：捕鱼的竹制器具。

38. "捕高鸟"三句：语本《淮南子·说山训》："有鸟将来，张罗而待之。得鸟者，罗之一目也；今为一目之罗，则无时得鸟矣。"罝，捕鸟兽用的网。一目，一个网眼。

39. 虚益散辞：虚加一些无用的言辞。散辞，犹浮词。

40. 必：倘若，如果。

41. "既执"句：纪昀评"既执"上似脱"鱼鸟"二字。意谓既然已经捕到了鱼鸟，钓钩和罗网就要收起来。比喻把有用的、重要的话写出来后，那些"散辞""闲说"就该删去。

42. 骈枝：即骈拇枝指，《庄子·骈拇》："骈拇枝指，出乎性哉！而侈于德。"成玄英疏："骈，合也，大也；谓足大拇指与第二指相连，合为一指也；枝指者，谓手大拇指傍枝生一指，成六指也。"后因以比喻多余无用的东西。

43. 沛：汁液，喻精华。

44. "能损"两句：《老子》第四十八章："为道日损，损之又损，以至于无为。"又第一章："玄之又玄，众妙之门。"损，减少，这里引申为精简。玄，此指文章的精妙之处。这两句比喻叙事精简之道极变化之妙。

45. "轮扁"两句：《文心雕龙·神思》："伊挚不能言鼎，轮扁不能语斤，其微矣乎！"意谓其中的妙处是难以言说的。《庄子·天道》："轮扁曰：'……斫轮，徐则甘而不固，疾则苦而不入。不徐不疾，得之于手而应于心，口不能言，有数存焉于其间。臣不能以喻臣之子，臣之子亦不能受之于臣。'"伊挚，即商汤谋臣伊尹。《吕氏春秋·本味》载：伊尹说汤以至味，曰："鼎中之变，精妙微纤，口弗能言，志不能喻。"

46. "句积"两句：王充《论衡·正说篇》云："文字有意以立句，句有数以连章，章有体以成篇。"刘勰《文心雕龙·章句》亦云："夫人之立言，因字而生句，积句而成章，积章而成篇。"

47. "行人"两句：行人，使者的通称。刘劭《人物志·流业》："辩给之材，行人之任也。"辩给，便言捷给，能言善辩。

48. 励精雕饰：谓致力于雕琢文辞。

49. 讽诵：《周礼·春官·大司乐》："以乐语教国子：兴，道，讽，诵，言，语。"郑玄注："倍文曰讽，以声节之曰诵。"

50. 韶、夏：指舜乐和禹乐。《周礼·春官·大司乐》："以乐舞教国子：舞《云门》《大卷》《大咸》《大磬》《大夏》《大濩》《大武》。"郑玄注："《大磬》，舜乐也，言其德能绍尧之道也。《大夏》，禹乐也，禹治水傅土，言德能大中国也。"磬，《论语》《乐记》皆作"韶"。

51. "秩秩"句：秩秩，聪明多智貌。《诗·秦风·小戎》："厌厌良人，秩秩德音。"毛传："厌厌，安静也。秩秩，有知也。"

52. "洋洋"句：语本《论语·泰伯》："子曰：'师挚之始，《关雎》之乱，洋洋乎盈耳哉。'"

53. "譬夫"四句：《孟子·尽心上》："孟子曰：'孔子登东山而小鲁，登泰山而小天下。故观于海者难为水,游于圣人之门者难为言。'"此化用其意。

54. 尤最:犹言最甚。最,指居于首要地位的人或事物。《汉书·宣帝纪》:"丞相御史课殿最以闻。"颜师古注:"最,凡要之首也,课居先也。"

55. 将:与。

56. 较:明白,显著。《广雅·释诂四》:"较,明也。"

57. 该:包容,包括。

58. "帝乃"两句:《伪古文尚书·舜典》:"二十有八载,帝乃殂落,百姓如丧考妣。"伪孔《传》:"殂落,死也。……考妣,父母。言百官感德思慕。"浦起龙释云:"德盛、民戴皆见。"

59. "启呱呱"两句:《伪古文尚书·益稷》:"启呱呱而泣,予弗子,惟荒度土功。"伪孔《传》:"启,禹子也。禹治水,过门不入,闻启泣声,不暇子名之,以大治度水土之功故。"浦起龙释云:"忧国、忘家皆见。"

60. "前徒"两句:《伪古文尚书·武成》:"受率其旅若林,会于牧野,罔有敌于我师,前徒倒戈,攻于后,以北,血流漂杵。"伪孔《传》:"纣众服周仁政,无有战心,前徒倒戈,以攻于后,以北走。血流漂舂杵,甚之言。"浦起龙释云:"纣虐、民愤皆见。"

61. "四罪"句:《伪古文尚书·舜典》:"流共工于幽州,放驩兜于崇山,窜三苗于三危,殛鲧于羽山,四罪而天下咸服。"伪孔《传》:"皆服舜用刑当其罪。"浦起龙释云:"凶德、公心皆见。"

62. 阔略:简省。

63. 周赡:充足,完备。

64. 斥苦:浦起龙云:"旧作'斥非',于文不顺,当是'斥苦'之讹。"

65. 尼父:对孔子的尊称。

66. 纲纪:《诗·大雅·棫朴》:"勉勉我王,纲纪四方。"郑玄笺:"以网罟喻为政,张之为纲,理之为纪。"

67. "则有士会"两句:《左传·宣公十六年》:"晋侯请于王,戊申,以黻冕命士会将中军,且为大傅。于是晋国之盗逃奔于秦。"浦起龙释云:"政善可知。"

68. "邢迁"两句:《左传·闵公二年》载,春秋时邢国为中山所亡,卫国为狄人所灭,齐桓公助其复建国,迁邢于夷仪,封卫于楚丘。浦起龙释云:"安集可知。"

69. 款曲:周详。

70. "犀革"三句:《左传·庄公十二年》载,宋万弑其君闵公,而逃奔于陈,"陈人使妇人饮之酒,而以犀革裹之。比及宋,手足皆见"。浦起龙释云:"勇闷可知。"

71. "三军"两句:《左传·宣公十二年》载,楚王伐萧,时值严冬,"王巡三军,拊而勉之,三军之士皆如挟纩"。杜预注:"纩,绵也,言说(悦)以忘寒。"挟纩,穿着绵衣。浦起龙释云:"感悦可知。"

72. 殚:尽。《说文·歹部》:"殚,极尽也。"段玉裁注:"穷极而尽之也。"

73. 反三隅:《论语·述而》:"举一隅不以三隅反,则不复也。"邢昺疏:"凡物有四隅者,举一则三隅从可知。学者当以三隅反类一隅以思之。而其人若不以三隅反思其类,则不复重教之矣。"

74. "至若高祖"两句:事见《史记·淮阴侯传》和《汉书·韩信列传》。《史记·淮阴侯列传》:"信数与萧何语,何奇之。至南郑,诸将行道亡者数十人,信度何等已数言上,上不我用,即亡(逃)。何闻信亡,不及以闻,自追之。人有言上曰:'丞相何亡。'上大怒,如失左右手。"浦起龙释云:"倚任可知。"

75. "汉兵"两句:《史记·项羽本纪》:"项王乃西从萧晨击汉军而东……汉军却,为楚所挤,多杀,汉卒十余万人皆入睢水,睢水为之不流。"《汉书·项籍列传》亦载其语。浦起龙释云:"败形可知。"

76. "董生"两句:《太平御览》"刑法部"引《汉书》曰:董仲舒"十年不窥园圃,乘马三年,不知牝牡。"按:今本《史记·儒林传》云:"盖三年董仲舒不观于舍园。"《汉书·董仲舒传》云:"盖三年不窥园。"皆未载乘马之事。浦起龙释云:"专业可知。"

77. "翟公"两句:《史记·汲黯郑当时列传》:"始翟公为廷尉,宾客阗门;及废,门外可设雀罗。"浦起龙释云:"凉态可知。"

78. 一言蔽之:《论语·为政》:"子曰:《诗三百》,一言以蔽之,曰:思无邪。"一言谓一句。

79. "是以处道"句:处道,王沈(?—266),字处道,太原晋阳(今山西太原)人。魏晋间辞赋家、史学家,曾与荀顗、阮籍等共撰《魏书》。少期,裴松之(370—449),字世期,唐人避太宗讳,曰少期。河东闻喜(今属山西)人。晋宋间史学家、文人。博览群书,立身简素。曾为陈寿《三国志》作注。

80. "子昇"句:子昇,温子昇(495—547),字鹏举,自称太原人,世居江南。北魏文学家,曾撰《永安记》(又名《永安故事》)三卷。君懋,王劭(550—610?)字,太原晋阳人。隋代文人、史学家,撰有《齐书》纪传一百卷、《齐志》二十卷等。

81. 费词:犹辞费,说废话。《礼记·曲礼上》:"礼不妄说人,不辞费。"孔颖达疏:"凡为人之道,当言行相副。今直有言而无行,为辞费。"

82. "亦犹售铁钱"三句:《南史·到溉传》:"后为建安太守,(任)昉以诗赠之,求二衫段云:'铁钱两当一,百代易名实。为惠当及时,无待凉秋日。'"贸迁,贩运买卖。

83. 咏歌:程千帆《文论十笺》:"此云咏歌,犹前言讽诵,变文避复耳。"

84. 绪言:已发而未尽的言论。《庄子·渔父》:"曩者先生有绪言而去。"成玄英疏:"绪言,余论也。"郭庆藩集释引俞樾曰:"绪言者,余言也。先生之言未毕而去,是有不尽之言,故曰绪言。"

85. 中代:犹中古,谓西汉以来。

86. "或述事"句:程千帆《文论十笺》:"此谓叙事失真,由于妄饰。上世比兴仅及动植自然之属,而止于抒情之文。中代已降,则比拟及于古人古事,而并达乎叙事之史,遂开妄饰之渐焉。"

87. "君实称帝"四句:程千帆《文论十笺》:"殷、周共主皆称王,其子姓以公、侯、伯、子、男五等爵封之。及汉承秦制,称共主为帝,其子姓乃有封王者。此其与汉异制之大略也。"

88. "盘石"两句：盘石，大石，喻稳定坚固。建侯，《易·屯》初九爻辞："利居贞，利建侯。"《易·豫》："利建侯行师。"建侯即封立诸侯。带河，谓河如衣带。《史记·高祖功臣侯者年表》载汉初封爵之誓曰："使河如带，泰山若厉。国以永宁，爰及苗裔。""河如带"意谓即使经千百年，河如衣带，封国亦安宁如故。俾侯，《诗·鲁颂·閟宫》云："乃命鲁公，俾侯于东。"这两句是说汉以后皇子封王，而作者言其事，却用"建侯""俾侯"之典，称之为侯。

89. 短书：汉代凡经、律等官书用二尺四寸竹简书写。官书以外包括子书等，均以短于二尺四寸竹简书写，故称"短书"。

90. 问鼎：《左传·宣公三年》："楚子伐陆浑之戎，遂至于雒，观兵于周疆。（周）定王使王孙满劳楚子，楚子问鼎之大小、轻重焉。"鼎，相传禹铸九鼎，夏、商、周历世相传，奉为象征国家政权的传国之宝。楚王问鼎，有取而代周之意。后世遂称图谋王位、夺取政权为"问鼎"。

91. 长鲸：大鲸，喻巨寇。《左传·宣公十二年》："古者明王伐不敬，取其鲸鲵而封之，以为大戮。"杜预注："鲸鲵，大鱼名，以喻不义之人吞食小国。"

92. 龙飞：《易·乾》："飞龙在天，利见大人。"孔颖达疏："若圣人有龙德飞腾而居天位。"后遂以"龙飞"为帝王的兴起或即位。

93. 指斥：谓直言、明言。

94. "异乎"两句：意谓诸子杂家为文多修饰，与史家据实措词不同。游夏，子游、子夏，皆为孔子弟子。《史记·孔子世家》："至于为《春秋》，笔则笔，削则削，子夏之徒不能赞一辞。"曹植《与杨德祖书》："昔尼父之文辞，与人通流；至于制《春秋》，游、夏之徒乃不能措一辞。"南董，南史、董狐。南史，春秋齐史官。董狐，春秋晋史官。二人均以直书著称。

95. "魏收"句：魏收（506—572），字伯起，巨鹿下曲阳（今河北晋县）人。北朝齐史学家、文人。《代史》，指魏收撰《魏书》，北魏初期国号代，故有此称。

96. 齐录：指吴均所撰《齐春秋》三十卷，已佚。

97. "而收称"两句：《魏书·世祖纪下》："（太平真君）十一年……十有二月，……甲申，（刘）义隆使献百牢，贡其方物。"又《岛夷刘裕传》："义隆遣黄延年朝于行宫，献百牢。"献百牢，《左传·哀公七年》："夏，公会吴于鄫，吴来征百牢。……吴人曰：'宋百牢我，鲁不可以后宋。'"百牢，一百份牢。牢，古代祭祀或宴享时所用牲畜，牛羊豕各一曰太牢，羊豕各一曰少牢。

98. 临轩：皇帝不坐正殿而御前殿。殿前堂陛之间近檐处两边有槛楯，如车之轩，故称。

99. "夫以吴征"两句：吴征鲁赋，见注 97。禹计涂山，《左传·哀公七年》："禹合诸侯于涂山，执玉帛者万国。"计，指合计与会诸侯的数字。

100. "如王隐"两句：王隐，字处叔，晋人。著有《晋书》九十三卷，已佚。诸葛亮挑战，《世说新语·方正》刘孝标注引孙盛《晋阳秋》："诸葛亮寇于郿，据渭水南原，诏使高祖拒之。……亮虽挑战，或遗高祖巾帼。巾帼，妇女之饰，欲以激怒，冀获曹咎之利。"王隐所记当亦指此事。曹咎,楚大司马。《史记·项羽本纪》:"项王乃谓海春侯大司马曹咎等曰:'谨守成皋,则汉欲挑战,慎勿与战。'……汉果数挑楚军战,楚军不出,使人辱之,五六日。大司马怒,渡兵汜水,士卒半渡,汉击之,大破楚军。"

101. "崔鸿"两句:崔鸿(?—526),字彦鸾,东清河鄃(今山东高唐北)人。北朝魏史学家、文人,曾撰《十六国春秋》百卷,今佚。《太平御览》卷五百七十引崔鸿《十六国春秋》云:苻坚灭前燕,"慕容冲姊清河公主年十四,有殊色,坚纳之,宠冠后庭。冲时年十二,亦有龙阳之美。坚又幸之。姊弟专宠,宫人莫进。"龙阳,指战国时魏王男宠龙阳君(见《战国策·魏策》),后因以为男宠的代称。

102. "卢思道"三句:卢思道(535—586),字子行,范阳(今河北涿县)人。历仕北齐、北周、隋。著《知己传》一卷,上自伊尹,下至六代,凡君臣、父子、妻子、友朋及鬼神禽畜,涉于知己者皆录。邢邵丧子事当亦在所记之内。东门吴,《战国策·秦策三》:"梁人有东门吴者,其子死而不忧。其相室曰:'公之爱子也,天下无有。今子死不忧,何也?'东门吴曰:'吾尝无子,无子之时不忧。今子死,乃即与无子时同也,臣奚忧焉。'"

103. "李百药"三句:王琳,字子珩,会稽山阴(今浙江绍兴)人。南朝梁人,屡经丧乱,及败,为陈将吴明彻所杀。李百药称道王琳语,见《北齐书》本传。李将军,指李广。《汉书·李广传赞》:"李将军恂恂如鄙人,口不能出辞;及死之日,天下知与不知皆为流涕。"恂恂,温顺恭谨貌。

104. "昔《礼记·檀弓》"两句:王应麟《困学纪闻》:"《礼记》于礼之变皆曰始。"《梁书·何胤传》:"胤曰:'《檀弓》两卷,皆言物始。'"

105. "是以汉初"两句:椟,小棺材。子长,司马迁字。浦起龙云:"当作孟坚。"《汉书·高帝纪》:"令士卒从军死者为椟,归其县,县给衣衾棺葬具,祠以少牢,长吏视葬。"颜师古注引应劭曰:"(椟)小棺也,今谓之椟。"

106. "鲁始"两句:髽,古代妇女的丧髻,以麻线束发。《左传·襄公四年》:"邾人、莒人伐鄫,臧纥救鄫,侵邾,败于狐骀。国人逆丧者皆髽,鲁于是乎始髽。"

107. "河桥"两句:《晋书·杜预传》:"预又以孟津渡险,有覆没之患,请建河桥于富平津。议者以为殷、周所都,历圣贤而不作者,必不可立故也。预曰:'造舟为梁,则河桥之谓也。'"《诗·大雅·大明》:"造舟为梁,不显其光。"孔颖达疏:"造舟者,比船于水,加板于上,即今之浮桥。"

108. "男子"两句:笄,簪。伯支,刘芳(453—513)字,《魏书》作伯文,彭城(今江苏徐州)人。曾撰《礼记义证》《仪礼义证》等。《魏书》及《北史·刘芳传》载,北魏时王肃云古代唯妇人有笄,男子则无;刘芳引《礼记·内则》以证男女皆有。

109. "裴景仁"两句:裴景仁,南朝宋人,著《秦记》十一卷,今佚。抚,拍击。《宋书·沈昙庆传》:昙庆为徐州刺史时,"时殿中员外将军裴景仁助戍彭城,本伧人,多悉戎荒事。昙庆使撰《秦记》十卷,叙苻氏僭伪本末。"

110. "王劭"两句:《齐志》已佚,引文已无可考。据《北齐书·万俟普传》载:"子洛,字受洛干。……高祖以其父普尊老,特崇礼之,尝亲扶上马。洛免冠稽首曰:'愿出死力以报深恩。'"

111. "及彦鸾"四句:新史,指崔鸿所撰《十六国春秋》,已佚,所谓易"抚盘"为"推案"之文不可得见。《晋书·苻坚载记》载,苻坚讨姚苌,苌军渴,有死者,"俄而,降雨于苌营,营中水三尺,周营百步之外,寸余而已,于是苌军大振。坚方食,去案怒曰:天其无心,何故降泽贼营!"重规删其旧录,指李百药(字重规)撰《北齐书》。李百药变"脱帽"为"免冠",见《万俟普传》。

112. "夫近世"句:案,古时用于放置和捧送食物的短足木盘。陈汉章《史通补释》曰:"案食盛行于两汉。……《急就篇》颜师古注:有足曰案,无足曰槃。……魏晋以后始用盘不用案耳。"

113. 雅言:雅正之言。《论语·述而》:"《诗》《书》执礼,皆雅言也。"何晏集解引孔安国曰:"雅言,正言也。"

114. "至如"四句:翼犍,北魏开国之主拓跋什翼犍,后被追尊为高祖昭成皇帝。《魏书·序纪》:"昭成皇帝讳什翼犍。"犍,阉割过的公牛。道武,魏太祖拓跋珪,昭成嫡孙,谥道武皇帝。黑獭,指北周文帝宇文泰。《周书·文帝纪》云:"太祖文皇帝,姓宇文氏,讳泰,字黑獭。"

115. "伯起"两句:伯起,魏收字。德棻,令狐德棻。"革以他语""阙而不载",未知所谓。

116. 庬降、蒯聩:庬降,即龙降。《左传·文公十八年》:"昔高阳氏(颛顼)有才子八人,……天下之民谓之八恺。"龙降为八恺之一。蒯聩,春秋卫灵公太子,后立为庄公。

117. 重耳、黑臀:重耳,春秋晋文公名,春秋五霸之一。黑臀,春秋晋成公名,文公之子。《国语·周语》:"单襄公曰:'……且吾闻成公之生也,其母梦神规其臀以墨,曰:使有晋国。'"程千帆《文论十笺》:"黑臀,今人亦有之,盖皮肤色素过多之所致,疑成公生而黑臀,其母讳之,故托诸梦以解之也。"

118. "杜台卿"三句:杜台卿(生卒年不详),字少山,北齐、隋间文人。著《玉烛宝典》十二卷、《齐记》二十卷等。"首牛"二句,指拓跋什翼犍而言。

119. "貛貛"两句:指宇文黑獭而言。

120. "亦有"六句:北魏诸姓,原多为多音节,孝文帝迁都洛阳后多改为单姓。《魏书·官氏志》:"勿忸于氏,后改为于氏";"库狄氏,后改为狄氏。"

121. 文胜质则史:见《论语·雍也》。邢昺疏:"言文多胜于质,则如史官也。"

122. "譬夫乌孙"两句:"乌孙"当作"龟兹"。《汉书·西域传》:"(龟兹王)治宫室,作徼道周卫,出入传呼,撞钟鼓,如汉家仪。外国胡人皆曰:'驴非驴,马非马,若龟兹王,所谓赢(骡)也。'"

【讲疏】

史书以记事为主,故叙事在史书写作中就显得十分重要,《史通·叙事》对这一问题做了专门论述,就如何叙事提出了一些基本的原则和方法。

刘知几主张"叙事之工,以简要为主",然随着时代的发展,社会生活愈益丰富,史书中所叙人事也必将日趋繁复,为了解决人事繁杂与叙事尚简的矛盾,他提出了"文约而事丰"的叙事原则。所谓"文约而事丰",简单地说,就是叙述简省而事义丰富。那么,如何才能做到"文约而事丰"呢?刘知几指出应从两个方面着手:一是就表现方法而言,"叙事之体,其别有四:有直纪其才行者,有唯书其事迹者,有因言语而可知者,有假赞论而自见者"。为求叙事简要,写作时表现方法要单纯,对同一人物的同一事迹或品行只需根据实际情况灵活采用其中一种方法即可,而不必"兼而毕书",否则"其费尤广"。二是就修辞技巧而言,"叙事之省,其流有二焉:一曰省句,二曰省字"。这是要求在写作中将那些冗句、烦词删去,才能保证文字的精练和叙事的简省。能够做到以上两点,就可以达到"省字约文,事溢于句外"的叙事效果。故浦起龙《史通通释》云:"四别二流,指证简法,得间入微,……是叙事不二之法门。"

刘知几尚简与其反对骈俪文风的影响有关。他指出司马迁、班固以后的史家之文繁冗之弊越来越甚,"大抵编字不只,捶句皆双,修短取均,奇偶相配。故应以一言蔽之者,辄足为二言;应以三句成文者,必分为四句。弥漫重沓,不知所裁"。如他所举王沈《魏书·邓哀王传》之例,本来"貌美"二字已经很明白,王沈偏说成"容貌姿美",那便是受了骈文影响,以四字足句。刘知几对此持批判态度,故推崇"简要"之体。不过需要说明的是,刘知几不是一般地反对骈文,其《史通》大体上也是骈俪文体,他只是反对史传著述浸染骈俪文风而已。

刘知几还论及史传文叙事用语的真实性问题。晋以后的史家爱尚词华,为了追求文字典雅,往往"假托古词,翻易今语",或者"虚引古事,妄足庸音",使得史书记载失去了鲜明的时代色彩。因此,他反对涉及名物制度时皆用古语,反对滥用典故以作润饰,主张用当时的语言忠实地记录历史事实,不可"虚加练饰,轻事雕彩",以免刻鹄不成而反类于鹜。

【关键词解读】

用晦

刘知几论叙事以"尚简"为本,提倡"文约而事丰"的写作原则。从这一原则出发,他进一步提出了"用晦"的概念。《叙事》有云:"然章句之言,有显有晦。显也者,繁词缛说,理尽于篇中;晦也者,省字约文,事溢于句外。……夫能略小存大,举重明轻,一言而巨细咸该,片语而洪纤靡漏,此皆用晦之道也。"此所谓"晦",并非晦涩之意,而是指言简意赅、辞浅意深、意在言外的意思,是与言尽而意亦尽的"显"相对而言的。所以,"用晦"就是用"省字约文"的方法,使语言具有高度的概括性和表现力,含不尽之意于言外。如此则"文如阔略,语实周赡",读者可以"望表而知里,扪毛而辨骨,睹一事于句中,反三隅于字外"。刘知几最推崇《左传》的叙事,《模拟》篇云:"文虽缺略,理甚昭著,此丘明之体也。"就是称赞左丘明善用"用晦"之法,取得了"文虽缺略,理甚昭著"的叙事效果。

"用晦"的具体方法有多种多样,有的是运用新鲜生动的比喻,如《左传》以三军"皆如挟纩"形容将士感悦王言,《史记》以"如失左右手"形容失去良佐。有的是恰当地夸饰,如"血流漂杵"(《伪古文尚书》)、"睢水为之不流"(《史记》),令人想到战斗之激烈、死伤者之多。有的是运用富有表现力和形象化的细节描写,如《左传·宣公十六年》载,晋君命士会统帅中军,且为太傅,于是晋国之盗逃奔于秦,从这一现象中读者自然明白士会之善于理政。总之,"用晦"之法不仅使文辞精练,而且使其含蓄隽永,耐人寻味。此法虽是针对史书叙事而言,但其所追求的"言近而旨远,辞浅而义深,虽发语已殚,而含意未尽"的艺术效果,对于文学作品而言也是相通的。

【相关知识链接】

繁与简是中国古代文论中的一对重要范畴,在"繁""简"之间,文论家似乎更偏向于尚"简"。《尚书·毕命》中有"辞尚体要"的说法,已肇此端绪。孔子也有"辞达而已矣"(《论语·卫灵公》)的主张,所谓"辞达"指文辞以达意为主,不需过分藻饰,也隐含了文尚简要的思想。此后,精简练达成为后世文论家对于各体文章的一种普遍要求。如刘勰《文心雕龙·议对》云:"文以辨洁为能,不以繁缛为巧。"又《书记》云:"随事立体,贵乎精要;意少一字则义阙,句长一字则辞妨,并有司之实务,而浮藻之所忽也。"刘知几正是在吸收前人观点的基础上,针对史书写作中出现的藻饰骈俪之风,提出了"尚简"的主张,体现出欣赏精简、峻洁的审美趣味。这种"尚简"的审美追求,也被后代文论家所继承,并反复推阐,树为典则。如南宋陈骙《文则》云:"且事以简为上,言以简为当。言以载事,文以著言,则文贵其简也。"清代桐城派文章家刘大櫆《论文偶记》云:"文贵简。凡文笔老则简,意真则简,辞切则简,理当则简,味淡则简,气蕴则简,品贵则简,神远而含藏不尽则简,故简为文章尽境。"其所谓"神远而含藏不尽则简",更与刘知几"发语已殚,而含意未尽"之论一脉相承。

当然,文章尚简也应掌握分寸,未必越简越好。对此,明清时期的文论家就"繁"与"简"之间的辨证关系进行过详细探讨。明代苏伯衡《空同子瞽说二十八首》云:"(为文)宜繁宜简?曰:不在繁,不在简。状情写物在辞达。辞达则二三言而非不足,辞未达则千百言而非有余。"顾炎武《日知录·文章繁简》亦云:"辞主乎达,不论其繁与简也。"又云:"若不出于自然,而有意于繁简,则失之矣。"这都是针对不顾文意、为简而简的一种纠偏之论。苏、顾所论是一种总的原则,具体到各种文体,也是如此。如明人谢榛论诗云:"作诗繁简各有其宜,譬诸众星丽天,孤霞捧日,无不可观。若《孔雀东南飞》《南山有鸟》是也。"(《四溟诗话》卷一)清人李渔论戏曲亦云:"白不厌多之说,前论极详,而此复言洁净。洁净者,简省之别名也。洁则忌多,减始能净,二说不无相悖乎?曰:不然。多而不觉其多者,多即是洁;少而尚病其多者,少亦近芜。予所谓多,谓不可删逸之多,非唱沙作米、强凫变鹤之多也。"(《闲情偶寄·文贵洁净》)综合上述诸人所言,可知文章的繁简需根据表现对象的特点,该繁则繁,需简则简,如此则繁简各适其宜,方能取得最佳的表达效果。

【延伸阅读】

《史通》中《载文》《言语》《杂说》诸篇的史学批评亦有与文学批评相沟通者。《载文》篇论怎样的"文"可以载入史书,指出魏晋以降文章之作文词华靡,采之入史,往往有失真实之义,故刘知几认为撰史者采录文辞入史者必须要真实和雅正。《言语》篇论述史书语言的真实性问题,认为言辞随着时代发展而变化,即使同一时代,人物语言也因社会文化背景以及个人素养等诸多因素的不同而不同。因此,他强调史书记言要用当代口语"从实而书",而反对"怯书今语,勇效昔言"的倾向。《杂说》分为上、中、下三篇,以札记形式评论各种历史著作中存在的错误或瑕疵,这里选录上篇中评论《春秋》《左传》《史记》者,其中体现了一些撰史的原则,如前后体例要一致、不能以文学的手法撰史、人物语言要真实而不能故意引经据典来修饰等。

史通·载文

夫观乎人文,以化成天下;观乎国风,以察兴亡。是知文之为用,远矣大矣。若乃宣、僖善政,其美载于周诗;怀、襄不道,其恶存乎楚赋。读者不以吉甫、奚斯为谄,屈平、宋玉为谤者,何也?盖不虚美,不隐恶故也。是则文之将史,其流一焉,固可以方驾南、董,俱称良直者矣。

爰洎中叶,文体大变,树理者多以诡妄为本,饰辞者务以淫丽为宗。譬如女工之有绮縠,音乐之有郑、卫。盖语曰:不作无益害有益。至如史氏所书,固当以正为主。是以虞帝思理,夏后失御,《尚书》载其元首、禽荒之歌;郑庄至孝,晋献不明,《春秋》录其大隧、狐裘之什。其理谠而切,其文简而要,足以惩恶劝善,观风察俗者矣。若马卿之《子虚》《上林》,扬雄之《甘泉》《羽猎》,班固《两都》,马融《广成》,喻过其体,词没其义,繁华而失实,流宕而忘返,无裨劝奖,有长奸诈,而前后《史》《汉》皆书诸列传,不其谬乎!

且汉代词赋,虽云虚矫,自余它文,大抵犹实。至于魏、晋已下,则讹谬雷同。权而论之,其失有五:一曰虚设,二曰厚颜,三曰假手,四曰自戾,五曰一概。

何者?昔大道为公,以能而授,故尧咨尔舜,舜以命禹。自曹、马已降,其取之也则不然。若乃上出禅书,下陈让表,其间劝进殷勤,敦谕重沓,迹实同于莽、卓,言乃类于虞、夏。且始自纳陛,迄于登坛。彤弓卢矢,新君膺九命之锡;白马侯服,旧主蒙三恪之礼。徒有其文,竟无其事。此所谓虚设也。

古者两军为敌,二国争雄,自相称述,言无所隐。何者?国之得丧,如日月之蚀焉,非由饰辞矫说所能掩蔽也。逮于近古则不然。曹公叹蜀主之英略,曰"刘备吾俦";周帝美齐宣之强盛,云"高欢不死"。或移都以避其锋,或斸冰以防其渡。及其申诰誓,降移檄,便称其智昏菽麦,识昧玄黄,列宅建都若鹪鹩之巢苇,临戎贾勇犹螳螂之拒辙。此所谓厚颜也。

古者国有诏命,皆人主所为,故汉光武时,第五伦为督铸钱掾,见诏书而叹曰:"此圣主也,一见决矣。"至于近古则不然。凡有诏敕,皆责成群下,但使朝多文士,国富辞人,肆其笔端,何事不录。是以每发玺诰,下纶言,申恻隐之渥恩,叙忧勤之至意。其君虽有反道败德,唯顽与暴。观其政令,则辛、癸不如,读其诏诰,则勋、华再出。此所谓假手也。

盖天子无戏言,苟言之有失,则取尤天下。故汉光武帝谓庞萌"可以讬六尺之孤",及闻其叛也,乃谢百官曰:诸君得无笑朕乎?是知褒贬之言,哲王所慎。至于近古则不然。凡百具寮,王公卿士,始有襃崇,则谓其珪璋特达,善无可加;旋有贬黜,则比诸斗筲下才,罪不容责。夫同为一士之行,同取一君之言,愚智生于俛忽,是非变于俄顷,帝心不一,皇鉴无恒。此所谓自戾也。

夫国有否泰,世有污隆,作者形言,本无定准。故观"猗与"之颂,而验有殷方兴;睹《鱼藻》之刺,而知宗周将殒。至于近代则不然。夫谈主上之圣明,则君尽"三五";述宰相之英伟,则人皆二八。国止方隅,而言并吞六合;福不盈眥,而称感致百灵。虽人事屡改,而文理无易,故善之与恶,其说不殊,欲令观者,畴为准的?此所谓一概也。

于是考兹五失,以寻文义,虽事皆形似,而言必凭虚。夫镂冰为璧,不可得而用也;画地为饼,不可得而食也。是以行之于世,则上下相蒙;传之于后,则示人不信。而世之作者,恒不之察,聚彼虚说,编而次之,创自起居,成于国史,连章疏录,一字无废,非复史书,更成文集。

若乃历选众作,求其秽累,王沈、鱼豢,是其甚焉;裴子野、何之元,抑其次也。陈寿、干宝,颇从简约,犹时载浮讹,罔尽机要。唯王劭撰《齐》《隋》二史,其所取也,文皆诣实,理多可信,至于悠悠饰词,皆不之取。此实得去邪从正之理,捐华摭实之义也。

盖山有木,工则度之。况举世文章,岂无其选,但苦作者书之不读耳。至如诗有韦孟《讽谏》,赋有赵壹《嫉邪》,篇则贾谊《过秦》,论则班彪《王命》,张华述箴于女史,张载题铭于剑阁,诸葛表主以出师,王昶书字以诫子,刘向、谷永之上疏,晁错、李固之对策,荀伯子之弹文,山巨源之启事,此皆言成轨则,为世龟镜。求诸历代,往往而有。苟书之竹帛,持以不刊,则其文可与三代同风,其事可与《五经》齐列。古犹今也,何远近之有哉?

昔夫子修《春秋》,别是非,申黜陟,而贼臣逆子惧。凡今之为史而载文也,苟能拨浮华,采贞实,亦可使夫雕虫小技者,闻义而知徙矣。此乃禁淫之隄防，持雅之管辖，凡为载削者，可不务乎？

史通·言语（节录）

盖枢机之发，荣辱之主，言之不文，行之不远，则知饰词专对，古之所重也。……

夫《三传》之说，既不习于《尚书》；两汉之词，又多违于《战策》。足以验氓俗之递改，知岁时之不同。而后来作者，通无远识，记其当世口语，罕能从实而书，方复追效昔人，示其稽古。是以好丘明者，则偏模《左传》；爱子长者，则全学史公。用使周、秦言辞见于魏、晋之代，楚、汉应对行乎宋、齐之日。而伪修混沌，失彼天然，今古以之不纯，真伪由其相乱。故裴少期讥孙盛录曹公平素之语，而全作夫差亡灭之词。虽言似《春秋》而事殊乖越者矣。

然自咸、洛不守，龟鼎南迁，江左为礼乐之乡，金陵实图书之府，故其俗犹能语存规检，言喜风流，颠沛造次，不忘经籍。（原注：若《梁史》载高祖在围中，见萧正德而谓之曰："啜其泣矣，何嗟及矣。"湘东王闻世子方等见杀，谓其次子方诸曰："不有其废，君何以兴？"皆其类也。）而史臣修饰，无所费功。

其于中国则不然。何者？于斯时也，先王桑梓，翦为蛮貊，被发左衽，充牣神州。其中辩若驹支，学如郯子，有时而遇，不可多得。而彦鸾修伪国诸史，收、弘撰《魏》《周》二书，必讳彼夷音，变成华语，等杨由之听雀，如介葛之闻牛，斯亦可矣。而于其间，则有妄益文彩，虚加风物，援引《诗》《书》，宪章《史》《汉》。遂使沮渠、乞伏，儒雅比于元封；拓跋、宇文，德音同于正始。华而失实，过莫大焉。

唯王、宋著书，叙元、高时事，抗词正笔，务存直道，方言世语，由此毕彰。而今之学者，皆尤二子以言多滓秽，语伤浅俗。夫本质如此，而推过史臣，犹鉴者见嫫姆多媸，而归罪于明镜也。

又世之议者，咸以北朝众作，《周史》为工。盖赏其记言之体,多同于古故也。夫以枉饰虚言,都捐实事,便号以良直,师其模楷,(原注:如周太祖实名黑獭,魏本索头,故当时有童谣曰:"狐非狐,貉非貉,燋梨狗子咭断索。"又曰:"獾獾头团栾,河中狗子破尔苑。"又西帝下诏骂齐神武,数其罪二十。诸如此事,难可弃遗。而《周史》以为其事非雅,略而不载。赖君懋编录,故得权闻于后。其事不传于《北齐》,因而埋没者,盖亦多矣。)是则董狐、南史,举目可求,班固、华峤,比肩皆是者矣。

近有敦煌张太素、中山郎馀令,并称述者,自负史才。郎著《孝德传》,张著《隋后略》。凡所撰今语,皆依仿旧辞。若选言可以效古而书,其难类者,则忽而不取,料其所弃,可胜纪哉?

盖江芊骂商臣曰:"呼!役夫,宜君王废汝而立职。"汉王怒郦生曰:"竖儒,几败乃公事。"单固谓杨康曰:"老奴,汝死自其分。"乐广叹卫玠曰:"谁家生得宁馨儿!"斯并当时侮嫚之词,流俗鄙俚之说。必播以唇吻,传诸讽诵,而世人皆以为上之二言不失清雅,而下之两句殊为鲁朴者,何哉?盖楚、汉世隔,事已成古,魏、晋年近,言犹类今。已古者即谓其文,犹今者乃惊其质。夫天地长久,风俗无恒,后之视今,亦犹今之视昔。而作者皆怯书今语,勇效昔言,不其惑乎!苟记言则约附《五经》,载语则依凭《三史》,是春秋之俗,战国之风,亘两仪而并存,经千载其如一,奚以今来古往,质文之屡变者哉?

盖善为政者,不择人而理,故俗无精粗,咸被其化;工为史者,不选事而书,故言无美恶,尽传于后。若事皆不谬,言必近真,庶几可与古人同居,何止得其糟粕而已。

史通·杂说上(节录)

《春秋》二条

案《春秋》之书弑也,称君,君无道;称臣,臣之罪。如齐之简公,未闻失德,陈恒构逆,罪莫大焉。而哀十四年,书"齐人弑其君壬于舒州"。斯则贤君见抑,而贼臣是党,求诸旧例,理独有违。但此是绝笔获麟之后,弟子追书其事。岂由以索续组,不类将圣之能者乎?何其乖剌之甚也。

案《春秋左氏传》释《经》云:灭而不有其地曰入,如入陈,入卫,入郑,入许,即其义也。至柏举之役,子常之败,庚辰吴入,独书以郢。夫诸侯列爵,并建国都,惟取国名,不称都号。何为郢之见入,遗其楚名,比于他例,一何乖踳!寻二传所载,皆云入楚,岂《左氏》之本,独为谬欤?

《左氏传》二条

《左氏》之叙事也,述行师则簿领盈视,哤聒沸腾,论备火则区分在目,修饰峻整;言胜捷则收获都尽,记奔败则披靡横前;申盟誓则慷慨有余,称谲诈则欺诬可见;谈恩惠则煦如春日,纪严切则凛若秋霜;叙兴邦则滋味无量,陈亡国则凄凉可悯。或腴辞润简牍,或美句入咏歌,跌宕而不群,纵横而自得。若斯才者,殆将工侔造化,思涉鬼神,著述罕闻,古今卓绝。如二传之叙事也,榛芜溢句,疣赘满行,华多而少实,言拙而寡味。若必方于《左氏》也,非唯不可为鲁、卫之政,差肩雁行,亦有云泥路阻,君臣礼隔者矣。

《左传》称仲尼曰:"鲍庄子之智不如葵,葵犹能卫其足。"夫有生而无识,有质而无性者,其唯草木乎?然自古设比兴,而以草木方人者,皆取其善恶薰莸,荣枯贞脆而已。必言其含灵畜智,隐身违祸,则无其义也。寻葵之向日倾心,本不卫足,由人睹其形似,强为立名。亦由今俗文士,谓鸟鸣为啼,花发为笑。花之与鸟,安有啼笑之情哉?必以人无喜怒,不知哀乐,便云其智不如花,花犹善笑,其智不如鸟,鸟犹善啼,可谓之谡言者哉?如"鲍庄子之智不如葵,葵犹能卫其足",即其例也。而《左氏》录夫子一时戏言,以为千载笃论。成微婉之深累,玷良直之高范,不其惜乎!

《史记》八条

夫编年叙事,混杂难辨;纪传成体,区别异观。昔读《太史公书》，每怪其所采多是《周书》《国语》《世本》《战国策》之流。近见皇家所撰《晋史》，其所采亦多是短部小书，省功易阅者，若《语林》《世说》《搜神记》《幽明录》之类是也。如曹、干两氏《纪》，孙、檀二《阳秋》，则皆不之取。故其中所载美事，遗略甚多。（原注：刘遗民、曹缵皆于檀氏《春秋》有传，至于今《晋书》，则了无其名。）若以古方今，当然则知史公亦同其失矣。斯则迁之所录，甚为肤浅，而班氏称其勤者，何哉？

孟坚又云：刘向、扬雄博极群书，皆服其善叙事。岂时无英秀，易为雄霸者乎？不然，何虚誉之甚也。《史记·邓通传》云："文帝崩，景帝立。"向若但云景帝立，不言文帝崩，斯亦可知矣，何用兼书其事乎？又《仓公传》称其"传黄帝、扁鹊之脉书，五色诊病，知人死生，决嫌疑，定可治"。诏召问其所长，对曰："传黄帝、扁鹊之脉书。"以下他文，尽同上说。夫上既有其事，下又载其言，言事虽殊，委曲何别？案迁之所述，多有此类，而刘、扬服其善叙事也，何哉？

太史公撰《孔子世家》，多采《论语》旧说，至《管晏列传》，则不取其本书。（原注：谓《管子》《晏子》也。）以为时俗所有，故不复更载也。案《论语》行于讲肆，列于学官，重加编勒，祇觉烦费。如管、晏者，诸子杂家，经史外事，弃而不录，实杜异闻。夫以可除而不除，宜取而不取，以斯著述，未睹厥义。

昔孔子力可翘关，不以力称。何则？大圣之德，具美者众，不可以一介标末，持为百行端首也。至如达者七十，分以四科。而太史公述《儒林》，则不取游、夏之文学；著《循吏》，则不言冉、季之政事；至于《货殖》为传，独以子贡居先。掩恶扬善，既忘此义；成人之美，不其阙如？

司马迁《自序传》云：为太史七年，而遭李陵之祸，幽于缧绁。乃喟然而叹曰：是予之罪也，身亏不用矣。自叙如此，何其略哉！夫云"遭李陵之祸，幽于缧绁"者，乍似同陵陷没，以置于刑；又似为陵所间，获罪于国。遂令读者难得而详。赖班固载其《与任安书》，书中具述被刑所以。倘无此录，何以克明其事者乎？

《汉书》载子长《与任少卿书》，历说自古述作，皆因患而起。

末云:"不韦迁蜀,世传《吕览》。"案吕氏之修撰也,广招俊客,比迹春、陵,共集异闻,拟书《荀》《孟》,思刊一字,购以千金,则当时宣布,为日久矣。岂以迁蜀之后,方始传乎?且必以身既流移,书方见重,则又非关作者本因发愤著书之义也。而辄引以自喻,岂其伦乎?若要多举故事,成其博学,何不云虞卿穷愁,著书八篇?而曰"不韦迁蜀,世传《吕览》",斯盖识有不该,思之未审耳。

昔春秋之时,齐有夙沙卫者,拒晋殿师,郭最称辱;伐鲁行唁,臧坚抉死。此阉官见鄙,其事尤著者也。而太史公《与任少卿书》,论自古刑余之人为士君子所贱者,唯以弥子瑕为始,何浅近之甚邪?但夙沙出《左氏传》,汉代其书不行,故子长不之见也。夫博考前古,而舍兹不载,至于乘传车,探禹穴,亦何为者哉?

《魏世家》太史公曰:"说者皆曰魏以不用信陵君,故国削弱至于亡。余以为不然。天方令秦平海内,其业未成,魏虽得阿衡之徒,曷益乎?"夫论成败者,固当以人事为主,必推命而言,则其理悖矣。盖晋之获也,由夷吾之愎谏;秦之灭也,由胡亥之无道;周之季也,由幽王之惑褒姒;鲁之逐也,由稠父之违子家。然则败晋于韩,狐突已志其兆;亡秦者胡,始皇久铭其说;檿弧箕服,彰于宣、厉之年;征褰与襦,显自文、武之世。恶名早著,天孽难逃。假使彼四君才若桓、文,德同汤、武,其若之何?苟推此理而言,则亡国之君,他皆仿此,安得于魏无讥者哉?

夫国之将亡也若斯,则其将兴也亦然。盖妫后之为公子也,其筮曰:八世莫之与京。毕氏之为大夫也,其占曰:万名其后必大。姬宗之在水浒也,鸑鷟鸣于岐山;刘姓之在中阳也,蛟龙降于丰泽。斯皆瑞表于先,而福居其后。向若四君德不半古,才不逮人,终能坐登大宝,自致宸极矣乎?必如史公之议也,则亦当以其命有必至,理无可辞,不复嗟其智能,颂其神武者矣。

夫推命而论兴灭,委运而忘褒贬,以之垂诫,不其惑乎?自兹以后,作者著述,往往而然。如鱼豢《魏略议》、虞世南《帝王论》,或叙辽东公孙之败,(原注:鱼豢《魏略议》曰:当青龙、景初之际,有彗星出于箕而上彻,是为扫除辽东而更置也。苟其如此,人不能违,则德教不设而淫滥首施,以取族灭,殆天意也。)或述江左陈氏之亡,(原注:虞世南《帝王略论》曰:永定元年,有会稽人史溥为扬州从事,梦人著朱衣武冠,自天而下,手执金版,有文字。溥看之,有文曰:"陈氏五主,三十四年。"谅知冥数,不独人事。)其理并以命而言,可谓与子长同病者也。

上海古籍出版社王煦华校点《史通通释》

【思考题】

1. 试述"文约而事丰"原则对于文学创作的意义。
2. 谈谈你对文章"繁"与"简"关系的认识。

殷 璠

【作者简介】

殷璠(生卒年不详),润州曲阿(今江苏丹阳)人。早年举进士不第,还乡里,为处士。曾编次润州士人有诗名而仕宦不达者如储光羲、包融等十八人诗为《丹阳集》,今佚。又编有《河岳英灵集》。

河岳英灵集序

叙曰:梁昭明太子撰《文选》,后相效著述者十余家,咸自称尽善,高听之士[1],或未全许。且大同至于天宝[2],把笔者近千人,除势要及贿赂者[3],中间灼然可尚者[4],五分无二,岂得逢诗辑纂,往往盈帙[5]。盖身后立节,当无诡随[6],其应诠拣不精,玉石相混,致令众口销铄,为知音所痛[7]。

夫文有神来、气来、情来,有雅体、野体、鄙体、俗体[8]。编纪者能审鉴诸体[9],委详所来[10],方可定其优劣,论其取舍。至如曹、刘[11],诗多直语[12],少切对[13],或五字并侧[14],或十字俱平,而逸驾终存[15]。然挈瓶庸受之流[16],责古人不辨宫商徵羽,词句质素[17],耻相师范。于是攻异端[18],妄穿凿,理则不足,言常有余[19],都无兴象,但贵轻艳。虽满箧笥[20],将何用之?

自萧氏以还[21],尤增矫饰[22]。武德初[23],微波尚在。贞观末,标格渐高[24]。景云中,颇通远调[25]。开元十五年后[26],声律风骨始备矣。实由主上恶华好朴,去伪从真,使海内词场,翕然尊古[27],南风周雅[28],称阐今日[29]。

璠不揆[30],窃尝好事,愿删略群才,赞圣朝之美。爰因退迹[31],得遂宿心[32]。粤若王维、昌龄、储光羲等二十四人,皆河岳英灵也[33],此集便以《河岳英灵》为号。诗二百三十四首[34],分为上下卷。起甲寅,终癸巳[35]。伦次于叙,品藻各冠篇额[36]。如名不副实,才不合道,纵权压梁、窦[37],终无取焉。

中华书局傅璇琮、陈尚君、徐俊编撰《唐人选唐诗新编(增订本)》

【题解】

殷璠《河岳英灵集》是唐人选唐诗中很重要的一种,也是现存最早比较全面地收录盛唐诗并加以评论的选本,共选录开元二年(714)至天宝十二年(753)期间常建、李白、王维等二十四位诗人之诗二百余首。此集以选诗结合评论的方式,揭示了各家创作的风格特色,并标举佳篇和摘引佳句予以说明,其中颇多精到的见解。在序文中,殷璠交代了编选此集的缘由,并标举"兴象"、"风骨"及"声律"作为选诗标准,主张诗歌内容与形式并重,肯定了开元以来形成的风骨与声律兼备的新诗风,体现了盛唐时期人们的诗歌审美观念。

【注释】

1. 高听之士:识见高明之人。
2. "且大同"句:大同(535—545),梁武帝萧衍年号。天宝(742—755),唐玄宗李隆基年号。
3. "除势要"句:势要,指有权势、居要职者。《北齐书·循吏传·路去病》:"势要之徒,虽厮养小人莫不惮其风格。"贿赂者,指以财物请托而获取声名者。
4. 灼然可尚:成就显著,可资效法。灼然,明显貌。
5. 盈帙:盈,满。帙,书的封套,用布帛制成,此指书的卷册。
6. "盖身后"两句:谓选录前人的作品若秉持严格的标准,当不至于不顾是非而随俗上下。节,标准,度量。诡随,《诗·大雅·民劳》:"无纵诡随,以谨无良。"毛传:"诡随,诡人之善,随人之恶者。"朱熹集传:"诡随,不顾是非而妄随人也。"
7. "其应"四句:谓选择不精,好坏不分,以致招来众人的非议,使知音者感到痛心。诠拣,选择。众口销铄,《国语·周语下》:"众口铄金。"韦昭注:"铄,消也。"谓众人的议论可以销熔金石,比喻舆论力量的强大。
8. "夫文有"两句:神、气、情三者,当指作者临文时不同的心理状态,由此造成了作品不同的审美特征。雅、野、鄙、俗四体,侧重指作品的体貌风格,其中野、鄙、俗三体的内涵接近,均与雅体相对。

9. 审鉴诸体:仔细鉴别雅、野、鄙、俗四体。审鉴,详察鉴别。

10. 委详所来:熟识详知作品是神来还是气来、情来。委,知悉、洞悉。

11. 曹、刘:指曹植和刘桢。

12. 直语:或作"直致",谓直陈其意,不事雕琢。意近钟嵘所云"直寻"(《诗品序》)。

13. 切对:指平仄谐和的对句。

14. 侧:用同"仄"。

15. 逸驾:此指超迈不凡之才华。

16. "然挈瓶"句:谓才识狭小肤浅之辈。挈瓶,汲水之瓶,喻才智浅小。《左传·昭公七年》:"虽有挈瓶之知,守不假器,礼也。"杜预注:"挈瓶汲者,喻小知。"《文选》卷十七陆机《文赋》:"患挈瓶之屡空,病昌言之难属。"吕延济注:"挈瓶,小器也,谓小智之人才思屡空也。"庸受,或作肤受,喻浅薄。《文选》卷三张衡《东京赋》:"若客所谓末学肤受,贵耳而贱目者也。"薛综注:"肤受,谓皮肤之不经于心胸。"

17. 质素:文词质朴平实。

18. 攻异端:谓所致力者不合乎大道。《论语·为政》:"攻乎异端,斯害也已。"何晏《集解》:"攻,治也。"

19. "理则"两句:谓作品内容贫乏,文辞则过分雕饰。

20. 箧笥:贮物用的竹器,此指书箱。

21. 萧氏:指南朝齐、梁,其皇室均为萧姓。

22. 矫饰:造作夸饰。此指齐、梁以来诗歌注重辞藻、声律、对偶等的雕琢之美。

23. 武德:唐高祖李渊年号(618—626)。

24. "贞观"两句:贞观(627—649),唐太宗李世民年号。标格,风范、风度。

25. "景云"两句:景云(710—711),唐睿宗李旦年号。远调:情幽兴远之境。

26. 开元:唐玄宗李隆基年号(713—741)。

27. 翕然:一致貌。

28. 南风周雅:南风,相传舜作《南风歌》;又或指《诗经》之《周南》《召南》及诸国风。周雅,指《诗经》之《小雅》《大雅》。按:此句《文镜秘府论·南卷·定位》引作"有周风雅"。

29. 称阐:称扬阐发。按:《文镜秘府论》引作"再阐"。

30. 不揆:不自量,自谦之词。

31. 退迹:犹退隐。

32. 宿心:向来的心愿。《文选》卷二十三嵇康《幽愤诗》:"内负宿心,外恧良朋。"吕向注:"宿心,谓宿昔本心也。"

33. 河岳英灵:谓禀受山河英灵之气而生的杰出人才。

34. 诗二百三十四首:按《四部丛刊》影印明刻本《河岳英灵集》实录诗 228 首,

《文镜秘府论》则作 275 首。

35. "起甲寅"两句:甲寅,指开元二年(714)。癸巳,指天宝十二年(753)。
36. "品藻"句:谓对每个诗人的评论之语各置于所选诗作之前。
37. 梁、窦:指东汉时的权臣梁冀与窦宪,皆为皇室贵戚。

【讲疏】

殷璠此序首先简要回顾了自梁武帝大同至唐玄宗天宝这二百余年间选本发展的历史,他对后人仿效《文选》而编的各种选本表示不满,认为选家录载评量已逝者的作品时往往"逢诗辑纂",没有一个严格的标准或尺度,使选择不精、好坏不分,从而埋没了真正优秀的作品,以致招来众口谤议,令知音者感到痛心。

殷璠认为诗文创作的临文状态和体势风貌多种多样,"有神来、气来、情来,有雅体、野体、鄙体、俗体",而要在如此丰富多样的作品中进行裁量取舍,以定其优劣,就必须树立明确的选录标准,方能克服前人选本那种因尺度不严而"诠拣不精"的缺陷。殷璠在序文中批评六朝诗风"都无兴象,但贵轻艳",肯定"开元十五年后"的诗风"声律风骨始备";又在《集论》中说其选诗时,"既闲新声,复晓古体,文质半取,风骚两挟;言气骨则建安为传,论宫商则太康不逮",所谓"新声"、"宫商",均就讲求声律的近体诗而言。由此可见,殷璠所秉持的选诗尺度为"兴象"、"风骨"和"声律"三者。

首先,殷璠选诗标举"兴象"标准,这是针对南朝以来不少诗歌"理则不足""但贵轻艳"的缺点提出来的。他认为南朝以迄唐初的诗歌内容不充实,只追求形式的华美,缺乏"兴象"之美;而到了盛唐时代,由于诗歌"标格渐高",已具备"兴象"美,故他选录时自然将"兴象"作为标准之一。如评陶翰云:"既多兴象,复备风骨。"评孟浩然"众山遥对酒,孤屿共题诗"二句云:"无论兴象,兼复故实。"由其评语观之,"兴象"主要是指自然景物(象)与诗人由此触发的感受(兴),而偏于指"兴",即感受而言。

其次,殷璠选诗的另一重要标准是"风骨"。他认为建安诗是具有风骨的典范,而盛唐诗亦具备风骨,取得了很高的成就,故可与"建安为传"。殷璠在评价各位诗人时也屡屡以"风骨"为准,如评高适云:"适诗多胸臆语,兼有气骨。"评崔颢云:"晚节忽变常体,风骨凛然。"评薛据云:"据为人骨鲠,有气魄,其文亦尔。"同时,他还对那些风骨不足的诗人表示出惋惜之情,如评刘眘虚云:"声律婉态,无出其右,唯气骨不逮诸公。"评祖咏云:"气虽不高,调颇凌俗。"从其所论及评语来看,殷璠所理解的"风骨",与刘勰、钟嵘、陈子昂等人所言风骨接近,都是指诗歌情感表现鲜明爽朗、语言质朴有力的风格特色。

再次,殷璠选诗还注重"声律"标准。唐初定型的近体诗注重声律之美,至盛唐时已出现了不少优秀的作品,故殷璠在序文中称盛唐诗"声律风骨始备";又于《集论》中专论声律云:"昔伶伦造律,盖为文章之本也。是以气因律而生,节假律而明,才得律而清焉。宁预于词场,不可不知音律焉。"还说他选诗是"新声"(近体诗)与"古体"兼取。这都体现了对于声律的重视。但是,他又反对过分讲究声律,认为曹植、刘桢等人的古体诗作不讲四声八病,也仍不妨其为"逸驾"、"雅调",可见他倡导的是一种更为宽泛、自然的声律观。《河岳英灵集》也常以声律评诗,如称刘昚虚诗"声律婉态,无出其右",祖咏诗"调颇凌俗"等。需要说明的是,殷璠虽然对以声律见长的近体诗是肯定的,但他更为重视的还是古体诗,集中所选古体诗数量远过于近体诗,这当与他更注重自然声韵有关。

要之,殷璠选诗兼重兴象、风骨、声律之美,体现了盛唐人崇尚文质相兼、情韵并美的诗歌审美理想。

【关键词解读】

兴象

"兴象"是殷璠首先提出的一个重要的诗学概念,他在《河岳英灵集序》中批评南朝诗歌"都无兴象,但贵轻艳",又在具体评论中以"兴象"一语称美陶翰和孟浩然的诗。殷璠没有对"兴象"的概念加以解释说明,联系其评论及所评诗歌的特点来看,"兴象"是就诗人面对自然风景时的感受、兴致说的。具体而言,"所谓象,指反映在作品中的外界事物(主要是景色)的具体形象。所谓兴,指表现在作品中的诗人由外界事物(主要是景色)触发而产生的感受、兴致"(王运熙、杨明《隋唐五代文学批评史》)。殷璠还常常单用"兴"字赞美某些诗人,如评常建云:"其旨远,其兴僻,佳句辄来,唯论意表。"评刘昚虚云:"昚虚诗,情幽兴远。"评贺兰进明云:"又《行路难》五首,并多新兴。"而实际上这些诗人的作品中也不乏物象的描写,故其所言之"兴"亦可指"兴象"。从《河岳英灵集》所选诗歌来看,以兴象见长的诗人,大抵擅长描写山水田园等自然景物,而且多注意借景抒情、情景结合。可见殷璠的"兴象"说,主要是针对盛唐时代繁荣发展的抒情写景诗而提出的。

"兴象"是一个内容丰富的诗学概念,它既包含作家浓郁的情思,又包含外界事物的生动形象,这样主客观互相融合,便可形成情景交融、包孕宏深的艺术境界。这一概念的提出,对唐代诗歌意境理论的发展产生了深刻的影响,后来刘禹锡的"境生于象外"说和司空图的"象外之象"、"景外之景"说等都可以说脱胎于此。明清诗论家更常以"兴象"论诗,或专论唐诗,如明代胡应麟《诗薮》云:"作诗大要不过二端,体格声调、兴象风神而已。"清代王士禛《带经堂诗话》云:"盛唐诸家兴象超诣。"虽然他们所言"兴象"的内涵有所扩大,但这一概念的普遍使用,则说明了殷璠的理论贡献及其影响所在。

【相关知识链接】

南朝齐梁以来的诗歌创作在讲求藻采、声律、对偶等方面风气日盛,这为诗歌形式美的创造积累了丰富的经验,但同时也将诗歌引向了题材狭窄、内容浅薄、风格绮艳之途。自隋入唐,齐梁诗风受到了严厉的批判,人们希望纠正这种过分偏重形式美的诗风。唐初史家在抨击齐梁诗风的基础上,还提出了建立文质兼具的新文风的意见。如令狐德棻《周书·王褒庾信传论》云:"文质因其宜,繁约适其变,权衡轻重,斟酌古今,和而能壮,丽而能典。"魏徵《隋书·文学传序》在评价南北朝文学时,主张合南北文学之所长,以达到"文质斌斌,尽善尽美"的境界。但是,由于初唐诗歌仍延续着齐梁余波,对于文质兼具的新文风的提倡还只是停留在理论呼吁阶段。到了盛唐时期,人们对齐梁余波继续予以批判,同时在创作上古体诗与近体诗都取得了很高的成就,内容充实且形式流美,真正达到了文质兼备的理想境界。殷璠编选《河岳英灵集》时,提出自己的选录是:"既闲新声,复晓古体,文质半取,风骚两挟。言气骨则建安为传,论宫商则太康不逮。"既重古体诗,又肯定近体诗的成就;既强调风骨,又不排斥声律。这正是对盛唐诗歌"声律风骨始备"的创作实际的总结。

文质并重是盛唐时代人们在创作与理论上自觉追求的文学审美理想。杜确《岑嘉州集序》曾称开元之际,"其时作者,凡十数辈,颇能以雅参丽,以古杂今,彬彬然,粲粲然,近建安之遗范矣",他感受到了岑参等盛唐诗人开创了一种合汉魏与齐梁传统为一的新诗风。盛唐时期的文章大手笔张说,也提倡内容与形式并美的文学,其《唐昭容上官氏文集序》云:"气有壹郁,非巧辞莫之通;形有万变,非工文莫之写。"又《洛州张司马集序》云:"夫言者志之所之,文者物之相杂。然则心不可蕴,故发挥以形容;辞不可陋,故错综以润色。"认为文章要体物言志,便须在文辞上发挥形容、广加润色。韩休在《苏颋文集序》中亦称:"情发于中,而申之以歌咏;文生于情,而饰之以辞采。"要求情志与词采并重,使文章既有真挚的情感内容,又具备生动优美的形式。这些论述都反映了盛唐文人普遍持有的情词两挟、文质并重的文学观念。

【延伸阅读】

殷璠的诗学思想除了集中体现于《河岳英灵集序》外,还反映在《河岳英灵集论》和具体的评点之中。《集论》对序文中所提到的"声律"问题作了进一步的阐发,他认为声律在诗歌创作中具有重要的作用,所以诗人"不可不知音律",但又反对"专事拘忌",过分讲求音律,而提倡自然的声韵之美。殷璠还对入选《河岳英灵集》的每位诗人都进行了品评,或述其风格特色,或摘引名篇佳句予以赏鉴。从具体品评来看,除了他所标举的"兴象""风骨""声律"等选诗标准都有体现外,还反映出重"雅"、尚"奇"的思想。

河岳英灵集论

论曰:昔伶伦造律,盖为文章之本也。是以气因律而生,节假律而明,才得律而清焉。宁预于词场,不可不知音律焉。孔圣删《诗》,非代议所及。自汉、魏至于晋、宋,高唱者十有余人,然观其乐府,犹有小失。齐、梁、陈、隋,下品实繁,专事拘忌,弥损厥道。夫能文者匪谓四声尽要流美,八病咸须避之,纵不拈二,未为深缺。即"罗衣何飘飘,长裾随风还",雅调仍在,况其他句乎?故词有刚柔,调有高下,但令词与调合,首末相称,中间不败,便是知音。而沈生虽怪,曹、王曾无先觉,隐侯言之更远。璠今所集,颇异诸家,既闲新声,复晓古体,文质半取,风骚两挟,言气骨则建安为传,论宫商则太康不逮。将来秀士,无致深憾。

河岳英灵集诗人评语(选录)

常建

高才而无贵仕,诚哉是言。曩刘桢死于文学,左思终于记室,鲍昭卒于参军,今常建亦沦于一尉。悲夫!建诗似初发通庄,却寻野径,百里之外,方归大道。所以其旨远,其兴僻,佳句辄来,唯论意表。至如"松际露微月,清光犹为君",又"山光悦鸟性,潭影空人心",此例十数句,并可称警策。然一篇尽善者,"战余落日黄,军败鼓声死","今与山鬼邻,残兵哭辽水",属思既苦,词亦警绝。潘岳虽云能叙悲怨,未见如此章。

李白

白性嗜酒,志不拘检,常林栖十数载,故其为文章,率皆纵逸。至如《蜀道难》等篇,可谓奇之又奇。然自骚人以还,鲜有此体调也。

王维

维诗词秀调雅,意新理惬,在泉为珠,著壁成绘,一句一字,皆出常境。至如"落日山水好,漾舟信归风",又"涧芳袭人衣,山月映石壁","天寒远山净,日暮长河急","日暮沙漠陲,战声烟尘里"。

刘眘虚

眘虚诗,情幽兴远,思苦词奇,忽有所得,便惊众听。顷东南高唱者十数人,然声律婉态,无出其右。唯气骨不逮诸公。自永明已还,可杰立江表。至如"松色空照水,经声时有人",又"沧溟千万里,日夜一孤舟",又"归梦如春水,悠悠绕故乡",又"驻马渡江处,望乡待归舟",又"道由白云尽,春与清溪长。时有落花至,远随流水香。开门向溪路,深柳读书堂。幽映每白日,清晖照衣裳",并方外之言也。惜其不永,天碎国宝。

陶翰

历代词人,诗笔双美者鲜矣。今陶生实谓兼之,既多兴象,复备风骨,三百年以前,方可论其体裁也。

高适

适性拓落,不拘小节,耻预常科,隐迹博徒,才名自远。然适诗多胸臆语，兼有气骨，故朝野通赏其文。至如《燕歌行》等篇，甚有奇句。且余所爱者，"未知肝胆向谁是，令人却忆平原君"，吟讽不厌矣。

岑参

参诗语奇体峻，意亦奇造。至如"长风吹白茅，野火烧枯桑"，可谓逸矣。又"山风吹空林，飒飒如有人"，宜称幽致也。

崔颢

颢少年为诗，属意浮艳，多陷轻薄，晚节忽变常体，风骨凛然，一窥塞垣，说尽戎旅。至如"杀人辽水上，走马渔阳归。错落金琐甲，蒙茸貂鼠衣"，又"春风吹浅草，猎骑何翩翩。插羽两相顾，鸣弓新上弦"，可与鲍照、江淹并驱也。

薛据

据为人骨鲠，有气魄，其文亦尔。自伤不早达，因著《古兴》诗云："投珠恐见疑，抱玉但垂泣。道在君不举，功成叹何及。"怨愤颇深。至如"寒风吹长林，白日原上没"，又"孟冬时暑短，日尽西南天"，可谓旷代之佳句也。

孟浩然

余尝谓祢衡不遇，赵壹无禄，其过在人也。及观襄阳孟浩然罄折谦退，才名日高，天下籍甚，竟沦落明代，终于布衣，悲夫！浩然诗，文采丰茸，经纬绵密，半遵雅调，全削凡体。至如"众山遥对酒，孤屿共题诗"，无论兴象，兼复故实。又"气蒸云梦泽，波动岳阳城"，亦为高唱。《建德江宿》云："移舟泊烟渚，日暮客愁新。野旷天低树，江清月近人。"

储光羲

储公诗，格高调逸，趣远情深，削尽常言，挟风雅之道，得浩然之气。《述华清宫》诗云："山开鸿濛色，天转招摇星。"又《游茅山》诗云："山门入松柏，天路涵虚空。"此例数百句，已略见《荆杨集》,不复广引。璠尝睹储公《正论》十五卷,《九经分义疏》二十卷,言博理当,实可谓经国之大才。

王昌龄

　　元嘉以还,四百年内,曹、刘、陆、谢,风骨顿尽。顷有太原王昌龄、鲁国储光羲,颇从厥迹。且两贤气同体别,而王稍声峻。至如"明堂坐天子,月朔朝诸侯。清乐动千门,皇风被九州。庆云从东来,泱漭抱日流",又"云起太华山,云山互明灭。东峰始含景,了了见松雪",又"楮柟无冬春,柯叶连峰稠。阴壁下苍黑,烟含清江楼。叠沙积为冈,崩剥雨露幽。石脉尽横亘,潜潭何时流",又"京门望西岳,百里见郊树。飞雨祠上来,霭然关中暮",又"奸雄乃得志,遂使群心摇。赤风荡中原,烈火无遗巢。一人计不用,万里空萧条",又"百泉势相荡,巨石皆却立。昏为蛟龙怒,清见云雨入",又"去时三十万,独自还长安。不信沙场苦,君看刀箭瘢",又"芦荻寒苍江,石头岸边饮",又"长亭酒未酣,千里风动地。天仗森森练雪拟,身骑铁骢白鹰臂",斯并惊耳骇目。今略举其数十句,则中兴高作可知矣。余尝睹王公《长平伏冤》文、《吊枳道赋》,仁有余也。奈何晚节不矜细行,谤议沸腾,再历遐荒,使知音叹惜。

　　中华书局傅璇琮、陈尚君、徐俊编撰《唐人选唐诗新编(增订本)》

【思考题】

殷璠的"兴象"说与陈子昂的"兴寄"说有何区别?

杜 甫

【作者简介】

杜甫(712—770),字子美,自号少陵野老。祖籍襄阳(今属湖北),生于巩县(今属河南)。开元二十三年(735)和天宝六年(747),两应进士举不第。后以献《三大礼赋》,授右卫率府胄曹参军。安史乱中,奔赴肃宗凤翔行在,授右拾遗,寻出为华州司功参军。乾元二年(759),弃官赴秦州。后入蜀依剑南节度使严武,授检校工部员外郎。严武卒后,去蜀,滞留夔州,后出峡至两湖一带漂泊,病卒于湘水之上。有《杜工部集》。

戏为六绝句

庾信文章老更成,凌云健笔意纵横[1]。今人嗤点流传赋[2],不觉前贤畏后生[3]。

杨王卢骆当时体[4],轻薄为文哂未休[5]。尔曹身与名俱灭,不废江河万古流[6]。

纵使卢王操翰墨,劣于汉魏近《风》《骚》[7]。龙文虎脊皆君驭[8],历块过都见尔曹[9]。

才力应难跨数公[10],凡今谁是出群雄[11]。或看翡翠兰苕上,未掣鲸鱼碧海中[12]。

不薄今人爱古人,清词丽句必为邻[13]。窃攀屈宋宜方驾,恐与齐梁作后尘[14]。

未及前贤更勿疑[15],递相祖述复先谁[16]。别裁伪体亲风雅[17],转益多师是汝师[18]。

中华书局仇兆鳌《杜诗详注》卷十一

【题解】

《戏为六绝句》是杜甫于上元二年(761)寓居成都时所作组诗,这组绝句评论诗人及诗歌创作,具有文学批评的性质,是杜甫诗学思想的集中体现。前三首评论庾信和初唐四杰,指出评价作家作品时应该有全面和历史的观点;后三首评论当时诗坛情况及自述创作宗旨,崇尚风格雄健壮美之诗,重视佳言秀句的锤炼,主张继承风雅传统,广泛吸取各家之长。组诗以"戏"为题,淡化了训导的意味,表明作者不欲自以为是,而实则态度很严肃,议论也很正大。

【注释】

1. "庾信"两句:谓庾信文章到了晚年功夫更为成熟,笔力矫健,意境雄浑开阔。庾信在梁时诗作绮靡流丽,入北周后,诗风转为悲壮苍劲,渐趋成熟老到。杜甫《咏怀古迹》五首之一曰"庾信生平最萧瑟,暮年诗赋动江关",也指出了庾信后期诗风的转变,可与此相印证。

2. "今人"句:嗤点,讥笑指摘。赋,兼指诗、赋,亦即首句的"文章"。仇兆鳌注:"后人取其流传之赋,嗤笑而指点之。"

3. "不觉"句:畏后生,语本《论语·子罕》:"子曰:'后生可畏,焉知来者之不如今也?'"此反用其意。后生,犹言后人。浦起龙《读杜心解》:"为前辈称屈,正使后生知警也。"翁方纲《石洲诗话》卷一亦云:"此反语也。言今人嗤点昔人,则前贤应畏后生矣。嬉笑之词,以此辈不必与庄论耳。"

4. "杨王"句:杨王卢骆,指初唐四杰杨炯、王勃、卢照邻、骆宾王。王勃,见《上吏部裴侍郎启》作者简介。杨炯(650—约695),华州华阴(今陕西华阴)人。十岁举神童,授校书郎,官至盈川令。卢照邻(634?—684?),字升之,号幽忧子,幽州范阳(今河北涿县)人。曾官新都尉。后为风疾所困,自投颍水而死。骆宾王(627?—684?),婺州义乌(今浙江义乌)人,曾官临海丞。徐敬业起兵讨武则天,从之,军中书檄,皆出其手。兵败,不知所终。当时体,洪迈《容斋随笔》云:"王勃等四子之文,皆精切有本原。其用骈俪作记、序、碑、碣,盖一时体格如此,而后来颇议之。"谓四杰之文章乃一时代之体制风格,虽仍未脱尽六朝藻饰余习,但这是初唐时代的诗文风气使然,不宜轻议。

5. "轻薄"句:谓今人以为四子为文立身,不免轻薄,乃哂笑不休。哂,讥笑。郭知达《九家集注杜诗》赵次公注引《玉泉子》:"时人之议,杨好用古人姓名,谓之点鬼簿;骆好用数对,谓之算博士。"《旧唐书·王勃传》载裴行俭语曰:"勃等虽有文才,而浮躁浅露。"即时人讥笑四杰为文为人之例。

6. "尔曹"两句:尔曹,犹言汝辈、你们,指嘲笑四杰之人。不废,犹无害、无损。

江河,喻四杰。史炳《杜诗琐证》云:"言四子文体自是当时风尚,乃嗤其轻薄者至今未休。曾不知尔曹身名俱灭,而四子之文不废,如江河万古常流。"

7. "纵使"两句:谓即使四杰为文,不如汉魏诗人的作品更接近《风》《骚》传统。纵使,犹言即便,含退一步之意。卢王,概指"四杰"。翰墨,笔墨,此代指诗赋。按:"劣于"二字读断,"汉魏近《风》《骚》"五字连读。

8. "龙文"句:龙文,骏马名。《汉书·西域传》:"蒲梢、龙文、鱼目、汗血之马充于黄门。"虎脊,本谓骏马毛色如虎,后用作骏马的代称。《汉书·礼乐志》载《天马歌》:"天马徕,出泉水,虎脊两,化若鬼。"颜师古注引应劭曰:"马毛色如虎脊者有两也。"龙文虎脊,比喻雄健的文笔和奇丽的辞采。君,指四杰。

9. "历块"句:历,越过。块,土地。都,都邑。《文选》卷四十七王褒《圣主得贤臣颂》:"及至驾啮膝,骖乘旦,王良执靶,韩哀附舆,纵驰驰骛,忽如影靡,过都越国,蹶如历块。"吕延济注:"言过都国,疾如行历一小块之间。"见尔曹,意谓相形之下,就能见出汝辈之凡庸。

10. "才力"句:谓今人之才力很难超越上述诸人。黄生《杜诗说》:"言今人修饰文采,或有可观,若其才力之雄拔,诚未见有出群者。辄欲跨彼数公,诚难矣。曷亦反而自省耶?"数公,指庾信及四杰。

11. "凡今"句:意谓如今哪个是文坛上超群出众的人呢?凡今,犹如今、当今。出群,犹言出众。

12. "或看"两句:谓有时或能见到以绮美纤巧取胜的作品,却未见掣制鲸鱼于碧海那样气势雄伟的诗篇。翡翠兰苕,形容辞采的鲜丽。语本郭璞《游仙诗》其三:"翡翠戏兰苕,容色更相鲜。"翡翠,鸟名,羽毛多色而美。兰苕,兰花。掣,牵引,牵曳。鲸鱼碧海,喻笔力雄健、气势宏伟壮阔。意本《庄子·外物》,传说古代任公子(任父)为大钩巨缁,五十牛为饵,投竿东海,终得大鱼,白波若山,声震千里,气象可谓雄伟至极。

13. "不薄"两句:自谓既不菲薄今人,亦敬爱古人,凡清词丽句无论其出于古人还是今人都爱赏之。今人,指齐梁及初唐诗人。古人,指先秦及汉魏诗人。浦起龙《读杜心解》:"此与末章,乃推广而正告之,意重在'不薄今人'边。统言今人,则齐梁而下,四杰而外,皆是。统言古人,则汉魏以上,风骚以还,皆是。"一说:"今人爱古人"当作一气读,汪师韩《诗学纂闻》:"'今人爱古人'五字相连,言古人之清词丽句,今人爱之,其意原不可薄。"

14. "窃攀"两句:是阐明"清词丽句必为邻"之义,自谓必须上攀屈原、宋玉,与之并驾齐驱,否则仅仅追求词藻形式之美,就不免落入齐梁之后尘。吴见思《杜诗论文》:"清词丽句,极力模仿,与为比肩;而所云清丽者,必拟屈宋,但不可过为纤艳,入于齐梁耳。"

15. "未及"句:谓嗤点前辈的轻薄之徒,其才力赶不上前贤是毋庸置疑的。前贤,泛指一切有成就的前辈作家,包括庾信和四杰。

16. "递相"句:谓在效法前贤中,以谁为先呢?言外之意即前贤都有值得学习的地方,何必非要分出先后呢。祖述,效法,仿效。

17."别裁"句:谓别择淘汰那些模拟因袭、了无生气的作品,去学习和继承古代的风雅传统。别,区别。裁,裁汰。伪体,指徒知模拟、无生气、无真性情的作品。

18."转益"句:谓在裁汰浮伪之体、继承风雅之后,则古今诸贤皆可以师法。杨慎《升庵诗话》引罗履泰解此首云:"此少陵示后人以学诗之法。前二句,戒后人之愈趋愈下。后二句,勉后人之学乎其上也。盖谓后人不及前人者,以递相祖述,日趋日下也。必也区别裁正浮伪之体,而上亲《风》《雅》,则诸公之上,转益多师,而汝师端在是矣。"

【讲疏】

六朝诗歌具有重形式、轻内容的不良倾向,唐初诗歌仍延续着这种风气。为了开拓唐诗新的发展道路,初盛史臣、陈子昂、李白等都对六朝浮艳诗风进行了严厉批判,提出了复古的诗歌主张。但有些论者据此全盘否定六朝至初唐的诗歌创作,则又陷于贵古贱今的另一极端。杜甫《戏为六绝句》就是针对当时"好古者遗近,务华者去实"(元稹《唐故工部员外郎杜君墓系铭并序》)的现象,对六朝至初唐的几位重要诗人做出了客观评价,阐明了自己对待前代文学遗产既有所抉择批判,又充分尊重、广收博取的态度。

第一首,评论庾信的诗赋创作,表达了评价诗人须统观全人、不可以偏概全的思想。庾信是六朝诗赋的代表,早年与徐陵同善宫体诗,风格淫丽华靡,世称"徐庾体";后期羁留北朝,虽享高官厚禄,但内心痛苦悲愤,常怀"乡关之思",故文风大变,趋于沉郁劲健。唐初评论家如令狐德棻、魏徵、卢藏用等,只看到他前期诗赋的轻薄淫靡而深加贬责。杜甫则着力肯定了其后期诗赋的"凌云健笔"之风,所谓"庾信生平最萧瑟,暮年诗赋动江关"(《咏怀古迹》其一)。同时,他又称"清新庾开府"(《春日忆李白》),对庾信前期诗赋的"清新"特点也给予了充分肯定。

第二首,推许初唐四杰的成就,旨在阐明要以历史的眼光评价前人。初唐四杰的诗歌创作尚未完全摆脱六朝藻绘余习,但他们在诗歌内容的开拓方面做出了重要贡献,在唐诗发展史上具有举足轻重的地位。然而,当时的轻薄之徒却对四杰颇有非议,因他们的诗歌沿袭当时流行的格调而嘲笑不已。杜甫认为评价作家不能脱离具体的时代条件,故批评这些哂笑者将"身与名俱灭",而四杰的诗作与名声则必将万古长流。

第三首,从奇丽俊美的风格辞采角度继续称赞四杰。杜甫认为,四杰之诗即便不及汉、魏之作更接近《诗经》和《楚辞》的传统,但他们的作品文采瑰丽,犹如驾驭着毛色斑斓的骏马驰骋于原野与都市,仍是值得称道的。而这是那些讥笑四杰的"尔曹"们所望尘莫及的。

第四首,说明诗歌的风格应该多样化。杜甫一方面肯定"翡翠兰苕"式的秀丽之作,另一方面又极力赞美"鲸鱼碧海"般的雄浑壮丽之诗。因此,他既赞美孟浩然、王维的"清诗"、"秀句"(《解闷》其六、八),又称颂李白"笔落惊风雨,诗成泣鬼神"(《寄李十二白二十韵》)的豪迈气概。可见杜甫对于诗歌风格多样性的认识是比较全面的。

第五首,阐述了对待古今之争问题的立场。杜甫认为,不论对待古人还是今人的文学遗产,对其精华都要加以学习和继承,从而克服"贵远贱近"或"贵近贱远"的不良倾向。但他又主张立志须高,取法乎上,要与屈原、宋玉并驾,而不可步齐梁后尘。同时,杜甫还重视诗歌语言的锤炼,特别强调吸收和镕铸古今诗人的"清词丽句"。他自称"为人性僻耽佳句"(《江上值水如海势聊短述》);称颂朋辈之诗亦多赞其佳句、秀句,如"诗家秀句传"(《哭李尚书之芳》),"佳句法如何"(《寄高三十五书记》),"佳句染华笺"(《秋日夔府咏怀奉寄郑监李宾客一百韵》),"故人得佳句"(《奉答岑参补阙见赠》),等等。

第六首,指出当代诗人的成就之所以不及"前贤",原因在于他们只知"递相祖述",因袭成文,而难以自铸伟词。杜甫告诫后生,作诗的正确道路是:一要鉴别文学遗产中的精华与糟粕,去伪存真,并学习和继承《诗经》反映社会现实的优良传统;二要广泛学习前人的一切诗歌艺术经验,且能"不囿于一家之言,一偏之见,虽然继承传统或借鉴别人,但并不妨碍自己的创造"(马茂元《论〈戏为六绝句〉》)。

要之,杜甫论诗较为公允,评价诗人力求全面、客观。他既肯定精致秀美的风格,又崇尚雄奇壮美的风格;既取效《风》《雅》而注重内容充实,又不废清词丽句而重视形式之美;既要求继承传统,又强调自我创新。这样既避免了"好古者遗近"的偏颇,也克服了"务华者去实"的流弊,体现了一种通达的诗学观。

【关键词解读】

别裁伪体　转益多师

"别裁伪体亲《风》《雅》,转益多师是汝师",这是杜甫诗学理论的主导思想。杜甫主张对待文学遗产要以筛选的眼光,精心鉴别,裁汰浮伪之体,从而将创作纳入"风雅"的正轨。这种思想还体现在对具体诗人的评价中,如《陈拾遗故宅》评陈子昂云:"有才继骚雅,哲匠不比肩。……终古立忠义,《感遇》有遗篇。"杜甫认为《感遇》诗揭露政治弊端,抒写忧国伤时、以天下为己任的情怀,继承了"风骚"传统。又《同元使君春陵行有序》评元结晚年所作反映道州人民疾苦的《春陵行》《贼退示官吏》二诗,"不意复见比兴体制,微婉顿挫之词",对其能发挥风雅之道颇为肯定。杜甫自己的创作更注重反映现实、表现民瘼,有"诗史"之称,这正是对《诗经》以来诗歌密切联系现实的优良传统的发扬。

  杜甫又认为前贤及侪辈各有值得学习的地方,所谓"文章千古事,得失寸心知,作者皆殊列,名声岂浪垂"(《偶题》),故作者无论古今,不分贵贱,只要其创作有某些优点或可取之处,都应广泛学习。因此,他主张作诗须转益多师、博采众长,以自铸伟词,而他自己也正是接受了历代文学的影响,从而取得了突出的成就。如他除了强调继承诗、骚传统外,对宋玉以至同辈诗人的长处,也大都给予了充分肯定,认为无不可以师承。如说"摇落深知宋玉悲,风流儒雅亦吾师"(《咏怀古迹》其二),"李陵、苏武是吾师,孟子论文更不疑"(《解闷》其五),"诗看子建(曹植)亲"(《奉赠韦左丞丈二十二韵》);对于唐初颇遭非议的六朝诗人,杜甫也注意学习其所长,如称"焉得思如陶(渊明)、谢(灵运)手,令渠述作与同游"(《江上值水如海势聊短述》),"俊逸鲍参军(照)"(《春日忆李白》),"孰知二谢将能事,颇学阴(铿)、何(逊)苦用心"(《解闷》其七),"谢朓每篇堪讽诵"(《寄岑嘉州》)等。对同辈诗人如李白、孟浩然、王维、高适、岑参等,也都推崇备至。杜甫诗歌具有"集大成"的性质,这种诗歌成就,正是他实践其"别裁伪体"、"转益多师"主张的结果。

【相关知识链接】

  杜甫的《戏为六绝句》打破了以往以文论诗的批评传统,开创了论诗诗这样一种新的文学批评形式。尽管以诗论诗的形式最早可以追溯到《诗经》中的某些作品,如《大雅·崧高》称"吉甫作诵,其诗孔硕,其风肆好",《烝民》亦称"吉甫作诵,穆如清风",这些诗句赞美了周宣王卿士尹吉甫诗作的宏大诗意、悦耳声调、美好风神等,可以看作是以诗歌形式进行的批评。但是,论诗诗作为一种独立的文学批评文体的出现,则是以杜甫《戏为六绝句》为标志的,故郭绍虞称其"开论诗绝句之端"(《杜甫戏为六绝句集解序》)。

  自《戏为六绝句》以后,论诗绝句便成为品评诗人诗作的一种凝练隽永的批评样式,后人纷纷仿而效之,涌现了大量的作品,在中国文学批评史上产生了重要影响。作为一种文学批评体式,论诗绝句主要有以下特点：

首先，形式上采用七言绝句，且多以组诗的面貌出现，但不必都有明确的宗旨一以贯之。杜甫以后对论诗绝句有突破性贡献的是戴复古和元好问，二人分别作有《论诗十绝》和《论诗三十首》，其中戴复古的《论诗十绝》以记录创作中的一得之见为要，没有一个诗学宗旨贯穿其间；元好问的《论诗三十首》则有明确的诗学宗旨一以贯之，即对真情实感的崇尚和强调。此后，明清两代的论诗绝句在组诗规模上不断扩大，以清人仿效元好问《论诗三十首》之作为例，如王士禛《戏仿元遗山论诗绝句》四十首、马长海《效元遗山论诗绝句》四十七首、袁枚《仿元遗山论诗》三十八首、谢启昆《读全唐诗仿元遗山论诗绝句》一百首、《读全宋诗仿元遗山论诗绝句》二百首等，这也反映出论诗绝句在清代的繁荣。

其次，论诗绝句往往把丰富的含义浓缩在尺幅之内，具有言约而义丰的批评效果。如杜甫在《戏为六绝句》中主张"不薄今人爱古人"、"转益多师是汝师"，这种思想在其创作中有全面的反映，如他称颂李白"白也诗无敌，飘然思不群"(《春日忆李白》)，"笔落惊风雨，诗成泣鬼神"(《寄李十二白二十韵》)；称赞孟浩然"清诗句句尽堪传"(《解闷》其六)；称赞王维"最传秀句寰区满"(《解闷》其八)；称扬薛据"乃知盖代手，才力老益神"(《寄薛三郎中璩》)等，表现出他"不薄今人"的一面。又如对自屈原以迄初唐四杰等历代诗人诗作的赞美与学习，则表现出他"爱古人"的一面。这种无论古今、师其所长、为我所用的诗学宗旨，在《戏为六绝句》中则以集中简练的诗句予以概括，取得了言简意赅、表意丰富的特点。

再次，论诗绝句常运用比兴、象征等方法品评诗人诗作和揭橥诗艺诗理，与逻辑论说迥异其趣。如杜甫《戏为六绝句》中"龙文虎脊皆君驭，历块过都见尔曹"两句，用"龙文""虎脊"两个意象，比喻"四杰"诗作辞采的藻丽瑰玮和艺术生命力的久远；"或看翡翠兰苕上，未掣鲸鱼碧海中"两句，则以两组对比鲜明、反差极大的意象，来喻示时人之诗才力纤弱、景致狭小而难臻雄健壮美的艺术境界。又如元好问《论诗三十首》其二"曹刘坐啸虎生风，四海无人角两雄"二句，用虎啸生风形容曹植、刘桢诗歌雄健的气势和力量，形象生动而又不乏思理。

【延伸阅读】

杜甫不仅有《戏为六绝句》这样专门的论诗诗，而且在一些回忆友朋或即兴而为的诗作中，也往往评论诗人、诗艺。如大历元年(766)在夔州时所作《解闷》十二首中，就有四首论及薛据、孟云卿、孟浩然、王维，杜甫肯定他们的创作成就,赞美其"清诗""秀句";还有一首论及自己的创作,强调诗歌具有陶冶性灵、遣兴排闷的作用。又如晚年所作《偶题》,认为各个历史时期的作家作品都有自己的特色和成就,都有值得借鉴的地方,正与《戏为六绝句》中"不薄今人爱古人"和"转益多师"的理论主张相沟通。

解闷十二首(选录)

沈范早知何水部,曹刘不待薛郎中。独当省署开文苑,兼泛沧浪学钓翁。(其四)

李陵苏武是吾师,孟子论文更不疑。一饭未曾留俗客,数篇今见古人诗。(其五)

复忆襄阳孟浩然,清诗句句尽堪传。即今耆旧无新语,漫钓槎头缩颈鳊。(其六)

陶冶性灵存底物,新诗改罢自长吟。熟知二谢将能事,颇学阴何苦用心。(其七)

不见高人王右丞,蓝田丘壑蔓寒藤。最传秀句寰区满,未绝风流相国能。(其八)

偶 题

文章千古事,得失寸心知。作者皆殊列,名声岂浪垂。骚人嗟不见,汉道盛于斯。前辈飞腾入,余波绮丽为。后贤兼旧制,历代各清规。法自儒家有,心从弱岁疲。永怀江左逸,多病邺中奇。骅骥皆良马,骐驎带好儿。车轮徒已斫,堂构惜仍亏。漫作《潜夫论》,虚传幼妇碑。缘情慰漂荡,抱疾屡迁移。经济惭长策,飞栖假一枝。尘沙傍蜂虿,江峡绕蛟螭。萧瑟唐虞远,联翩楚汉危。圣朝兼盗贼,异俗更喧卑。郁郁星辰剑,苍苍云雨池。两都开幕府,万宇插军麾。南海残铜柱,东风避月支。音书恨乌鹊,号怒怪熊罴。稼穑分诗兴,柴荆学土宜。故山迷白阁,秋水忆黄陂。不敢要佳句,愁来赋别离。

中华书局仇兆鳌《杜诗详注》

【思考题】

1. 杜甫认为对待文学遗产应该采取什么样的态度?
2. 杜甫如何看待诗歌内容与形式的关系?

元 结

【作者简介】

元结(719—772),字次山,自号元子、猗玗子、漫郎等。祖籍河南洛阳,世居太原,后迁于鲁山(今属河南)。天宝十二年(753),进士及第,安史乱中擢右金吾兵曹参军,充山南西道节度参谋。因平乱有功,进水部员外郎,调荆南节度判官。广德元年(763),出任道州刺史,后迁容州都督兼容管经略使等。诗风真淳朴拙,为文亦奇古峻绝,有别于时风。有《元次山集》。

箧 中 集 序

元结作《箧中集》。或问曰:"公所集之诗,何以订之?[1]"对曰:"《风》《雅》不兴[2],几及千岁,溺于时者,世无人哉?"呜呼! 有名位不显,年寿不终[3],独无知音,不见称颂,死而已矣,谁云无之! 近世作者,更相沿袭,拘限声病,喜尚形似,且以流易为辞,不知丧于雅正[4]。然哉! 彼则指咏时物,会谐丝竹,与歌儿舞女生污惑之声于私室可矣[5];若令方直之士、大雅君子,听而诵之,则未见其可矣。

吴兴沈千运[6],独挺于流俗之中,强攘于已溺之后[7],穷老不惑,五十余年。凡所为文,皆与时异。故朋友后生,稍见师效,能似类者有五六人。於戏! 自沈公及二三子,皆以正直而无禄位,皆以忠信而久贫贱,皆以仁让而至丧亡。异于是者,显荣当世[8]。谁为辩士,吾欲问之[9]。兵兴于今六岁[10],人皆务武,斯焉谁嗣!

已长逝者,遗文散失;方祖师者,不见近作[11]。尽箧中所有,总编次之,命曰《箧中集》。且欲传之亲故,冀其不亡于今。凡七人,诗二十二首[12]。时乾元三年也[13]。

中华书局孙望校点本《元次山集》卷七

【题解】

《箧中集》是元结于肃宗乾元三年(760)编纂的一部诗歌选本,选录沈千运、王季友、于逖、孟云卿、张彪、赵微明、元季川七人的五言古诗,共二十四首。元结在《箧中集序》中阐明了自己复古的诗歌主张,他强调继承《诗经》的风雅传统,要求诗歌发挥规讽作用,同时对"拘限声病,喜尚形似"的近体诗创作及演唱近体诗以娱乐的风气进行了批判,认为不合大雅之道。因此,他大力提倡写作五言古诗,标榜沈千运等人风格古雅淳朴的作品,以期诗风归于雅正。

【注释】

1. 何以订之:意谓将据何标准编定此集。订,编定、核定。
2. 《风》《雅》:代指《诗经》比兴寄托、婉而多讽的优良传统。
3. 年寿不终:谓寿命不长。"终",《四部丛刊》影印明刊本作"将"。《诗·商颂·烈祖》:"以假以享,我受命溥将。"王引之《经义述闻》:"将,长也。言我受天之命,既溥且长。"《楚辞·哀时命》:"哀余寿之弗将。"王逸注:"将,犹长也。"
4. "近世"六句:意谓近代文人,因袭模拟成风,拘缚于声病格律,致力于极貌写物,且文词以浮滑浅率为工,殊不知此种创作风气已经背离了风雅传统。
5. 污惑之声:指迷惑人心的淫靡之声。
6. 沈千运(生卒年不详):吴兴(今浙江湖州)人。家贫,寓居汝北。天宝中累举进士不第,放意山野,隐逸终身,士流敬之,号为"沈四逸人"或"沈四山人"。卒于至德、乾元间。
7. "独挺"两句:谓沈千运之为人为诗,出尘拔俗,力矫时习。独挺,特立挺拔。强攘,奋力拒斥。溺,沉没。刘义恭《请封禅表》:"(宋高祖)拯已溺之晋,济横流之世。"
8. "异于"两句:意谓那些庸才下品却能获取高官厚禄,名重一时。
9. "谁为"两句:意即谁能解释这种现象。辩士,指能言善辩之士。
10. 兵兴:指安史之乱爆发。《四部丛刊》影印明刊本作"天下兵兴"。
11. 方祖师者:《全唐文》及《四部丛刊》影印明刊本均作"方阻绝者",作"阻绝"则意更通畅。意谓被战乱所阻隔而断绝音信的友人,却又看不到他们的近作。
12. 二十二首:今存《箧中集》,实载诗二十四首。计沈千运四首,王季友二首,于逖二首,孟云卿五首,张彪四首,赵微明三首,元季川四首。

13. 乾元:唐肃宗年号。三年(760)闰四月,改元为上元。

【讲疏】

元结的诗歌创作及论诗主张均以复古为尚。他自己以写作古体诗见长,《箧中集》所选七位诗人的二十四首诗作,亦皆为五言古体,内容多抒发个人坎坷失意与生离死别之慨,风格质朴古雅,正如《四库全书总目》所说:"其诗皆淳古淡泊,绝去雕饰。"这七位作者的其他诗作,就今所传者来看,除孟云卿有三首近体诗外,其余也均为五、七言古体诗,可见重视写作古体诗,特别是风格古雅的五古,是箧中一派诗人的共同倾向。元结是一位"深憎薄俗,有忧道悯世之心"(辛文房《唐才子传》)的诗人,《箧中集》所选沈千运等七人,"皆以正直而无禄位,皆以忠信而久贫贱,皆以仁让而至丧亡",元结视他们为诗歌上的"同道",故他编选此集的目的就在于保存和发扬"同道"们的诗歌作品。

在《箧中集序》中,元结从理论上总结了自己复古的诗歌主张。他强调继承《诗经》风雅比兴的传统,要求诗歌应该反映现实,并积极发挥美刺、讽劝的作用。他在序文开头慨叹"风雅不兴",意在呼吁重振儒家诗教。这也是元结一贯的诗学主张,在其早年所作《二风诗论》中,表明自己写作《二风诗》的目的在于"极帝王理乱之道,系古人规讽之流";在稍后所作的《系乐府序》中,又表示其写作动机在于"尽欢怨之声者,可以上感于上,下化于下",均主张发挥诗歌的教化讽谏作用。直至晚年所作反映道州人民疾苦的《舂陵行》中,元结仍称"何人采国风?吾欲献此辞",自觉继承了古代关于采诗和发挥诗歌美刺作用的传统。因此杜甫称此诗"复见比兴体制、微婉顿挫之词"(《同元使君舂陵行有序》)。所有这些都表明了元结在诗歌方面的复古观念。

基于此种认识,元结对当时"拘限声病,喜尚形似,且以流易为辞"的诗风大加抨击,这主要是针对那些讲究声律、描绘物色、崇尚文辞流畅平易的近体诗而发的。元结认为这种单纯追求形式流美的诗风,丧失了《诗经》质朴古雅、有益政教的传统,因而他竭力推崇与近体诗大异其趣的古体诗作。唐人还往往以五七言近体诗入乐歌唱,广泛用于娱乐场合,元结对这种"会谐丝竹,与歌儿舞女生污惑之声于私室"的社会风气也予以严厉批评,认为有悖于风雅之道。

元结坚持惜物救时的创作路线,要求充分发挥诗歌美刺讽谏的作用,推崇刊落辞华、淳朴高古的艺术风格,这在当时确是独树一帜,对于纠正诗坛上的形式主义之风具有一定的积极意义。但他否定唐初以来近体诗创作的成就,并一概反对诗歌的娱乐性,则显得十分狭隘。因此,明人许学夷《诗源辨体》认为,《箧中集》一书"于唐律一无足采,而惟古声是取耳,岂识通变之道者哉",对其保守的诗学思想有所批评。

【关键词解读】

拘限声病,喜尚形似

元结对唐初以来以近体诗创作为代表、讲求形式流美而"丧于雅正"的诗风颇为不满,他以"拘限声病,喜尚形似"概括了这种诗风的创作特点。所谓"声病",指近体诗讲究调协平仄、避免病犯。"声病"之说始自南朝齐武帝永明年间,沈约、王融、谢朓等人为了追求诗歌的语言声音之美,针对五言诗的平仄格律创立了一套严格而琐屑的规定,即所谓"四声八病",要求诗人创作时严格遵守这些规定,否则就被视为"犯病"。初唐诗人在吸收永明声律论的基础上,终于完成了近体诗调和平仄、讲求粘对的规则。唐代前期作者在这种规则的指导下创作了不少优秀的律诗、绝句,元结笼统地反对拘限声病,不免失之保守。

所谓"形似",指诗歌描摹事物具体、细致、逼真,贴合外物的形貌。"形似"之法的运用,早在《诗经》中就已出现,如"桃之夭夭,灼灼其华"(《周南·桃夭》),"其雨其雨,杲杲出日"(《卫风·伯兮》),"昔我往矣,杨柳依依"(《小雅·采薇》)等,都是状物形似之句。此后汉赋中描摹物象也重视形似,但理论上的自觉则到南朝时才出现,沈约《宋书·谢灵运传论》总结司马相如赋的创作特点为"巧为形似之言"。晋、宋以来,五言诗在描写自然景物时也颇重形似,以谢灵运为代表的山水诗崛起诗坛后,更形成了创作风气。刘勰在《文心雕龙·物色》中言及刘宋以来盛行的山水写景文学的艺术特点时说:"自近代以来,文贵形似。窥情风景之上,钻貌草木之中。吟咏所发,志惟深远;体物为妙,功在密附。故巧言切状,如印之印泥,不加雕削,而曲写毫芥。故能瞻言而见貌,即字而知时也。"认为当时的作者们十分关注自然景物的情态、状貌,并能以工巧的言辞描画出这种情貌,即做到了"形似"。钟嵘《诗品》在评价晋、宋诗人时每以"形似"相称,如称张协"巧构形似之言",称谢灵运、颜延之"尚巧似",称鲍照"善制形状写物之词",可见当时诗人以体物细微、写物工巧为尚。这种艺术追求,为唐代诗人所继承发扬,尤其是唐代声律和谐的近体诗形成以后,山水、边塞等题材的诗歌往往崇尚形似。元结因崇尚风雅之道而反对"喜尚形似",实际上忽视了对诗歌艺术特征的讲求,故他的诗作缺少鲜明生动的形象,语言简质而不具体生动,艺术上有明显的不足。

【相关知识链接】

元结论诗,继承《诗经》以来讽谕现实的传统,要求诗歌发挥积极的社会作用。这种理论主张表现在创作中,就是特别重视写作风格质朴雅正的古体诗,并注意在诗中表达救时讽劝的内容。如元结将上古传说中的十个王朝的帝王乐歌视为理想的音乐和诗歌,慨叹它们后世失传,使"百世之后尽无古音""遂无古辞",故作《补乐歌》十首,歌辞多数采用古朴的四言诗,希冀追复上古之声。又作《二风诗》十首,以明治乱之道,包括《治风诗》和《乱风诗》各五篇,其中《治风诗》歌颂尧、舜、禹、成汤、周成王为圣明之君,《乱风诗》则批判太康、夏桀、殷纣、周幽王、周赧王为昏暴之君,寓以古为鉴的规讽之意。作于天宝十年(751)的《系乐府》十二首,继承了汉乐府"缘事而发"的精神,其中《贫妇词》《去乡悲》《农臣怨》等篇,着重反映了下层人民的痛苦,体制上则是"引其义以名之"(《系乐府序》),与杜甫即事名篇的新题乐府相近;晚年于道州所作《舂陵行》也是新题乐府。唐代从陈子昂、杜甫、元结,中经元稹、白居易,再到唐末的皮日休,形成了一个重视诗歌反映现实、企图有益于政教的诗论系统,而元结强调风雅传统的诗论主张及自觉的创作实践,是唐代现实主义诗论体系中不可或缺的重要一环。

元结不仅主张诗歌要发挥讽谏作用,对于散文也要求具有批判现实的精神。他于晚年编辑自己的诗文作品二百零三篇而成《文编》,其序文自称早年未出仕时,目睹"时人诡邪以取进,奸乱以致身"的腐败现象,他想救时劝俗,"欲填陷阱于方正之路,推时人于礼让之庭",然终不可得,"故优游于林壑,怏恨于当世,是以所为之文,可戒可劝,可安可顺",这里贯穿了儒家"穷则独善其身,达则兼济天下"的精神。在经历了安史之乱以后,他更重视发挥文章干预现实的作用,故又称"所为之文,多退让者,多激发者,多嗟恨者,多伤闵者。其意必欲劝之忠孝,诱以仁惠,急于公直,守其节分。如此非救时劝俗之所须者欤?"在作品的思想内容上注意宣扬忠孝仁惠等伦理道德观念,以达到救时劝俗的作用。元结的散文,洗净骈风,笔锋犀利,的确表现出明显的批判现实精神。其文章也因此得到后世散文家的推崇,如吕温《道州刺史厅后记》称道其所作《道州刺史厅事记》云:"既彰善而不党,亦指恶而不诬,直举胸臆,用为鉴戒。"宋代文章巨擘欧阳修亦称:"唐自太宗致治之盛,几乎三代之隆,而惟文章独不能革五国之弊。既久而后,韩、柳之徒出,盖习俗难变,而文章变体又难也。次山当开元、天宝时,独作古文,其笔力雄健,意气超拔,不减韩之徒也,可谓特立之士哉!"(《集古录·唐元次山铭》)意谓元结在骈文盛行之时"独作古文",并取得了卓尔不群的突出成就,这使他成为韩、柳古文运动导夫先路的前驱。

【延伸阅读】

元结的文学批评以强调诗文的现实教化功能为旨归,以下所选诸篇也从不同的侧面对这一宗旨进行了反复阐扬。《二风诗论》指出他创作《二风诗》的目的是"欲极帝王理乱之道,系古人规讽之流";《系乐府序》称其所作乐府诗具有"上感于上,下化于下"的教化作用;《刘侍御月夜宴会序》指出诗歌为"道达情性"之作,并标举风雅之道,批判"时俗之淫靡";《文编序》称其所作散文亦多具"救时劝俗"之意。这些论旨与《箧中集序》中的理论主张同出一辙,可以相互发明。

二 风 诗 论

客有问元子曰:"子著《二风诗》,何也?"曰:"吾欲极帝王理乱之道,系古人规讽之流。"曰:"如何也?""夫至理之道,先之以仁明,故颂帝尧为仁帝;安之以慈顺,故颂帝舜为慈帝;成之以劳俭,故颂夏禹为劳王;修之以敬慎,故颂殷宗为正王;守之以清一,故颂周成为理王,此理风也。夫至乱之道,先之以逸惑,故闵太康为荒王;坏之以苛纵,故闵夏桀为乱王;覆之以淫暴,故闵殷纣为虐王;危之以用乱,故闵周幽为惑王;亡之于累积,故闵周赧为伤王,此乱风也。"订曰:"子颂善,上不及羲、轩、汤、武;闵恶,又不及始皇、哀、灵。焉可称极帝王理乱之道?"对曰:"於戏!吾敢言极,极其中道者也。吾且不曰著斯诗也、将系规讽乎?如羲、轩之道也久矣,谁能师尊?如汤、武之德,吾则不敢颂,为规法过于是也。吾子审之。"

系 乐 府 序

天宝辛未中,元子将前世尝可称叹者为诗十二篇,为引其义以名之,总命曰"系乐府"。古人歌咏不尽其情声者,化金石以尽之;其欢怨甚耶戏,尽欢怨之声者,可以上感于上,下化于下,故元子系之。

刘侍御月夜宴会序

兵兴以来十一年矣,获与同志欢醉达旦,咏歌取适,无一二焉。乙巳岁,彭城刘灵源在衡阳,逢故人或有在者,曰:昔相会,第欢远游,始与诸公待月而笑语,竟与诸公爱月而欢醉,咏歌夜久,赋诗言怀。於戏!文章道丧盖久矣。时之作者,烦杂过多,歌儿舞女,且相喜爱,系之风雅,谁道是邪?诸公尝欲变时俗之淫靡,为后生之规范,今夕岂不能道达情性,成一时之美乎?

文编序(节录)

天宝十二年,漫叟以进士获荐,名在礼部。会有司考校旧文,作《文编》纳于有司。当时叟方年少,在显名迹,切耻时人谄邪以取进,奸乱以致身。径欲填陷阱于方正之路,推时人于礼让之庭,不能得之,故优游于林壑,怏恨于当世。是以所为之文,可戒可劝,可安可顺。侍郎杨公见《文编》,叹曰:"以上第污元子耳,有司得元子是赖。"叟少师友仲行公,公闻之,谕叟曰:"於戏!吾尝恐直道绝而不续,不虞杨公于子相续如缕。"明年,有司于都堂策问群士,叟竟在上第。

尔来十五年矣。更经丧乱,所望全活,岂欲迹参戎旅,苟在冠冕,触践危机,以为荣利?盖辞谢不免,未能逃命。故所为之文,多退让者,多激发者,多嗟恨者,多伤闵者。其意必欲劝之忠孝,诱以仁惠,急于公直,守其节分。如此非救时劝俗之所须者欤?……

中华书局孙望校点本《元次山集》

【思考题】

元结的复古诗论有何积极意义和不足?

皎 然

【作者简介】

皎然(生卒年不详),俗姓谢,字清昼,湖州长城(今浙江长兴)人。自称谢灵运十世孙。开元末、天宝初,曾应进士举未第,失意穷困,遂出家为僧,居润州江宁长干寺。天宝后期漫游各地,到过长安,尝与公卿大夫交接。肃宗至德后定居湖州,常居于吴兴杼山,与地方长官卢幼平、颜真卿、于頔及文士皇甫曾、李嘉祐、刘长卿、李端、韦应物、孟郊等,过从酬唱,广开诗会,甚有诗名。有《杼山集》《诗式》《诗议》等。

诗式(节录)

序

夫诗者,众妙之华实[1],六经之菁英,虽非圣功,妙均于圣。彼天地日月、元化之渊奥、鬼神之微冥[2],精思一搜,万象不能藏其巧。其作用也[3],放意须险[4],定句须难,虽取由我衷,而得若神授。至如天真挺拔之句[5],与造化争衡,可以意冥[6],难以言状,非作者不能知也。洎西汉以来,文体四变[7],将恐风雅寝泯,辄欲商较以正其源。今从两汉已降,至于我唐,名篇丽句,凡若干人,命曰《诗式》,使无天机者坐致天机[8],若君子见之,庶几有益于诗教矣。

……夫诗人造极之旨,必在神诣[9],得之者妙无二门[10],失之者逸若千里,岂名言之所知乎[11]?故工之愈精,鉴之愈寡[12],此古人所以长太息也。……

明　　势[13]

高手述作,如登荆、巫,觌三湘、鄢、郢山川之盛[14],萦回盘礴[15],千变万态。(文体开阖作用之势。)或极天高峙,崒焉不群[16],气腾势飞,合沓相属[17];(奇势在工。)或修江耿耿[18],万里无波,欻出高深重复之状[19]。(奇势互发。)古今逸格[20],皆造其极妙矣。

明　　作　　用

作者措意[21],虽有声律,不妨作用,如壶公瓢中自有天地日月[22]。时时抛针掷线,似断而复续[23],此为诗中之仙。拘忌之徒[24],非可企及矣。

明　　四　　声

乐章有宫商五音之说,不闻四声。近自周颙、刘绘流出[25],宫商畅于诗体,轻重低昂之节,韵合情高,此未损文格。沈休文酷裁八病、碎用四声,故风雅殆尽。后之才子,天机不高,为沈生弊法所媚[26],懵然随流[27],溺而不返。

诗　有　四　不

气高而不怒,怒则失于风流[28];力劲而不露,露则伤于斤斧[29];情多而不暗,暗则蹶于拙钝[30];才赡而不疏,疏则损于筋脉[31]。

诗　有　四　深

气象氤氲[32],由深于体势;意度盘礴[33],由深于作用;用律不滞³⁴,由深于声对;用事不直,由深于义类³⁵。

诗 有 二 要

要力全而不苦涩;要气足而不怒张。

诗 有 二 废

虽欲废巧尚直,而思致不得置³⁶;虽欲废言尚意,而典丽不得遗³⁷。

诗 有 四 离

虽有道情,而离深僻³⁸;虽用经史,而离书生³⁹;虽尚高逸,而离迂远⁴⁰;虽欲飞动,而离轻浮⁴¹。

诗 有 六 迷

以虚诞而为高古⁴²;以缓慢而为淡泞⁴³;以错用意而为独善;以诡怪而为新奇;以烂熟而为稳约⁴⁴;以气劣弱而为容易⁴⁵。

诗 有 六 至

至险而不僻⁴⁶;至奇而不差⁴⁷;至丽而自然;至苦而无迹⁴⁸;至近而意远;至放而不迂⁴⁹。

诗 有 五 格

不用事第一⁵⁰;(已见评中。)作用事第二⁵¹;(亦见评中。其有不用事而措意不高者,黜入第二格。)直用事第三;(其中亦有不用事而格稍下,贬居第三。)有事无事第四⁵²;(比于第三格中稍下,故入第四。)有事无事,情格俱下第五。(情格俱下,可知也。)

用　事

评曰:时人皆以征古为用事,不必尽然也。今且于六义之中略论比兴:取象曰比[53],取义曰兴,义即象下之意[54]。凡禽鱼草木、人物名数,万象之中义类同者,尽入比兴[55]。《关雎》即其义也。如陶公以孤云比贫士[56],鲍照以直比朱弦、以清比冰壶[57]。时人呼比为用事,呼用事为比。如陆机诗:"鄙哉牛山叹,未及至人情。爽鸠苟已徂,吾子安得停?"[58]此规谏之意,是用事,非比也。如康乐公诗:"偶与张、邴合,久欲归东山。"[59]此叙志之意,是比,非用事也[60]。详味可知。

取　境[61]

评曰:或云,诗不假修饰,任其丑朴,但风韵正、天真全,即名上等。予曰:不然。无盐阙容而有德,曷若文王太姒有容而有德乎[62]?又云,不要苦思,苦思则丧自然之质。此亦不然。夫不入虎穴,焉得虎子[63]?取境之时,须至难至险,始见奇句。成篇之后,观其气貌,有似等闲[64],不思而得,此高手也。有时意静神王[65],佳句纵横,若不可遏,宛如神助。不然,盖由先积精思,因神王而得乎[66]!

重意诗例

评曰:两重意已上,皆文外之旨[67],若遇高手如康乐公览而察之,但见情性,不睹文字,盖诣道之极也[68]。向使此道尊之于儒,则冠六经之首;贵之于道,则居众妙之门;精之于释,则彻空王之奥[69]。但恐徒挥其斤而无其质[70],故伯牙所以叹息也[71]。畴昔国朝协律郎元兢与越僧元鉴集秀句[72],二子天机素少,选又不精,多采浮浅之言以诱蒙俗[73],特与瞽夫偷语之便[74],何异借贼兵而资盗粮[75]?无益于诗教矣。

对句不对句

评曰：上句偶然孤发，其意未全，更资下句引之，方了其对语。一句便显，不假下句，此少相敌[76]。功夫稍殊，请试论之：夫对者，如天尊地卑、君臣父子，盖天地自然之数。若斤斧迹存，不合自然，则非作者之意[77]。又诗家对语，二句相须，如鸟有翅，若惟擅工一句，虽奇且丽，何异乎鸳鸯五色，只翼而飞者哉[78]？

三不同：语、意、势[79]

评曰：不同可知矣，此则有三同。三同之中，偷语最为钝贼[80]。如何汉定律令[81]，厥罪不书？应为郐侯务在匡佐，不暇及诗，致使弱手芜才，公行劫掠。若许贫道片言可折[82]，此辈无处逃刑。其次偷意，事虽可罔[83]，情不可原，若欲一例平反，诗教何设？其次偷势，才巧意精，若无朕迹，盖诗人阃域之中偷狐白裘之手[84]，吾亦赏俊[85]，从其漏网。

偷语诗例　如陈后主诗云："日月光天德"[86]，取傅长虞"日月光太清"[87]，上三字语同，下二字义同。

偷意诗例　如沈佺期诗"小池残暑退，高树早凉归"[88]，取柳恽"太液沧波起，长杨高树秋"[89]。

偷势诗例　如王昌龄诗"手携双鲤鱼，目送千里雁。悟彼飞有适，嗟此罹忧患"[90]，取嵇康"目送归鸿，手挥五弦。俯仰自得，游心太玄"[91]。

辩体有一十九字

评曰：夫诗人之思初发，取境偏高，则一首举体便高；取境偏逸，则一首举体便逸。才性等字亦然[92]。体有所长，故各功归一字。偏高偏逸之例，直于诗体；篇目风貌，不妨一字之下，风律外彰，体德内蕴，如车之有毂，众美归焉[93]。其一十九字，括文章德体风味尽矣，如《易》之有象辞焉[94]。今但注于前卷中，后卷不复备举。其比、兴等六义，本乎情思，亦蕴乎十九字中，无复别出矣。

　　高　风韵朗畅曰高。　　逸　体格闲放曰逸。　　贞　放词正直曰贞。　　忠　临危不变曰忠。　　节　持操不改曰节。　　志　立性不改曰志。　　气　风情耿介曰气。　　情　缘境不尽曰情[95]。　　思　气多含蓄曰思[96]。　　德　词温而正曰德。　　诫　检束防闲曰诫[97]。　　闲　情性疏野曰闲[98]。　　达　心迹旷诞曰达。　　悲　伤甚曰悲。　　怨　词调凄切曰怨。　　意　立言盘泊曰意[99]。　　力　体裁劲健曰力。　　静　非如松风不动、林狖未鸣，乃谓意中之静[100]。　　远　非如渺渺望水、杳杳看山，乃谓意中之远[101]。

李少卿并古诗十九首

　　评曰：西汉之初，王泽未竭，诗教在焉。昔仲尼所删《诗》三百篇，初传卜商[102]，后之学者以师道相高，故有齐鲁四家之目。其五言，周时已见滥觞，及乎成篇，则始于李陵、苏武。二子天予真性，发言自高，未有作用。《十九首》辞精义炳，婉而成章，始见作用之功，盖是汉之文体[103]。又如"冉冉孤生竹"、"青青河畔草"，傅毅、蔡邕所作[104]，以此而论，为汉明矣。

王仲宣《七哀》[105]

　　评曰：仲宣诗云："出门无所见，白骨蔽平原。路有饥妇人，抱子弃草间。顾闻号泣声，挥涕独不还：'未知身死处，何能两相完？'驱马弃之去，不忍听此言。"此中事在耳目，故伤见乎辞[106]。及至"南登灞陵岸，回首望长安"，察思则已极，览辞则不伤，一篇之功，并在于此，使今古作者味之无厌。末句因"南登灞陵岸""悟彼《下泉》人"[107]，盖以逝者不返，吾将何亲，故有"伤心肝"之叹。沈约云："不傍经史，直举胸臆"[108]，吾许其知诗者也。如此之流，皆名为上上逸品者矣。

邺中集

评曰：邺中七子[109]，陈王最高。刘桢辞气偏[110]，王得其中[111]。不拘对属，偶或有之，语与兴驱，势逐情起，不由作意，气格自高，与《十九首》其流一也。

文章宗旨

评曰：康乐公早岁能文，性颖神彻[112]，及通内典[113]，心地更精[114]，故所作诗，发皆造极，得非空王之道助邪？夫文章，天下之公器，安敢私焉[115]。曩者尝与诸公论康乐为文[116]，真于情性，尚于作用，不顾词彩而风流自然。彼清景当中，天地秋色，诗之量也[117]；庆云从风，舒卷万状，诗之变也[118]。不然，何以得其格高、其气正、其体贞、其貌古、其词深、其才婉、其德宏、其调逸、其声谐哉？至如《述祖德》一章、《拟邺中》八首、《经庐陵王墓》、《临池上楼》，识度高明，盖诗中之日月也，安可扳援哉[119]？惠休所评"谢诗如芙蓉出水"[120]，斯言颇近矣。故能上蹑风骚，下超魏晋。建安之作，其椎轮乎[121]？

"团扇"二篇[122]

评曰：江则假象见意，班则貌题直书[123]。至如"出入君怀袖，摇动微风发。常恐秋节至，凉飙夺炎热"，旨婉词正，有洁妇之节。但此两对，亦足以掩映江生[124]。诗曰："画作秦王女，乘鸾向烟雾。"[125]兴生于中，无有古事[126]。假使佳人玩之在手，乘鸾之意，飘然莫偕，虽荡如夏姬[127]，自忘情改节。吾许江生情远词丽，方之班女，亦未可减价。

"池塘生春草"，"明月照积雪"[128]

评曰：客有问予，谢公此二句优劣奚若？予因引梁征远将军记室钟嵘评为"隐""秀"之语¹²⁹,且钟生既非诗人,安可辄议?徒欲聋瞽后来耳目。且如"池塘生春草",情在言外;"明月照积雪",旨冥句中¹³⁰。风力虽齐,取兴各别¹³¹。古今诗中,或一句见意,或多句显情。王昌龄云:"日出而作,日入而息。"谓一句见意为上¹³²。事殊不尔。夫诗人作用,势有通塞,意有盘礴¹³³。势有通塞者,谓一篇之中,后势特起,前势似断,如惊鸿背飞,却顾俦侣¹³⁴,即曹植诗云"浮沉各异势,会合何时谐?愿因西南风,长逝入君怀"是也¹³⁵。意有盘礴者,谓一篇之中,虽词归一旨而兴乃多端¹³⁶,用识与才,蹂践理窟¹³⁷,如卞子采玉,徘徊荆岑,恐有遗璞¹³⁸。其有二义:一情,一事¹³⁹。事者如刘越石诗曰"邓生何感激,千里来相求。白登幸曲逆,鸿门赖留侯。重耳用五贤,小白相射钩。苟能隆二伯,安问党与仇"是也¹⁴⁰。情者如康乐公"池塘生春草"是也¹⁴¹。抑由情在言外,故其辞似淡而无味,常手览之,何异文侯听古乐哉¹⁴²。《谢氏传》曰:"吾尝在永嘉西堂作诗,梦见惠连,因得'池塘生春草',岂非神助乎?"¹⁴³

律　　诗

评曰:楼烦射雕¹⁴⁴,百发百中,如诗人正律破题之作,亦以取中为高手。洎有唐已来,宋员外之问、沈给事佺期,盖有律诗之龟鉴也¹⁴⁵。但在矢不虚发,情多、兴远、语丽为上,不问用事格之高下¹⁴⁶。宋诗曰:"象溟看落景,烧劫辨沉灰。"¹⁴⁷沈诗曰:"咏歌《麟趾》合,箫管凤雏来。"¹⁴⁸凡此之流,尽是诗家射雕之手¹⁴⁹。假使曹、刘降格来作律诗¹⁵⁰,二子并驱,未知孰胜。

论卢藏用《陈子昂集序》

评曰:卢黄门《序》,……云:"道丧五百年而有陈君乎!"¹⁵¹予因请论之曰:……迩来年代既遥,作者无限。若论笔语,则东汉有班、张、崔、蔡¹⁵²;若但论诗,则魏有曹、刘、三傅¹⁵³,晋有潘岳、陆机、阮籍、卢谌,宋有谢康乐、陶渊明、鲍明远,齐有谢吏部,梁有柳文畅、吴叔庠[154]，作者纷纭，继在青史，如何五百之数独归于陈君乎？藏用欲为子昂张一尺之罗，盖弥天之宇，上掩曹、刘，下遗康乐，安可得耶？又，子昂《感寓》三十首，出自阮公《咏怀》，《咏怀》之作，难以为俦。子昂诗曰："荒哉穆天子，好与白云期。宫女多怨旷，层城蔽蛾眉。"[155]曷若阮公"三楚多秀士，朝云进荒淫。朱华振芬芳，高蔡相追寻。一为黄雀哀，涕下谁能禁？"[156]此《序》或未湮沦千载之下，当有识者，得无抚掌乎[157]？

齐　梁　诗

评曰：夫五言之道，惟工惟精。论者虽欲降杀齐梁，未知其旨[158]。若据时代，道丧几之矣，诗人不用此论[159]。何也？如谢吏部诗"大江流日夜，客心悲未央"[160]；柳文畅诗"太液沧波起，长杨高树秋"；王元长诗"霜气下孟津，秋风度函谷"[161]，亦何减于建安？若建安不用事，齐梁用事，以定优劣，亦请论之：如王筠诗"王生临广陌，潘子赴黄河"[162]；庾肩吾诗"秦皇观大海，魏帝逐飘风"[163]；沈约诗"高楼切思妇，西园游上才"[164]，格虽弱，气犹正，远比建安，可言体变，不可言道丧。大历中，词人多在江外，皇甫冉、严维、张继、刘长卿、李嘉祐、朱放，窃占青山白云、春风芳草以为己有。吾知诗道初丧，正在于此，何得推过齐梁作者？迄今余波尚寖[165]，后生相效，没溺者多。大历末年，诸公改辙，盖知前非也。如皇甫冉《和王相公玩雪诗》："连营鼓角动，忽似战桑干。"[166]严维《代宗挽歌》："波从少海息，云自大风开。"刘长卿《山鹧鸪歌》："青云杳杳无力飞，白露苍苍抱枝宿。"李嘉祐《少年行》："白马撼金珂，纷纷侍从多。身居骠骑幕，家近滹沱河。"张继《咏镜》："汉月经时掩，胡尘与岁深。"朱放诗："爱彼云外人，来取涧底泉。"[167]已上诸公，方于南朝张正见、何胥、徐摛、王筠[168]，吾无间然矣[169]。

复古通变体 所谓通于变也

评曰：作者须知复、变之道，反古曰复，不滞曰变。若惟复不变,则陷于相似之格,其状如驽骥同厩,非造父不能辨。能知复、变之手,亦诗人之造父也[170]。以此相似一类,置于古集之中,能使弱手视之眩目,何异宋人以燕石为玉璞,岂知周客嗢噱而笑哉[171]?又,复变二门,复忌太过,诗人呼为膏肓之疾,安可治也。如释氏顿教,学者有沉性之失[172],殊不知性起之法,万象皆真[173]。夫变若造微[174],不忌太过,苟不失正,亦何咎哉?如陈子昂复多而变少,沈、宋复少而变多,今代作者不能尽举。吾始知复、变之道岂惟文章乎?在儒为权[175],在文为变,在道为方便[176]。后辈若乏天机,强效复古,反令思扰神沮。何则?夫不工剑术,而欲弹抚干将、太阿之铗[177],必有伤手之患,宜其诫之哉!

人民文学出版社李壮鹰《诗式校注》

【题解】

《诗式》是皎然诗学思想的集中体现。今传《诗式》有一卷本与五卷本两种,以五卷本(收入清末陆心源所刻《十万卷楼丛书》)为完备,五卷本《诗式》是现存唐人诗学著作中分量最大的一部。诗式即诗的法则,皎然论诗,意在揭示规律以提供创作法式,故《诗式》对诗歌的本质、构思、意境、风格、复古与通变等问题提出了自己的看法,其中有些是颇有创见的。

【注释】

1. "众妙"句:谓诗为众多微妙之物中的精华。
2. 元化之渊奥:元化,犹造化。渊奥,指幽深奥妙处。
3. 作用:释家常用之语。李壮鹰《诗式校注》:"大乘佛学认为唯心(性)实在,虚明乃心之体,思维乃心之用。故常以'作用'代指思维活动。"此指诗人创造性的思维、用心。
4. 放意须险:谓立意须奇险而不平庸。放意,发意、立意。
5. "至如天真"句:指真性流露、颖出秀拔的诗句。
6. 意冥:谓意中暗合,默然领会。皎然《题山壁示道维上人》:"身野长无事,心冥自不言。"
7. 文体四变:指诗歌的体制已发生了四次变化。李壮鹰注:"览《诗式》全书,似可看出:皎然以苏、李诗天籁自成,不见作用为最高。《古诗十九首》初见作用,为一变;谢灵运尚于作用,为二变;齐梁诗雕绘偶丽,为三变;沈、宋创制律诗,为四变。"

8. 天机:谓天赋的灵性、智慧。《庄子·大宗师》:"其耆欲深者,其天机浅。"陆机《文赋》:"方天机之骏利,夫何纷而不理。"

9. "夫诗人"两句:李壮鹰注:"对诗人在诗中所表现的精微之旨味,须以神明契会方可得之。"

10. 妙无二门:言其门径神妙而独一无二。《维摩诘经·入不二法门品》:"善哉善哉!乃至无有文字语言,是真入不二法门。"

11. 名言:语言文字。

12. "故工之"两句:谓作品愈是精妙工致,能赏鉴者便愈少。

13. 势:指"文势",即诗歌内容与形式相互联系、制约而形成的流动变化之势。

14. "如登"两句:荆,荆山,在今湖北省西部。巫,巫山,在今湖北、四川两省交界处,北与大巴山相连。觌:见。《易·困》:"三岁不觌。"陆德明释文:"觌,见也。"三湘,湘江在上、中、下游依次与漓水、潇水、蒸水合流,分别称漓湘、潇湘、蒸湘,总称"三湘"。鄢,春秋时楚城名,在今湖北省宜城县。郢,春秋时楚都,在今湖北省江陵县西北。

15. 萦回盘礴:萦回,盘旋往复。盘礴,犹"磅礴",壮阔盛大貌。

16. 崒:高峻貌。

17. 合沓相属:合沓,重叠、攒聚。相属,相互连接。

18. 修江耿耿:修江,长江。耿耿,明亮貌。《文选》卷二十六谢朓《暂使下都夜发新林至京邑赠西府同僚》:"秋河曙耿耿,寒渚夜苍苍。"李善注:"耿耿,光也。"

19. 欻:忽然。《文选》卷二张衡《西京赋》:"神山崔巍,欻从背见。"李善注:"欻之言忽也。"

20. 逸格:超脱凡俗之格调。

21. 措意:指构思诗意时的筹划安排。

22. "如壶公"句:据《神仙传》载,壶公卖药于市,悬一壶于街头,至夜即跳入壶中。后时人费长房亦随之入壶,既入之后,不复见壶,但见楼观门阁,别有天地。此喻指作诗虽有声律之限,诗人构思却天地极宽。

23. "时时"两句:意谓诗人构思时有波澜、跳跃,然意脉始终贯串连属,如同针脚或隐或现,而实则一线相连。

24. 拘忌之徒:此指拘于声律者。《文镜秘府论·南卷·论文意》引皎然《诗议》云:"律家之流,拘而多忌,失于自然,吾常所病也。"

25. "近自周颙"句:周颙(441?—491?),字彦伦,汝南安成(今河南正阳东北)人。南朝宋、齐间文人,善识声韵,著有《四声切韵》。刘绘(458—502),字士章,彭城(今江苏徐州)人。南朝齐文人,《南齐书》本传云:"永明末,京邑人士盛为文章谈义,皆凑竟陵王西邸。绘为后进领袖,机悟多能。时张融、周颙并有言工,融音旨缓韵,颙辞致绮捷,绘之言吐,又顿挫有风气。"

26. 媚:迷惑。

27. 懵然：不明貌。

28. "气高"两句：谓气势应当高扬，然不宜过于激烈怒张，否则将失去超逸美妙的韵致。风流：形容作品超逸佳妙。

29. "力劲"两句：谓笔力应当遒劲，然不宜过于显露，否则将有斧斫痕迹。力，笔力、骨力。

30. "情多"两句：谓诗中的情感内容丰富，则语言表达需明朗，否则若情盛而语言拙钝，则情志也将暗昧不明。《文镜秘府论·南卷·论文意》引皎然《诗议》："是知溺情废语，则语朴情暗。"暗，幽昧不明。蹷，失败。

31. "才赡"两句：谓才学当富赡，但不能因此而粗疏散漫，否则将导致诗作结构不周密、脉络不贯通。疏，粗疏、草率。

32. 氤氲：云气动荡变化之貌，此指文势的飞动变化。

33. 意度盘礴：意度，指诗歌的意境与风格。盘礴，谓曲折而不质直。

34. 用律不滞：谓运用声律要做到无不调畅。

35. "用事"两句：谓能做到诗中用典而不直露，是由于对所用事类的内在意蕴和外部状类都有深入的理解和体悟。

36. "虽欲废巧尚直"两句：思致，指诗之意趣或意境。李壮鹰注："诗虽须废巧饰而尚直朴，但诗的直朴须是经过艺术镕炼所表现出来的直朴，故直朴中自有动人之情致意态在。"

37. 典丽：指文词之典雅华丽。

38. "虽有道情"两句：李壮鹰注："道情，得道者之情也。……皎然所谓道情，即释家所谓'禅心'。……于诗中寄禅意、谈禅理，唐以来甚为流行。而以诗谈禅，易陷深僻，故皎然有此言。"

39. "虽用经史"两句：谓作诗虽然也可引用经史典籍，但要戒除书生掉书袋式的堆砌典故之病。

40. 迂远：犹迂阔，不切实情。

41. "虽欲飞动"两句：谓作诗虽然讲求飞动的气势，但若不顾情志的需要而一味追求"飞动"，则易致轻浮之弊。

42. "以虚诞"句：虚诞，虚妄荒诞。《文镜秘府论·南卷·论文意》引皎然《诗议》："顷作古诗者，不达其旨，效得庸音，竞壮其词，俾令虚大。"可参看。

43. "以缓慢"句：淡泞，平和冲淡。李壮鹰注："冲淡之作，蕴至味于淡泊之中，是诗人淘洗镕炼的结果，非力缓调慢之作可比。"

44. "以烂熟"句：烂熟，此指缺少创新的熟字套语。《文镜秘府论·南卷·论文意》引皎然《诗议》曰："句中多著'映带'、'傍佯'等语，熟字也；'制锦'、'一同'、'仙尉'、'黄绶'，熟名也。……又如送别诗，'山'字之中，必有'离颜'；'溪'字之中，必有'解携'；'送'字之中，必有'渡头'；'来'字之中，必有'悠哉'。如游寺诗，'鹫岭''鸡岑'、'东林''彼岸'。语居士以谢公为首，称高僧以支公为先。"

45. "以气劣弱"句：《文镜秘府论·南卷·论文意》引皎然《诗议》曰："俗巧者，由不辨正气,习俗师弱弊之过也。其诗曰:'树阴逢歇马,鱼潭见洗船。'又诗曰:'隔花遥劝酒,就水更移床。'"可参看。

46."至险"句:谓作诗当道他人未道之意与语,但不可入于冷僻生涩之途。

47."至奇"句:即奇而不失于正之意。《广雅·释诂》:"差,邪也。"此当指"诗有六迷"条中的"以诡怪而为新奇"之"诡怪"。

48."至苦"句:谓作诗必当苦思,但成诗之后不应有苦思痕迹。《文镜秘府论·南卷·论文意》引皎然《诗议》:"或曰:诗不要苦思,苦思则丧于天真。此甚不然。固须绎虑于险中,采奇于象外,状飞动之句,写冥奥之思。……但贵成章以后,有易其貌,若不思而得也。"

49."至放"句:谓放逸不拘,而又不致远离实际。迂,远。

50.不用事:用事,即用典。颜之推《颜氏家训·文章》:"邢子才(邵)常曰:'沈侯(沈约)文章,用事不使人觉,若胸臆语也。'"《文心雕龙·事类》:"明理引乎成辞,征义举乎人事。"皎然以不用事为第一,表现了其论诗主张自然的倾向。

51.作用事:谓虽然用事,但经过诗人的匠心安排,或引古事作比,或褒贬古事,运用巧妙自然。

52.有事无事:李壮鹰注:"意谓:不论诗中用事与否,如品格稍下,够不上列入前三等者,列入第四等。"

53.取象曰比:谓比只取其象而不取其义。象,指事物的外在形象。《文镜秘府论·地卷·六义》引皎然曰:"比者,全取外象以兴之,'西北有浮云'之类是也。"按曹丕《杂诗》:"西北有浮云,亭亭如车盖。"

54."取义"两句:谓兴写出具体事象,而取其内在义蕴。义,包蕴于"象"中,需要阐释方能明晓。《文镜秘府论·地卷·六义》引皎然曰:"兴者,立象于前,后以人事谕之,《关雎》之类是也。"义即诗人在物象中所谕"人事"之含意。

55."凡禽鱼"三句:意谓万事万物中举凡形貌、意义有相通之处,可以类比、类推者,都可以用为比兴。

56."如陶公"句:《文选》卷三十陶渊明《咏贫士》(七首其一):"万族各有托,孤云独无依。"李善注:"孤云,喻贫士也。"

57."鲍照"句:《文选》卷二十八鲍照《白头吟》:"直如朱丝绳,清如玉壶冰。"李善注:"朱丝,朱弦也。《礼记》:'清庙之瑟,朱弦而疏越。'"

58."鄙哉"四句:见陆机《齐讴行》。牛山叹,《晏子春秋·内篇谏上》载,齐景公游于牛山,北临其国城而悲叹人生短暂、欢乐难久,晏子讥笑其"独为之流涕,是不仁也"。至人,指超凡脱俗,达到无我境界的人。《庄子·逍遥游》:"至人无己,神人无功,圣人无名。"爽鸠,指爽鸠氏,传说为少皞氏的司寇。《左传·昭公二十年》:"(齐侯)饮酒乐。公曰:'古而无死,其乐若何?'晏子对曰:'古而无死,则古之乐也,君何得焉?昔爽鸠氏始居此地,季萴因之,有逢伯陵因之,蒲姑氏因之,而后大公因之。古若无死,爽鸠氏之乐,非君所愿也。'"徂,死。

59."偶与"两句:见谢灵运《还旧园作见颜、范二中书》。张、邴,指西汉张良、邴曼容,二人皆有清名,不恋禄位。《文选》卷二十五李善注:"《汉书》,张良曰:'今以三寸舌为帝师,封万户,位列侯,此布衣之极,于良足矣。愿弃人间事,欲从赤松子学道轻举。'又曰:'琅邪邴汉,亦有清行。兄子曼容,亦养志自修,为官不肯过六百石,辄自免去。'东山,谓会稽始宁也。"

60. "此叙志"两句:谢灵运自比张、邴,以明素志,其着眼点在自叙志意,故皎然认为"是比,非用事"。《文镜秘府论·南卷·论文意》引皎然《诗议》曰:"若比君于尧、舜,况臣于稷、卨,绮里之高逸,于陵之幽贞,褒贬古贤,成当时文意,虽写全章,非用事也。"可参看。

61. 取境:本为佛家语。境,《俱舍论颂疏》:"心之所游履攀援者,故称为境。"李壮鹰注:"取境:佛学中原指取著所对之境,亦即对某一境界有所贪爱,从而染著于心,不能脱离。"此指诗人通过艺术构思,从而在头脑中想象和缔造出艺术境界的过程。

62. "无盐"两句:无盐,刘向《列女传》载:钟离春,齐国无盐邑之女,其貌极丑而有德,年四十未嫁,自谒齐宣王,陈述齐国危难四点,宣王敬服,拜其为后,而齐国大安。太姒,周文王妃。《列女传》:"太姒者,武王之母,禹后有莘姒氏之女,仁而明道,文王嘉之,亲迎于渭。"

63. "夫不入"两句:班超语,见《后汉书·班超传》。此喻不经历苦思,难有佳句佳作。

64. 等闲:轻易,随便。

65. 神王:谓精神旺盛。王,通"旺"。

66. "盖由"两句:李壮鹰注:"意谓诗人作诗,须建立在深思苦索的基础之上,苦思之后,灵机忽通,神气顿旺,于是而得佳句。"

67. "两重意"两句:意谓诗句若能具有多重意蕴,则其意旨皆在文外。《文心雕龙·隐秀》:"隐也者,文外之重旨者也。"

68. "若遇"四句:赞美谢灵运诗使人读之只见其性情而忘却其文词之工,可谓达到了诗道的极致。

69. "向使"六句:谓意味超越外部形式,不仅是文学创作的至高境界,于儒、道、释三教而言,亦堪称思想修养的至道。空王,佛之异名。《圆觉经》:"佛为万法之王,又曰空王。"

70. "但恐"句:语本《庄子·徐无鬼》:"郢人垩漫其鼻端,若蝇翼,使匠石斲之。匠石运斤成风,听而斲之,尽垩而鼻不伤,郢人立不失容。宋元君闻之,召匠石曰:'尝试为寡人为之。'匠石曰:'臣则尝能斲之。虽然,臣之质死久矣。'"

71. "故伯牙"句:《吕氏春秋·本味》:"伯牙鼓琴,钟子期听之。方鼓琴而志在太山,钟子期曰:'善哉乎鼓琴!巍巍乎若太山。'少选之间,而志在流水,钟子期又曰:'善哉乎鼓琴!汤汤乎若流水。'钟子期死,伯牙破琴绝弦,终身不复鼓琴。"

72. "畴昔"句:元兢(生卒年不详),字思敬,高宗总章年间为协律郎。曾参与编撰《芳林要览》,又编选《古今诗人秀句》,今佚。元鉴:未详。《宋史·艺文志》著录有僧元鉴《续古今诗人秀句》二卷,又有僧玄鉴《续古今诗集》三卷、《诗缵集》三卷。未知

73. 蒙俗：童蒙俗士。
74. "特与"句：意谓给那些盲从无识者的剽窃提供了方便。
75. "何异"句：谓这跟将兵器借给贼人、把粮草送给强盗，有何不同？《荀子·大略》："非其人而教之，赍盗粮，借贼兵也。"赍，资助。兵，武器。《史记·范雎蔡泽列传》："（范雎）因进曰：'……故齐所以大破者，以其伐楚而肥韩、魏也。此所谓借贼兵而赍盗粮者也。'"
76. "一句便显"三句：李壮鹰注："意谓诗中对句，以一句道尽一意，不假下句补之为上。"
77. "若斤斧"三句：《文镜秘府论·南卷·论文意》引皎然《诗议》："六经时有俪词，扬、马、张、蔡之徒始盛。'云从龙，风从虎'，非俪耶？但古人后于语，先于意，因意成语，语不使意。偶对则对，偶散则散。若力为之，则见斤斧之迹。故有对不失浑成，纵散不关造作，此古手也。"可参看。
78. "又诗家"七句：《文心雕龙·丽辞》："若两事相配，而优劣不均，是骥在左骖，驽为右服也。若夫事或孤立，莫与相偶，是夔之一足，趻踔而行也。"刘勰专论"事对"，但要求上下相称，与皎然所论相通。
79. 三不同：李壮鹰校："按以下正文只说三同，未说三不同，故'不'字疑衍。"
80. 钝贼：笨拙而有害。
81. 汉定律令：汉初萧何曾为刘邦制定律令，封酂侯。
82. "若许"句：贫道，僧道自称的谦词。片言可折，《论语·颜渊》："子曰：片言可以折狱者，其由也与？"谓以简约之言裁决讼事。
83. 事虽可罔：谓偷意的行为可以瞒人耳目。罔，欺骗。
84. "盖诗人"句：阃域，宫城之内。偷狐白裘，事见《史记·孟尝君列传》，孟尝君被秦昭王所囚，他使人到昭王幸姬那里求情，幸姬说她想得到孟尝君的狐白裘，而其唯一的狐白裘已献给了昭王。后孟尝君门客中有位善盗者潜入秦宫，偷得那件狐白裘，献给了幸姬。后因以"偷狐白裘"指偷儿中技巧最高者。
85. 赏俊：赏识其俊才。
86. 日月光天德：见陈叔宝《入隋侍宴应诏》。
87. 日月光太清：见傅咸《赠何劭王济》。傅咸（239—294），字长虞，西晋文人。
88. "小池"两句：见沈佺期《酬苏员外味道夏晚寓直省中见赠》。
89. "太液"两句：见柳恽《从武帝登景阳楼》。李壮鹰注："沈句之于柳句，词语虽异而意境相同，故皎然谓之偷意。"
90. "手携"四句：见王昌龄《独游》。
91. "目送"四句：见嵇康《赠秀才入军》其十四。李壮鹰注："王句之于嵇句，体势相同而意兴迥异，嵇康抒遗世自得之情，昌龄写忧思悒郁之怀，故皎然谓之偷势。"
92. "夫诗人"六句：李壮鹰注："此处皎然认为：每首诗并非只有单纯的一种品格，而是多种品格之集合体，谓某诗具有某种品格者，是指其主导品格而言。而这种主导品格决定于诗人的构思取境,如构思时情志偏于'高',诗之总的体貌便呈现为'高';如偏于'逸',则总貌呈现为'逸'。十九字中'高'、'逸'是如此,其它表示才性之字亦然。"

93. "不妨"五句:谓此一字将诗篇内含的情志内容(体德)和外现的风味、声音等(风律)都已涵括,如同车之有毂,车轴及辐均归聚于此。

94. 彖辞:指《周易》中总论一卦之义的文辞。如"乾"卦下"元、亨、利、贞"四字就是彖辞,总论该卦的基本含义。《易·系辞下》:"知者观其彖辞,则思过半矣。"韩康伯注:"夫彖者,……约以存博,简以兼众。"皎然以一字概括一体之体德风律,与彖辞之以简约存众博相似,故取以为喻。

95. 缘境不尽:谓念念不已,主客体相交融,而深情绵邈。缘境,谓心攀缘外物。皎然《秋日遥和卢使君游何山寺宿扬上人房论涅槃经义》:"诗情缘境发。"

96. 多气含蓄:李壮鹰注:"谓志气充满而含蓄不露。"

97. 检束防闲:谓检点约束,防备禁止。防,堤坝,用于制水;闲,栅栏,用于制兽。引申为防备和禁阻。

98. 情性疏野:谓顺其天放之性,放纵不拘。

99. 立言盘泊:谓多方叙说渲染。盘泊,即盘礴,盛大貌。

100. "非如松风"三句:意谓"静"并非指外在景物之静,而是诗歌意境给人以静谧之情味。狖:长尾猿。

101. "非如渺渺"三句:意谓"远"并非指所写景物距离的遥远,而是意境在整体上所呈现出的高远之致。

102. "昔仲尼"两句:卜商,字子夏,孔子弟子。陆德明《经典释文·序录》:"孔子最先删录。既取周诗,上兼商颂,凡三百一十一篇。以授子夏,子夏遂作序焉。"又云:"《毛诗》者,……子夏授高行子,高行子授薛仓子,薛仓子授帛妙子,帛妙子授河间人大毛公。"

103. "盖是"句:钟嵘《诗品序》:"古诗眇邈,人世难详。推其文体,固是炎汉之制,非衰周之倡也。"

104. "冉冉"三句:《文选》所收古诗十九首中"冉冉孤生竹"一首,《文心雕龙·明诗》以为傅毅作;"青青河畔草"一首,《玉台新咏》以为枚乘作,未见云蔡邕作者。《玉台新咏》录蔡邕《饮马长城窟行》一首,首句亦为"青青河畔草",皎然或因此误记。

105. 王仲宣:王粲(177—217),字仲宣,山阳(今山东邹县)人。建安七子之一。

106. "此中"两句:李壮鹰注:"以上所引诗句中,写饥妇弃子之惨状,属于直接的形象描写,故诗人的伤悯之情,可以从诗句中直接见到。"

107. "悟彼"句:《下泉》,《诗经·曹风》篇名。毛诗序云:"《下泉》,思治也。曹人疾共公侵刻下民,不得其所,忧而思明王贤伯也。"诗有"忾我寤叹,念彼京周"等句。王粲遭乱去国,故思及之。《下泉》人,指《下泉》的作者。

108. "不傍"两句:沈约《宋书·谢灵运传论》:"至于先士茂制,讽高历赏。子建'函京'之作,仲宣'霸岸'之篇,……并直举胸情,非傍诗史。"沈约之语并非褒赞之词,皎然引用其语而寓肯定之意。

109. 邺中七子：谢灵运有《拟魏太子邺中集》八首，其中除魏太子外，有王粲、陈琳、徐幹、刘桢、应玚、阮瑀、曹植七人，此即邺中七子。

110. "刘桢"句：谢灵运《拟魏太子邺中集·刘桢》序云："卓荦偏人，而文最有气。"《文心雕龙·体性》："公幹气褊，故言壮而情骇。"偏通"褊"，谓气度狭隘急躁。

111. 王：即陈思王曹植，亦或指王粲。《文心雕龙·明诗》："兼善则子建、仲宣，偏美则太冲、公幹。"

112. 性颖神彻：谓禀性超群，有透彻之悟。

113. 内典：指佛教经典。

114. 心地：李壮鹰注："释家谓心为心地，以心生万法，如地之生万物然。"《大乘本生心地观经》卷八："众生之心犹如大地。……心名为地。"

115. "夫文章"三句：意谓他对谢灵运诗创作特点的体会，出自公心，并非偏爱。皎然为谢灵运之后，为避徇私之嫌，故发此言。

116. 诸公：当指与其相互唱酬的颜真卿、韦应物、李阳冰、顾况等人。

117. "彼清景"三句：意谓那日当中天、天地一派秋色的阔大境界，正可用以象征谢诗容量之广。景，日光。

118. "庆云"三句：谓五色祥云随风舒卷，化为千姿万状，正可见谢诗体势变化之妙。庆云，五色云，古人视为祥瑞。《列子·汤问》："庆云浮，甘露降。"

119. 扳援：攀附，依附。

120. "惠休所评"句：见钟嵘《诗品》"宋光禄大夫颜延之"条。惠休，南朝宋、齐间僧人，俗姓汤，字茂远。善属文，宋孝武帝命其还俗，官至扬州从事史。

121. "建安"两句：谓谢诗源于建安，而比建安诗华美。椎轮，原始的无辐车轮，后多以之喻事物草创。

122. 团扇二篇：指班婕妤《怨歌行》和江淹《拟班婕妤咏团扇诗》。

123. "江则假象"两句：江淹《拟班婕妤咏团扇诗》云："纨扇如圆月，出自机中素。画作秦王女，乘鸾向烟雾。"以扇上所画形象，表达思念之情，即所谓"假象见意"。班婕妤《怨歌行》咏团扇云："新裂齐纨素，皎洁如霜雪。裁为合欢扇，团团似明月。出入君怀袖，摇动微风发。"就团扇的制作、赠送而言，抒写怀人之情，故云"貌题直书"。

124. 掩映：遮盖、胜过之意。高仲武《中兴间气集》评郎士元云："可以齐衡古人，掩映时辈。"

125. "画作"两句：刘向《列仙传》载：秦穆公有女，名为弄玉，嫁于善吹箫之萧史，日就萧史学箫作凤鸣，后夫妻皆乘凤飞天仙去。

126. "兴生"两句：谓其兴象出自心裁，发于我衷，不依傍古人。

127. "飘然"两句：莫偕，无可匹拟。夏姬，春秋时陈国大夫夏御叔之妻，与陈灵公等私通。事见《左传》《史记·陈世家》。

128. "池塘"两句："池塘"句，见谢灵运《登池上楼》。"明月"句，见谢灵运《岁暮》，全诗已佚，仅存残句。

129. "予因引"句：隐秀，刘勰《文心雕龙·隐秀》："隐也者，文外之重旨者也；秀也者，篇中之独拔者也。"宋人张戒《岁寒堂诗话》卷上引《隐秀》佚文："情在词外曰隐，状溢目前曰秀。"此云出自钟嵘，恐是误记。

130. "且如"四句：谓"池塘"句有言外之意，"明月"句则意旨隐藏于句中。

131. "风力"两句：谓"池塘"、"明月"两句都表现得风清骨峻，但"取兴"之法不同。李壮鹰注："'明月'句取兴之法为'通塞'法，'池塘'句为'盘礴'法。"

132. "王昌龄"四句：《文镜秘府论·南卷·论文意》引王昌龄《诗格》："古诗云：'日出而作，日入而息，凿井而饮，耕田而食。'当句皆是也。"又："古文格高，一句见意，则'股肱良哉'是也。"一句见意，即单独一句表达一个意思。

133. "势有通塞"两句：李壮鹰注："原其所谓'通塞'，似指诗人在诗中沿着题旨这一主线，而使文势之发展时有通塞起伏，它属于纵向之叙述法；所谓'盘礴'，似指在诗中围绕一个中心而广为铺写，从多方面阐明题意，它属于横向之铺陈法。"

134. "后势特起"四句：意谓后面的文势突兀而起，前面的文势则似乎隐伏中断，实则脉理自相连贯。犹如惊鸿分飞，而仍然相互眷顾。

135. "浮沉"四句：见曹植《七哀》。李壮鹰注："前二句表达思妇与所思者不能见面的绝望之情，使文势一伏；后二句又从绝望之中生出希望：愿化为南风吹入君怀，故使文势又一起，这正是皎然上文所说的'后势特起，前势似断'。"

136. "虽词归"句：谓"意有盘礴"者是指文辞表达同一个主旨，但却从多个方面来感发起兴。

137. "用识"两句：谓运用自己的见识和才能，踏遍事理之渊薮而反复搜求。蹂践，践踏。理窟，义理之渊薮。

138. "如卞子"三句：卞子，卞和，春秋时楚之采玉者。荆岑，荆山。事见《韩诗外传》，卞和采玉时，总怕有遗落，徘徊于荆山上寻觅。这里比喻作诗须从多角度反复探索，搜求事理，以表达旨意。

139. "其有"三句：谓"盘礴"有两种写法，一种为抒情的铺陈，一种为用事的铺陈。

140. "邓生"八句：见刘琨《重赠卢谌》。邓生，邓禹，西汉末年，由南阳北渡黄河而投奔河北的刘秀，后佐其建立东汉。曲逆，指陈平，汉高祖刘邦曾被匈奴围困于白登山（今山西境内），陈平出奇计而解围，后封曲逆侯。留侯，指张良，刘邦赴鸿门宴，赖张良设计得以脱险，后封留侯。重耳，春秋晋文公，早年逃亡在外，后在赵衰、狐偃、贾佗、先轸、魏犫五位贤者的辅佐下，得以回国称君，并成就霸业。小白，春秋齐桓公，公子纠与小白争君位时，管仲先事公子纠，曾射中小白带钩，后小白即位，用管仲为相，终成霸业。二伯，即晋文公和齐桓公。八句中凡用五事，以明渴求贤能之意，所谓"词归一旨而兴乃多端"。

141. "情者"句：谢灵运《登池上楼》云："初景革绪风，新阳改故阴。池塘生春草，园柳变鸣禽。"四句都含有叹故惊新之情，作横向铺陈，故亦属"词归一旨而兴乃多端"的盘礴之法。

142. "何异"句:《礼记·乐记》:"魏文侯问于子夏曰:'吾端冕而听古乐,则唯恐卧;听郑卫之音,则不知倦。'"李壮鹰注:"古人认为,古乐中正平和,正如太羹,至淡之中有大味焉。文侯听之而思卧,是不识淡中之味。"

143. "吾尝"五句:事见钟嵘《诗品》"宋法曹参军谢惠连诗"条。

144. 楼烦:古代北方部族名,精于骑射。后因以代指善射的将士。

145. "宋员外"两句:宋之问(656?—712?),一名少连,字延清,汾州西河(今山西汾阳)人,一说虢州弘农(今河南灵宝)人。中宗时,曾任考功员外郎。沈佺期(?—713?),字云卿,相州内黄(今属河南)人。武后长安二年(702),曾任给事中。二人诗风华美,属对精工,对律诗之定型颇有影响。龟鉴,龟可卜吉凶,鉴(镜)可别美恶,比喻学习的榜样或引以为戒的教训。

146. "不问"句:谓评赏律诗时可以不以用事与否来判定妍媸高下。

147. "象溟"两句:见宋之问《奉和晦日幸昆明池应制》。

148. "咏歌"两句:见沈佺期《岁夜乐安郡主满月侍宴》。

149. 射雕之手:《北齐书·斛律光传》:"尝从世宗于洹桥校猎,见一大鸟,云表飞飏,光引弓射之,正中其颈。此鸟形如车轮,旋转而下,至地,乃大雕也。世宗取而观之,深壮异焉。丞相属邢子高见而叹曰:此射雕手也。"

150. 曹、刘:指曹植、刘桢。

151. "道丧"句:卢藏用《右拾遗陈子昂文集序》:"《易》曰:'物不可以终否,故受之以泰。'道丧五百岁而得陈君。"

152. "若论"两句:笔语,指无韵之文。南朝人每以文、笔或诗、笔对举,唐人因之。诗、笔对举者,如《南史·沈约传》:"谢玄晖善为诗,任彦升工于笔。"杜甫《寄岳州贾司马巴州严使君》:"贾笔论孤愤,严诗赋几篇。"班、张、崔、蔡,指班固、张衡、崔骃、蔡邕。

153. 三傅:未详。李壮鹰注云:"疑为'三祖'之误,指魏武帝曹操、魏文帝曹丕、魏明帝曹叡。"

154. 柳文畅、吴叔庠:指柳恽、吴均。柳恽(465—517),字文畅,河东解(今山西永济)人。齐时官至相国司马,入梁后官至吴兴太守。有集十二卷,已佚。吴均(469—520),字叔庠,吴兴故鄣(今浙江安吉)人。曾官奉朝请等。有集二十卷,已佚,明人辑有《吴朝请集》。

155. "荒哉"四句:见陈子昂《感遇》三十八首之二十六。

156. "三楚"六句:见阮籍《咏怀》八十二首之十一。

157. 抚掌:拍掌大笑,指讥笑。

158. "夫五言"四句:李壮鹰注:"意谓:五言诗之道,惟在于工巧、精密,有唐以来,论者多贬齐梁之五言诗,斥之为'道丧',是未达五言'诗道'之旨。"

159. "若据"三句:意谓若据时代而论,则"五言之道"丧于齐梁之说近之,但作诗之人并不用此论。

160. "大江"两句:见谢朓《暂使下都夜发新林至京邑赠西府同僚》。未央,未尽,无已。

161. "霜气"两句:见王融《古意》二首之二。

162. "王生"两句:见王筠《早出巡行瞻望山海》。王生,指王粲。王粲《登楼赋》云:"背坟衍之广陆兮,临皋隰之沃流。"潘子,指潘岳。潘岳《河阳县作》二首之二云:"日夕阴云起,登城望洪河。"

163. "秦皇"两句:见庾肩吾《乱后经禹庙》(载《会稽掇英总集》卷八)。庾肩吾(487—551),字子慎,原籍新野(今属河南)。曾官东宫通事舍人、江州刺史等。秦皇,秦始皇。《史记·秦始皇本纪》载其东巡琅琊以观东海事。魏帝,指魏文帝曹丕。其《杂诗》二首之二云:"惜哉时不遇,适与飘风会。吹我东南行,行行至吴会。"

164. "高楼"两句:见沈约《应王中丞思远咏月》。"高楼"句,典出曹植《七哀》:"明月照高楼,流光正徘徊。上有愁思妇,悲叹有余哀。""西园"句,典出曹植《公宴》:"清夜游西园,飞盖相追随。明月澄清景,列宿正参差。"

165. 寖:即"浸",渐染之意。

166. 战桑干:建安中,曹操以曹彰为将,北击乌桓,战于桑干。事见《三国志·魏书·任城威王彰传》。桑干,河名,今永定河之上游,相传每年桑椹成熟时河水干涸,故名。

167. "爱彼"两句:朱放诗逸句,诗题未详。

168. 张正见、何胥:张正见,字见赜,清河东武城(今属山东)人。南朝梁、陈间诗人。曾官通直散骑侍郎等。其诗多为拟古、游宴之作。有集十四卷,已佚,明人张溥辑有《张散骑集》一卷。何胥,字孝典,生卒籍贯俱不可考。南朝陈诗人,曾官太乐令。

169. 无间然:谓没有不同意见,无可挑剔之意。

170. 造父:古之善御马者。《史记·赵世家》载:造父为赵之先祖,因献良马于周穆王而得幸。穆王西巡狩,使造父御,见西王母,乐而忘归。又徐偃王反,穆王乘千里马大破之,因赐造父以赵城,由此为赵氏。

171. "何异"两句:《战国策·秦策三》:"郑人谓玉未理者璞,周人谓鼠未腊者朴。周人怀璞(朴)过郑贾曰:'欲买朴乎?'郑贾曰:'欲之。'出其朴,视之,乃鼠也。因谢不取。"《太平御览》卷五十一引《阙子》:"宋之愚人,得燕石于梧台之东,归而藏之,以为大宝。周客闻而观焉。……客见之,卢胡而笑曰:'此燕石也,与瓦甓不异。'主人大怒,藏之愈固。"《后汉书·应劭传》:"昔郑人以干鼠为璞,鬻之于周。宋愚夫亦宝燕石,缇緼十重。夫睹之者掩口卢胡而笑。"嘘唿,亦作"卢胡"、"胡卢",喉间笑声。皎然此处将两个典故糅为一事。

172. "如释氏"两句:意谓若"复"之太过,则如强修佛家顿教,反有迷失真性之误。顿教,指不设位次、不依言辞而顿悟成性的教理。

173. "殊不知"两句:佛家认为一切现象皆为本体(佛性、真性)的显现,故万象皆真。此指诗人若能写出自己内心真实独特的体验,便都是有价值的好诗。

174. 造微:达到微妙的程度。

175. 权:权宜,变通。古代常与"经"相对言。《易·系辞下》:"《井》以辩义,《巽》

以行权。"王弼注:"权,反经而合道,必合乎巽顺,而后可以行权也。"《公羊传·桓公十一年》:"权者何?权者反于经,然后有善者也。"

176. "在道"句:道,指佛学。方便,佛教语,犹云权宜,谓以灵活方式因人施教,使悟佛法真义。《维摩诘经·法供养品》:"以方便力,为诸众生分别解说。"《五灯会元·章敬晖禅师法嗣·荐福弘辩禅师》:"方便者,隐实覆相权巧之门也。被接中下,曲施诱迪谓之方便。"

177. "而欲弹"句:弹,击。抚,持、按。干将、太阿(亦作"泰阿"),皆古宝剑名。据《吴越春秋·阖闾内传》载,相传春秋时吴人干将与其妻莫邪善铸剑,为阖闾铸阴阳剑,阳曰"干将",阴曰"莫邪"。《越绝书·外传记宝剑》:"欧冶子、干将凿茨山,洩其溪,取铁英,作为铁剑三枚:一曰龙渊,二曰泰阿,三曰工布。"铗,剑把。

【讲疏】

皎然《诗式》所论内容十分广泛,涉及诗歌的本质、创作规律、风格体式等诸多问题。择其要者而言,主要有以下几个方面。

其一,论诗歌创作艺术。皎然是一位深"得诗人之奥旨"(于頔《吴兴昼上人集序》)的诗论家,论诗重视探讨诗歌艺术的创作规律、方法等,发表了不少重要而有影响的见解。

(一)重视作家的艺术构思活动,《诗式》中将此种思维活动称为"作用"。皎然认识到诗人的艺术构思是一种借助于想象进行的创造性的形象思维,《诗式序》说"精思一搜,万象不能藏其巧","明作用"条指出诗人构思,"如壶公瓢中自有天地日月,时时抛针掷线,似断而复续",谓构思时可以不受现实的拘束,进行大胆的想象,以构筑独特的艺术世界。皎然论艺术构思特别强调苦思,《诗式序》说:"其作用也,放意须险,定句须难,虽取由我衷,而得若神授。"《诗议》亦说:"或曰:诗不要苦思,苦思则丧于天真。此甚不然。固须绎虑于险中,采奇于象外。……但贵成章以后,有其易貌,若不思而得也。"均谓构思时需苦思冥想,付出艰苦的劳动,又要似不思而得,方能获得神妙的艺术效果。此外,皎然又论及艺术思维中的灵感现象,"取境"条说:"有时意静神王,佳句纵横,若不可遏,宛如神助。"并指出这种灵感的产生,是"由先积精思,因神王而得",认为灵感植根于平时思考的积累,这就道出了灵感现象产生的实质,较之陆机那种略带神秘性的灵感论更进了一步。

(二)主张自然与人工相结合。皎然论诗非常重视自然、天真,《诗式》评李陵、苏武诗云:"二子天予真性,发言自高,未有作用。"又评建安诗人云:"不拘对属,偶或有之,语与兴驱,势逐情起。不由作意,气格自高,与《十九首》其流一也。"所谓"未有作用""不由作意",亦即任其自然、不着力为之。皎然论诗强调自然、天真,但并不完全排斥人工。所以,他批评"诗不假修饰,任其丑朴,但风韵正,天真全,即名上等"的论调("取境"条),并赞美谢灵运"真于情性,尚于作用,不顾词彩而风流自然"("文章宗旨"条),认为好诗应当是天真性情与人工诗法完美的统一。他又驳斥了"不要苦思,苦思则丧自然之质"的说法,主张"取境之时,须至难至险,始见奇句;成篇之后,观其气貌,有似等闲,不思而得"("取境"条),意即自然之美必须经过苦思的创造、经过人工的锻炼。因此,"诗有二废"条说:"虽欲废巧尚直,而思致不得置。虽欲废言尚意,而典丽不得遗。""诗有六至"条说:"至丽而自然,至苦而无迹。"都主张人工和自然相结合,通过苦心锤炼来达到妙造自然。这种主张也反映在声律、对偶等形式论方面,皎然既反对在诗歌形式上刻意雕琢,又不完全否定声律、偶对之法。如《诗式》批评沈约说:"沈休文酷裁八病,碎用四声,故风雅殆尽。"《诗议》对近体诗作者拘限声病亦表示不满:"律家之流,拘而多忌,失于自然,吾常所病也。"但他又主张"用律不滞"("诗有四深"条),且对沈佺期、宋之问的律诗也评价颇高,并不排斥声律之美。关于对偶,"对句不对句"条说:"夫对者,如天尊地卑、君臣父子,盖天地自然之数。若斤斧迹存,不合自然,则非作者之意。"重视对偶的运用,但又要求绝去人工之迹。要之,皎然关于自然与人工结合的见解,颇具辩证因素,这种追求诗歌艺术表现具有适度感和中和之美的倾向,反映出皎然论诗注重各种对立因素须均衡而不可偏于一端的思想。

(三)要求诗歌具有"文外之旨"。皎然主张诗歌情感的表达不应直露,而应含不尽之情于言辞之外,他认为谢灵运诗是这方面的代表。《诗式》说:"情者如康乐公'池塘生春草'是也。抑由情在言外,故其辞似淡而无味,常手览之,何异文侯听古乐哉。"赞美谢灵运"池塘"句表面似乎平淡无味,实际却是余味无穷。《诗式》又说:"两重意已上,皆文外之旨。若遇高手如康乐公览而察之,但见情性,不睹文字,盖诣道之极也。"所谓两重意,即指作品表层意思之外,尚有言外之意。他说谢灵运的诗在文字描写之外,饱含着隽永的意味,显示出自然情真的意境美。皎然的"文外之旨"说,上承钟嵘"文已尽而意无穷"之论,下启司空图"味外之旨"说,具有重要的影响。

其二,论诗歌"复变"之道。《诗式》有"复古通变体"条专论诗歌的复变问题,所谓"复变",亦即继承与创新。皎然指出:"反古曰复,不滞曰变。若惟复不变,则陷于相似之格。"主张把继承传统与变化创新二者结合起来。但在"复""变"二者之中,皎然更强调的是"变",故说"复忌太过,诗人呼为膏肓之疾,安可治也",而"变若造微,不忌太过,苟不失正,亦何咎哉"。可见他重视自立新意,要能复古而更要能通于变。据此,他批评陈子昂"复多而变少",肯定沈佺期、宋之问"复少而变多";对卢藏用"道丧五百年而有陈君乎"之语也不能赞同,认为卢氏为了突出陈子昂的功绩,掩盖了曹植和刘桢,遗漏了谢灵运,是不对的。与此相应,他对唐代不少复古论者竭力贬斥的齐梁诗却颇多肯定,如称王筠、庾肩吾、沈约等人诗歌,"格虽弱,气犹正,远比建安,可言体变,不可言道丧"("齐梁诗"条)。由此可见,皎然更多的是从诗歌形式的角度看问题,而忽视了诗歌思想内容的重要性,因而不能认识陈子昂诗歌在复古口号下所表现出来的革新意义,所论带有一定的片面性。

其三,论诗歌的体貌风格。《诗式》中关于诗歌艺术风格的论述,是皎然诗论的重要组成部分。关于诗歌的风格分类,在《诗式》之前出现的唐代诗格类著作中已多有探讨。如初唐崔融《唐朝新定诗格》将诗分为十体,其中质气、飞动、清切诸体就是指诗歌的风貌特征。王昌龄《诗格》云:"诗有五趣向:一曰高格,二曰古雅,三曰闲逸,四曰幽深,五曰神仙。"大抵也指风格而言。到了皎然《诗式》,对诗歌风格的分类愈趋详细。《诗式·辩体有一十九字》将诗歌的体貌分为十九体,每体以一字标其名,并以简要之语概括出其总体特征。皎然指出"篇目风貌,不妨一字之下,风律外彰,体德内蕴",认为风格是作品内在的思想内容与外现的风味、声音等的统一体。从十九字的标目看,多数是从作者的思想感情和品德修养着眼;从其解释语句看,除高、逸、贞、德、怨、意、力诸体从形式角度立论外,其他各条也均从思想感情和品德修养进行描述。可见侧重从作者的思想感情和品德修养角度论述诗歌风格是皎然风格论的特点。皎然的诗歌风格论虽然在理论上还不够周密、系统,但他对诗歌体貌的分类更趋详细,在诗歌风格学的发展中是有贡献的。

【关键词解读】

取境

皎然论诗特别重视"境",并主张诗人要主动求取诗"境",故有"取境"之说:"取境之时,须至难至险,始见奇句。成篇之后,观其气貌,有似等闲,不思而得,此高手也。"所谓"取境",是指诗人通过艰苦奇险的艺术构思,将自己从外界物象中获得的感受、意兴等进行酝酿、提炼,从而创造出艺术之境的思维过程。皎然所论之"境",并非指单纯的客观外物之境,而是融合了诗人主观之意与客观外物的意境。因此,他在《诗议》中说:"夫境象非一,虚实难明。有可睹而不可取,景也;可闻而不可见,风也。虽系乎我形,而妙用无体,心也;义贯众象,而无定质,色也。凡此等,可以对虚,亦可以偶实。"认为诗中所描写的物象,既有"可睹""可闻"等可以感觉到的实的一面,又有"不可取""不可见""无定质"等只可意会的虚的一面。也就是说,诗人创作时既须描绘物象,又须将主观情意贯穿于物象,做到虚实结合、情景相兼,如此就会创造出优美的意境。皎然论"境"显然继承了王昌龄的诗境说,王氏《诗格》云:"夫置意作诗,即须凝心,目击其物,便以心击之,深穿其境。如登高山绝顶,下临万象,如在掌中。以此见象,心中了见,当此即用。"其所言之"境",指通过想象浮现在心中的外物形象,是一种情景相兼相惬的艺术境界。皎然之论正与此相近。

  但是,皎然强调取境时须苦思,并将取境与作品的风貌联系起来,这是王昌龄所未曾言及的。皎然反对诗"不要苦思,苦思则丧自然之质"的说法,认为诗境须经过苦思而得,但成篇之后又要不露用力痕迹。皎然又认为诗作的总体风貌取决于诗境的营造,故云:"诗人之思初发,取境偏高,则一首举体便高;取境偏逸,则一首举体便逸。"所谓"高""逸"的风格,是由笼罩全诗的"偏高"或"偏逸"的艺术境界所决定的,并不是说非得直接写高人逸士之类不可。又如《诗式》论"静""远"两种风格时说:"静,非如松风不动、林狖未鸣,乃谓意中之静。远,非如渺渺望水、杳杳看山,乃谓意中之远。"亦谓静、远二体,并不是要客观地描写出外物之静、远,而是要表现出由外物之静、远的感发而形成的意中之静、远,亦即营造出情景交融的意境。

【相关知识链接】

  伴随着唐代诗歌的高度发展与繁荣,唐人对于诗歌体制、作法等的重视较之前人更为突出,故终唐一代出现了为数众多的探讨诗歌法度、规则的诗格、诗式类著作,其中皎然《诗式》是最具系统、理论价值最高的一种。在《诗式》产生之前的初、盛唐和之后的晚唐、五代,则是诗格盛兴的时代,而"连接这两个时期的诗格,并且作为诗格转变的契机的"(张伯伟《全唐五代诗格汇考》前言),则正是皎然的《诗式》。

  初、盛唐诗格在后世几乎湮没无闻,而在日僧空海所编《文镜秘府论》中引用和保存了不少初、盛唐诗格的内容,这成为今天人们研究当时诗格最直接、最基本的材料。据考证,这一时期的诗格主要有:上官仪《笔札华梁》、佚名《文笔式》、旧题魏文帝《诗格》、元兢《诗髓脑》、佚名《诗式》、崔融

《唐朝新定诗格》、旧题李峤《评诗格》、旧题王昌龄《诗格》《诗中密旨》等。这些诗格在内容上大多是讨论诗的声韵、病犯、对偶及体势，而尤以病犯和对偶问题最为突出。这是由于初唐是律诗的定型时期，科举取士也要考五言六韵的"试律诗"，而律诗又特别讲究声律、对偶之法，故病犯与对偶自然成为初、盛唐诗格探讨的重点。关于病犯，唐人在沈约所提"八病"的基础上扩展至二十八病。如佚名《文笔式》"文病"条除沈约"八病"外，又论及"水浑病""火灭病""木枯病""金缺病""阙偶病""繁说病"等六种病，其中前四种将五言诗的五字与五行相配而言声病，后两种则属对偶之病。元兢《诗髓脑》则于"八病"外提出了新"八病"："龃龉病""丛聚病""忌讳病""形迹病""傍突病""翻语病""长撷腰病""长解镫病"。其中除"龃龉病"与声韵有关外，其余皆指词义、句型、结构等方面的忌讳。可见唐人对于病犯的讲求更趋细致、广泛，已不拘于声韵范围。关于对偶，初、盛唐诗人的分类和讲求也更为精细，如上官仪《笔札华梁》"属对"条提出了"的名对""隔句对""双拟对""联绵对""异类对""双声对""叠韵对""回文对""同类对"等九种对；元兢《诗髓脑》提出了八种对：正对、异对、平对、奇对、同对、字对、声对、侧对；崔融《唐朝新定诗格》补充了"切侧对""双声侧对""叠韵侧对"三种对。皎然《诗式》中"明四声"、"对句不对句"等条所论，正是承续初、盛唐诗格之论而来。

晚唐五代诗格流传至今者较多，著名的有：旧题贾岛《二南密旨》、僧齐己《风骚旨格》、僧虚中《流类手鉴》、徐夤《雅道机要》、徐衍《风骚要式》、王玄《诗中旨格》、僧神彧《诗格》等。这些诗格论诗大都受到皎然《诗式》的影响，其作者往往以皎然的意见作为自己立论的基础。如徐衍的《风骚要式》"君臣门"引《诗式》中的"四重意"为立论基础；李洪宣《缘情手鉴诗格》中的"诗有五不得"，直接袭自《诗式》中的"诗有六迷"，不过将句子改为否定句式而已。又如皎然论诗重体势，《诗式》有"明势"条，"诗有四深"条又说："气象氤氲，由深于体势。"晚唐五代诗格中也多论及"势"，如齐己《风骚旨格》有"诗有十势"、徐夤《雅道机要》有"明势含升降"、神彧《诗格》有"论诗势"等，这当也是受到皎然论"势"的影响。皎然《诗式》"辩体有一十九字"详论诗歌风格，受其影响，晚唐五代诗格也常常论列诗体风格，如王玄《诗中旨格》"拟皎然十九字体"条、齐己《风骚旨格》"诗有十体"条、徐夤《雅道机要》"明体裁变通"条等，均就风格立论。因此，从诗格这种批评体式的发展来看，皎然《诗式》是初、盛唐诗格到晚唐五代诗格之间的桥梁。

【延伸阅读】

皎然身为释子,其论诗颇得佛禅之助。《诗式》中非常重视主体的真性,如论谢灵运时说其"及通内典,心地更精,故所作诗,发皆造极,得非空王之道助邪"。在《诗式中序》中,他交代了自己隐居山林,栖心佛禅,保有"真性",以完成《诗式》写作的过程。皎然的诗学著作除《诗式》外,尚有《诗议》(或作《诗义》《诗评》),此书原本已不可见,但《吟窗杂录》《文镜秘府论》等书中多引述其文,保存了部分内容。从现存《诗议》内容来看,所论与《诗式》多有相通,如所谓"绎虑于险中,采奇于象外……若不思而得也"之语,就与《诗式》所言作者构思"须至难至险",但写成之后却"有似等闲"之意相近。

诗 式 中 序

贞元初,予与二三子居东溪草堂,每相谓曰:世事喧喧,非禅者之意,假使有宣尼之博识、胥臣之多闻,终朝目前,矜道侈义,适足以扰我真性,岂若孤松片云,禅坐相对,无言而道合,至静而性同哉?吾将深入杼峰,与松云为侣。所著《诗式》及诸文笔,并寝而不纪。因顾笔砚而笑言曰:"我疲尔役,尔困我愚,数十年间,了无所得。况你是外物,何累于我哉?住既无心,去亦无我,予将放尔,各还其性,使物自物,不关于予,岂不乐乎?"遂命弟子黜焉。

至五年夏五月,会前御史中丞李公洪自河北负谴,遇恩再移为湖州长史。初与相见,未交一言,恍然神合。予素知公精于佛理,因请益焉。先问宗源,次及心印。公笑而后答。温兮其言,使寒丛之欲荣;俨兮其容,若春冰之将释。予于是受辞而退。他日言及《诗式》,予具陈以凤昔之志。公曰:"不然。"因命门人检出草本,一览而叹曰:"早岁曾见沈约《品藻》、惠休《翰林》、庾信《诗箴》,三子之论,殊不及此。奈何学小乘偏见,以凤志为辞邪?"再三顾予,敢不唯命!因举邑中词人吴季德,即梁散骑常侍均之后,其文有家风,予器而重之,昨所赠诗,即此生也。其诗曰:"别时春风多,扫尽雪山雪。为君中夜起,孤坐石上月。"公欣然,因请吴生相与编录。有不当者,公乃点而窜之,不使琅玕与珷玞参列,勒成五卷,粲然可观矣。

人民文学出版社李壮鹰《诗式校注》

诗议(节录)

或曰:诗不要苦思,苦思则丧于天真。此甚不然。固须绎虑于险中,采奇于象外,状飞动之句,写冥奥之思。夫希世之珠,必出骊龙之颔,况通幽含变之文哉。但贵成章以后,有其易貌,若不思而得也。"行行重行行,与君生别离",此似易而难到之例也。

且文章关其本性,识高才劣者,理周而文窒;才多识微者,句佳而味少。是知溺情废语,则语朴情暗;事语轻情,则情阙语淡。巧拙清浊,有以见贤人之志矣。抵而论,属于至解,其犹空门证性,有中道乎。何者?或虽有态而语嫩,虽有力而意薄,虽正而质,虽直而鄙。可以神会,不可言得,此所谓诗家之中道也。又古今诗人,多称丽句,开意为上,反此为下。如"盈盈一水间,脉脉不得语","临河濯长缨,念别怅悠阻",此情句也。如"白云抱幽石,绿筱媚清涟","露湿寒塘草,月映清淮流",此物色带情句也。

夫诗工创心,以情为地,以兴为经,然后清音韵其风律,丽句增其文彩。如杨林积翠之下,翘楚幽花,时时间发。乃知斯文,味益深矣。

中华书局卢盛江《文镜秘府论汇校汇考》南卷

【思考题】

1. 皎然对诗歌意境理论有何贡献?
2. 联系具体作品谈谈你对"但见情性,不睹文字"的理解。

韩　愈

【作者简介】

韩愈(768—824),字退之,河阳(今河南孟县)人。郡望昌黎,故世称韩昌黎。贞元八年(792),进士及第,初在汴州、徐州等地任幕僚。后入朝为四门博士,迁监察御史。以论事切直而得罪权要,贬阳山令。宪宗时,曾任国子博士、史馆修撰、中书舍人等。后随裴度平定吴元济叛乱有功,授刑部侍郎;又因谏迎佛骨,贬潮州刺史。官终吏部侍郎。诗主险怪,文倡明道,对后世影响深远。有《昌黎先生集》。

答李翊书

六月二十六日,愈白李生足下:

生之书辞甚高,而其问何下而恭也!能如是,谁不欲告生以其道[1]。道德之归也有日矣,况其外之文乎?抑愈所谓望孔子之门墙而不入于其宫者[2],焉足以知是且非邪?虽然[3],不可不为生言之。

生所谓立言者是也[4],生所为者与所期者甚似而几矣[5]。抑不知生之志蕲胜于人而取于人邪[6]?将蕲至于古之立言者邪?蕲胜于人而取于人,则固胜于人而可取于人矣;将蕲至于古之立言者,则无望其速成,无诱于势利,养其根而俟其实[7],加其膏而希其光。根之茂者其实遂[8],膏之沃者其光晔[9];仁义之人,其言蔼如也[10]。

抑又有难者:愈之所为,不自知其至犹未也[11],虽然,学之二十余年矣。始者非三代两汉之书不敢观[12],非圣人之志不敢存,处若忘,行若遗,俨乎其若思,茫乎其若迷[13]。当其取于心而注于手也[14],惟陈言之务去,戛戛乎其难哉[15]。其观于人,不知其非笑之为非笑也[16]。如是者亦有年,犹不改,然后识古书之正伪,与虽正而不至焉者,昭昭然白黑分矣[17],而务去之[18],乃徐有得也。当其取于心而注于手也,汩汩然来矣[19]。其观于人也,笑之则以为喜,誉之则以为忧,以其犹有人之说者存也[20]。如是者亦有年,然后浩乎其沛然矣[21]。吾又惧其杂也,迎而距之[22],平心而察之,其皆醇也,然后肆焉[23]。虽然,不可以不养也。行之乎仁义之途,游之乎《诗》《书》之源,无迷其途,无绝其源,终吾身而已矣。

气,水也;言,浮物也。水大而物之浮者大小毕浮,气之与言犹是也,气盛则言之短长与声之高下者皆宜。虽如是,其敢自谓几于成乎[24]?虽几于成,其用于人也奚取焉[25]?虽然,待用于人者,其肖于器邪[26]?用与舍属诸人[27]。君子则不然:处心有道,行己有方,用则施诸人,舍则传诸其徒,垂诸文而为后世法。如是者,其亦足乐乎?其无足乐也?

有志乎古者希矣[28]!志乎古必遗乎今[29],吾诚乐而悲之。亟称其人,所以劝之,非敢褒其可褒而贬其可贬也[30]。问于愈者多矣,念生之言不志乎利,聊相为言之。愈白。

上海古籍出版社马其昶《韩昌黎文集校注》卷三

【题解】

唐德宗贞元十八年(802),权德舆主持进士试,韩愈向其副手陆傪荐举李翊,称其为"出群之才"(《与祠部陆员外书》),翊即于是年登进士第。《答李翊书》作于贞元十七年(801),是韩愈对李翊登第前求教作文之法的答复。韩愈强调写作古文必须以道德修养为根本,并总结了自己学写古文的三个阶段,指出学习古文入门须正,然后须坚持不懈、循序渐进,还需有勇气面对世俗的毁誉,才能不断提高写作水平。同时,本文针对如何写好古文提出了"惟陈言之务去"、"气盛言宜"等理论命题,在中国文学批评史上具有重要的影响。

【注释】

1. 道:这里主要是指儒家的仁义之道。
2. "抑愈"句:语本《论语·子张》:"子贡曰:'譬之宫墙,赐之墙也及肩,窥见室家之好。夫子之墙数仞,不得其门而入,不见宗庙之美、百官之富。得其门者或寡矣。'"意谓自己对孔孟之道造诣很浅,尚未能登堂入室。抑,表示转折,可是,不过。
3. 虽然:即使如此。
4. 立言:著书立说。
5. 几:近。
6. "蕲胜"句:蕲,通"祈",祈求,希望。取于人,为人所取。
7. 竢:同"俟",等待。
8. 遂:生长,成熟。《礼记·月令》仲秋之月:"上无乏用,百事乃遂。"郑玄注:"遂,犹成也。"又《礼记·乐记·乐言》:"气衰则生物不遂。"
9. 晔:光明灿烂貌。
10. 蔼如:和善可亲貌。
11. "不自知"句:意谓我也不知道自己有没有达到古代立言者的境地。
12. "非三代"句:韩愈《进学解》云:"上规姚姒,浑浑无涯;周诰殷盘,佶屈聱牙;《春秋》谨严,《左氏》浮夸;《易》奇而法,《诗》正而葩;下逮《庄》《骚》,太史所录,子云、相如,同工异曲。"可知其学道与作文均取法先秦两汉之书。
13. "处若"四句:形容学习探索过程中专心致志的状态。处,居,与"行"相对。《礼记·曲礼上》:"俨若思。"俨,严肃的样子。
14. "当其"句:谓当其把自己心里所想的灌注于笔下。
15. 戛戛:艰难貌。
16. "其观"两句:谓将自己的文章给人看,而对别人的非难和讥笑不予理会。
17. 昭昭然:清晰明白的样子。
18. 务去:谓去其伪者、有疵瑕者,亦即不正与"不至"的内容。
19. 汩汩然:水流急速貌。这里形容文思敏捷通畅,犹如泉涌。
20. 说:通"悦"。
21. 浩乎其沛然:浩乎,水势盛大貌。沛然,充盛貌。这里形容文章思路宽阔。
22. 距:通"拒",排除。
23. 肆:纵恣,放手写。
24. 其:同"岂"。
25. "其用"句:意谓未必有可以被人取用的东西。
26. 肖:相似,相像。
27. "用与舍"句:意谓文章是用还是舍弃,取决于人。
28. 希:通"稀",少。
29. 必遗乎今:为今人所遗忽。因当时骈文关乎禄利之途,故韩愈虽行古道、倡古文,却不被世人认可。又《答尉迟生书》云:"古之道不足于取于今。"《与冯宿论文书》亦云:"但力为之,古人不难到。但不知直似古人,亦何得于今人也?……不知古文直何用于今世也,然以竢知者知耳。"均是对此而发。

30. "亟称"三句:谓之所以屡屡称许这样的人,为的是勉励他,并不敢以评判的姿态妄施褒贬。

【讲疏】

韩愈是中唐"古文运动"的领袖人物,他积极提倡写作先秦两汉时期那种单句散行的"古文",反对自六朝以迄唐代盛行的句式整齐、讲究对偶声律的骈文。《答李翊书》是韩愈宣传如何写好"古文"的重要文章。

韩愈认为,欲写好古文必须从根本上下功夫,即须加强仁义道德的修养。《答李翊书》云:"将蕲至于古之立言者,则无望其速成,无诱于势利,养其根而竢其实,加其膏而希其光。根之茂者其实遂,膏之沃者其光晔;仁义之人,其言蔼如也。"他将作家的品德修养与写作古文,比作"根"与"实"、"膏"与"光"的关系,树木须根基深厚才能结出丰硕的果实,油灯须膏泽充足才能发出明亮的光华,同样作家则须有高尚的品德修养才能创作出优秀的文章。文章是道德的自然表现,所以"仁义之人,其言蔼如也"。然而,要具备高尚的品行和修养,进而使文章写作达到"古之立言者"的境界,并非轻而易举的事情,故韩愈教导后学写作古文不能急于求成,不能为权势和私利所诱惑,因为作文的目的不应是当作敲门砖谋求私利,而在于明"道"(韩愈所言之"道"主要是指儒家传统之道),所谓"修其辞以明其道"(《争臣论》),"通其辞者,本志乎古道者也"(《题欧阳生哀辞后》)。由于加强道德修养是写好古文的关键,所以韩愈在指授后学时对此反复予以强调。《答尉迟生书》有云:"夫所谓文者,必有诸其中。是故君子慎其实。实之美恶,其发也不掩:本深而末茂,形大而声宏,行峻而言厉,心醇而气和,昭晰者无疑,优游者有余。"也强调文章写作要注重根本。同时又指出作者的修养、学识、为人等也影响着文章的风貌,认为道理既明,是非判然,文章便能明快确切;对所欲言者把握充分,理解深透,文章便能从容不迫、游刃有余。

韩愈为了教导后学,还介绍了自己二十年来学写"古文"的经验。他说自己学写"古文"经历了三个阶段:第一阶段,要广泛阅读"古书",以提高道德修养和文辞运用的水平。韩愈认为,自魏晋以来儒道不传,而且文章写作中骈俪日重,更不利于发扬儒道,所以他说"非三代两汉之书不敢观,非圣人之志不敢存",意谓要提高道德修养,必须认真体悟"圣人之志";要提高写作能力,则要取法三代两汉的文章经典。当然,韩愈重视学习三代两汉文章,只是强调入门须正而已,事实上他的阅读极广,注意借鉴和学习前代一切有益的文化传统。《答侯继书》说:"仆少好学问,自《五经》之外,百氏之书,未有闻而不求,得而不观者。"《送孟东野序》则列举了自尧舜至于唐代的"善鸣"之士,对于魏晋时期的善鸣者也并不一概否定,并能汲取其所长,可见他具有兼收并蓄的宏通视野。同时,韩愈还强调初学古文须兢兢业业,专心致志,不以时人的毁誉为转移,如此在具体写作时方能务去陈言、自铸伟词。第二阶段,读圣贤之书,求圣贤之志,沉潜其中,而对事物有了分析批判能力,能够辨别正伪,衡量高下,为文亦如水流之汩汩不绝,并能更加谨慎地看待时人的毁誉。第三阶段,作文时已得心应手,但仍不敢掉以轻心,仍不断加强道德修养,谨防有不合圣人之道的思想言辞,如此"终吾身而已矣"。要之,韩愈认为学写古文从"戛戛乎其难哉",到"汩汩然来矣",再到"浩乎其沛然矣",是一个长期而艰苦的过程,也是一个循序渐进、不断完善提高的过程。

与重视道德修养相联系,韩愈还论述了"气"与"言"的关系问题,提出了"气盛言宜"之说。他将气与言的关系比作水和浮物的关系:"气,水也;言,浮物也。水大而物之浮者大小必浮。气之与言犹是也。气盛则言之短长与声之高下者皆宜。"此所谓"气",蓄于体内,则为"气势";表现于文中,则为"语势"。"气势"盛,就会"语势"盛;"语势"盛,则语句的短长和声音的高低都会随之而有所取舍,从而准确地表达作者的思想感情。

【关键词解读】

惟陈言之务去

韩愈主张古文写作应当取法于古代文章经典,但又指出学习古人文章时不能亦步亦趋地进行模仿,而要"取于心而注于手",着重学习和效法古人的创造精神。他就此提出了"惟陈言之务去"的写作原则,主张文章语言要进行创新,而反对因袭剽窃。所谓"陈言"是指前人已经用熟了的陈词滥调,这主要是针对骈文而言的。骈文在盛行数百年之后,形成了一套固定的表达方式和成熟的语汇,后世的骈文作者在表情达意时往往袭用已有的语汇和表达方式,致使文章陈陈相因,毫无新意可言。韩愈倡导写作古文,所以主张摒除陈言俗语,用富有独创性的新型语言来叙事说理、表情达意。当然,韩愈所谓"务去陈言"不仅仅指语言的创新,也包括了观点、立意、构思等内容方面的不落俗套。清代文论家黄宗羲和刘熙载对此给予了确当的解释。黄宗羲《寿李杲堂五十序》说:"昌黎'惟陈言之务去'、士衡'怵他人之我先',亦谓学浅意短,伸纸摇笔,定有庸众人思路共集之处。故唯深湛之思,贯穿之学,而后可以去之怵之。"指出韩氏之"务去陈言"涵摄了构思新颖的意涵。刘熙载《艺概·文概》说:"昌黎尚'陈言务去'。所谓陈言者,非必剿袭古人之说以为己有也。只识见议论落于凡近,未能高出一头,深入一境,自'结撰至思'者观之,皆陈言也。"意谓摒除平庸之见,亦属"务去陈言"的范围。

"惟陈言之务去"是一个基本的写作原则,它所要求于文章的是从形式到内容都要有独创性,这也是韩愈反复强调的文学思想。在《南阳樊绍述墓志铭》中,他主张"不袭蹈前人一言一句",而要"词必己出",并做到"文从字顺各识职",强调学习古人的创新精神,以自铸伟词,同时又要求文辞自然流畅,避免滞涩怪僻之弊。《答刘正夫书》亦主张作文应当"师其意,不师其辞","能自树立,不因循",他指出司马相如、司马迁、刘向、扬雄四人之所以为汉代能文者之最,就在于他们"能深探而力取之",发挥了各自的独创性,而非"循常之徒"的缘故。

气盛言宜

"气盛言宜"说是韩愈关于作者道德修养与文辞关系的著名论断。所谓"气",与道德修养有关,指作者的精神状态。"气盛"是指具有充沛的情感、酣畅的情思,处于高亢兴奋的心理之中,对于所欲说明的事理了然于心、是非分明,有高屋建瓴之势。处于"气盛"的精神状态之下,则下笔时便能够妥帖地安排好句式长短、声调抑扬的关系,很好地叙事说理、表情达意,使得文章神理意脉连贯、辞事双美。如何才能做到气盛呢?从韩愈对道德修养的重视及对"道"的强调来看,提高道德学识的修养是达到气盛的重要途径。这其实是对孟子"养气说"的继承和发挥,孟子说"我善养吾浩然之气",又说"其为气也,至大至刚,以直养而无害,则塞于天地之间;其为气也,配义与道,无是,馁也"(《孟子·公孙丑上》)。所谓养气就是指人的一种道德修养工夫,"浩然之气"即指一种昂扬的精神状态,一种因相信自己的言行合乎正义而产生的坚强自信。韩愈所说的"气盛",也是指道德修养达到很高水平后所具有的一种精神状态,而当这种精神状态体现于创作中时,便形成了文章浑浩流转的"气势"。"气盛言宜"说对古文创作具有重要的指导意义,对于骈文气势不足而专事于形式技巧的弊病也具有纠偏作用。

【相关知识链接】

韩愈论文要求加强道德修养以达到"气盛"的境界,这是对古代文气论的继承与发展。魏晋六朝文论家常以气论文,但均不涉及道德修养。曹丕《典论·论文》云:"文以气为主,气之清浊有体,不可力强而致。"这里的"气"主要是指作家先天的个性气质,而当这种个性气质表现于作品中时,就形成了作品的总体风貌。所以,他又说"徐幹时有齐气"、"孔融体气高妙"(《典论·论文》)、"公幹(刘桢)有逸气"(《与吴质书》),此所谓"气"即兼指作品的风貌和作家的气质。可见曹丕所言之"气",主要指作家的个性及其在作品中的体现,而并不顾及儒家所说的道德修养。刘勰论文也多言气,《文心雕龙·风骨》说:"意气骏爽,则文风清焉。……缀虑裁篇,务盈守气。"《养气》篇又说:"是以吐纳文艺,务在节宣,清和其心,调畅其气,烦而即舍,勿使壅滞。"要求作文时必须保持思想感情充实饱满、生气勃勃、精神健旺集中的状态,以及平和虚静的心境,使神清气爽,才能把文章写好。刘勰所言之"气"指作者的精神状态,但仍未与道德修养相联系。

迨至唐代,古文运动的先驱如梁肃、柳冕、权德舆等都颇重视气,并将"气"与"道"相联系。梁肃《补阙李君前集序》说:"故文本于道,失道则博之以气,气不足则饰之以辞。盖道能兼气,气能兼辞,辞不当则文斯败矣。"柳冕《答衢州郑使君论文书》说:"夫善为文者,发而为声,鼓而为气,真则气雄,精则气生,使五彩并用,而气行乎其中。"又《答荆南裴尚书论文书》说:"文不知道则气衰。"权德舆《醉说》论为文之道,称"尚气尚理",失理则"鼓气者类于怒矣",失气则"言理者伤于儒矣"。他们都重视"气"对于文章写作的重要性,但同时又都特别强调"道""理"对于"气"的统帅作用,而所谓"道""理"自然包括道德修养的工夫在内。韩愈的"气"论思想与梁肃等人相通,而进一步具体地揭示了作者精神状态与文辞声调、句式长短的关系。后世古文家对此都十分重视,如杜牧提出了"文以意为主,气为辅,以辞采章句为之兵卫"(《答庄充书》)的观点,认为"气"一方面须服从于"意",另一方面其地位高于"辞采章句",与韩愈的观点有相通之处。至于清代桐城派因声求气,由音节字句体会文章神气,从中亦可见出韩愈"气盛言宜"说的影响。

【延伸阅读】

韩愈《答李翊书》强调作文须加强道德修养功夫和语言文辞的创新精

神,这些思想在《答尉迟生书》和《答刘正夫书》中有进一步的发挥,如前书认为"所谓文者,必有诸其中……本深而末茂,形大而声宏,行峻而言厉,心醇而气和",即本篇"根之茂者其实遂,膏之沃者其光晔"之意;后书所谓"师其意,不师其辞";"能自树立,不因循"云云,则接近"惟陈言之务去"之意。此外,韩愈还在《送孟东野序》中提出了"不平则鸣"的著名论断,仔细研读,将有助于全面把握韩愈的文学思想。

答尉迟生书

愈白,尉迟生足下:

夫所谓文者,必有诸其中。是故君子慎其实,实之美恶,其发也不掩:本深而末茂,形大而声宏,行峻而言厉,心醇而气和;昭晰者无疑,优游者有余;体不备不可以为成人,辞不足不可以为成文。愈之所闻者如是。有问于愈者,亦以是对。

今吾子所为皆善矣。谦谦然若不足而以征于愈,愈又敢有爱于言乎?抑所能言者,皆古之道;古之道不足以取于今,吾子何其爱之异也?贤公卿大夫在上比肩,始进之贤士在下比肩,彼其得之必有以取之也。子欲仕乎?其往问焉,皆可学也。若独有爱于是而非仕之谓,则愈也尝学之矣,请继今以言。

答刘正夫书(节录)

愈白,进士刘君足下:

……或问:"为文宜何师?"必谨对曰:"宜师古圣贤人。"曰:"古圣贤人所为书具存,辞皆不同,宜何师?"必谨对曰:"师其意,不师其辞。"又问曰:"文宜易宜难?"必谨对曰:"无难易,惟其是尔。"如是而已,非固开其为此,而禁其为彼也。

夫百物朝夕所见者,人皆不注视也;及睹其异者,则共观而言之。夫文岂异于是乎?汉朝人莫不能为文,独司马相如、太史公、刘向、扬雄为之最。然则用功深者,其收名也远。若皆与世沉浮,不自树立,虽不为当时所怪,亦必无后世之传也。足下家中百物皆赖而用也,然其所珍爱者,必非常物。夫君子之于文,岂异于是乎？今后进之为文，能深探而力取之，以古圣贤人为法者，虽未必皆是，要若有司马相如、太史公、刘向、扬雄之徒出，必自于此，不自于循常之徒也。若圣人之道，不用文则已，用则必尚其能者；能者非他，能自树立，不因循者是也。有文字来，谁不为文，然其存于今者，必其能者也。顾常以此为说耳。……

送孟东野序

　　大凡物不得其平则鸣。草木之无声，风挠之鸣；水之无声，风荡之鸣；其跃也或激之，其趋也或梗之，其沸也或炙之。金石之无声，或击之鸣。人之于言也亦然，有不得已者而后言，其歌也有思，其哭也有怀。凡出乎口而为声者，其皆有弗平者乎！

　　乐也者，郁于中而泄于外者也，择其善鸣者而假之鸣。金、石、丝、竹、匏、土、革、木八者，物之善鸣者也。维天之于时也亦然，择其善鸣者而假之鸣。是故以鸟鸣春，以雷鸣夏，以虫鸣秋，以风鸣冬，四时之相推敚，其必有不得其平者乎！其于人也亦然。人声之精者为言，文辞之于言，又其精也，尤择其善鸣者而假之鸣。其在唐、虞，咎陶、禹其善鸣者也，而假以鸣。夔弗能以文辞鸣，又自假于《韶》以鸣。夏之时，五子以其歌鸣。伊尹鸣殷，周公鸣周。凡载于《诗》《书》六艺，皆鸣之善者也。周之衰，孔子之徒鸣之，其声大而远。《传》曰："天将以夫子为木铎。"其弗信矣乎！其末也，庄周以其荒唐之辞鸣。楚，大国也，其亡也，以屈原鸣。臧孙辰、孟轲、荀卿，以道鸣者也。杨朱、墨翟、管夷吾、晏婴、老聃、申不害、韩非、慎到、田骈、邹衍、尸佼、孙武、张仪、苏秦之属，皆以其术鸣。秦之兴，李斯鸣之。汉之时，司马迁、相如、扬雄，最其善鸣者也。其下魏、晋氏，鸣者不及于古，然亦未尝绝也。就其善者，其声清以浮，其节数以急，其辞淫以哀，其志驰以肆，其为言也，乱杂而无章。将天丑其德，莫之顾邪？何为乎不鸣其善鸣者也？

　　唐之有天下，陈子昂、苏源明、元结、李白、杜甫、李观，皆以其所能鸣。其存而在下者，孟郊东野始以其诗鸣。其高出魏、晋,不懈而及于古,其他浸淫乎汉氏矣。从吾游者,李翱、张籍其尤也。三子者之鸣信善矣,抑不知天将和其声,而使鸣国家之盛邪?抑将穷饿其身,思愁其心肠,而使自鸣其不幸邪?三子者之命,则悬乎天矣。其在上也奚以喜,其在下也奚以悲!

东野之役于江南也,有若不释然者,故吾道其命于天者以解之。

上海古籍出版社马其昶《韩昌黎文集校注》

【思考题】

1. 韩愈为什么强调作古文应以立行为本?
2. 谈谈你对韩愈"气盛言宜"与"不平则鸣"说的理解。

白 居 易

【作者简介】

白居易(772—846),字乐天,晚号香山居士、醉吟先生。下邽(今陕西渭南北)人。贞元十六年(800),登进士第,初授秘书省校书郎。宪宗元和初,授盩厔尉,历翰林学士、左拾遗等;亢直敢言,作新乐府诗反映民瘼。十年,因上疏言武元衡被刺事,以越职言事罪,贬江州司马。后任忠州、杭州、苏州刺史等,复入朝为中书舍人、太子宾客分司东都、太子少傅等。晚年栖心释氏,淡泊自持,思想趋于保守。有《白氏长庆集》。

与 元 九 书

月日,居易白。微之足下[1]:

自足下谪江陵至于今[2],凡枉赠答诗仅百篇[3]。每诗来,或辱序[4],或辱书,冠于卷首。皆所以陈古今歌诗之义[5],且自叙为文因缘,与年月之远近也。仆既爱足下诗,又谕足下此意[6],常欲承答来旨,粗论歌诗大端,并自述为文之意,总为一书致足下前。累岁已来[7],牵故少暇[8],间有容隙,或欲为之,又自思所陈亦无出足下之见,临纸复罢者数四,卒不能成就其志,以至于今。今俟罪浔阳[9],除盥栉食寝外[10],无余事。因览足下去通州日所留新旧文二十六轴[11],开卷得意,忽如会面,心所畜者,便欲快言,往往自疑,不知相去万里也。既而愤悱之气思有所洩[12],遂追就前志,勉为此书。足下幸试为仆留意一省[13]。

夫文尚矣。三才各有文[14]。天之文,三光首之[15];地之文,五材首之[16]；人之文，六经首之。就六经言，《诗》又首之。何者？圣人感人心而天下和平。感人心者，莫先乎情，莫始乎言，莫切乎声，莫深乎义[17]。诗者，根情，苗言，华声，实义[18]。上自贤圣，下至愚騃[19]，微及豚鱼[20]，幽及鬼神，群分而气同，形异而情一。未有声入而不应，情交而不感者。

圣人知其然，因其言，经之以六义[21]；缘其声，纬之以五音[22]。音有韵，义有类[23]。韵协则言顺，言顺则声易入[24]；类举则情见，情见则感易交。于是乎孕大含深，贯微洞密[25]，上下通而一气泰[26]，忧乐合而百志熙[27]。五帝、三皇所以直道而行、垂拱而理者[28]，揭此以为大柄[29]，决此以为大窦也[30]。

故闻"元首明，股肱良"之歌[31]，则知虞道昌矣。闻"五子洛汭"之歌[32]，则知夏政荒矣。言者无罪，闻者作戒[33]。言者闻者，莫不两尽其心焉。

洎周衰秦兴，采诗官废[34]，上不以诗补察时政，下不以歌洩导人情。乃至于谄成之风动[35]，救失之道缺。于时六义始刓矣[36]。

《国风》变为《骚》辞，五言始于苏、李[37]。苏、李、骚人，皆不遇者，各系其志，发而为文。故"河梁"之句[38]，止于伤别；"泽畔"之吟，归于怨思[39]。彷徨抑郁，不暇及他耳。然去《诗》未远，梗概尚存[40]。故兴离别，则引双凫一雁为喻[41]；讽君子小人，则引香草恶鸟为比[42]。虽义类不具[43]，犹得风人之什二三焉。于时六义始缺矣。

晋、宋已还，得者盖寡。以康乐之奥博，多溺于山水；以渊明之高古，偏放于田园。江、鲍之流[44]，又狭于此。如梁鸿《五噫》之例者[45]，百无一二焉。于时六义寖微矣[46]。

陵夷至于梁、陈间[47]，率不过嘲风雪、弄花草而已。噫！风雪花草之物，《三百篇》中岂舍之乎？顾所用何如耳[48]。设如"北风其凉"，假风以刺威虐也[49]；"雨雪霏霏"，因雪以愍征役也[50]；"棠棣之华"，感华以讽兄弟也[51]；"采采芣苢"，美草以乐有子也[52]。皆兴发于此，而义归于彼。反是者可乎哉？然则"余霞散成绮，澄江净如练"[53]、"离花先委露，别叶乍辞风"之什[54]，丽则丽矣，吾不知其所讽焉。故仆所谓嘲风雪、弄花草而已。于时六义尽去矣。

唐兴二百年，其间诗人不可胜数。所可举者，陈子昂有《感遇诗》二十首[55]，鲍防有《感兴诗》十五首[56]。又诗之豪者，世称李、杜。李之作，才矣奇矣，人不逮矣；索其风雅比兴，十无一焉。杜诗最多，可传者千余首，至于贯穿今古，觑缕格律[57]，尽工尽善，又过于李。然撮其《新安》《石壕》《潼关吏》《芦子关》《花门》之章[58]，"朱门酒肉臭，路有冻死骨"之句[59]，亦不过三四十。杜尚如此，况不逮杜者乎？

仆常痛诗道崩坏，忽忽愤发[60]，或食辍哺，夜辍寝，不量才力，欲扶起之。嗟乎！事有大谬者，又不可一二而言，然亦不能不粗陈于左右[61]。

仆始生六七月时，乳母抱弄于书屏下，有指"无"字、"之"字示仆者，仆虽口未能言，心已默识。后有问此二字者，虽百十其试，而指之不差。则仆宿习之缘[62]，已在文字中矣。及五六岁便学为诗，九岁谙识声韵。十五六始知有进士，苦节读书[63]。二十已来，昼课赋，夜课书，间又课诗，不遑寝息矣[64]。以至于口舌成疮，手肘成胝[65]，既壮而肤革不丰盈[66]，未老而齿发早衰白，瞥瞥然如飞蝇垂珠在眸子中也[67]，动以万数。盖以苦学力文所致，又自悲矣。

家贫多故，二十七方从乡赋[68]。既第之后[69]，虽专于科试[70]，亦不废诗。及授校书郎时，已盈三四百首。或出示交友如足下辈，见皆谓之工，其实未窥作者之域耳。自登朝来，年齿渐长，阅事渐多，每与人言，多询时务，每读书史，多求理道[71]。始知文章合为时而著，歌诗合为事而作。是时皇帝初即位[72]，宰府有正人[73]，屡降玺书，访人急病[74]。仆当此日，擢在翰林[75]。身是谏官，手请谏纸[76]，启奏之外，有可以救济人病，裨补时阙，而难于指言者，辄咏歌之，欲稍稍递进闻于上。上以广宸聪[77]，副忧勤[78]；次以酬恩奖，塞言责[79]；下以复吾平生之志。岂图志未就而悔已生，言未闻而谤已成矣。

又请为左右终言之：凡闻仆《贺雨》诗[80]，而众口籍籍[81]，已谓非宜矣。闻仆《哭孔戡》诗[82],众面脉脉[83],尽不悦矣。闻《秦中吟》[84],则权豪贵近者相目而变色矣。闻《乐游园》寄足下诗[85],则执政柄者扼腕矣。闻《宿紫阁村》诗[86],则握军要者切齿矣。大率如此,不可遍举。不相与者[87],号为沽名,号为诋讦,号为讪谤。苟相与者,则如牛僧孺之戒焉[88]。乃至骨肉妻孥皆以我为非也。其不我非者,举世不过三两人。有邓鲂者[89],见仆诗而喜,无何而鲂死。有唐衢者[90],见仆诗而泣,未几而衢死。其余则足下,足下又十年来困踬若此[91]。呜呼！岂六义四始之风[92],天将破坏不可支持耶？抑又不知天之意[93],不欲使下人之病苦闻于上耶？不然,何有志于诗者不利若此之甚也？

然仆又自思:关东一男子耳,除读书属文外,其他懵然无知。乃至书画棋博可以接群居之欢者,一无通晓,即其愚拙可知矣。初应进士时,中朝无缌麻之亲[94],达官无半面之旧;策蹇步于利足之途[95],张空拳于战文之场[96]。十年之间,三登科第[97],名入众耳,迹升清贯[98],出交贤俊,入侍冕旒[99]。始得名于文章,终得罪于文章,亦其宜也。

日者又闻亲友间说[100]:礼、吏部举选人,多以仆私试赋判传为准的[101]。其余诗句,亦往往在人口中。仆恧然自愧[102],不之信也。及再来长安,又闻有军使高霞寓者欲娉倡妓[103],妓大夸曰:"我诵得白学士《长恨歌》,岂同他妓哉？"由是增价。又足下书云:到通州日,见江馆柱间有题仆诗者,复何人哉？又昨过汉南日[104],适遇主人集众乐,娱他宾。诸妓见仆来,指而相顾曰:"此是《秦中吟》《长恨歌》主耳。"自长安抵江西[105],三四千里,凡乡校、佛寺、逆旅、行舟之中[106],往往有题仆诗者;士庶僧徒、孀妇处女之口,每每有咏仆诗者。此诚雕虫之戏,不足为多。然今时俗所重,正在此耳。虽前贤如渊、云者[107],前辈如李、杜者,亦未能忘情于其间哉。

古人云:"名者公器,不可多取。"[108]仆是何者？窃时之名已多。既窃时名,又欲窃时之富贵,使己为造物者,肯兼与之乎？今之迍穷[109],理固然也。况诗人多蹇,如陈子昂、杜甫,各授一拾遗[110],而迍剥至死[111]。李白、孟浩然辈,不及一命,穷悴终身[112]。近日孟郊六十,终试协律[113];张籍五十,未离一太祝[114]。彼何人哉!彼何人哉!况仆之才又不逮彼。今虽谪佐远郡[115],而官品至第五[116],月俸四五万,寒有衣,饥有食,给身之外,施及家人,亦可谓不负白氏之子矣。微之微之,勿念我哉!

仆数月来,检讨囊帙中,得新旧诗,各以类分,分为卷目。自拾遗来,凡所遇所感,关于美刺兴比者;又自武德讫元和,因事立题,题为《新乐府》者[117],共一百五十首,谓之讽谕诗。又或退公独处,或移病闲居[118],知足保和[119],吟玩情性者一百首,谓之闲适诗。又有事物牵于外,情理动于内,随感遇而形于叹咏者一百首,谓之感伤诗。又有五言七言长句、绝句[120],自一百韵至两韵者四百余首,谓之杂律诗。凡为十五卷,约八百首。异时相见,当尽致于执事。

微之!古人云:"穷则独善其身,达则兼济天下。"[121]仆虽不肖,常师此语。大丈夫所守者道,所待者时。时之来也,为云龙,为风鹏[122],勃然突然,陈力以出[123];时之不来也,为雾豹,为冥鸿[124],寂兮寥兮[125],奉身而退。进退出处,何往而不自得哉?故仆志在兼济,行在独善。奉而始终之则为道,言而发明之则为诗。谓之讽谕诗,兼济之志也;谓之闲适诗,独善之义也。故览仆诗者,知仆之道焉。其余杂律诗,或诱于一时一物,发于一笑一吟,率然成章[126],非平生所尚者,但以亲朋合散之际,取其释恨佐欢[127]。今铨次之间,未能删去,他时有为我编集斯文者,略之可也。

微之!夫贵耳贱目,荣古陋今,人之大情也。仆不能远征古旧,如近岁韦苏州歌行,才丽之外,颇近兴讽[128]。其五言诗又高雅闲淡,自成一家之体。今之秉笔者,谁能及之?然当苏州在时,人亦未甚爱重,必待身后,然后人贵之[129]。今仆之诗,人所爱者,悉不过杂律诗与《长恨歌》已下耳。时之所重,仆之所轻。至于讽谕者,意激而言质[130];闲适者,思淡而词迂[131]。以质合迂,宜人之不爱也。

今所爱者,并世而生,独足下耳。然千百年后,安知复无如足下者出而知爱我诗哉?故自八九年来,与足下小通则以诗相戒[132],小穷则以诗相勉,索居则以诗相慰,同处则以诗相娱。知吾罪吾,率以诗也。如今年春游城南时,与足下马上相戏,因各诵新艳小律,不杂他篇,自皇子陂归昭国里[133],迭吟递唱,不绝声者二十里余。樊、李在傍[134],无所措口。知我者以为诗仙,不知我者以为诗魔。何则?劳心灵,役声气,连朝接夕,不自知其苦,非魔而何?偶同人[135],当美景,或花时宴罢,或月夜酒酣,一咏一吟,不知老之将至。虽骖鸾鹤、游蓬瀛者之适,无以加于此焉,又非仙而何?微之微之!此吾所以与足下外形骸、脱踪迹、傲轩鼎、轻人寰者[136],又以此也。

当此之时,足下兴有余力,且欲与仆悉索还往中诗,取其尤长者,如张十八古乐府[137],李二十新歌行[138],卢、杨二秘书律诗[139],窦七、元八绝句[140],博搜精掇,编而次之,号为《元白往还诗集》。众君子得拟议于此者[141],莫不踊跃欣喜,以为盛事。嗟乎!言未终而足下左转[142],不数月而仆又继行。心期索然[143],何日成就?又可为之叹息矣!

又仆尝语足下:凡人为文,私于自是,不忍于割截,或失于繁多,其间妍蚩,益又自惑;必待交友有公鉴无姑息者,讨论而削夺之,然后繁简当否,得其中矣。况仆与足下为文,尤患其多,已尚病之,况他人乎?今且各纂诗笔,粗为卷第,待与足下相见日,各出所有,终前志焉。又不知相遇是何年?相见在何地?溘然而至[144],则如之何?微之微之,知我心哉!

浔阳腊月,江风苦寒,岁暮鲜欢,夜长无睡。引笔铺纸,悄然灯前,有念则书,言无次第。勿以繁杂为倦,且以代一夕之话也。微之微之,知我心哉!乐天再拜。

中华书局谢思炜《白居易文集校注》卷八

【题解】

《与元九书》是白居易于宪宗元和十年(815)冬被贬江州司马后,写给好友元稹的书信。白居易在此书中比较全面地回顾了自己写作讽谕诗的动机和经历,总结了其讽谕诗创作的艺术经验。他主张诗歌必须反映现实生活,发挥积极的社会作用,提出了"文章合为时而著,歌诗合为事而作"的创作原则;并以"根情,苗言,华声,实义"为喻,阐明了诗歌内容与形式的关系;同时又秉持《诗经》"六义"标准,对历代诗歌做了评论。本文是白居易诗学理论的代表作,在中国文学批评史上占有非常重要的地位。

【注释】

1. 微之:元稹(779—831),字微之,别字威明。行九,故称元九。鲜卑族后裔,世居京兆万年(今陕西西安)。德宗贞元九年(793)以明两经擢第,穆宗长庆二年(822)拜相,官终武昌军节度使。

2. "自足下"句:宪宗元和五年(810),元稹因得罪宦官和权贵,由监察御史贬为江陵士曹参军。十年正月,奉诏返京,旋即出为通州(今四川达县)司马。至白居易作此书时,仍在通州。

3. "凡柱赠"句:柱,谦词,屈就。仅,近、几乎。

4. 辱:谦词,犹承蒙。

5. 歌诗:本指配有乐谱可以歌唱的乐府诗,此处泛指诗歌。

6. 谕:领会,明白。

7. 累岁:多年,连年。

8. 牵故:累于杂事。

9. 今俟罪浔阳:宪宗元和十年(815)秋,白居易因上书请求急捕刺杀宰相武元衡者,执政者恶其越职言事,被贬为江州司马。江州治所在浔阳(今江西九江)。

10. 盥栉:谓梳洗整容。

11. "因览"句:元稹出为通州司马,白居易曾送别于沣水西。"轴"即卷,唐以前的书都是手抄本,用轴卷起来,一轴即一卷。

12. "既而"句:谓心中所蓄积思一吐为快。愤悱,内心蓄积的思虑。《论语·述而》:"不愤不启,不悱不发。"朱熹注:"愤者,心求通而未得之意;悱者,口欲言而未能之貌。"

13. 留意一省:用心细察。

14. 三才:指天、地、人。《易·说卦》:"是以立天之道曰阴与阳,立地之道曰柔与刚,立人之道曰仁与义。兼三才而两之,故《易》六画而成卦。"

15. 三光:指日、月、星。班固《白虎通·封公侯》:"天有三光日月星,地有三形高下平。"

16. 五材:指金、木、水、火、土。

17. "感人心者"五句:谓感动人心的东西,没有比感情更首要的,没有比语言更先在的,没有比声音更切近的,没有比思想更深刻的。

18. "诗者"两句:谓就诗歌而言,感情是其根本,语言是其枝叶,声音是其花朵,思想是其果实。

19. 愚騃:愚笨痴呆之人。

20. 豚鱼:喻微贱之物。《易·中孚·象传》云:"'豚鱼吉',信及豚鱼也。"王弼

注:"鱼者,虫之隐者也;豚者,兽之微贱者也。"

21. "经之"句:经,贯穿。六义,风、赋、比、兴、雅、颂。
22. "纬之"句:纬,安排组织。五音,宫、商、角、徵、羽。
23. 义有类:谓事义有类同,读者可以类推,举一反三。
24. "韵协"两句:韵协,韵律协调。言顺,语言通顺。声易入,容易为人接受。
25. "孕大含深"两句:谓包孕博大精深的道理,贯通隐微细密的事物。
26. "上下通"句:《易·泰·象传》:"天地交而万物通也,上下交而其志同也。"又《象传》:"天地交,泰。"一气,《庄子·知北游》:"通天下一气耳。"王充《论衡·齐世》:"一天一地,并生万物。万物之生,俱得一气。"此句谓通过诗的美刺教化作用,能使社会以及自然界都上下交通和谐。
27. "忧乐合"句:谓众人的情志相互融洽起来。熙,和乐。《老子》第二十章:"众人熙熙,如享太牢,如春登台。"
28. 垂拱而理:垂衣拱手,无为而治。"理"即"治",避唐高宗李治讳而作"理"。
29. "揭此"句:谓以诗作为重要的手段。揭,举。《礼记·礼运》:"是故礼者,君之大柄也,所以别嫌明微,傧鬼神,考制度,别仁义,所以治政安君也。"郑玄注:"柄,所操以治事。"后因以"大柄"喻治事的大权。
30. "决此"句:谓开通诗道,以为必经的门洞。窦,孔穴,洞。《礼记·礼运》:"故礼义也者,……所以达天道、顺人情之大窦也。"郑玄注:"窦,孔穴也。"孔颖达疏:"孔穴开通,人之出入。礼义者,亦是人之所出入。"
31. "元首明"两句:据《尚书·益稷谟》载,虞舜在位时,天下大治,他和臣子皋陶作歌唱和,其中三句是:"元首明哉,股肱良哉,庶事康哉!"意谓君主贤明,臣下忠良,诸事安宁。股肱,大腿和胳膊,比喻辅佐之臣。
32. 五子洛汭之歌:据伪古文《尚书·夏书·五子之歌》载:"太康失邦,昆弟五人须于洛汭,作《五子之歌》。"谓夏太康荒淫失政,他的五个兄弟在洛水边作歌,表达心中的怨恨。汭,水流弯曲处。
33. "言者"两句:语出《毛诗大序》。
34. "洎周衰"两句:《汉书·艺文志》:"古有采诗之官,王者所以观风俗,知得失,自考正也。"又《食货志》:"孟春之月,群居者将散,行人振木铎徇于路,以采诗。"颜师古注:"行人,遒人也,主号令之官。"洎,至、到。
35. 谄成:谄媚君上已行之事。
36. 刓:磨损,残缺。
37. 苏、李:指苏武、李陵。苏武(?—前60),字子卿,杜陵(今陕西西安)人。少以父任为郎,稍迁移中监。曾出使匈奴,匈奴欲降之,终不从,被扣留十余年。李陵(?—前74),字少卿,陇西成纪(今甘肃秦安)人。曾官骑都尉。天汉二年(前99),率步卒五千人与匈奴力战,后以无援而败,遂降匈奴。二人命运不济,故下文云"皆不遇者"。
38. "河梁"之句:《文选》载传为李陵所作《与苏武诗》三首,其三云:"携手上河梁,游子暮何之?徘徊蹊路侧,恨恨不得辞。行人难久留,各言长相思。安知非日月,弦望自有时。努力崇明德,皓首以为期。"

39. "泽畔"两句:泽畔之吟,旧传屈原所作《渔父》:"屈原既放,游于江潭,行吟泽畔,颜色憔悴,形容枯槁。"归于怨思,即抒发放逐后的愤懑情绪。

40. 梗概:概略,大概。

41. "故兴"两句:谓苏、李诗以凫、雁起兴,写离别之情。传为李陵所作诗有"双凫相背飞,相远日已长"、"双凫俱北飞,一雁独南翔"等句。按:后两句一云苏武归国时留赠李陵诗,"双凫"原作"二凫","一雁"原作"一凫",见《初学记》卷十八。

42. "讽君子"两句:屈原的作品常以香草喻君子,以恶鸟喻小人。王逸《离骚经序》:"《离骚》之文,依《诗》取兴,引类譬谕。故善鸟香草,以配忠贞;恶禽臭物,以比谗佞;……虬龙鸾凤,以托君子;飘风云霓,以为小人。"

43. 义类不具:谓屈原、苏武、李陵之作中,引类兴讽的写法已不完备。

44. 江、鲍:指江淹、鲍照。

45. 梁鸿《五噫》:梁鸿(生卒年不详),字伯鸾,扶风平陵(今属陕西咸阳)人。汉章帝时人,曾东出关,过京师洛阳,见宫室崔嵬,感叹统治者的奢侈生活,乃作《五噫之歌》以刺。诗云:"陟彼北邙兮,噫!顾瞻帝京兮,噫!宫室崔嵬兮,噫!民之劬劳兮,噫!辽辽未央兮,噫!"

46. 寖微:逐渐衰微。

47. 陵夷:衰颓,衰落。

48. 顾:只是,但是。

49. "北风"两句:《毛诗·邶风·北风序》:"《北风》,刺虐也。卫国并为威虐,百姓不亲,莫不相携持而去焉。"其诗首二句为"北风其凉,雨雪其雱"。郑玄笺:"寒凉之风,病害万物。兴者,喻君政教酷暴,使民散乱。"

50. "雨雪"两句:《毛诗·小雅·采薇序》:"《采薇》,遣戍役也。"其诗末章云:"昔我往矣,杨柳依依。今我来思,雨雪霏霏。行道迟迟,载渴载饥。我心伤悲,莫知我哀。"言岁初被征戍边,至岁暮方得归返,极言征役之苦。愍,哀怜,怜恤。

51. "棠棣"两句:《毛诗·小雅·常棣序》:"《常棣》,燕兄弟也。闵管、蔡之失道,故作《常棣》焉。"古籍中所引或作"棠棣",当是《鲁诗》。常乃棠之假借字。全诗是劝谕兄弟友爱的,首章云:"常棣之华,鄂不韡韡。凡今之人,莫如兄弟。"常棣,树名,果实似李子而略小,花两三朵为一缀。《毛传》云以花之盛开光明,喻兄弟众多而相和睦,则强盛而有光晖。《郑笺》则云花与花萼相照耀依托,"喻弟以敬事兄,兄以荣覆弟,恩义之显亦韡韡然"。朱熹《诗集传》云:"此诗首章略言至亲莫如兄弟之意。"

52. "采采"两句:《毛诗·周南·芣苢序》:"《芣苢》,后妃之美也。和平则妇人乐有子矣。"芣苢,即车前草,相传其子可治妇人不孕。故古人歌之以示庆贺生子之意。

53. "余霞"两句:见谢朓《晚登三山还望京邑》。

54. "离花"两句:见鲍照《玩月城西门廨中》。"离"作"归","乍"作"早"。

55. "陈子昂"句:陈氏《感遇诗》今实存三十八首。

56. "鲍防"句:鲍防(723—790),字子慎,襄阳(今属湖北)人。天宝十二年(753)登进士第,曾为太原少尹、河东节度使、御史大夫、礼部侍郎等。贞元五年(789),以工部尚书致仕。《新唐书》本传云:"防于诗尤工,有所感发,以讥切世敝,当时称之。"此所谓《感兴诗》十五首,当指穆员《工部尚书鲍防碑》中所称"公赋《感遇》十七章",其诗已佚。

57. 觏缕:委曲详尽。

58. "然撮"句:杜甫《新安吏》诸首,皆作于安史之乱中。其中"三吏"深刻揭示了安史之乱造成的社会悲剧,《塞芦子》《留花门》两首则企望唐军加强边关防卫。撮,聚集。

59. "朱门"两句:见杜甫《自京赴奉先县咏怀五百字》。

60. 忽忽:急切貌。

61. 左右:古时信札中不直称对方,而称其身边执事者,表示尊敬。

62. 宿习:佛教上所称前世具有的习性。

63. 苦节:矢志不渝。

64. 不遑寝息:无暇休息。《旧唐书·裴度传》:"度受命之日,搜兵补卒,不遑寝息。"

65. 胝:手肘因摩擦而起的厚皮。《广韵·脂韵》:"胝,皮厚也。"

66. 肤革:皮肤的表里,此为"肌肉"之意。《礼记·礼运》:"四体既正,肤革充盈,人之肥也。"孔颖达疏:"肤是革外之薄皮,革是肤内之厚皮革也。"

67. 瞥瞥然:指闪烁不定、恍惚不清的样子。这里形容眼花。

68. 乡赋:即乡试。唐制,举子先于地方参加考试,称乡试,合格后方能赴京参加礼部试。

69. 既第之后:指白居易于贞元十六年(800)应进士科考试及第。白居易《送侯权秀才序》:"贞元十五年秋,予始举进士,与侯生俱为宣城守所贡。明年春,予中春官第。"

70. 科试:指吏部的考试。唐制,进士科考试属礼部管,进士登科后,还须通过吏部试方能授予官职。白居易于贞元十九年(803)以书判拔萃科(属吏部试)登第,授秘书省校书郎。

71. 理道:指理政之道。

72. "是时"句:宪宗李纯即位在永贞元年(805)八月,次年正月改元元和。

73. "宰府"句:指当时先后任宰相的杜黄裳、裴垍、郑絪、武元衡等,皆为品行端直者。《新唐书》载,杜黄裳"性雅淡,未始忤物";裴垍"既当国,请绳不轨,课吏治,分明淑慝";郑絪则"守道寡欲,所居不为烜赫事,以笃实称";武元衡亦"坚正有守","俭己宽民"。

74. 人:民。避唐太宗李世民讳而用"人"。

75. 擢在翰林:宪宗元和二年(807)十一月,白居易被任命为翰林学士。

76. "身是"两句:元和三年(808)五月,白居易拜左拾遗,至五年(810)改官,仍兼翰林学士。谏官,指左、右拾遗,左、右补阙。谏纸,唐代制度规定谏官每月可向官署请领一定数量的谏纸。

77. 广宸聪:扩大皇帝的听闻。宸,帝王的住处,此为王位、帝王的代称。

78. 副忧勤:谓不辜负皇帝的忧劳国事,与之相称。副,相称,符合。

79. 塞言责:尽作为谏官进言的职责。

80. 《贺雨》诗:元和四年(809)作。内容是颂扬宪宗免租税、出宫人、罢进献、赈饥穷、禁掠卖人口等德政。

81. 籍籍:众口喧腾貌。《汉书·江都易王刘非传》:"(鲁恭王太后)遗征臣书曰:'国中口语籍籍,慎无复至江都。'"颜师古注:"籍籍,喧聒之意。"

82. 《哭孔戡》诗:孔戡是一位正直而不畏权势的诤臣,白居易此诗系赞扬孔戡为官清正不阿,哀悼其早逝而作。

83. 脉脉:犹默默。即板起面孔不说话。

84. 《秦中吟》:凡十首,作于元和二年(807)秋冬至元和六年(811)春。在这组诗里,白居易尖锐地抨击了权贵们的豪奢,反映了人民的疾苦。其序云:"贞元、元和之际,予在长安,闻见之间,有足悲者。因直歌其事,命为《秦中吟》。"

85. 《乐游园》:即《登乐游园望》。内容为登高抒怀,哀怜交友,讽刺权贵。诗云:"孔生(戡)死洛阳,元九(稹)谪荆门。可怜南北路,高盖者何人?"

86. 《宿紫阁村》:即《宿紫阁山北村》。这是一首揭露神策军(唐代禁军名)抢掠行径的诗。结尾云:"主人慎勿语,中尉正承恩。"

87. 不相与者:与自己没有交往的人。

88. 牛僧孺之戒:即以牛僧孺因直言获罪为戒。宪宗元和三年(808),牛僧孺、李宗闵、皇甫湜等应贤良方正直言极谏科策试,指陈时弊,言辞激烈,得罪了李林甫等权贵,牛僧孺等与考官皆遭贬黜。

89. 邓鲂:生平事迹不详。白居易有《邓鲂张彻落第》和《读邓鲂诗》。

90. 唐衢:白居易友人。《旧唐书》本传谓其"应进士,久不第。能为歌诗,意多感发。见人文章有所伤叹者,读讫必哭,涕泗不能已。……故世称唐衢善哭"。白居易有《寄唐生》《伤唐衢》诗,引为同调。

91. 困踬:受挫,颠沛窘迫。

92. "六义"句:指以诗关心现实、讽谕美刺的传统。参见《毛诗大序》。

93. 抑:犹或许,或者。

94. "中朝"句:谓朝中最疏远的亲戚都没有。缌麻,丧服名,用细麻布制成,"五服"中之最轻者,为关系最为疏远的亲戚所穿戴,服期三月。

95. "策蹇步"句:艰难行进在角逐名利的路途。蹇,跛行,行动迟缓。利足,善于奔走。利足之途,指仕途。

96. "张空拳"句:意谓在科举战场上无所依托。张空拳,司马迁《报任安书》谓李陵与匈奴作战,矢尽道穷,将士皆"张空拳,冒白刃"而死战。此借指仅凭个人之力在科举试场打拼。

97. 三登科第：白居易于贞元十六年(800)登进士第；十八年(802)冬应吏部书判拔萃科试，次年登第；元和元年(806)应才识兼茂明于体用科试登第。

98. 清贯：指接近皇帝的侍从文翰之官。《南齐书·张欣泰传》："(世祖)谓之曰：'卿不乐为武职驱使，当处卿以清贯。'除正员郎。"清，清高，清贵。此指白居易被召为翰林学士言。

99. 冕旒：皇帝戴的礼冠。旒，冠前垂下的珠饰，天子之冕共有十二旒。此代指皇帝。

100. 日者：近日。

101. "多以"句：谓以白居易准备应试所作赋、判，传布作为标准。私试，李肇《国史补》卷下："(进士)群居而赋，谓之私试。"赋、判，两种文体，礼部试赋，吏部试判。此处言白氏所作赋指贞元十六年(800)应省试所作《性习相远近赋》《汉高皇帝亲斩白蛇赋》等，所作判指应试作的判词百道。

102. 恧然：惭愧貌。

103. 高霞寓：幽州范阳(今河北涿县)人。元和初从高崇文击刘辟，以功拜彭州刺史，寻代高氏为长武城使。后历任丰州刺史、三城都团练防御使、唐邓隋节度使等。

104. 汉南：汉水以南地区。白居易贬官江州，途中必经汉南之地。

105. 江西：唐朝江南西道的简称，所辖包括今江西、安徽、湖北省的部分地区。

106. 逆旅：客舍，旅馆。

107. 渊、云：指汉代文学家王褒(字子渊)、扬雄(字子云)。

108. "名者"两句：《庄子·天运》："名，公器也，不可多取。"郭象注："夫名者，天下之所共有。"又："矫饰过实，多者也，多取而天下乱也。"谓名利是天下人所共有的东西，个人不该占有太多。

109. 迍穷：谓处境困顿。

110. 拾遗：官名。唐武则天时置左、右拾遗，掌供奉讽谏。虽然接近皇帝，但地位很低，是个从八品的小官。

111. 迍剥：屯、剥为《易》二卦名。迍，通"屯"。《屯·象传》："刚柔始交而难生。"屯乃艰难之意。《剥·卦辞》："不利有攸往。"孔颖达《正义》："剥者，剥落也。"后以遭遇艰难、不得志为"迍剥"。

112. "李白"三句：一命，周时的官阶分为九等，从一命到九命，一命为等级最低的官职。《周书·文帝纪下》："以第一品为九命，第九品为一命。"后亦用"一命"泛指低微的官职。李白只有"翰林供奉"之名，并无正式官职品级，孟浩然一生未能进入仕途。

113. "近日"两句：孟郊(751—814)，字东野，湖州武康(今浙江德清)人。贞元十二年(796)始登进士第，十六年(800)方选任溧阳尉；元和元年(806)冬，郑余庆拜河南尹、水陆转运使，辟其为水陆转运从事、试协律郎。协律郎为八品小官。

114. "张籍"两句：张籍(766？—830？)，字文昌，吴郡(今苏州)人。贞元十五年(799)登进士第，元和元年(806)补太常寺太祝，十年不调。故白居易《重到城七绝句·张十八》云:"独有咏诗张太祝,十年不改旧官衔。"太祝,掌祭祀祈祷之官。《新唐书·百官志》:"太祝六人,正九品上。掌出纳神主,祭祀则跪读祝文。"

115. 谪佐远郡:谓被贬谪去做偏远州州官的助理官员。时白居易贬为江州司马,唐代置州司马,用以安排贬谪或闲散之官,主要是辅助州刺史处理政务。

116. "而官品"句:江州为上州,上州司马官阶为从五品下。《新唐书·百官志》:"上州……司马一人,从五品下。"

117. "自武德"三句:武德,唐高祖年号(618—626)。元和,唐宪宗年号(806—820)。《新乐府》凡五十首。

118. "退公"两句:谓办完公事以后,或因病请假,而回家独自居处。移病:旧时官员上书称病,或多为居官者求退的婉辞。

119. 知足保和:指对名誉、地位等的追求有节制,保持心志和顺,身体安适。

120. 长句:唐人称七言诗为长句,可称歌行,亦可称律诗。此指七言律诗。

121. "穷则"两句:见《孟子·尽心上》。

122. "为云龙"两句:龙乘云,鹏乘风,比喻有才能的人遇到大好时机。云龙,《易·乾·文言》:"云从龙,风从虎,圣人作而万物睹。"风鹏,《庄子·逍遥游》:"有鸟焉,其名为鹏,背若太山,翼若垂天之云,抟扶摇羊角而上者九万里。"

123. 陈力:贡献、施展才力。《论语·季氏》:"陈力就列,不能者止。"班彪《王命论》:"举韩信于行阵,收陈平于亡命,英雄陈力,群策毕举。"

124. "为雾豹"两句:比喻贤者不遇时而做远走深藏的隐士。雾豹,《列女传·陶荅子妻》:"妾闻南山有玄豹,雾雨七日而不下食,何也?欲以泽其毛而成文章也,故藏而远害。"冥鸿,扬雄《法言·问明》:"治则见,乱则隐。鸿飞冥冥,弋人何篡焉?"

125. 寂兮寥兮:《老子》二十五章:"有物混成,先天地生,寂兮寥兮,独立而不改,周行而不殆,可以为天地母。"

126. 率然:轻松快捷貌。

127. 释恨佐欢:消愁助兴。

128. "如近岁"三句:韦苏州,韦应物,贞元间为苏州刺史。歌行,古代乐府诗的一体,后从乐府发展为古诗的一体,音节、格律一般比较自由,采用五言、七言、杂言,形式也多变化。这几句谓韦应物的歌行体诗除了才情词藻之外,颇有讽谕精神。

129. 然后:原无"后"字,据《文苑英华》卷六百八十一、《唐诗纪事》卷二十六、《苕溪渔隐丛话》后集卷九、《诗人玉屑》卷十五所引补。

130. 意激而言质:旨意激切而语言质直。

131. 思淡而词迂:情思淡泊而词语曲折多致。

132. 小通:时运较好,稍稍显达。

133. "自皇子陂"句:皇子陂,长安城南一处名胜。白居易《代书诗一百韵寄微之》有云:"高上慈恩塔,幽寻皇子陂。"昭国里,即昭国坊,在长安城东南,白居易曾居此。

134. 樊、李:指樊宗师、李绅。一说系樊宗师、李建,又一说樊宗宪、李景信。

135. 偶同人：与友人共处。同人，《易》卦名。《易·同人》："同人于野，亨。"孔颖达疏："同人，谓和同于人。"意为与人和谐。此借指志同道合的朋友。

136. "此吾"句：外形骸，置身形于度外。脱踪迹，摆脱世俗关于人生应当有所成就、留下踪迹的观念。傲轩鼎，蔑视富贵权势。轩鼎，达官贵人所乘车及所用食器，代指权贵。

137. 张十八：张籍排行十八。

138. 李二十：李绅排行二十。

139. 卢、杨二秘书：指卢拱、杨巨源。卢于元和十年(815)前后任秘书郎，杨于元和九年(814)为秘书郎。

140. 窦七、元八：指窦巩、元宗简，皆为白居易友人。窦巩(771—830)，字友封，行七，京兆金城(今陕西兴平)人。曾官刑部郎中等。元宗简(？—822)，字居敬，行八，河南洛阳人。官至京兆少尹。

141. 拟议：事前的考虑、商议。

142. 足下左转：元和十年(815)三月，元稹再次出为通州司马。左转，即左迁，降职之意。

143. 心期索然：心思全无。心期，情绪、心境。索然，空、尽的样子，引申为无兴味。

144. 溘然而至：谓死期忽然而至。溘然，忽然去世。萧纲《与刘孝仪令》："所赖故人，时相媲偶，而此子(指刘遵)溘然，实可嗟痛。"

【讲疏】

《与元九书》是白居易讽谕诗理论的集中体现，他在此书中比较全面地阐述了自己写作讽谕诗的经历和主张，主要有三个方面的内容：

其一，诗歌与现实的关系及其社会作用。在诗歌与现实生活的关系上，白居易标举《诗经》以来的现实主义文学传统，鲜明地提出了"文章合为时而著，歌诗合为事而作"的创作主张，这就要求诗歌应当深刻地反映社会生活，积极地干预现实。在反映内容方面，白居易最为强调的是表现黎民百姓之疾苦和补察时政之得失，他说"有可以救济人病，裨补时阙，而难于指言者，辄咏歌之"。白居易自己的诗歌创作正是朝着这个方向去实践的，他对自己最为看重的讽谕诗，就特别强调反映民生疾苦，自称所作新乐府"惟歌生民病，愿得天子知"(《寄唐生》)；又说"是时兵革后，生民正憔悴。但伤民病痛，不识时忌讳，遂作《秦中吟》，一吟悲一事"(《伤唐衢》)。他的《卖炭翁》《轻肥》《买花》《宿紫阁山北村》等一系列反映民病、指斥时弊的名篇，正是在这一创作精神指导下写成的。

白居易主张诗歌反映现实，其目的是要"以诗补察时政""以歌泄导人情"，积极发挥其救时补阙的讽谕作用，以引起统治者的注意，进行必要的改革,使得君臣之间、统治者与人民之间,达到"上下通而一气泰,忧乐合而百志熙"的和谐无间的局面,从而使天下大治。要达到这样的目标,白居易指出:首先,必须发挥诗歌以情感人的作用。他认为"感人心者,莫先乎情",甚至说"上自贤圣,下至愚騃,微及豚鱼,幽及鬼神",都有情感,故都能为情所动。因此,以诗歌感动人心,就可以起到调畅、和谐天下的作用。其次,要特别重视发挥诗歌的美刺作用。为了能使诗歌积极地干预现实,在"美""刺"之间,白居易格外强调"刺"。他说:"欲开壅蔽达人情,先向歌诗求讽刺。"(《采诗官》)又说:"惩劝善恶之柄,执于文士褒贬之际焉;补察得失之端,操于诗人美刺之间焉。今褒贬之文无核实,则惩劝之道缺矣;美刺之诗不稽政,则补察之义废矣。"(《策林》六十八"议文章")基于此,白居易主张建立古代的采诗制度,以充分发挥诗歌的讽谏作用,《策林》六十九"采诗以补察时政"云:"臣闻圣王酌人之言,补己之过,所以立理本、导化源也。将在乎选观风之使,建采诗之官,俾乎歌咏之声,讽刺之兴,日采于下,岁献于上者也。所谓言之者无罪,闻之者足以自诫。"诗歌采集起来之后,"君臣亲览而斟酌焉。政之废者修之,阙者补之;人之忧者乐之,劳者逸之。"如此则"上下交和,内外胥悦",天下自然太平和合。《采诗官》亦云:"采诗听歌导人言,言者无罪闻者诫,下流上通上下泰。"他认为战国以后,正是因为废除采诗官,失去了"补察时政""洩导人情"的渠道,才导致"诂成之风动,救失之道缺",所以他竭力主张发挥诗歌的美刺功能。

其二,诗歌内容与形式的关系。在《与元九书》中,白居易对诗的本质作了重新诠释:"诗者,根情、苗言、华声、实义。"认为诗是由情、言、声、义四种要素构成的,其中"情"和"义"指诗中所表达的情感和思想,属于内容要素;"言"和"声"指诗歌的语言和声韵,属于形式要素。作为诗歌内容的"情"和"义"与作为诗歌形式的"言"和"声"之间,具有不可分割的内在联系,它们是一个有机统一的整体。白居易论诗也确是兼重内容与形式的,如他称自己的讽谕诗是"意激而言质",闲适诗是"思淡而词迂",又称其新乐府诗"其辞质而径""其言直而切""其事核而实""其体顺而肆"(《新乐府序》),针对不同题材的诗作,对其思想内容和语言体式都提出了明确要求。但是,立足于诗歌反映现实、为政教服务的宗旨,白居易在内容与形式之间更看重内容的充实有物,他称自己的新乐府"篇篇无空文,句句必尽规。……非求宫律高,不务文字奇"(《寄唐生》),又称张籍所作乐府诗"未尝著空文"(《读张籍古乐府》),而对于梁、陈时期那些"嘲风雪、弄花草"的徒具形式之诗,则施以严厉的批判。白居易重视诗歌的内容,与他对诗歌政教功能的重视密切相关,这里所谓"实义"之"义",虽然泛指思想内容而言,但联系白氏其他诗论来看,它更侧重于指政教义理,并以符合儒家的"六义"标准为旨归。

其三,对于历代诗歌的评论。白居易以发挥诗歌的政教作用为出发点,秉持"六义"标准,评论了自《诗经》以来历代诗歌的兴衰得失。他在《读张籍古乐府》中说:"为诗意如何?六义互铺陈。风雅比兴外,未尝著空文。"从其评论来看,白氏所谓"六义",着重点在"风雅比兴",而"风雅"的精神实质在于"美刺",所以他称自己的讽谕诗是"关于美刺兴比者"。由此可见,白氏以"六义"作为评诗标准,其旨在要求诗歌应当通过比兴手法,寓以善恶美刺之义。他据此对先秦以迄中唐的诗歌史及诗人诗作进行了广泛评论。就诗歌发展史而言,他认为:夏至春秋时期,"六义"始创,故"言者闻者莫不两尽其心焉";战国时期,"采诗官废",而"六义始刓";秦、汉时期,"去《诗》未远,梗概尚存",但"六义始缺矣";晋、宋时期,"得者盖寡",则"六义浸微矣";梁、陈时期,"率不过嘲风雪、弄花草而已","于时六义尽去矣";迨至"唐兴二百年",只有个别诗人尚存少数"风雅比兴"之什。可见他将古代诗歌史看成一部"六义"传统日益沦丧的历史。就具体诗人而言,他在历代作者中最推崇杜甫,称颂杜诗"贯串今古,觐缕格律,尽工尽善",但又觉得其符合"六义"之作也不过三四十首,流露出深深的感慨。对于其他诗人,则发表了批判性的意见,如屈原之诗"归于怨思",谢灵运"多溺于山水",陶渊明"偏放于田园",谢朓、鲍照之作则"不知其所讽",均有悖于"风雅"之道;唐代大诗人李白虽为奇才,但"索其风雅比兴,十无一焉"。从这些评论可以看出,白居易对诗歌"美刺比兴"精神的执著追求。也正是基于此,他将自己的诗歌分为"讽谕"、"闲适"、"感伤"、"杂律"四类,而他最为看重的是符合"六义"标准的讽谕诗。

白居易《与元九书》从讽谕的立场出发,以"六义"作为批评标准,对历代诗歌加以评论,其言或有过激,立论不免狭隘。事实上,他在其他场合对陶渊明、李白等人都有很高的评价。如称赞陶渊明:"常爱陶彭泽,文思何高玄。"(《题浔阳楼》)称颂李白:"可怜荒陇穷泉骨,曾有惊天动地文。"(《李白墓》)对于自己的作品,《与元九书》中表示对感伤诗、杂律诗不甚重视,但在《编集拙诗成一十五卷因题卷末戏赠元九李二十》中说:"一篇《长恨》有风情,十首《秦吟》近正声。"将《长恨歌》与《秦中吟》相提并论。在他晚年编订《白氏长庆集》时,对其认为"略之可也"的杂律诗,也全部保留了下来。由此来看,《与元九书》中的某些观点是为了强调讽谕诗而发,并不代表白居易诗学的全部思想,必须全面考察,才能正确地把握其理论主张。

【关键词解读】

文章合为时而著,歌诗合为事而作

白居易在《与元九书》中明确提出了"文章合为时而著,歌诗合为事而作"的创作原则,这一原则是从前人和自己的写作经验中总结出来的,也是"多询时务"、"多求理道"的结果。所谓"时"、"事",是指诗人所处的特定时代的社会现实,具体来说,主要是指民生疾苦和政教得失,即关乎"救济人病,裨补时阙"的内容。所谓"为时"、"为事"而作,就是要求著文作诗应当反映人民的疾苦,揭露社会的黑暗和政治的弊端,发扬诗文匡正时弊的批判作用,亦即他在《新乐府序》中所说"为君、为臣、为民、为物、为事而作,不为文而作"之意。

白居易认为诗文艺术的使命在于书写时代、反映现实,与此密切相关的是,他要求文学创作必须直书其事、忠于事实。他在《策林》六十八"议文章碑碣词赋"中批评了"书事者罕闻于直笔,褒美者多睹其虚辞"的现象,认为当时的秉笔之士,所作"歌咏、诗赋、碑碣、赞咏之制,往往有虚美者矣,有愧辞者矣"。因此,他自己本着实录其事的精神进行创作,自称所作新乐府"其事核而实,使采之者传信也"(《新乐府序》),又说:"贞元、元和之际,予在长安,闻见之间,有足悲者。因直歌其事,命为《秦中吟》。"(《秦中吟序》)正因为其诗"直歌其事",所以起到了指斥时政、抨击黑暗的社会作用,如《秦中吟》诗使"权豪贵近者相目而变色",《乐游园》诗使"执政柄者扼腕",《宿紫阁村》诗使"握军要者切齿"。这正是"为时"、"为事"原则在创作中的具体体现。

白居易强调诗文创作要缘事而发、适应时代需要的创作原则,无疑是对六朝以来的形式主义诗风的反拨。他自称自己的创作坚守这一理论原则,以致"未得天子知,甘受时人嗤。……不惧权豪怒,亦任亲朋讥"(《寄唐生》),充满着无畏的进取精神,确实令人钦敬。

【相关知识链接】

白居易强调诗歌须积极反映现实,并发挥"补察时政"的社会作用,这种诗学思想远承孔门诗教,近续陈子昂、杜甫诗论,是对古代现实主义诗论的继承和发展。

在儒家传统文艺观中,向来重视文艺作品思想内容的纯正和文艺为政治教化服务的功能。孔子评论《诗经》的内容是"思无邪"(《论语·为政》),主张诗歌必须有雅正的思想内容。又说:"《诗》可以兴,可以观,可以群,可以怨。迩之事父,远之事君,多识于鸟兽草木之名。"(《论语·阳货》)认为学习《诗经》,可以感发人的志意,可以考见风俗之得失,可以和谐人际关系,亦可以表达怨情以刺上政。同时,又有助于人们事父事君,具有政治功用,还可以让人多识于鸟兽草木之名,具有认识作用。这种功利主义的文艺观对后世文学批评产生了重要影响。

汉儒将诗歌的政教作用发挥到了极致,《毛诗序》的作者系统地总结了《诗经》的创作经验,提出了"六义"、"美刺"说,认为"上以风化下,下以风刺上,主文而谲谏,言之者无罪,闻之者足以戒",将诗歌看成为政治服务的工具,要求以诗讽谏,进而达到"经夫妇,成孝敬,厚人伦,美教化,移风俗"的作用。白居易称诗歌"可讽放佚君"、"可诲贪暴臣"、"可感悍妇仁"、"可劝薄夫敦"(《读张籍古乐府》),正是对这种文学思想的继承。东汉班固在论及《诗经》及汉乐府时,也对文学的政教功能颇为强调,《汉书·艺文志》论《诗经》有云:"古有采诗之官,王者所以观风俗,知得失,自考正也。"肯定古代采诗以观民风、考见政治得失的诗教传统。白居易十分认同这一传统,所以他主张建立采诗制度,以实现"观风"的作用(见《策林》六十九"采诗以补察时政")。《汉书·艺文志》又论汉乐府云:"自孝武立乐府而采歌谣,于是有代、赵之讴,秦、楚之风,皆感于哀乐,缘事而发。亦可以观风俗,知薄厚云。"班固认为汉乐府是作者因现实生活的感发、情感激动而作,具有反映社会现实的作用。汉乐府这种"缘事而发"的求实精神,也被白居易所继承和吸取,从而提出了"为时"、"为事"而作的创作原则。

迨至有唐,陈子昂主张恢复"汉魏风骨",提倡"兴寄",要求作品中寄寓充实的情志内容,为唐代现实主义诗论开辟了道路。接着,杜甫亦倡导《诗经》的"风雅比兴"传统,他在《同元使君舂陵行有序》中称赞元结的《舂陵行》和《贼退示官吏》两诗,"不意复见比兴体制,微婉顿挫之词。"又诗云:"道州忧黎庶,词气浩纵横。"对元结诗的肯定,体现了他对反映现实、关心民瘼一类作品的重视。同时,杜甫也是唐代新乐府诗体的开路人,创作了许多"即事名篇,无复倚傍"(元稹《乐府古题序》)的新题乐府,这直接影响了元稹、白居易新乐府的创作,同时在理论上也给予了元、白积极的启发。

白居易继承了儒家传统诗论中讽谕现实的精神,提出了写作讽谕诗的理论主张。但他对儒家文学思想又有一定的突破和发展,如传统儒家诗论提倡"发乎情,止乎礼义"、"主文而谲谏",无论在诗中表达情感,还是以诗进行讽谏,都要求温厚平和,不能过于激烈,并且要限定在封建礼义所允许的范围之内。白居易则提倡诗歌创作要"直歌其事",即以"直笔"表现民瘼,揭露时弊,他自称其讽谕诗"意激而言质","其言直而切,欲闻之者深诫也"(《新乐府序》),意即要以直率、激切之言表达时事,以起到使人惊警戒惧的作用。显然,白居易的诗论突破了儒家"温柔敦厚"的诗教准则,扬弃了儒家诗论中保守、消极的内容,发展了进步积极的内容,所以其讽谕诗理论在中国文学批评史上占有重要的地位。

【延伸阅读】

白居易是唐代现实主义诗论家的代表,除《与元九书》外,以下所选诸篇也均从不同方面体现了其强调诗歌发挥现实功用的主张。如《读张籍古乐府》肯定了张籍乐府诗的讽君、诲臣、感妇、劝夫等教化作用;《寄唐生》表达了自己作诗"非求宫律高,不务文字奇;惟歌生民病,愿得天子知"的理想追求;《新乐府序》指出其作新乐府的目的是"为君、为臣、为民、为物、为事而作",并总结了新乐府在艺术和内容上的特点是"其辞质而径"、"其言直而切"、"其事核而实"、"其体顺而肆";《策林·采诗以补察时政》主张建立古代的采诗制度,使下情能够得以上达,进而促使在上者修明政体,最终达到"上下交和,内外胥悦"的和谐状态。以上这些论点,均可与《与元九书》相沟通发明。

读张籍古乐府

张君何为者,业文三十春。尤工乐府诗,举代少其伦。为诗意如何?六义互铺陈。风雅比兴外,未尝著空文。读君《学仙》诗,可讽放佚君。读君《董公诗》,可诲贪暴臣。读君《商女》诗,可感悍妇仁。读君《勤齐》诗,可劝薄夫敦。上可裨教化,舒之济万民。下可理情性,卷之善一身。始从青衿岁,迨此白发新。日夜秉笔吟,心苦力亦勤。时无采诗官,委弃如泥尘。恐君百岁后,灭没人不闻。愿藏中秘书,百代不湮沦。愿播内乐府,时得闻至尊。言者志之苗,行者文之根。所以读君诗,亦知君为人。如何欲五十,官小身贱贫。病眼街西住,无人行到门。

寄 唐 生

贾谊哭时事,阮籍哭路歧。唐生今亦哭,异代同其悲。唐生者何人?五十寒且饥。不悲口无食,不悲身无衣。所悲忠与义,悲甚则哭之。太尉击贼日(段太尉以笏击朱泚),尚书叱盗时(颜尚书叱李希烈)。大夫死凶寇(陆大夫为乱兵所害),谏议谪蛮夷(阳谏议左迁道州)。每见如此事,声发涕辄随。往往闻其风,俗士犹或非。怜君头半白,其志竟不衰。我亦君之徒,郁郁何所为?不能发声哭,转作乐府诗。篇篇无空文,句句必尽规。功高虞人箴,痛甚骚人辞。非求宫律高,不务文字奇。惟歌生民病,愿得天子知。未得天子知,甘受时人嗤。药良气味苦,瑟淡音声稀。不惧权豪怒,亦任亲朋讥。人竟无奈何,呼作狂男儿。每逢群盗息,或遇云雾披。但自高声歌,庶几天听卑。歌哭虽异名,所感则同归。寄君三十章,与君为哭词。

新 乐 府 序

序曰:凡九千二百五十二言,断为五十篇。篇无定句,句无定字,系于意,不系于文。首句标其目,卒章显其志,《诗三百》之义也。其辞质而径,欲见之者易谕也;其言直而切,欲闻之者深诫也;其事核而实,使采之者传信也;其体顺而肆,可以播于乐章歌曲也。总而言之,为君、为臣、为民、为物、为事而作,不为文而作也。

中华书局谢思炜《白居易诗集校注》

策林六十九·采诗以补察时政(节录)

……臣闻圣王酌人之言,补己之过,所以立理本、导化源也。将在乎选观风之使,建采诗之官,俾乎歌咏之声,讽刺之兴,日采于下,岁献于上者也。所谓言之者无罪,闻之者足以自诫。大凡人之感于事,则必动于情,然后兴于嗟叹,发于吟咏,而形于歌诗矣。故闻《蓼萧》之诗,则知泽及四海也;闻《禾黍》之咏,则知时和岁丰也;闻《北风》之言,则知威虐及人矣;闻《硕鼠》之刺,则知重敛于下也;闻"广袖高髻"之谣,则知风俗之奢荡也;闻"谁其获者妇与姑"之言,则知征役之废业也。故国风之盛衰,由斯而见也;王政之得失,由斯而闻也;人情之哀乐,由斯而知也。然后君臣亲览而斟酌焉。政之废者修之,阙者补之;人之忧者乐之,劳者逸之。所谓善防川者决之使导,善理人者宣之使言。故政有毫发之善,下必知也;教有锱铢之失,上必闻也。则上之诚明,何忧乎不下达?下之利病,何患乎不上知?上下交和,内外胥悦。若此而不臻至理,不致升平,自开辟以来未之闻也。《老子》曰:"不出户,知天下。"斯之谓欤!

中华书局谢思炜《白居易文集校注》

【思考题】

1. 试述白居易提倡"文章合为时而著,歌诗合为事而作"的时代意义。

2. 谈谈你对"根情、苗言、华声、实义"的理解。

柳 宗 元

【作者简介】

柳宗元(773—819),字子厚,祖籍河东(今山西运城永济),世称柳河东。长于京师,幼敏悟,有奇名。德宗贞元九年(793),进士及第,授集贤殿正字,调蓝田尉,迁监察御史里行。顺宗即位,擢为礼部员外郎,与刘禹锡等参与王叔文集团的政治改革,失败后贬为永州司马,在州十年,有善政。后迁柳州刺史,卒于任。为中唐古文大家,成就突出,与韩愈齐名,世称"韩柳"。有《柳河东集》。

答韦中立论师道书

二十一日,宗元白:

辱书云欲相师[1],仆道不笃,业甚浅近,环顾其中,未见可师者。虽常好言论,为文章,甚不自是也。不意吾子自京师来蛮夷间[2],乃幸见取。仆自卜固无取[3],假令有取,亦不敢为人师。为众人师且不敢[4],况敢为吾子师乎?

孟子称"人之患,在好为人师"[5]。由魏、晋氏以下,人益不事师。今之世,不闻有师,有辄哗笑之,以为狂人。独韩愈奋不顾流俗,犯笑侮[6],收召后学,作《师说》,因抗颜而为师[7]。世果群怪聚骂,指目牵引[8],而增与为言辞[9]。愈以是得狂名,居长安,炊不暇熟,又挈挈而东[10],如是者数矣。

屈子赋曰:"邑犬群吠,吠所怪也。"[11]仆往闻庸、蜀之南[12],恒雨少日,日出则犬吠,余以为过言。前六七年,仆来南,二年冬[13],幸大雪,逾岭被南越中数州,数州之犬,皆苍黄吠噬狂走者累日[14],至无雪乃已,然后始信前所闻者。今韩愈既自以为蜀之日,而吾子又欲使吾为越之雪,不以病乎?非独见病,亦以病吾子。然雪与日岂有过哉?顾吠者犬耳。度今天下不吠者几人,而谁敢衒怪于群目[15],以召闹取怒乎?

仆自谪过以来,益少志虑。居南中九年,增脚气病,渐不喜闹,岂可使呶呶者早暮咈吾耳、骚吾心[16]?则固僵仆烦愦,愈不可过矣。平居望外,遭齿舌不少[17],独欠为人师耳。

抑又闻之,古者重冠礼[18],将以责成人之道,是圣人所尤用心者也。数百年来,人不复行。近有孙昌胤者,独发愤行之。既成礼,明日造朝至外庭[19],荐笏言于卿士曰[20]:"某子冠毕。"应之者咸怃然[21]。京兆尹郑叔则怫然曳笏却立[22],曰:"何预我耶?"[23]廷中皆大笑。天下不以非郑尹而快孙子,何哉?独为所不为也。今之命师者大类此。

吾子行厚而辞深,凡所作,皆恢恢然有古人形貌[24],虽仆敢为师,亦何所增加也?假而以仆年先吾子,闻道著书之日不后,诚欲往来言所闻,则仆固愿悉陈中所得者[25]。吾子苟自择之,取某事去某事,则可矣。若定是非以教吾子,仆材不足,而又畏前所陈者,其为不敢也决矣。吾子前所欲见吾文,既悉以陈之,非以耀明于子,聊欲以观子气色诚好恶何如也。今书来,言者皆大过[26]。吾子诚非佞誉诬谀之徒[27],直见爱甚故然耳。

始吾幼且少,为文章以辞为工。及长,乃知文者以明道,是固不苟为炳炳烺烺[28],务采色、夸声音而以为能也[29]。凡吾所陈,皆自谓近道,而不知道之果近乎,远乎?吾子好道而可吾文[30],或者其于道不远矣。故吾每为文章,未尝敢以轻心掉之[31],惧其剽而不留也[32];未尝敢以怠心易之[33],惧其弛而不严也;未尝敢以昏气出之[34],惧其昧没而杂也[35];未尝敢以矜气作之[36],惧其偃蹇而骄也[37]。抑之欲其奥[38],扬之欲其明,疏之欲其通,廉之欲其节[39],激而发之欲其清,固而存之欲其重,此吾所以羽翼夫道也[40]。本之《书》以求其质[41],本之《诗》以求其恒[42],本之《礼》以求其宜[43],本之《春秋》以求其断[44],本之《易》以求其动[45]，此吾所以取道之原也。参之谷梁氏以厉其气[46]，参之《孟》《荀》以畅其支[47]，参之《庄》《老》以肆其端[48]，参之《国语》以博其趣[49]，参之《离骚》以致其幽[50]，参之太史公以著其洁[51]，此吾所以旁推交通而以为之文也[52]。凡若此者，果是耶，非耶？有取乎，抑其无取乎？吾子幸观焉择焉，有余以告焉[53]。苟亟来以广是道，子不有得焉，则我得矣，又何以师云尔哉[54]？取其实而去其名，无招越、蜀吠怪，而为外廷所笑，则幸矣！宗元白。

中华书局校点本《柳宗元集》卷三十四

【题解】

本文作于元和八年(813)。柳宗元时任永州司马，潭州刺史韦彪之孙韦中立慕其名，自京师赶往永州而欲拜其为师，柳宗元作此书以答之。文章首先论述了师道之衰的情况，并再三表示自己"不敢为人师"，但实际上他对后学仍"愿悉陈中所得"，只不过"取其实而去其名"而已。接着他结合自己的学习经历，提出了"文以明道"的论文主张，并围绕这一主张系统阐述了自己的写作经验和体会，指出写作时要具有严肃认真的态度，要注意创作方法中诸种因素的对立统一，还要广泛学习揣摩古人文章。

【注释】

1. 辱书：意即屈辱你给我写信。辱，谦辞。
2. 不意：意想不到。
3. 自卜：自我估量。
4. 众人：指普通的人。
5. "人之患"两句：见《孟子·离娄上》。
6. 犯笑侮：冒着讥笑和侮辱。犯，冒着、不顾。
7. 抗颜：犹言昂首，理直气壮的样子。
8. 指目牵引：手指而目视，互相拉扯示意。
9. 增与为言辞：指添油加醋地议论。
10. 挈挈而东：挈挈，急切貌。东，向东走。元和元年(806)韩愈以国子博士分司东都，四年(810)改都官员外郎，仍守东都省。翌年改河南令。
11. "邑犬"两句：语出屈原《九章·怀沙》："邑犬之群吠兮，吠所怪也。"
12. 庸、蜀：泛指湖北、四川一带。庸、蜀皆古国名。庸在今湖北竹山东南，蜀在今四川成都一带。
13. "仆来南"句：顺宗永贞元年(805)秋冬之际，柳宗元被贬永州，故称"来南"。

二年冬,当指宪宗元和二年(807)冬。

14. 苍黄:同"仓皇",匆忙急迫、惊慌失措的样子。
15. 衒:通"炫",显露、表现。
16. "岂可使"句:哤哤,喧闹不休。怫,违逆、乖戾。骚,忧愁。
17. "平居"句:平居,平日。望外,出乎意料之外。齿舌,口舌是非。
18. 冠礼:古代男子二十岁时结发加冠的仪式,表示其已经成人。
19. 外庭:亦作"外廷",指朝堂中群臣聚会、议事的地方,与内廷、禁中相对而言。
20. 荐笏:插笏板于衣带间。荐,插。笏,古代大臣上朝时所执的手板,用玉、象牙、竹木等制成。
21. 怃然:惊愕失色貌。
22. 怫然:愤怒貌。
23. 何预我耶:与我有何相干呢。
24. 恢恢然:宽阔广大貌。
25. 中:心中、胸中。
26. 大过:指过分恭维。
27. 佞誉诬谀:谓曲意赞美、巧言奉承。
28. 炳炳烺烺:文采鲜明貌。
29. 务采色、夸声音:指辞藻华美、声韵铿锵。
30. 可:肯定,许可。
31. 掉:弄,摆弄。
32. 剽而不留:剽,轻浮。留,存留,引申为深刻。
33. 以怠心易之:怠,懈怠之心。易,治。
34. 昏气:昏昧之气,指头脑不清醒。
35. 昧没:指心思昏昧不明。
36. 矜气:骄傲,骄气。
37. 偃蹇:骄慢状。《左传·哀公六年》:"彼皆偃蹇,将弃子之命。"杜预注:"偃蹇,骄傲。"
38. 奥:深奥,这里指含蓄。
39. 节:指文气有节制顿挫,而非一泻无余。
40. 羽翼:辅佐,维护。
41. 质:指《尚书》叙述朴实,不尚辞藻。
42. 恒:指《诗经》所表达的情理具有永恒的感染力。
43. 宜:指《礼》(包括《周礼》《仪礼》《礼记》)的道德标准是合理的。
44. 断:指《春秋》通过一字褒贬来判断是非。
45. "本之《易》"句:《易·系辞上》:"圣人有以见天下之动,而观其会通,以行其典礼。"又:"鼓天下之动者存乎辞。"动,变化,发展。
46. 厉其气:磨砺文气。

47. 畅其支：谓使文章意脉流畅，条理贯通。支，通"枝"。

48. 肆其端：指使文章写得汪洋恣肆，意气纵横。《庄子·天下》自道其文云："以谬悠之说，荒唐之言，无端崖之辞，时恣纵而不傥，不以觭见之也。"

49. 博其趣：谓使文章广博而富有奇趣。柳宗元《非国语序》："左氏《国语》，其文深闳杰异，固世之所耽嗜而不已也。而其说多诬淫，不概于圣。余惧世之学者溺其文采，而沦于是非。"柳宗元虽"非国语"，但对其"深闳杰异"的文采，还是很赞赏的。所谓"趣"就是指语言富有奇趣。

50. 致其幽：极尽情思的幽深。

51. "参之太史"句：太史，此代指司马迁《史记》。著，显著、彰明。洁，精练、峻洁。柳宗元《报袁君陈秀才避师名书》："《谷梁子》、太史公甚峻洁。"

52. 旁推交通：指由此及彼、融会贯通。

53. "有余"句：谓韦中立若于上述之外有其他心得、见解，就把它告诉我。

54. "苟亟"四句：意谓若你速来与我讨论增广此为文之道，那么不是你有收获，就是我有收获了，又何必以师相称呢？

【讲疏】

柳宗元《与韦中立论师道书》主要论述了两个问题：一是师道问题；一是古文创作问题。

关于师道问题，柳宗元认为自魏、晋以来，师道不兴，有为人师者即被目为狂人，而遭到嘲笑、诽谤，甚至恶意攻击。他以庸、蜀之犬吠日和南越之犬吠雪为比，讽刺世人对于乐为人师者的叫嚣怒骂。与柳宗元同为中唐古文运动领袖的韩愈，也对这种不重师道的不良风气颇为不满，其《师说》云："巫医乐师百工之人，不耻相师。士大夫之族，曰师曰弟子云者，则群聚而笑之。问之，则曰：'彼与彼年相若也，道相似也。位卑则足羞，官盛则近谀。'呜呼！师道之不复可知矣。"然韩愈能"不顾流俗"、"抗颜而为师"，积极培养后学，以壮大古文创作队伍。柳宗元则因身遭贬谪，深感"谤语转侈，嚣嚣嗷嗷"、"万罪横生，不知其端"（《与萧翰林俛书》），故自称"仆才能勇敢不如韩退之"（《答严厚舆秀才论为师道书》），明确表示自己不敢为人师。然而，柳宗元虽不愿居为师之名，却很愿意行为师之实，故文中表示他"愿悉陈中所得者"，与后学一起讨论为文之道。此意在《答严厚舆秀才论为师道书》中表达得更为明确："若曰仆拒千百人，又非也。仆之所拒，拒为师弟子名，而不敢当其礼者也。若言道、讲古、穷文辞，有来问我者，吾岂尝瞑目闭口耶？"明乎此，也就不难理解柳宗元在谪居南方时，"衡湘以南为进士者，皆以子厚为师"（韩愈《柳子厚墓志铭》）的事实了。由此来看，韩愈抗颜为师，名实俱取，柳宗元则"取其实而去其名"，虽策略不同,形式有别,但都以实际行动教诲后学,为古文运动培养了大批后继者。

关于古文创作问题,柳宗元强调"文者以明道",而不应徒求文辞的华丽。围绕这一主张,他结合自己的写作经验,主要谈了以下三个方面的内容。

其一,写作时必须有严肃认真的态度。柳宗元主张在文章写作时,要切忌"轻心"、"怠心"、"昏气"、"矜气"这四种弊病。因为若作文时下笔轻率,文章便可能浮滑而不深刻;若作文时敷衍懈怠,马马虎虎,文章便可能漫无约束而不严整;若作文时心思昏昧不清明,文章便会芜秽杂乱;若作文时洋洋得意,自以为是,文章便会呈露骄傲自大之态。这是由"文以明道"的根本使命所决定的,因为要写出正确的、具有现实意义的思想内容,作家就必须以严肃、认真、冷静、谨慎的态度进行写作。所以柳宗元认为"大都文以行为本,在先诚其中"(《报袁君陈秀才避师名书》)。

其二,在创作方法上要注意诸种因素的对立统一。作文要"明道",不仅须具备正确的写作态度,还须掌握高超的写作方法和技巧。因此,从"羽翼夫道"的立场出发,柳宗元总结了六种不同的写作手法:"抑之欲其奥,扬之欲其明,疏之欲其通,廉之欲其节,激而发之欲其清,固而存之欲其重。"意思是说,文章要做到既深奥又鲜明爽朗,既畅达又有节制、有节奏感,既清扬又稳重厚实。这六种方法两两相对,相反相成,具有相互补偏救弊的作用。这是他长期创作经验的高度概括,对于后进之士学习古文写作具有重要的指导意义。

其三,取法先秦两汉文章。在学习对象上,柳宗元主张广泛学习揣摩古人文章,尤其是先秦两汉之文。他首先把儒家经典视为"取道之原",要求通过学习儒经,以提高在现实政治、社会生活中的求实精神、判断水平和变通能力等。除了从经书中汲取"道"的思想内容之外,柳宗元也没有忽视"文"的方面,他将《谷梁传》《国语》《楚辞》、先秦子书和西汉文章等作为学习对象,称"此吾所以旁推交通而以为之文也"。这种博采众长、自铸伟词的主张,是他所反复强调的。如《报袁君陈秀才避师名书》云:"大都文以行为本,在先诚其中。其外者当先读六经,次《论语》、孟轲书,皆经言。《左氏》《国语》、庄周、屈原之辞,稍采取之;《谷梁子》、太史公甚峻洁,可以出入;余书俟文成异日讨也。"在《与杨京兆凭书》中,也将庄子、孟子、屈原、李斯、司马迁、司马相如、贾谊、扬雄等人视为学习的榜样。

【关键词解读】

文以明道

"文以明道"说是柳宗元文学理论的核心。这一命题的提出,与其反对骈俪文体有关。他说:"始吾幼且少,为文章以辞为工。及长,乃知文者以明道,是固不苟为炳炳烺烺,务采色、夸声音而以为能也。"其中"炳炳烺烺"云云,即指骈俪文字而言,骈文特别讲求声色之美,柳宗元曾在《乞巧文》中做过这样的描绘:"眩耀为文,琐碎排偶,抽黄对白,啽哢飞走。骈四俪六,锦心绣口,宫沉羽振,笙簧触手。"他认为此种徒事藻饰的文体有严格的对偶、声律限制,不利于叙事、说理以"明道",故竭力加以反对。

柳宗元所明之"道"的具体内涵,一方面,是指圣人之道。他说:"仆尝学圣人之道,身虽穷,志求之不已。"(《报崔黯秀才论为文书》)又说:"今将申告子以古圣人之道……其道自尧、舜、禹、汤、高宗、文王、武王、周公、孔子皆由之。"(《与杨诲之第二书》)因此,他为后学指示求学门径时,强调读书应当先读六经,其次则《论语》《孟子》,所谓"求孔子之道,不于异书"(《报袁君陈秀才避师名书》)。可知他主张继承和发扬儒家圣人历代相传的政治伦理之道。另一方面,柳宗元所言之"道"并非仅停留于书本之上,而是更侧重于现实,即须接触具体事物,将圣人之道付诸实践,以有裨于社会和民生。《送徐从事北游序》云:"苟闻传必得位,得位而以《诗》《礼》《春秋》之道施于事、及于物,思不负孔子之笔舌。能如是,然后可以为儒。"意思是说,只有获得一定的政治地位,再依靠这种地位把圣人之"道"贯彻到社会生活中去,才称得上发挥儒道。因此,他反复强调"及物"之道,《报崔黯秀才论为文书》云:"道之及,及乎物而已耳。"《与杨诲之第二书》云:"且子以及物行道为是耶,非耶?伊尹以生人为己任,管仲豎浴以伯济天下,孔子仁之。凡君子为道,舍是宜无以为大者也。"认为"道"须"及物",才能产生实际的效用。这种思想在《答吴武陵论〈非国语〉书》中表达得最为明确,他说自己在长安从事政治改革活动时,不甚重视文章,"意欲施之事实,以辅时及物为道";改革失败而遭贬谪后,深感"辅时及物之道,不可陈于今,则宜垂于后",方致力于文章写作。由此来看,柳宗元的"文以明道"说,就是要求文学为社会政治服务,发挥"辞令褒贬"和"导扬讽谕"(《杨评事文集后序》)的作用,以有益于现实。

【相关知识链接】

柳宗元与韩愈为中唐古文运动的两面旗帜，他们的文论观点虽不完全一致，但有许多共通之处，择其要者而言：

其一，重视"文以明道"。柳宗元主张继承和发挥圣人之道，韩愈对此更为推崇，《原道》云："斯吾所谓道也，非向所谓老与佛之道也。尧以是传之舜，舜以是传之禹，禹以是传之汤，汤以是传之文、武、周公，文、武、周公传之孔子，孔子传之孟轲。轲之死，不得其传焉。"俨然以儒家道统的继承者自居。但他认为当时圣人之道被忽视废弛了："今天下资于生者，咸备圣人之器用；至于人情，则溺乎异学，而不由乎圣人之道，使君臣、父子、夫妇、朋友之义沉于世，而邦家继乱，固仁人之所痛也。"（见张籍《上韩昌黎书》）因此，韩愈极力排斥佛、老，倡言恢复儒道的正统地位，用圣人之道来统一人们的思想，并反复强调以文明道之旨。他说："愈之为古文，岂独取其句读不类于今者邪？思古人而不得见，学古道则欲兼通其辞。通其辞者，本志乎古道者也。"（《题欧阳生哀辞后》）又说："君子居其位，则思死其官；未得位，则思修其辞以明其道。"（《争臣论》）其强调的力度比柳宗元更甚。柳宗元特别重视"辅时及物之道"，强调将"道"施于政事，以发挥现实功用。韩愈所言之"道"，同样包括许多具体实际内容，举凡求贤、纳谏、为师、交友、用兵等皆涵摄于其中。如论纳谏之道云："事大君子当以道，不宜苟且求容悦，故于事未尝敢疑惑，宜行则行，宜止则止，受容受察，不复进谢，自以为如此真得事大君子之道。"（《上留守郑相公启》）又论用兵之道云："夫一众人心力耳目，使所至如时雨，三代用师，不出是道。"（《与鄂州柳中丞书》）由此可见，韩愈并非空谈儒道的腐儒，他也是结合实际政治和社会生活来论"道"的，这与柳宗元强调"道"须"及物"是一致的。

其二，重视古文的审美愉悦作用。柳宗元、韩愈在强调文以明道的同时，都不排斥文章的审美愉悦作用。柳宗元虽然批判内容不合于道而徒具形式之美的古文，但他并非完全排斥作品的艺术美，而使之成为政治道德的传声筒。他说："阙其文采，固不足以竦动时听，夸示后学。"（《杨评事文集后序》）所以对于《国语》一书，他一方面批评其内容之荒诞，一方面又主张在艺术上吸取其所长，称作文需"参之《国语》以博其趣"。而最能反映柳宗元对于古文功用的通达态度的，是《读韩愈所著〈毛颖传〉后题》。韩愈《毛颖传》以史传体裁和笔法为毛颖立传，是一篇带有寓言性质的奇文，当时颇遭世人的非议讥讪，柳宗元乃为之辩护。他用"若捕龙蛇，搏虎豹，急与之角而力不敢暇"数语来形容此文的艺术感染力，并提出了"俳又非圣人之所弃者"的主张,肯定古文也可以具有审美愉悦作用,这种作用也是"有益于世"的,与"明道"并不冲突。同样,韩愈对于"古文"功用的看法也颇为通达,一方面强调"修其辞以明其道"(《争臣论》),"学所以为道,文所以为理"(《送陈秀才彤序》);一方面又自称所作"亦时有感激怨怼奇怪之辞"(《上宰相书》),"怪怪奇奇,不可时施,只以自嬉"(《送穷文》)。因此,他创作了《毛颖传》《送穷文》《进学解》等构思奇特、颇富戏谑成分的游戏之文,给人以轻松愉悦的审美享受,这也是以文为娱乐之具的一种表现。

其三,重视取法先秦两汉文章。在如何写好古文方面,柳宗元和韩愈都主张取法于先秦两汉之文,尤其是儒家经典。韩愈自称学习古文时,"非先秦两汉之书不敢观"(《答李翊书》)。在《进学解》中则具体指出:"沉浸浓郁,含英咀华。作为文章,其书满家。上规姚姒,浑浑无涯;周《诰》殷《盘》,佶屈聱牙;《春秋》谨严,《左氏》浮夸;《易》奇而法,《诗》正而葩;下逮《庄》《骚》,太史所录,子云、相如,同工异曲。先生之于文,可谓闳其中而肆其外矣。"又在《答崔立之书》中,称屈原、孟轲、司马迁、司马相如、扬雄等人为古代杰出的能文之徒。从韩愈所列举的取法对象来看,与柳宗元的主张是基本一致的。

【延伸阅读】

柳宗元论文重视"文以明道"之旨,但又不排斥文章的审美愉悦作用,同时强调作文须广泛取法先秦两汉文章,这些观点在以下诸篇中均有体现。如《与吕道州温论〈非国语〉书》指出近世学者多言不中理、好怪逐异,致使"道不明于天下",而他由于身遭贬谪,已不可能将"道"施之于政事,故专心著述,立志要以文明道。《报崔黯秀才论为文书》主张"道之及,及乎物而已耳",要求将圣人之道付诸实践,而不是空谈儒道;而从其所谓"凡人好辞工书者,皆病癖也,吾不幸蚤得二病"之语来看,他对于文章的语言文辞等形式美并不排斥。《报袁君陈秀才避师名书》主张作文要向六经、《史记》等先秦两汉经典取法。

与吕道州温论《非国语》书

四月三日,宗元白化光足下:

近世之言理道者众矣,率由大中而出者咸无焉。其言本儒术,则迂回茫洋而不知其适;其或切于事,则苛峭刻核,不能从容,卒泥乎大道。甚者好怪而妄言,推天引神,以为灵奇,恍惚若化而终不可逐。故道不明于天下,而学者之至少也。

吾自得友君子,而后知中庸之门户阶室,渐染砥砺,几乎道真。然而常欲立言垂文,则恐而不敢。今动作悖谬,以为僇于世,身编夷人,名列囚籍,以道之穷也,而施乎事者无日,故乃挽引,强为小书,以志乎中之所得焉。

尝读《国语》,病其文胜而言尨,好诡以反伦,其道舛逆。而学者以其文也,咸嗜悦焉。伏膺呻吟者,至比六经,则溺其文必信其实,是圣人之道翳也。余勇不自制,以当后世之诮怒,辄乃黜其不臧,救世之谬。凡为六十七篇,命之曰《非国语》。既就,累日怏怏然不喜,以道之难明而习俗之不可变也,如其知我者果谁欤?凡今之及道者,果可知也已。后之来者,则吾未之见,其可忽耶?故思欲尽其瑕颣,以别白中正。度成吾书者,非化光而谁?辄令往一通,惟少留视役虑,以卒相之也。

往时致用作《孟子评》,有韦词者告余曰:"吾以致用书示路子,路子曰:'善则善矣,然昔人为书者,岂若是摭前人耶?'"韦子贤斯言也。余曰:"致用之志以明道也,非以摭《孟子》,盖求诸中而表乎世焉尔。"今余为是书,非左氏尤甚。若二子者,固世之好言者也,而犹出乎是,况不及是者滋众,则余之望乎世也愈狭矣,卒如之何?苟不悖于圣道,而有以启明者之虑,则用是罪余者,虽累百世,滋不憾而恧焉!于化光何如哉?激乎中必厉乎外,想不思而得也。宗元白。

报袁君陈秀才避师名书(节录)

秀才足下:

仆避师名久矣。往在京都,后学之士到仆门,日或数十人,仆不敢虚其来意,有长必出之,有不至必惎之。虽若是,当时无师弟子之说。其所不乐为者,非以师为非,弟子为罪也。有两事,故不能:自视以为不足为,一也;世久无师弟子,决为之,且见非,且见罪,惧而不为,二也。其大说具《答韦中立书》,今以往,可观之。……

　　大都文以行为本,在先诚其中。其外者当先读六经,次《论语》、孟轲书,皆经言;《左氏》、《国语》、庄周、屈原之辞,稍采取之;《谷梁子》、太史公甚峻洁,可以出入;余书俟文成异日讨也。其归在不出孔子,此其古人贤士所憻憻者。求孔子之道,不于异书。秀才志于道,慎勿怪、勿杂、勿务速显。道苟成,则薆然尔,久则蔚然尔。源而流者岁旱不涸,蓄谷者不病凶年,蓄珠玉者不虞殍死矣。然则成而久者,其术可见。虽孔子在,为秀才计,未必过此。不具。宗元白。

报崔黯秀才论为文书

　　崔生足下:

　　辱书及文章,辞意良高,所向慕不凡近,诚有意乎圣人之言。然圣人之言,期以明道,学者务求诸道而遗其辞。辞之传于世者,必由于书。道假辞而明,辞假书而传。要之,之道而已耳;道之及,及乎物而已耳。斯取道之内者也。今世因贵辞而矜书,粉泽以为工,遒密以为能,不亦外乎? 吾子之所言道,非辞而书,其所望于仆,亦非辞而书,是不亦去及物之道愈以远乎? 仆尝学圣人之道,身虽穷,志求之不已,庶几可以语于古。恨与吾子不同州部,闭口无所发明。观吾子文章自秀士,可通圣人之说。今吾子求于道也外,而望于余也愈外,是其可惜欤! 吾且不言,是负吾子数千里不弃朽废者之意,故复云尔也。

　　凡人好辞工书者,皆病癖也。吾不幸蚤得二病。学道以来,日思砭针攻熨,卒不能去,缠结心腑牢甚,愿斯须忘之而不克,窃尝自毒。今吾子乃始钦钦思易吾病,不亦惑乎? 斯固有潜块积癥,中子之内藏,恬而不悟,可怜哉! 其卒与我何异? 均之二病,书字益下,而子之意又益下,则子之病又益笃,甚矣,子癖于伎也。

　　吾尝见病心腹人,有思啖土炭、嗜酸咸者,不得则大戚。其亲爱之者不忍其戚,因探而与之。观吾子之意,亦已戚矣。吾虽未得亲爱吾子,然亦重来意之勤,有不忍矣。诚欲分吾土炭酸咸,吾不敢爱,但远言其证不可也,俟面乃悉陈吾状。未相见,且试求良医为方已之。苟能已,大善,则及物之道,专而易通。若积结既定,医无所能已,幸期相见时,吾决分子其啗嗜者。不具。宗元白。

中华书局校点本《柳宗元集》

【思考题】

柳宗元如何看待"文"与"道"二者的关系?

杜 牧

【作者简介】

杜牧（803—853），字牧之，京兆万年（今陕西西安）人。文宗大和二年（828），进士及第。初任江西、宣歙、淮南等地府署幕吏，后入朝为监察御史、左补阙、史馆修撰、比部员外郎等。后因担任过淮南节度使牛僧儒的幕僚，而遭到李德裕一党的排挤，出为黄、池、睦三州刺史，复迁司勋员外郎、史馆修撰，转吏部员外郎。后又自请出为湖州刺史。官终中书舍人。为晚唐诗文大家，推崇李、杜、韩、柳之作，其创作亦深受杜、韩等人之影响。有《樊川文集》。

答 庄 充 书

某白，庄先辈足下[1]：

凡为文以意为主，气为辅，以辞采章句为之兵卫，未有主强盛而辅不飘逸者，兵卫不华赫而庄整者[2]。四者高下圆折，步骤随主所指，如鸟随凤，鱼随龙，师众随汤、武，腾天潜泉[3]，横裂天下，无不如意。苟意不先立，止以文采辞句，绕前捧后，是言愈多而理愈乱，如入阛阓[4]，纷纷然莫知其谁，暮散而已。是以意全胜者，辞愈朴而文愈高；意不胜者，辞愈华而文愈鄙。是意能遣辞，辞不能成意，大抵为文之旨如此。

观足下所为文百余篇，实先意气而后辞句，慕古而尚仁义者，苟为之不已，资以学问，则古作者不为难到[5]。今以某无可取，欲命以为序，承当厚意，惕息不安[6]。复观自古序其文者，皆后世宗师其人而为之,《诗》《书》《春秋左氏》以降,百家之说,皆是也。古者其身不遇于世,寄志于言,求言遇于后世也。自两汉已来,富贵者千百,自今观之,声势光明,孰若马迁、相如、贾谊、刘向、扬雄之徒,斯人也岂求知于当世哉?故亲见扬子云著书,欲取覆酱瓿[7],雄当其时,亦未尝自有夸目。况今与足下并生今世,欲序足下未已之文,此固不可也。苟有志,古人不难到,勉之而已。某再拜。

上海古籍出版社陈允吉校点本《樊川文集》卷十三

【题解】

本文是杜牧为答复友人庄充请求为其文集作序而写的书信。文中首先提出了"凡为文以意为主,气为辅,以辞采章句为之兵卫"的论文观点,这一论点通过形象贴切的比喻揭示了文章内容和形式的关系问题,即文章的内容有决定性的作用,形式必须为内容的表达服务。接着以古今史实为据,勉励庄充不要急于"求知于当世",而应当努力学习古人,创作出不朽之文,以"求言遇于后世",进而婉拒了其求序之请。

【注释】

1. 先辈:唐代同时考中进士的人相互敬称先辈。李肇《国史补》卷下:"通称谓之秀才,投刺谓之乡贡,得第谓之前进士,互相推敬谓之先辈。"
2. 华赫:光彩华丽,鲜明动人。
3. 潜泉:泉当作"渊",避唐高祖李渊讳而代之以"泉"。
4. 阛阓:古代的市场、商业区。阛,市巷。阓,市区的外门。后人多以阛阓为市肆之称。
5. "则古作者"句:谓不难达到古代杰出作者的境界。
6. 惕息:紧张惶恐貌。
7. 覆酱瓿:《汉书·扬雄传赞》:"时有好事者载酒肴游学,而钜鹿侯芭常从雄居,受其《太玄》《法言》焉。刘歆亦尝观之,谓雄曰:'空自苦!今学者有禄利,然尚不能明《易》,又如《玄》何?吾恐后人用覆酱瓿也。'雄笑而不应。"瓿,小瓮。覆酱瓿,或省作"覆酱",意即盖酱坛。后用以比喻著作毫无价值,或无人理解,不被重视。

【讲疏】

杜牧此文开门见山地提出了他所倡导的为文之旨:"凡为文以意为主,气为辅,以辞采章句为之兵卫,未有主强盛而辅不飘逸者,兵卫不华赫而庄整者。"强调文章写作应以立意为主,然后辅之以气势,又在辞采、章句方面做适当的修饰,如此便能写出思想性和艺术性兼具的文章。他认为作文不先立意,而只用力于文采辞句,则"言愈多而理愈乱",就如同进入市场之人随着人群乱跑,结果却一无所获一样。接着,杜牧从正反两方面阐明了文章内容与形式的关系:"是以意全胜者,辞愈朴而文愈高;意不胜者,辞愈华而文愈鄙。"意谓内容充实,则文辞即使朴质无华,亦不妨害其为佳作;立意不高,而片面追求辞藻形式的华美,则终究是粗鄙之文。因此,他认为作文以内容居于主导地位,形式处于从属地位,所谓"意能遣词,辞不能成意"。

  杜牧在论及诗歌时,也重视内容的充实。如《献诗启》云:"某苦心为诗,本求高绝,不务奇丽,不涉习俗,不今不古,处于中间。既无其才,徒有其奇,篇成在纸,多自焚之。"表示自己作诗,追求"高绝"之诣,对那些徒有形式之"奇"而无深刻内涵的诗作,必将焚之而不惜。又如《李贺集序》用一连串的比喻描绘和肯定了李贺诗歌诡谲秾丽、想象奇特、形象鲜明的艺术特点,同时又指出其诗虽出于《楚辞》,但比起楚骚来,"辞或过之"而"理"有不及,认为李贺诗在文辞奇丽方面有突过楚骚之处,而思想内容却不及楚骚深刻充实。故杜牧认为李贺诗若能"少加以理",则成就会更高。这种评价也是"文以意为主"的文学思想的体现。

  杜牧还在文中勉励庄充要以司马迁等古人为榜样,"寄志于言,求言遇于后世",不断地学习和写作,并反复强调"苟为之不已,资以学问,则古作者不难到","苟有志,古人不难到"。这与韩愈激励李翱作文不能急于求成、不能为权势和私利所诱惑者,如出一辙。他所列举的因文而得不朽者如司马迁、司马相如、贾谊、刘向、扬雄等人,也是韩愈所推崇的古文大家。这表明杜牧赞同韩愈的文学主张,也从侧面反映出他对韩、柳古文运动传统的继承。

【关键词解读】

文以意为主

  "文以意为主,气为辅,以辞采章句为之兵卫",这是杜牧关于文章创作论的著名论断,他将文章的意、气、辞的关系,比作军中的主帅、副将和士兵的关系,认为文章创作要以意为统帅,驾驭文气,驱遣文辞。所谓"意",泛指文章的思想内容。杜牧是一位关心现实而又很有见识的政治家,若联系他本人的创作实践来看,其所言之"意"侧重于"铺陈功业,称校短长"(《上安州崔相公启》)的事功内容。他在《上知己文章启》中,列举了自己的一些重要作品,并指出它们都是目睹时艰、有感而发之作,如《罪言》是有感于"往年吊伐之道未甚得所"而作;《原十六卫》针对"自艰难来始,卒伍佣役辈,多据兵为天子诸侯"的现状,论述了唐代兵制的变迁得失;《阿房宫赋》则是对唐敬宗宝历年间"大起宫室,广声色"的讽谕之作。当然,杜牧强调"文以意为主",主张文章内容决定形式,并不意味着他完全排斥形式之美,而只是认为辞采等的讲求要以达意为前提而已;如他所谓"辅"之"飘逸"、"兵卫"之"华赫庄整"者,就是在保证文章内容充实的基础上对形式美的肯定。

杜牧强调"文以意为主",不但总结了文学创作的一般规律,而且在当时还具有很强的现实针对性。晚唐前期文坛,在诗文创作上出现了两方面的不良倾向:一是中唐韩、柳古文运动高潮过后,韩门后学片面发展了韩愈"文以明道"的主张,完全以"圣人之道"作为衡文准的,这样作文时已有先人之见,不利于作者发挥自己的创见。二是古文运动的衰落,使齐梁余波再次影响文坛,追求形式华美的骈俪文体又开始风行,并日益向绮艳纤巧的方向发展。在这种情势下,杜牧强调"文以意为主",注重文章内容的充实鲜明,而且以发挥作者己意为主,并不以明道相标榜,思想更为通达。这种观点对于当时文坛的不良风气,确有一定的针砭作用。

【相关知识链接】

"文以意为主"是中国古代文论中一个重要的理论命题。文章以表达"情""理""意"为主,以词藻为表情达意服务,这可以说是写作任何文章都应遵循的普遍规律。早在先秦时代,孔子就已注意到这一规律,他强调"辞达而已矣"(《论语·卫灵公》),认为文辞以达意为主,不烦文艳之辞。西晋陆机《文赋》云:"理扶质以立干,文垂条而结繁。"简洁而鲜明地指出了"理"与"文"的相互依存而以"理"为主的关系。理即事理,泛指内容而言,从作者方面说也就是"意"。范晔《狱中与诸甥侄书》云:"常谓情志所托,故当以意为主,以文传意。以意为主,则其旨必见;以文传意,则其词不流。"他认为文章是记载情志的,应以意为主;而文是传意的工具,是为意服务的。在写作中,坚持以意为主,不刻意追求浮华的形式,文章的主旨就会突出地体现出来;坚持以文传意,文章的语言就不会流于绮靡。这就准确地概括了"意"与"文"的主从关系。后刘勰《文心雕龙·情采》更详加论证,以"情者文之经,辞者理之纬;经正而后纬成,理定而后辞畅"数语,概括了情理与文辞的关系,情理也就是"意"。不过,尽管自古以来人们就对这一主从关系颇有体认,且反复强调,但文学发展过程中总是会出现醉心于文辞而意不足的情况,如自六朝以迄晚唐盛行的骈体文,就存在格外重视文辞华美而往往影响文意表达的问题。杜牧正是在继承前人观点的基础上,针对当时文坛上出现的作品内容空洞、形式靡丽的不良现象,特别强调"以意为主",注重文章内容的充实鲜明。

在杜牧之后,后世文论家根据不同时代的文学创作、文体特点等,对这一命题继续予以阐发。南宋陈骙《文则》云:"辞以意为主,故辞有缓有急,有轻有重,皆生乎意也。"意谓要根据文意的需要遣词造句,安排语言的轻重缓急,强调"意"对"辞"的主导作用。清代王夫之《薑斋诗话》云:"无论诗歌与长行文字,俱以意为主。意犹帅也,无帅之兵,谓之乌合。李、杜所以称大家者,无意之诗十不得一二也。烟云泉石,花鸟苔林,金铺锦帐,寓意则灵。"直接继承了杜牧以"帅"喻"意"的手法,强调"意"对于"烟云泉石"等景物描写具有统摄作用。近代张裕钊《答吴至甫书》亦云:"古之论文者曰:'文以意为主,而辞欲能副其意,气欲能举其辞。'譬之车然,意为之御,辞为之载,而气则所以行也。"以驾车为喻,说明"意"的重要性,形象鲜明,也可以说是受杜牧以"帅"喻"意"的影响。

【延伸阅读】

杜牧论文主张"文以意为主",十分重视文章内容的充实有物。他在《上知己文章启》和《献诗启》这两篇书信中,同样表达了自己为文作诗均"以意为主"的倾向。《上知己文章启》主要陈述了他的一些文章写作的缘由,从其自叙《罪言》《原十六卫》《阿房宫赋》等文的创作缘起来看,杜牧为文大都有为而作,并注重文章的现实功用。《献诗启》指出其作诗"本求高绝,不务奇丽,不涉习俗",即不追求形式的华美,而重视内容的"高绝",亦即"以意为主"。

上知己文章启

某启。某少小好为文章,伏以侍郎文师也,是敢谨贡七篇,以为视听之污。伏以元和功德,凡人尽当歌咏纪叙之,故作《燕将录》。往年吊伐之道未甚得所,故作《罪言》。自艰难来始,卒伍佣役辈,多据兵为天子诸侯,故作《原十六卫》。诸侯或恃功不识古道,以至于反侧叛乱,故作《与刘司徒书》。处士之名,即古之巢、由、伊、吕辈,近者往往自名之,故作《送薛处士序》。宝历大起宫室,广声色,故作《阿房宫赋》。有庐终南山下,尝有耕田著书志,故作《望故园赋》。虽未能深窥古人,得与揖让笑言,亦或的的分其状貌矣。自四年来,在大君子门下,恭承指顾,约束于政理簿书间,永不执卷。上都有旧第,唯书万卷,终南山下有旧庐,颇有水树,当以未耗笔砚归其间。齿发甚壮,间冀有成立,他日捧持,一游门下,为拜谒之先,或希一奖。今者所献,但有轻黩尊严之罪,亦何所取。伏希少假诛责,生死幸甚。谨启。

献 诗 启

某启。某苦心为诗,本求高绝,不务奇丽,不涉习俗,不今不古,处于中间。既无其才,徒有其奇,篇成在纸,多自焚之。今谨录一百五十篇,编为一轴,封留献上。握风捕影,铸木镂冰,敢求恩知,但希镌琢。冒黩尊重,下情无任惶惧。谨启。

上海古籍出版社陈允吉校点本《樊川文集》

【思考题】

试述杜牧"文以意为主"与韩、柳"文以明道"说的联系与区别。

皮 日 休

【作者简介】

皮日休(约834—约883),字袭美,一字逸少,自号鹿门子、间气布衣、醉吟先生。襄阳(今属湖北)人。懿宗咸通八年(867),进士及第;十年,苏州刺史崔璞辟为军事判官。后入朝为著作郎,迁太常博士,又出为毗陵副使。其诗承白居易新乐府传统,多针砭时政;散文继承了韩、柳古文运动传统,多借古讽今,笔锋犀利。与陆龟蒙交好,唱酬颇多,世称"皮陆"。有《皮子文薮》及与陆龟蒙唱和之《松陵集》等。

文 薮 序

咸通丙戌中[1],日休射策不上第[2],退归州东别墅[3],编次其文,复将贡于有司[4]。发箧丛萃[5],繁如薮泽,因名其书曰《文薮》焉。比见元次山纳《文编》于有司[6],侍郎杨公浚见《文编》[7],叹曰:"上第,污元子耳!"斯文也,不敢希杨公之叹,希当时作者一知耳。

赋者,古诗之流也[8]。伤前王太佚,作《忧赋》;虑民道难济,作《河桥赋》;念下情不达,作《霍山赋》;悯寒士道壅,作《桃花赋》。《离骚》者,文之菁英,伤于宏奥,今也不显《离骚》,作《九讽》。文贵穷理,理贵原情,作《十原》[9]。太乐既亡,至音不嗣,作《补周礼九夏歌》[10]。两汉庸儒,贼我《左氏》[11],作《春秋决疑》。其余碑、铭、赞、颂、论、议、书、序,皆上剥远非[12],下补近失,非空言也。较其道,可在古人之后矣。古风诗,编之文末,俾视之,粗俊于口也¹³。亦由食鱼遇鲭,持肉偶膊¹⁴。《皮子世录》著之于后,亦《太史公自序》之意也。凡二百篇,为十卷,览者无诮矣¹⁵。

上海古籍出版社萧涤非、郑庆笃整理《皮子文薮》卷首

【题解】

《文薮》是皮日休于唐懿宗咸通七年(866),参加科举考试失利后,将自己的作品编辑而成的集子。在《文薮序》中,他自称编撰此集的目的是作为行卷之用,同时还交代了集中各类文章的创作动机,明白地揭橥了自己的为文之旨是"上剥远非,下补近失",即主张文学须有益于现实政治而不为空言。

【注释】

1. 咸通丙戌:即唐懿宗咸通七年(866)。咸通,懿宗年号(860—873)。
2. "日休"句:此指应礼部试落第。射策,汉代考试取士方法之一。《汉书·萧望之传》:"望之以射策甲科为郎。"颜师古注云:"射策者,谓为难问疑义书之于策,量其大小署为甲乙之科,列而置之,不使彰显。有欲射者,随其所取得而释之,以知优劣。射之,言投射也。"唐代已无射策之制,此借指科举考试。
3. 州东别墅:指寿州(今安徽寿县)东之别墅。据《文薮》卷十《三羞诗》其一《序》,皮日休自称落第后,曾退居肥陵,其址在寿州安丰县东六十里,故云"州东"。
4. "复将"句:贡,进献。唐代有行卷之风,程大昌《演繁露·唐人行卷》:"唐人举进士,必行卷者为缄轴,录其所著文,以献主司也。"谓应举者在考试前把所作诗文写成卷轴,投送朝中显贵以延誉。如落第,第二年再献者,则称温卷。
5. 发箧丛萃:打开箱子搜集。丛萃,聚集。
6. "比见"句:元次山,即元结。《新唐书·元结传》载:"少不羁,十七乃折节向学,事元德秀。天宝十二载举进士,礼部侍郎阳浚见其文,曰:'一第恩子耳,有司得子是赖!'果擢上第。"
7. 侍郎杨公浚:杨浚(生卒年里不详),一作阳浚,天宝十二载(753),拜礼部侍郎,此后连续四年知贡举,号为得人。
8. "赋者"两句:语见班固《两都赋序》。
9. "文贵"三句:谓文章贵在穷究事理,穷理贵在探求事情之根源,故作《十原》。《十原系述》云:"夫原者,何也? 原其所自始也。穷大圣之始性,根古人之终义,其在十原乎? 呜呼! 谁能穷理尽性,通幽洞微,为吾补《三坟》之逸篇,修《五典》之堕策,重为圣人之一经者哉? 否则,吾于文,尚有歉然者乎?"
10. "太乐"三句:太乐,古时官名,国家祭祀时掌管奏乐及大飨之乐舞。据《周礼》,周代有乐歌《九夏》。郑玄注云礼乐崩坏,其辞亦亡。皮日休为之补作,设想用于国家祭祀之礼。

11. "两汉"两句：指汉代学者非难《左传》之事。《左传》用事实解释《春秋》，不同于《公羊传》《谷梁传》完全用义理解释。然两汉时《左传》基本上传授于私家，而《公羊传》《谷梁传》则立于学官，传习者多排抑《左传》。

12. 剥：击。

13. 粗俊于口：意谓大略有些不同一般的滋味。粗，略。俊，通"隽"，美味，滋味深长。

14. "亦由"两句：由，通"犹"，如同。鲭，和鱼肉烹煮成的食品。偶，遇。膜，将熟肉切碎再加工制成的食品。

15. 诮：责备。

【讲疏】

皮日休身处唐末政治黑暗、社会动荡的时代，面对日益尖锐的社会矛盾，他竭力强调文学作品要具备充实的现实内容和批判精神，以发挥政治教化作用。《文薮序》集中表达了这种文学思想，他说自己的作品"皆上剥远非，下补近失，非空言也"，意即都是批判现实的有为之作。从其集中所收作品来看，也的确反映出这样的创作意图。如《忧赋》是"伤前王太佚"而作，故历数前代政治堪忧之事，但实际上仍是针对现实而发，其序云："草茅臣日休，见南蛮不宾，天下征发，民力将弊，乃为赋以见其志。"《河桥赋》为"虑民道难济"而作，赋末云："抑闻三代之桥也，不斤不斧，不徒不杠。以道为水，以贤为梁。济民者民不病溺，济世者世不颓纲。开之也通仁流义，闭之也关淫限荒。夏之梁也曰汤，殷之梁也曰昌。周之梁也曰旦，汉之梁也曰光。自汉之季，国窃主折，为水者以浇以强。及隋之世，为梁者唐，故能济民于万方，同轨于八荒。是知河桥之义也，可以献于天王。"希望成汤、周文王等那样的人物出现，能救民于水火，意在讽谏统治者任用贤人以济民。又如《桃花赋序》云："状花卉，体风物，非有所讽，辄抑而不发。"故此赋虽然以大部分篇幅描绘桃花之美，但篇末则点明作意："我将修花品，以此花为第一，惧俗情之横议。我曰不然，为之则已。我目吾目，我耳吾耳。妍蚩决于心，取舍断于志。岂于草木之品独然？信为国兮如此。"感叹桃花之品甚高，却以众多而见鄙，犹如寒素之士被轻忽遗弃，抒发了对门阀制度压制人才的愤懑，讽谕之意显然。由此可见，《文薮》中的大部分作品都是关乎现实的有物之文。

皮日休重视文学为现实政治服务的思想，源于他对儒道的推崇。他推尊孔、孟，《襄州孔子庙学记》称扬孔子云："夫子之道，久而弥芳，远而弥光；用之则昌，舍之则亡。"认为孔子之道超过了"尧之德"和"禹之功"，可以历久而永存。又《请孟子为学科书》批评唐代科举以《老》《庄》列于学官,认为"庄、列之文,荒唐之文也",不能教人"救时补教",而"孟子之文,粲若经传。……故其文继乎六艺,光乎百氏,真圣人之微旨也"。因此他建议朝廷设立《孟子》学科以取士。他还对竭力维护儒家道统的王通和韩愈评价颇高,盛赞王通是"夐乎千世而可继孟氏者"(《文中子碑》);对于韩愈的攘斥佛老、推尊儒道,也予以极力褒扬,认为可继孟子和文中子。《请韩文公配飨太学书》云:"夫孟子、荀卿翼传孔道,以至于文中子。……文中之道,旷百祀而得室授者,惟昌黎文公焉。文公之文,蹴杨、墨于不毛之地,蹂释、老于无人之境,故得孔道巍然而自正。夫今之文,千百士之作,释其卷,观其词,无不裨造化,补时政,系公之力也。"这里皮日休明确提出了由孔、孟经王通至韩愈的道统说。《文薮序》自称"较其道,可在古人之后",俨然有继承道统之意。而此种对于儒道的推崇,与他对于现实政治的关怀、热心于用世是合为一体的。

【关键词解读】

上剥远非,下补近失

　　皮日休论文主张"上剥远非,下补近失",即指陈分析古今之是非得失,使之有益于政治教化,这是他关于文学创作应批判现实、有为而作的著名论断。所谓"上剥远非",主要表现在对历史人物、制度等的评价上。皮日休作文目光敏锐,多以怀疑、批判的眼光评价历史,即使是对神圣不可侵犯的古代帝王也敢于抨击。如《十原系述》之《原谤》云:"呜呼!尧、舜,大圣也,民且谤之。后之王天下,有不为尧、舜之行者,则民扼其吭,捽其首,辱而逐之,折而族之,不为甚矣。"完全站在底层民众的立场,对不行仁义之道、昏庸腐朽的统治者严加批判。

　　所谓"下补近失",则是要求作者揭露社会的黑暗,抒写人民的疾苦,发挥文学的现实功用,以救时补政。在皮日休的作品中,充满着对晚唐社会矛盾加剧、民生凋敝现象的描绘和揭露。如《三羞诗》其三:"荒村墓鸟树,空屋野花篱。儿童啮草根,倚桑空羸羸。斑白死路旁,枕土皆离离。"深刻地表现了唐懿宗时旱灾蝗灾肆虐,哀鸿遍野,民不聊生的惨状。针对当时庸才把持朝政、有为之士空怀壮志而不能为国所用的现状,他呼吁当政者广开贤路,选拔人材,有云:"何不广取人?何不广历试?……胥徒赏以财,俊造悉为吏。天下若不平,吾当甘弃市!"(《贪官怨》)甚至说:"不行道,足以丧身;不举贤,足以亡国。"(《鹿门隐书》)有时他还常常采用古今对照的方式,讽刺时人之非,如《鹿门隐书》云:"古之官人也,以天下为己累,故己忧之。今之官人也,以己为天下累,故人忧之。"又云:"古之置吏也,将以逐盗。今之置吏也,将以为盗。"又云:"古之隐也,志在其中。今之隐也,爵在其中。"对当世吏治的腐败、世人的虚伪,可谓深恶痛绝。皮日休通过诗文表现民瘼、抨击时政,进行大声的呼喊,其目的就在于引起施政者的注意,进而补救其"失"。

【相关知识链接】

皮日休重视文学为现实政治服务的思想,深受元结和白居易的影响。从《文薮序》谈及元结以《文编》行卷而得礼部侍郎杨浚叹赏之事来看,皮日休隐然以《文薮》比拟《文编》。元结论诗,主张发挥诗的讽谏教化作用,要求诗歌应"上感于上,下化于下"(《系乐府序》),故他作有《系乐府》十二首,着重反映国事民生。皮日休仿之而作《正乐府》十首,内容风格均与《系乐府》接近,《正乐府序》云:"诗之美也,闻之足以观乎功;诗之刺也,闻之足以戒乎政。"亦提倡诗歌美刺教化的传统。可见其乐府诗创作与诗论主张都与元结相近。

皮日休对提倡讽谕诗的白居易也十分推崇。其《七爱诗序》云:"为明臣者,必有真才,以白太傅为真才焉。"故《七爱诗·白太傅》云:"吾爱白乐天,逸才生自然。谁谓辞翰器,乃是经纶贤。欻从浮艳诗,作得典诰篇。立身百行足,为文六艺全。清望逸内署,直声惊谏垣。所刺必有思,所临必可传。"竭力称颂白居易的为人与为文,说其立身端直,直言敢谏,是经国之大才;同时又擅长辞翰,能运用通俗婉丽的乐府体写作如《尚书》典诰一样雅正的讽谕诗,反映社会民生,对政治有所裨益。皮日休主张为文要"上剥远非,下补近失",以及提倡诗歌的美刺教化作用,与白居易的"文章合为时而著,歌诗合为事而作"(《与元九书》)、"为君、为臣、为民、为物、为事而作,不为文而作"(《新乐府序》),"惟歌生民病,愿得天子知"(《寄唐生》)等思想一脉相承,均非常重视文学反映现实的功效和使人鉴诫的作用。

皮日休在以追求形式华美为主导倾向的晚唐文坛,积极倡导文学关心现实、干预政治,呼吁恢复《诗经》以来的美刺比兴传统,具有重要的现实意义。而与他同时的陆龟蒙、吴融等人也发表了类似的观点,从而掀起了一股复古思潮。陆龟蒙与皮日休友善,世称"皮陆",他虽然科场失利,隐居不仕,长期过着闲逸的生活,但对社会生活仍颇关心,论文亦标榜惩劝美刺之旨。如《苔赋序》云:"江文通尝著《青苔赋》,尽苔之状则有之,惩劝之道雅未闻也。如此则化下讽上之旨废。因复为之,以嗣其声云。"又自称所作《蚕赋》有"诗人硕鼠之刺"(《蚕赋序》)。可见陆龟蒙亦主张诗文应具有讽世劝时的作用。吴融在为贯休《禅月集》作序时亦表达了重视诗教、美刺的思想,其序有云:"夫诗之作,善善则颂美之,恶恶则风刺之。苟不能本此二道,虽甚美,犹土木偶不主于气血,何所尚哉?"认为若不能以美刺为根本,则其诗虽美,亦不足崇尚;他甚至提倡"君子萌一意,出一言,亦当有益于事"。虽然贯休之诗大多数并无关于政治现实,吴融本人的诗中有寄托者也很少,但这种积极倡导文学服务于现实的主张在当时还是有进步意义的。此外,黄滔亦强调诗歌"刺上化下"(《答陈磻隐论诗书》)的功能。顾云称赞杜荀鹤的诗作"可以润国风,广王泽","其雅丽清苦激越之句,能使贪吏廉,邪臣正,父慈子孝,兄良弟顺,人伦之纲纪备矣"(《唐风集序》)。上述诸家所论都以有益于政治教化为宗旨,反映了晚唐时期重视文学反映现实一派的共同倾向。

【延伸阅读】

皮日休主张文学须反映现实、有为而作的思想,在其他作品中也有鲜明的反映。《霍山赋序》是针对晚唐国政之弊而发,指出当今之世废巡狩,天子无由得知天下四方之情况,国政因之大坏,故呼吁恢复巡狩之制以行陟黜之举。《正乐府序》说明了自己写作《正乐府》十首的目的,主张继承古代采诗以观民风、进行美刺的传统,以诗歌作为反映"国之利病,民之休戚"之具,以纠正魏、晋、梁、陈以来乐府诗堕入"侈丽""浮艳"之途的不良风气。《七爱诗》中之白居易一首,则对白氏"直声惊谏垣"的直谏精神予以高度赞美,并对其"中道多左迁"的遭遇表示深切地惋惜。

霍山赋序

臣日休以文为命士,所至州县山川,未尝不求其风谣,以颂以文,幸上发辒轩,使得采以闻。六年,至寿之骈邑曰霍山。山,故岳也。邑赘于趾。至之二日,离邑一舍,望乎岳,将颂之文也。及见之,则目乎瞢,手乎韠,心乎耸,神乎瞀,始欲狂其文,写其状,如丹青之不差也。颂其风,文其谣,如金石之永播也。既而其精怯然搏敌,躁然械囚,纷然梦丝,怳然堕空,浩然涉溟,幽然久疹。则知才智之劣,如耄而加疾,将杖而奔者。於戏!霍山之灵哉!霍山之灵哉!将闷其神而愚之邪?抑有所达而托之邪?

其辰既浃,其精忽渝,怯然而胜,躁然而适,纷然而静,怳然而安,浩然而济,幽然而愈,如壮而能决,将阵而敌者。于是狂其文,写其状。

正乐府序

乐府,盖古圣王采天下之诗,欲以知国之利病,民之休戚者也。得之者,命司乐氏入之于埙篪,和之以管籥。诗之美也,闻之足以观乎功;诗之刺也,闻之足以戒乎政。故《周礼》,太师之职掌教六诗,小师之职掌讽诵诗。由是观之,乐府之道大矣。今之所谓乐府者,唯以魏、晋之侈丽,陈、梁之浮艳,谓之乐府诗,真不然矣!故尝有可悲可惧者,时宣于咏歌,总十篇,故命曰"正乐府诗"。

七爱诗(选录)

白太傅 居易

吾爱白乐天,逸才生自然。谁谓辞翰器,乃是经纶贤。欤从浮艳诗,作得典诰篇。立身百行足,为文六艺全。清望逸内署,直声惊谏垣。所刺必有思,所临必可传。忘形任诗酒,寄傲遍林泉。所望握文柄,所希持化权。何期遇訾毁,中道多左迁。天下皆汲汲,乐天独怡然。天下皆闷闷,乐天独舍旃。高吟辞两掖,清啸罢三川。处世似孤鹤,遗荣同脱蝉。仕若不得志,可为龟鉴焉。

上海古籍出版社萧涤非、郑庆笃整理《皮子文薮》

【思考题】

试述皮日休为文主张"上剥远非,下补近失"的时代意义。

司 空 图

【作者简介】

司空图(837—908),字表圣,自号知非子,河中虞乡(今山西永济)人。懿宗咸通十年(869)进士,初为宣歙观察使王凝幕僚,后拜殿中侍御史。僖宗时,拜礼部员外郎。黄巢攻入长安,僖宗出奔,遂退居河中。僖宗自蜀还,召为知制诰,迁中书舍人。后僖宗出幸宝鸡,遂退隐不仕,居中条山王官谷。昭宗时,数度诏征,皆以疾固辞。朱温篡唐,闻哀帝被杀,绝食而亡。能文工诗,尤擅论诗。有《司空表圣文集》和《诗集》。

与李生论诗书

文之难,而诗之(难)尤难[1]。古今之喻多矣,而愚以为辨于味而后可以言诗也[2]。江岭之南[3],凡足资于适口者[4],若醯[5],非不酸也,止于酸而已;若鹾[6],非不咸也,止于咸而已。华之人以充饥而遽辍者[7],知其咸酸之外,醇美者有所乏耳。彼江岭之人,习之而不辨也,宜哉!

诗贯六义,则讽谕、抑扬、渟蓄、温雅[8],皆在其间矣。然直致所得[9],以格自奇[10]。前辈编集,亦不专工于此,矧其下者耶[11]!王右丞、韦苏州澄澹精致[12],格在其中,岂妨于遒举哉[13]?贾浪仙诚有警句[14],视其全篇,意思殊馁,大抵附于蹇涩,方可致才[15],亦为体之不备也,矧其下者哉!噫!近而不浮[16],远而不尽[17],然后可以言韵外之致耳。

愚幼常自负,既久而逾觉缺然[18]。然得于早春,则有"草嫩侵沙短，冰轻著雨销"[19]；又"人家寒食月，花影午时天"[20]；（原注：上句云："隔谷见鸡犬，山苗接楚田。"）又"雨微吟足思，花落梦无憀"[21]。得于山中，则有"坡暖冬生笋，松凉夏健人"[22]；又"川明虹照雨，树密鸟冲人"[23]。得于江南，则有"戍鼓和潮暗，船灯照岛幽"[24]；又"曲塘春尽雨，方响夜深船"[25]；又"夜短猿悲减，风和鹊喜灵"[26]。得于塞下，则有"马色经寒惨，雕声带晚饥"[27]。得于丧乱，则有"骅骝思故第，鹦鹉失佳人"[28]；又"鲸鲵人海涸，魑魅棘林高"[29]。得于道宫，则有"棋声花院闭，幡影石幢幽"[30]。得于夏景，则有"地凉清鹤梦，林静肃僧仪"[31]。得于佛寺，则有"松日明金像，苔龛响木鱼"[32]；又"解吟僧亦俗，爱舞鹤终卑"[33]。得于郊园，则有"远陂春早渗，犹有水禽飞"[34]。（原注：上句"绿树连村暗，黄花入麦稀"。）得于乐府，则有"晚妆留拜月，春睡更生香"[35]。得于寂寥，则有"孤萤出荒池，落叶穿破屋"[36]。得于惬适，则有"客来当意惬，花发遇歌成"[37]。虽庶几不滨于浅涸，亦非废作者之讥诃也。又七言云"逃难人多分隙地，放生鹿大出寒林"[38]；又"得剑乍如添健仆，亡书久似忆良朋"[39]；又"孤屿池痕春涨满，小栏花韵午晴初"[40]；又"五更惆怅回孤枕，犹自残灯照落花"[41]。（原注：上句"故国春归未有涯，小栏高槛别人家"。）又"殷勤元日日，欹午又明年"[42]。（原注：上句"甲子今重数，生涯只自怜"。）皆不拘于一概也。盖绝句之作本于诣极[43]，此外千变万状，不知所以神而自神也，岂容易哉？

今足下之诗，时辈固有难色，倘复以全美为工[44]，即知味外之旨矣。勉旃！某再拜。

《四部丛刊》本《司空表圣文集》卷二

【题解】

本文以食味喻诗味，司空图认为"辨于味而后可以言诗"，进而提出了作诗须求"韵外之致""味外之旨"的观点。这种对于诗歌"韵味"的追求，是以"直致所得，以格自奇""近而不浮，远而不尽""不拘于一概"等作为艺术特征的。司空图还在文中列举了自己的五、七言诗句若干联为例，具体说明了其关于意在言外、韵味悠长的诗论主张。《与李生论诗书》是司空图诗论的代表作之一,在中国文学批评史上具有重要的地位。

【注释】

1. "而诗"句:"之"下原无"难"字,据《文苑英华》卷六百八十一、《唐文粹》卷八十五、《唐诗纪事》卷六十三校补。
2. 辨于味:指领会诗歌的韵味。
3. 江岭之南:指长江、五岭以南。五岭是大庾岭、越城岭、骑田岭、萌渚岭、都庞岭的总称,位于江西、湖南、广东、广西四省之间,是长江与珠江流域的分水岭。
4. "凡足资"句:"足"原作"是",据《文苑英华》卷六百八十一校改。
5. 醯:醋。
6. 醝:盐。
7. "华之人"句:华之人,《全唐文》作"中华之人",指中原地区的人。此句意谓中原人食用盐醋是以调味为主,不过量使用。
8. 渟蓄:喻含蓄蕴藉。渟,指水停聚不流。
9. 直致所得:谓将自己的会心所得自然地写出,不劳拟议。
10. 以格自奇:谓前辈作者以他们独具的风格各自标新领异。格,本指量度,引申为法式、标准、规格等,此指诗歌的品格、格调。
11. 矧:况且,而况。
12. "王右丞"句:王维(701?—761),官至尚书右丞,故世称王右丞。澄澹精致,指风格清净淡远,语言精工细密。
13. 遒举:指笔力强劲挺拔。
14. 贾浪仙:贾岛(779—843),字浪仙,一作阆仙,幽都(今北京市)人。长于五律,致力于琢句之妙,而不善谋篇。
15. 方可致才:方,仅仅。致才,显示才力,此指显示他偏至的诗才。
16. 近而不浮:谓诗歌所描写的形象具体真切,而不流于浮浅,给人一种如在眼前的感觉。
17. 远而不尽:谓诗歌的意境含蓄深远,能唤起读者无限的想象,而不是意尽于句中。
18. 缺然:有所不足。《庄子·逍遥游》:"尧让天下于许由,曰:'……吾自视缺然,请致天下。'"
19. "草嫩"两句:见司空图《早春》。
20. "人家"两句:全诗已佚。
21. "雨微"两句:见《下方》二首之二。
22. "坡暖"两句:见《下方》二首之一。
23. "川明"两句:见《华下送文涓(一作浦)》。
24. "戍鼓"两句:见《寄永嘉崔道融》。
25. "曲塘"两句:见《江行》二首之一。

26. "夜短"两句：全诗已佚。
27. "马色"两句：见《塞上》。
28. "骅骝"两句：全诗已佚。
29. "鲸鲵"两句：全诗已佚。
30. "棋声"两句：全诗已佚。
31. "地凉"两句：全诗已佚。
32. "松日"两句：见《上陌梯寺怀旧僧》二首之一。
33. "解吟"两句：见《僧舍贻友人》。
34. "远陂"两句：见《独望》。
35. "晚妆"两句：全诗已佚。
36. "孤萤"两句：见《秋思》。
37. "客来"两句：见《长安赠王沄（一作注，又作法）》。
38. "逃难"两句：见《山中》。
39. "得剑"两句：见《退栖》。
40. "孤屿"两句：见《归王官次年作》（一作《光启四年春戊申》）。
41. "五更"两句：见《华下》二首之一。
42. "殷勤"两句：见《元日》。元日，《唐文粹》《全唐文》作"元旦"。王仲镛《唐诗纪事校笺》云："'元日日'即'元旦日'也。"欷午，《四部丛刊》影印本原文于"午"下注云："宋本作'舞'。"或当作"歌舞"。祖保泉、陶礼天《司空表圣诗文集笺校》改作"歌舞"。
43. 诣极：极高的造诣。
44. 全美：指诗作形式精美，又韵味无穷。

【讲疏】

　　本文以食物之味为喻，提出了"辨于味而后可以言诗"的主张。司空图指出，醋和盐作为食物的调料，能够引起人们"酸"和"咸"的味觉感受，但食味之美不在于仅仅品出咸酸之味，而是要品得一种既含有咸酸，又超越于咸酸之外的"醇美"之至味。司空图借此认为，理想的作品所表现的情景也不应仅限于情景本身的描绘，而要含蕴不尽，能引起读者的想象和联想，从而产生出深层次的审美意蕴，这样的作品才称得上是"醇美"和"全美"之作。他把这种"咸酸之外"的"醇美"称作"韵外之致""味外之旨"，亦即耐人寻绎体会的言外之意。

　　司空图以"韵外之致""味外之旨"作为评诗标准，其具体表征有三：其一，"直致所得，以格自奇"，即要求诗人自然地写出引起兴感的物象及其内心体验，形成独特的艺术风格，以显示诗的价值。也就是说，诗作应当直陈其意，不事雕琢，在情性的兴发感动中自然产生。其二，"近而不浮，远而不尽",意即诗歌所表现的情景,要使人感到贴近而不浮浅,深远而含蕴不尽。如此,则诗人所描绘的情景既具体可感,又能让读者凭借自己的生活和艺术经验去联想、想象,进而使诗歌意蕴得到补充和丰富。这样的诗歌,自然便具有言外的韵味了。其三,"不拘于一概",意谓追求"韵外之致"和"味外之旨"是对不同风格、不同题材的诗歌作品共同的美学要求。对于风格"澄澹"之诗如此,对于风格"遒举"之诗也是如此。就他所举自己的诗句而论,不论是得于"山中""夏景""郊园"之作,还是得于"寂寥""惬适"之作,抑或得于"塞下""丧乱"之作,都以具有言外之韵味为上。

司空图论诗强调要具有耐人咀嚼的无穷韵味,而他所认为达到"韵外之致"和"味外之旨"的诗作,主要是王维、韦应物那种"澄澹精致"的作品,以及他自己通过景物描写来表现自我恬淡心境与闲适情趣的作品,这些诗歌的题材都偏于田园山水一路,内容不免狭窄。与此相应,司空图对元、白诗派讽谕现实、明白晓畅的诗风表示不满,说他们"力勍而气孱,乃都市豪估耳"(《与王驾评诗书》),这是因为元、白诗语言通俗,又喜铺陈,显得直白而繁缛,与他所崇尚的格调清雅、韵味悠长之诗相去甚远。可见司空图对元、白诗的贬抑,是与其崇尚"韵外之致""味外之旨"的诗美标准分不开的。

【关键词解读】

韵外之致　味外之旨

"韵外之致""味外之旨"是司空图诗论的核心概念,它是指通过作品的文字形象所传达出的能够启人思考和联想的深层意蕴,亦即作品所描绘、叙写的景象能让人反复品味和体会。而所谓"致""旨",不是指质实的、可以明白说出的某种意思,而是一种空灵、难以言传的趣味。这就要求作者创造出一种情景交融的意境,同时又要写得"近而不浮,远而不尽",既生动真切、如在目前,又浑厚深远,能够给读者留下联想与回味的余地。司空图在《与李生论诗书》中所举出的自己的二十余联诗句,自称"不滨于浅涸",即具有深长的韵味。这些诗句不论写外界景物,还是写自我的心情、境遇等,都善于描摹。如得于早春的"草嫩侵沙短,冰轻著雨销"两句,细腻真切地描绘了沙土中初生的嫩草和着雨而化的薄冰,透过这种生动的眼前之景,使人自然地联想到"早春"景象,故颇富情趣和韵味。

与此相应,司空图还在《与极浦书》中提出了"象外之象""景外之景"

说。他引用戴叔伦评诗之语,称"诗家之景,如蓝田日暖,良玉生烟,可望而不可置于眉睫之前"。所谓"可望而不可置于眉睫之前",也就是"近而不浮,远而不尽"之意,指诗中描绘的景象给人以超乎具体形象之上的审美感受。司空图将这种需要体会而得的景象称为"象外之象,景外之景",前一个"象"和"景"指诗中所表现的人生事象和自然景物等显象、显景,后一个"象"和"景"则指在诗中景象的触发下,读者通过想象和联想在心理时空中产生的隐象、隐景。诗歌具有了"象外之象""景外之景",当然更具有远而不尽之美,耐人寻绎咀嚼,因而便具有"韵外之致""味外之旨"了。要之,司空图着重从韵味的角度来探讨诗歌意境的创造,旨在凸现文学艺术思维所具有的超越于文字之外的审美特征。

【相关知识链接】

司空图论诗强调要通过写出"象外之象""景外之景",从而产生含蕴无尽的"味外之旨""韵外之致"。这种诗学思想,是在继承南朝以来有关情景关系的论述,尤其是唐代以来的诗境理论基础上形成的,同时又对后世"含不尽之意见于言外""言有尽而意无穷"等理论命题,产生了深远影响,具有承前启后的重要地位。

南朝人论诗,重视情、景的密切结合,并要求具有深长的滋味。如刘勰《文心雕龙·物色》篇专论景物描写,有云:"是以四序纷回,而入兴贵闲;物色虽繁,而析辞尚简;使味飘飘而轻举,情晔晔而更新。……物色尽而情有余者,晓会通也。"所谓"物色尽而情有余者",也就是"味外之旨""韵外之致"的境界。钟嵘《诗品序》亦云:"故诗有六义焉:一曰兴,二曰比,三曰赋。文已尽而意有余,兴也;因物喻志,比也;直书其事,寓言写物,赋也。弘斯三义,酌而用之,干之以风力,润之以丹彩,使味之者无极,闻之者动心,是诗之至也。"意思是说作诗时参酌使用赋、比、兴的手法,可以使诗歌具有无穷的韵味,使读者反复品味。其意与司空图所谓"近而不浮,远而不尽"的"韵外之致"也基本一致。

唐代以来,诗论家又借用佛家之语"境"来论诗,且更加重视"情"与"境"的融和,及对"境"外之象的追寻。王昌龄《诗格》论诗歌构思时说:"思若不来,即须放情却宽之,令境生。然后以境昭之,思即便来,来即作文。"又说:"夫置意作诗,即须凝心,目击其物,便以心击之,深穿其境。"这里的"境",是指通过想象浮现在心中的外物形象,王昌龄强调构思过程中物象的重要性,体现了对于诗歌创作心物交融的重视。皎然论诗重视"取境",亦指构思而言,谓诗人深思不置,想象出具体的事物、境界。同时他还十分重视诗歌言外的情味,《诗式》竭力推崇擅长描摹山水的谢灵运诗,赞美它们"情在言外",具有"文外之旨";《诗议》亦称作诗要"采奇于象外"。其后权德舆、刘禹锡等人,又要求诗歌所写之"境"能有一种难以直说而耐人寻味的意趣。如权德舆在评价许经邦诗时指出:"凡所赋诗,皆意与境会,疏导情性,含写飞动,得之于静,故所趣皆远。"(《左武卫冑曹许君集序》)认为其诗歌"意"与"境"紧密结合,抒情状物生动逼真,意趣深远。刘禹锡在《董氏武陵集纪》中亦说"境生于象外,故精而寡和",主张诗歌在所描写的"象"之外,要创造出能够激发读者想象的精微之"境"。

司空图正是在汲取和总结南朝以至唐代诗论相关成果的基础上,提出了"韵外之致,味外之旨""象外之象,景外之景"的主张。由于他要求诗歌具有深远的韵味和言外的景象,对诗歌情意和境的内涵提出了更高层次的标准,因而标志着意境说的趋向成熟。这种追求意在言外的悠长意趣和韵味的诗学思想,对后世重视蕴藉含蓄的诗论产生了重要影响,如严羽的"兴趣"说、王士禛的"神韵"说、王国维的"境界"说等,可以说都是对司空图理论的创造性发展。

【延伸阅读】

司空图论诗特别重视意在言外、耐人咀嚼的无穷韵味,《与极浦书》也就此问题进行了探讨,他引戴叔伦论诗之语,认为诗中富有特征性的景物描写,往往具有"可望而不可置于眉睫之前"的艺术效果,他称之为"象外之象""景外之景",这与《与李生论诗书》所论正可相互发明。《与王驾评诗书》对于王维、韦应物诗歌的"趣味澄复",即韵味清远,十分称道,也与其重视韵外之致、味外之旨的思想有关。《二十四诗品》是否为司空图所作,学界至今尚未有定论,但不论其作者是谁,此处所选数则,从其描述的风格特征来看,多强调含蓄蕴藉之美,与司空图所提倡的"韵外之致""味外之旨"的论诗主张有相通之处,故录此以备参阅。

与 极 浦 书

戴容州云:"诗家之景,如蓝田日暖,良玉生烟,可望而不可置于眉睫之前也。"象外之象,景外之景,岂容易可谭哉?然题纪之作,目击可图,体势自别,不可废也。愚近有《虞乡县楼》及《柏梯》二篇,诚非平生所得者。然"官路好禽声,轩车驻晚程",即虞乡入境可见也。又"南楼山色秀,北路邑偏清",假令作者复生,亦当以著题见许。其《柏梯》之作,大抵亦然。浦公试为我一过县城,少留寺阁,足知其不忭也。岂徒雪月之间哉?伫归山后,"看花满眼泪""回首汉公卿""人意共春风"(原注:上二句杨庶子)、"哀多如更闻",下至于"塞广雪无穷"之句,可得而评也。郑杂事不罪章指,亦望呈达。知非子狂笔。

与王驾评诗书(节录)

……国初,上好文章,雅风特盛。沈、宋始兴之后,杰出(于)江宁,宏肆于李、杜,极矣!右丞、苏州,趣味澄复,若清沇之贯达。大历十数公,抑又其次。元、白力勍而气孱,乃都市豪估耳。刘公梦得、杨公巨源,亦各有胜会。浪仙、无可、刘德仁辈,时得佳致,亦足涤烦。厥后所闻,徒褊浅矣。河汾蟠郁之气,宜继有人。今王生者寓居其间,沉渍益久,五言所得,长于思与境偕,乃诗家之所尚者。……

《四部丛刊》本《司空表圣文集》

二十四诗品(选录)

[旧题] 司空图

雄浑

大用外腓,真体内充。返虚入浑,积健为雄。具备万物,横绝太空。荒荒油云,寥寥长风。超以象外,得其环中。持之非强,来之无穷。

冲淡

素处以默,妙机其微。饮之太和,独鹤与飞。犹之惠风,荏苒在衣。阅音修篁,美曰载归。遇之非深,即之愈希。脱有形似,握手已违。

自然

俯拾即是，不取诸邻。俱道适往，著手成春。如逢花开，如瞻岁新。真与不夺，强得易贫。幽人空山，过雨采苹。薄言情语，悠悠天钧。

含蓄

不著一字，尽得风流。语不涉己，若不堪忧。是有真宰，与之沉浮。如渌满酒，花时返秋。悠悠空尘，忽忽海沤。浅深聚散，万取一收。

委曲

登彼太行，翠绕羊肠。杳霭流玉，悠悠花香。力之于时，声之于羌。似往已回，如幽非藏。水理漩洑，鹏风翱翔。道不自器，与之圆方。

形容

绝伫灵素，少回清真。如觅水影，如写阳春。风云变态，花草精神。海之波澜，山之嶙峋。俱似大道，妙契同尘。离形得似，庶几斯人。

飘逸

落落欲往，矫矫不群。缑山之鹤，华顶之云。高人惠中，令色絪缊。御风蓬叶，泛彼无垠。如不可执，如将有闻。识者期之，欲得愈分。

人民文学出版社郭绍虞《诗品集解》

【思考题】

1. 司空图对"意境"理论的形成有何贡献？
2. 谈谈司空图诗论对后世的影响。

宋金元卷

宋金元文学理论批评概述

在中国文学批评发展史上，宋金元文论在继承魏晋南北朝及隋唐五代文学理论的基础上，得到了很大的深化和发展，成为中国古代文论史上的一个重要发展阶段。这一方面是由文学自身的发展变化所带来的，如传统诗文中，宋诗在唐诗达到极盛而难以为继的态势下，另辟蹊径，在苏轼、黄庭坚等优秀作家的努力下，取得了巨大成就，形成了与唐诗迥然不同的艺术风貌。而这也同时从某种意义上引发并带来了宋代诗学的争鸣和繁荣，如唐宋诗之争和南宋以至金元批评家对苏黄及江西诗派的批评和争议，便是这一文学创作实践在理论上的集中反映。关于散文创作，宋代古文家诸如欧阳修、王安石、苏轼等则在继承唐代韩愈、柳宗元古文运动的基础上，在新的历史形势下，有了进一步的全面发展，同时在古文理论上也取得了巨大成就。诗文创作和理论的繁荣，还促成了诗话和文话这两种特殊文学批评形式的出现和兴盛。传统诗文创作之外，作为宋代"一代有一代之文学"的典型文体，宋词在唐五代以来出现了繁盛的创作局面，名家名作辈出，豪放派、婉约派并起，同时词学上的豪放、婉约之争，也深化了词的创作和批评并带来了一定的变化，而词学理论也因此得到了一定的发展。

另一方面，宋代文化的空前繁荣，也带来了文学批评的兴旺发达。陈寅恪称："华夏民族之文化，历数千年之演进，造极于赵宋之世。"（《金明馆丛稿》二编）宋史大家邓广铭亦云："两宋期内的物质文明和精神文明所达到的高度，在中国整个封建社会历史时期之内，可以说是空前绝后的。"（《谈谈有关宋史研究的几个问题》）宋代的政治、经济、文化、思想等各方面的全面发展也影响到文学理论批评的方方面面。政治上，宋代偃武修文，改革科举制度，重用文官，如宋太祖便屡称"宰相需用儒者"和"不得杀士大夫及上书人"（陆游《避暑漫钞》），这形成了宋王朝文人执政的政治局面，也促使宋代士人普遍以儒家的修齐治平为己任，体现在文学批评上，便是注重文学的社会功能，主张文章要经世致用，具有强烈的批判社会现实和揭露政治黑暗的历史责任感。思想上，宋代儒学复古主义思潮兴起并有了新的发展,形成了作为官方哲学的宋代理学,成为封建社会后期的统治思想。体现在文学上,诸如文与道的关系上,则出现了"作文害道"的理学家的极端观点,对文学创作和文学批评具有一定的消极影响。理学发达的同时,佛教也得到很大发展,尤其是禅宗的繁荣,对文学的审美艺术诸如含蓄深远的意境论及平淡自然的自然美等则产生了很大的积极影响。

宋代文学理论批评大体分为北宋和南宋两个时期。北宋前期的诗文革新运动中,欧阳修、梅尧臣、王安石以及苏轼的文学思想最为代表。北宋后期则以黄庭坚为首的江西诗派文学理论影响最大。南宋古文创作和批评趋于衰落,但诗论则有进一步的发展,尤其是对江西诗派的批判以及唐宋诗之争更成为宋代诗论的一大特色。此外,词论和诗话也是宋代文论的重要组成部分。以下我们以时代发展脉络为线索,选取重要的批评家为叙述对象,简要勾勒出宋代文论的整体风貌。

北宋前期,诗文革新运动是从批判宋初西昆体而展开的。宋初统治者优待文士,厚其俸禄,召集馆阁之士,整理编纂文献书籍,以杨亿为代表的西昆体因此而产生。西昆体文学继承了晚唐五代浮靡文风,片面追求声律的谐和和辞藻的华美,为宋王朝粉饰太平,而不关注社会现实,风靡一时,成为宋初文学的主流。柳开和王禹偁以儒学复兴为己任,继承中唐韩愈、柳宗元以来的古文传统,提倡建立一种经世致用的文风,对时文进行了激烈的批判。他们提倡古文,反对时文,目的是为了恢复古道。柳开、王禹偁以古文反对时文的鲜明主张虽对北宋古文运动具有开创之功,但由于理论和实践上的力量及成就局限,故而影响并不大,未能改变宋初的浮华侈靡文风。北宋最早鲜明地对西昆体进行批判的是石介,他在《怪说中》一文中对杨亿西昆体进行了猛烈攻击。但由于重道轻文,忽视文学的审美特征,不免偏激片面,同时形成了怪僻的太学体,与西昆体一样成为宋初文坛的两股逆流。欧阳修领导的北宋诗文革新运动,首先就是倡导内容充实和风格自然之作,来反对西昆体和太学体的末流之弊。苏轼继之,对文学创作的内部和外部规律进行了全面深入的探讨,形成了系统的文学理论体系。而同时的梅尧臣、王安石、曾巩、苏辙等都在诗文批评上取得了很大的成就。

欧阳修在文与道的关系上,重道而不轻文,提出"道胜而文不难自至"的观点。主张文学要关注社会现实,"施之于事"。他重视文学的抒情特征,继韩愈"不平则鸣"说,提出了"穷而后工"的重要见解。在文学的审美风格和意境创造上,他强调自然天成和忘形传神,赞赏梅尧臣"状难写之景,如在目前;含不尽之意,见于言外"的意境论。梅尧臣除了重视诗歌意境美的创造之外,还极力推崇诗歌"平淡"的美学风貌并反复论述,这对宋人普遍重视"平淡自然"美具有重大影响。苏轼是北宋最重要的文学批评家,他重视文学的发愤抒情特征,主张文学创作应当"有为而作""胸中之言日益多,不能自制",方可为文,即为文要发乎自然。他继承欧阳修"穷而后工"说,提出了"秀语出寒饿,身穷诗乃亨"的观点(《次韵仲殊雪中游西湖》)。同时关注社会现实,认为文须"言必中当世之过"(《凫绎先生诗集叙》),要借诗歌来抒发其"愤世嫉邪意"。在文学创作的认识和实践问题上,他主张"技道两进"和"有道有艺",以及"了然于心"和"了然于口于手"二者并重的观点。关于文学创作中的构思问题,他认为创作过程中,作家必须要进入"虚静""物化"的心理状态,主客体融为一体,才能使艺术创作达到神化的境界。构思中他重视灵感的萌发和捕捉,即"作诗火急追亡逋,清景一失后难摹"(《腊日游孤山访惠勤惠思二僧》),"求物之妙,如系风捕影"(《答谢民师书》)。在文学的创作原则和形象塑造上,他主张要准确地表现事物的本质特征和内在特点,顺乎自然,即"随物赋形"和"尽物之态"。同时描写物象要表现其自然神韵,得其"真态",无人工雕琢痕迹,这样才能形神并茂,传其神韵,"得其意思"所在。与此相关的,是他非常重视诗歌意境的味外之旨和自然平淡之美。要之,苏轼文学理论的最大贡献在于他对文学创作规律及艺术美学风貌的重视和挖掘。

北宋后期,作为宋代"江西诗派"的开创者,黄庭坚的文学思想在苏轼之后别树一帜,有与其分庭抗礼之势,是宋代文论中的又一典型代表。在文与道的关系上,黄庭坚受儒家正统思想尤其是宋代理学的影响很深,认为"文章者,道之器也;言者,行之枝叶也"(《次韵杨明叔序》)。他肯定《诗经》以来诗歌的讽谏怨刺功用,但认为要含蓄蕴藉,温柔敦厚,不可愤激谩骂,过于直露,即"怒邻骂坐""以快一朝之忿"。故而他指责东坡"好骂"和杜甫"几于骂"的作法,是"失诗之本旨也",不符合诗歌含蓄蕴藉的艺术特点。他主张创作要以深厚广博的学问为基础,即"词意高胜,要从学问中来尔"(《论作诗文》)。他虽然提倡要熟读和借鉴前人作品,但反对模拟因袭古人,而强调"以故为新,以俗为雅""夺胎换骨""点铁成金",学古而不泥古,学古中要有创新,即"随人作计终后人,自成一家始逼真"(《赠高子勉》)。黄庭坚文学创作理论的核心是主张严格地遵循法度,全面掌握诗文创作的形式技巧,诸如命意、布局、格律、章法、字法、句法等。他尤重句法,如称陈师道"得老杜句法,今之诗人不能到也"(《答王子飞书》),"传得黄州新句法""句法窥鲍谢"等皆是。黄庭坚的文学思想影响所及,形成了以他为首的江西诗派,其中陈师道、吕本中等在文学理论批评上都有很大的建树。

靖康之变(1126)后,宋君臣仓皇南渡,偏安于临安一隅。南宋经济文化持续繁荣,而政治时局动荡不安,社会民族矛盾加深加剧,这些都给文学创作和文学批评带来巨大影响。南宋古文理论趋于衰落,诗学批评则承北宋后期余绪有了进一步的发展,尤其是对苏黄和对江西诗派的批判以及唐宋诗之争等,形成了强大的文学思潮,陆游、杨万里、张戒、姜夔、严羽、刘克庄等都取得了很大成就。

南宋初期,关于江西诗派的争论占据着诗坛主流。一方面是从江西派入又从江西派出的一些作家诸如吕本中、陆游、杨万里的诗论。如吕本中在江西诗派严格遵循法度规矩之外,提倡自由灵活的"活法"论以救弊补偏,矫江西之失。他认为"所谓活法者,规矩备具,而能出于规矩之外,变化不测,而亦不背于规矩也"(《夏均父集序》)。他既肯定黄庭坚的法度,同时又赞赏苏轼的不拘法度,所以"活法"说是融合或者说调合苏黄诗法论而形成的。如果说吕本中在理论上力图打破江西诗派的束缚,那么陆游、杨万里则从创作实践上彻底度越了江西藩篱,并在理论上也颇有建树。陆游继承司马迁"发愤著书"说,认为文学必须以情感人,"盖人之情,悲愤积于中而无言,始发于诗"(《淡斋居士诗集序》)。"若遭变遇谗,流离困悴,自道其不得志,是亦志也。然感激悲伤,忧时闵己,托情寓物,使人读之,至于太息流涕,固难矣。"(《曾裘父诗集序》)他尤重文学和现实之间的关系,主张"工夫在诗外","君诗妙处吾能识,正在山程水驿中"。关于杨万里的文学思想,首先他提倡独创,自成一家,反对模拟因袭和宗派习气。如称"传派传宗我替羞,作家各自一风流。黄陈篱下休安脚,陶谢行前更出头"(《跋徐恭仲省干近诗》)。和陆游一样,他也认为文学创作要从社会现实生活中寻找灵感,要以自然为师,反对江西诗派从书本中讨学问。如屡称"闭门觅句非诗法,只是征行自有诗""城里哦诗枉断髭,山中物物是诗题"。在诗歌的意境创造上,他继承司空图、苏轼以来的"味外之味"说,提出"去词去意"论,要求诗歌要具有超乎词意之外的含蓄不尽的味外之味。如他称"善诗者去词""善诗者去意"(《颐庵诗稿序》),"读书必知味外之味,不知味外之味而曰我能读书者否也"(《习斋论语讲义序》)。这与他重"兴"的诗歌艺术美学特征有异曲同工之处。如他称"大抵诗之作也,兴上也,赋次也,赓和不得已也"。

南宋对江西诗派的批判要数两部重要诗话的作者张戒和严羽最为鲜明和激烈。张戒反对苏轼、黄庭坚诗用事押韵,如《岁寒堂诗话》云:"苏黄用事押韵之工,至矣尽矣,然究其实,乃诗人中一害,使后生只知用事押韵之为诗,而不知咏物之为工,言志之为本也,风雅自此扫地矣"。这与他重视意境的创造,认为用事押韵有碍于诗歌含蓄不尽的意境韵味之美有关。如他称"诗之工,特在一时情味",不可"词意浅露,略无余蕴"。严羽与张戒相似,不满苏黄以来"以文字为诗,以才学为诗,以议论为诗"的宋诗风气,严厉指责江西诗弊端,宣称"说江西诗病,真取心肝刽子手"。他推崇汉魏盛唐之诗,主张"以盛唐为法",强调吟咏性情、兴趣妙悟和别材别趣之说,这一切都是为了诗歌创作要具有"透彻玲珑,不可凑泊"之"言有尽而意无穷"的意境之美。

宋代理学繁荣,理学家的文论是宋代文论的重要组成部分,尤其是在文与道的关系上和文学的教化功用上,可与宋代古文家理论相互发明。理学也叫新儒学,是中国传统儒学在新的历史时期,为适应封建统治的需要应时而生的官方哲学和正统思想,对文学思想的影响很大。宋代理学继承中唐儒学复古主义而有了进一步的发展,宋初理学先驱如孙复、石介等都推崇韩愈古文,是宋初古文提倡者,但已体现出重道轻文的倾向。到了周敦颐、邵雍和二程等则完全轻视文学,认为"作文害道""学诗妨事"了。南宋朱熹则提出文道一贯论,对此有所矫正。北宋道学家的文论核心是"主理抑情"论,如提出了"存天理,灭人欲"的主张,认为"情之溺人也甚于水",反对为诗"溺于情好也"(邵雍《伊川击壤集》)。为了维护天理,要使诗歌"不累于性情",这就完全否定了诗歌的抒情本质,把情和理彻底对立起来。同时他们脱离现实,不关注社会政治,使文学成为了"语录讲义之押韵者",关于这一点,宋末刘克庄和周密等批判得最为尖锐和深刻。

宋词创作极为兴盛,成为了"一代有一代之文学"的典型文体,宋代词学也随之有了很大的发展。宋代词论的核心是围绕婉约派和豪放派以及尊体和破体之争而展开的。李清照《论词》中认为词与诗不同,"别是一家",反对晏殊、欧阳修、苏轼等以诗为词,认为他们所作之词"皆句读不葺之诗耳,又往往不协音律"。陈师道也维护推尊传统词的婉约本色,反对苏轼以诗为词,如《后山诗话》云:"退之以文为诗,子瞻以诗为词,如教坊雷大使之舞,虽极天下之工,要非本色。"另一派词论认为,诗词本无分别,极力支持苏轼、辛弃疾的豪放词,认为是对词体的突破和创新。如苏轼便认为诗词同质,本为一理。其《祭张子野文》云:"微词婉转,盖诗之裔。"南宋胡寅也认为:"词曲者,古乐府之末造也。古乐府者,诗之傍行也。"故而他极赞苏轼,如《题酒边词》中他认为:"及眉山苏轼,一洗绮罗香泽之态,摆脱绸缪宛转之度,使人登高望远,举首高歌,而逸怀浩气超然乎尘垢之外。"王灼《碧鸡漫志》也高度评价和肯定了苏轼豪放词,他称:"东坡先生以文章余事作诗,溢而作词曲,高处出神入天,平处尚临镜笑春,不顾侪辈。或曰:'长短句中诗也。'为此论者,乃是遭柳永野狐涎之毒。诗与乐府同出,岂当分异?"又云:"长短句虽至本朝盛,而前人自立,与真情衰矣。东坡先生非醉心于音律者,偶尔作歌,指出向上一路,新天下耳目,弄笔者始知自振。"南宋词论还有对辛弃疾豪放词的大力称赞和肯定。如范开《稼轩词序》云:"故其词之为体,如张乐洞庭之野,无首无尾,不主故常;又如春云浮空,卷舒起灭,随所变态,无非可观。无他,意不在于作词,而其气之所充,蓄之所发,词自不能不尔也。"再如刘克庄《辛稼轩集序》:"余谓柳耆卿直留连光景,歌颂太平尔。公所作大声鞺鞳,小声铿鍧,横绝六合,扫空万古,自有苍生以来所无。其秾纤绵密者,亦不在小晏秦郎之下。"再如宋元之交刘辰翁《辛稼轩词序》云:"词至东坡,倾荡磊落,如诗如文,如天地奇观。……及稼轩横竖烂漫,乃如禅宗棒喝,头头皆是。有如悲笳万鼓,平生不平,事并厄酒,但觉宾主酣畅,谈不暇顾。词至此亦足矣。"从以上所列宋代词学文献可以看出,推崇和肯定苏辛豪放词派的词论是南宋词学理论的主流。

在中国文学批评发展史上,金元是一个特殊时期,其文学批评成就虽不能与宋、明相比,但亦不乏时代鲜明特色。最具代表的是对宋代诗学的反思,尤其是对以苏黄为代表的宋诗风貌以及江西诗派的褒贬不一,从不同角度给予观照和总结。同时戏曲、小说批评也有了一定的发展。金元时期较有成就的批评家有王若虚、元好问、方回、杨维桢等。

金代文学思想重视思想内容的充实厚重,风格上尚豪壮慷慨,颇杂"幽并之气",具有鲜明的北方地域特点。在文学思想内容和语言形式之间的关系上,王若虚强调内容的主导作用,认为"文章以意为主,以言语为役"。他赞扬白居易诗"与元气相侔""情致曲尽""随物赋形""哀乐之真,发乎情性,此诗之正理也"。认为文要情感真挚,如从肺肝中流出,而形式自然如天生化成,进而提出了他的"自得"说。在此基础上,他认为苏轼之所以胜过黄庭坚,正是因为苏轼纵横自如,如行云流水,自然天成。而黄庭坚则往往"高谈句律""斤斧准绳",有雕琢之痕及模拟因袭之弊。也因此,他在诗歌的艺术审美上,亦赞同苏轼以传神为主和形神并重的主张。《论诗绝句三十首》是元好问文学思想的集中体现。关于文学的本质,他认为诗歌应当自由抒发作者的真实情感,如人的"元气"自然流出。作诗当"满心而发,肆口而成"(《新轩乐府引》),"如元气淋漓,随物赋形"(《杜诗学引》),进而提出言为心声、书为心画的观点。在文学创作上,他主张天成自然而无人工雕琢之迹,即"一语天然万古新,豪华落尽见真淳""慷慨歌谣绝不传,穹庐一曲本天然"。在文学风格上,他喜欢慷慨豪壮之风,反对儿女情长之作。如称"曹刘坐啸虎生风,四海无人角两雄","风云若恨张华少,温李新声奈若何?"在文学的意境美上,他认为当"寄妙理于言外""情性之外,不知有文字"。这继承了司空图、苏轼、严羽以来的味外之旨、言有尽而意无穷之含蓄蕴藉的意境论。他对江西诗派闭门觅句、步趋古人的弊端进行了批判,称陈师道"传语闭门陈正字,可怜无补费精神"。称黄庭坚"论诗宁下涪翁拜,未作江西社里人"。

  元代方回可以说是江西诗派的护法者,他在《瀛奎律髓》中极力回护和称颂黄庭坚和陈与义,这与南宋金元批评家大多指责批判江西诗派形成了鲜明对比。他提出"一祖三宗"说,如他称:"老杜诗为唐诗之冠。黄陈诗为宋诗之冠。黄陈学老杜者也。嗣黄陈而恢张悲壮者,陈简斋也。"为此他提出"格高"说,要求把忧国忧民的思想内容和浑雄天成的艺术境界完美融合起来,如他称"简斋诗独是高格,可及子美"。在诗歌的情景关系上,他认为情和景不可分离,当"景在情中,情在景中",情景交融,这对王夫之的情景论有很大影响。在诗歌的语言风格和意境韵味上,他反对"深于学问","工于语言",主张"出于天真之自然"的富于韵味之作(《赵宾旸诗集序》)。张炎《词源》是宋元之际最重要的词学理论著作。在词的创作上,他提倡"本色语","特立清新之意,删削靡曼之词",要有"自然而然"之美。而在词的意境创造上,他提出了"清空""意趣"之说,认为作词要"如野云孤飞,去留无迹""全在情景交炼,得言外意"。杨维桢是元代后期重要批评家,他提倡古乐府,文学创作和批评都有明显的复古倾向。他提倡师古学杜,但认为必须本于自己的性情而师心自用,即"宗杜者要随其人之资所得耳","诗者人之性情也,人各有性情,则人各有诗也"(《李仲虞诗序》)。正因如此,他的"铁崖体"雄奇怪丽,虽以学李贺之奇诡为主,但又兼具三李(李白、李商隐、李贺)之长,自成一家。

  随着小说、戏曲在唐宋时期的发展和繁荣,宋金元时期的小说戏曲批评也逐渐萌生和发展。宋代已经开始有了一些比较自觉的小说批评,如南宋洪迈的《夷坚志》和《容斋随笔》等,对小说的价值及虚构特征等都有所论述。刘辰翁对《世说新语》的批评则被认为是小说评点的滥觞。罗烨的《醉翁谈录》也有部分关于小说的批评理论。关于戏曲理论,宋元之际燕南芝庵的《唱论》和周德清的《中原音韵》多从论舞台人物唱腔、音律为主,还未涉及戏剧的文学特征。胡祗遹则在《赠宋氏序》《优伶赵文益诗序》《黄氏诗卷序》等文中对戏剧和现实生活的关系、戏剧的社会政治功能以及人物的神态风度、表演技巧、艺术修养等方面都有所涉及。钟嗣成的《录鬼簿》则是宋元时期戏曲理论中最重要的著作之一，书中收录记载戏曲作家生平事迹和作品名目，在中国戏曲史上具有重要的文献史料价值。他在序中称要为"门弟卑微""湮没无闻"的戏曲作家"传其本末，吊以乐章"，给予这些低微的作家高度评价，这对提高戏曲的地位具有重要意义。杨维桢也是元末重要的戏剧理论批评家，他认为戏曲是古诗之流，意欲抬高戏曲的地位。如《周月湖今乐府序》云："夫词曲本古诗之流，既以乐府名编，则宜有风雅余韵在焉。"同时他认为戏曲与传统诗文一样，具有讽谏怨刺之功用。如《朱明优戏序》中称"俳优侏儒之戏，或有关于讽谏，而非徒一时耳目之玩也"。

柳　开

【作者简介】

柳开（947—1000），字仲涂，号东郊野夫、补亡先生，大名（今河北）人。柳开为柳公权五世孙。父承翰，乾德初监察御史。开幼颖异，有胆勇。既就学，喜讨论经义。五代文格浅弱，慕韩愈、柳宗元为文，因名肩愈，字绍先。既而改名字，以为能开圣道之涂也。尚气自任，不顾小节，所交皆一时豪隽。范杲好古学，尤重开文，世称为"柳、范"。开宝六年（973）举进士，历任司寇参军、赞善大夫、团练副使、监察御史、殿中侍御史及知常州、润州、宁边军、全州、桂州、环州、曹州、邢州、代州、忻州等。咸平三年（1000）徙沧州道中病卒，年五十四。他反对宋初的华靡文风，为宋代古文运动倡导者。作品文字质朴，然有枯涩之病。著有《河东先生集》，诗作现存八首。《宋史》卷四百四十有传。

应　责[1]

或责曰：子处今之世，好古文与古人之道，其不思乎？苟思之，则子胡能食乎粟、衣乎帛、安于众哉？[2]众人所鄙贱之，子独贵尚之，孰从子之化也，忽焉将见子穷饿而死矣[3]。

柳子应之曰：于乎！天生德于人，圣贤异代而同出。其出之也，岂以汲汲于富贵[4]，私丰于己之身也，将以区区于仁义，公行于古之道也。己身之不足，道之足，何患乎不足；道之不足，身之足，则孰与足？今之世与古之世同矣，今之人与古之人亦同矣。古之教民，以道德仁义；今之教民，亦以道德仁义。是今与古，胡有异哉？古之教民者，得其位，则以言化之，是得其言也，众从之矣；不得其位，则以书于后，传授其人，俾知圣人之道易行[5]，尊君敬长，孝乎父，慈乎子。大哉斯道也，非吾一人之私者也，天下之至公者也。是吾行之，岂有过哉？且吾今栖栖草野[6]，位不及身，将以言化于人，胡从于吾矣。故吾著书自广[7]，亦将以传授于人也。

　　子责我以好古文。子之言，何谓为古文？古文者，非在辞涩言苦，使人难读诵之；在于古其理，高其意，随言短长[8]，应变作制，同古人之行事，是谓古文也。子不能味吾书，取吾意，今而视之，今而诵之；不以古道观吾心，不以古道观吾志，吾文无过矣。吾若从世之文也，安可垂教于民哉？亦自愧于心矣。欲行古人之道，反类今人之文，譬乎游于海者，乘之以骥，可乎哉？苟不可，则吾从于古文。吾以此道化于民，若鸣金石于宫中，众岂曰丝竹之音也，则以金石而听之矣[9]。

　　食乎粟，衣乎帛，何不能安于众哉？苟不从于吾，非吾不幸也，是众人之不幸也；吾岂以众人之不幸，易我之幸乎？从吾穷饿而死，死即死矣，吾之道岂能穷饿而死之哉？吾之道，孔子、孟轲、扬雄、韩愈之道；吾之文，孔子、孟轲、扬雄、韩愈之文也。子不思其言，而妄责于我。责于我也即可矣，责吾之文，吾之道也，即子为我罪人乎！

《四部丛刊》影旧钞本《河东先生集》卷一

【题解】

　　柳开崇尚韩愈、柳宗元古道古文，原名肩愈，字绍先，意思是肩韩愈而祖绍柳宗元，即《河东先生集》卷十六张景《柳公行状》所谓"因为文直以韩文为宗尚"，"遂名肩愈"。卷五《答梁拾遗改名书》称"复以绍先字之，谓将绍其祖而肩其贤也"。后又改名为开，字仲涂，意谓"将开古圣贤之道于时也，将开今人之耳目使聪且明也，必欲开之，为其涂矣，使古今由于吾……达于孔子者也"（卷二《补亡先生传》）。关于篇名，在中国文学史上，东方朔的《答客难》初步确立了设论体的文体范式，成为该文体的开山之作。其后，扬雄作《解嘲》，进一步推动了这种文体的发展。到了东汉，自班固的《答宾戏》、《应讥》和崔骃的《达旨》，相继出现了众多的模拟之作。《应责》是设论体中具有代表性的一篇。

【注 释】

1. 应责:对别人的指责、责备所做的应答、回应。是一种自问自答的设问体,也叫问难体等。

2. 食乎粟、衣乎帛:《国语·鲁语》:"季文子相宣、成,无衣帛之妾,无食粟之马。仲孙它谏曰:'子为鲁上卿,相二君矣,妾不衣帛,马不食粟,人其以子为爱,且不华国乎!'文子曰:'吾亦愿之。然吾观国人,其父兄之食粗而衣恶者犹多矣,吾是以不敢。人之父兄食粗衣恶,而我美妾与马,无乃非相人者乎!且吾闻以德荣为国华,不闻以妾与马。'"《孟子》:"陈相见孟子,道许行之言曰:'滕君则诚贤君也,虽然,未闻道也。贤者与民并耕而食,饔飧而治。今也滕有仓廪府库,则是厉民而以自养也,恶得贤?'孟子曰:'许子必种粟而后食乎?'曰:'然。''许子必织布而后衣乎?'曰:'否,许子衣褐。''许子冠乎?'曰:'冠。'曰:'奚冠?'曰:'冠素。'曰:'自织之与?'曰:'否,以粟易之。'"

3. 穷饿而死:《后汉书·赵典传》:"遭岁大饥,散家粮以赈穷饿,所活万余人。"韩愈《题合江亭寄刺史邹君》:"中丞黜凶邪,天子闵穷饿。"文天祥《〈指南录〉后序》:"穷饿无聊,追购又急。"王明清《挥尘后录》:"初,元长之窜也,道中市食饮之物,皆不肯售,至于辱骂,无所不至。遂穷饿而死。"康有为《大同书》甲部绪言:"或寡妇思夫之夜哭,或孤子穷饿之长啼。"

4. 汲汲于富贵:陶渊明《五柳先生传》:"赞曰:黔娄有言:'不戚戚于贫贱,不汲汲于富贵。'"汲汲:形容急切的样子,表示急于得到的意思。

5. 俾:使,把。《诗·邶风·日月》:"俾也可忘。"方苞《狱中杂记》:"苟入狱,不问罪之有无……俾困苦不堪。"

6. 栖栖:惶惶不安,处境凄凉。王充《论衡·指瑞》:"圣人栖栖忧世,凤皇、骐麟亦宜率教。"白居易《伤友》:"陋巷孤寒士,出门苦栖栖。"梅尧臣《勉致仕李秘监》:"禄仕四十年,内乏釜钟粟。归来托四邻,栖栖无片屋。"

7. 著书自广:广:宽广,引申为宽慰。即司马迁"发愤著书"之意。《史记·屈原贾生列传》:"自以为寿不得长,伤悼之,乃为赋以自广。"

8. 随言短长:韩愈《答李翊书》:"气盛则言之短长与声之高下者皆宜。"

9. 金石丝竹:为我国古代八种制造乐器的材料,包括金、石、丝、竹、匏、土、革、木八种不同质材所制。同时也是中国历史上最早的乐器科学分类法,分别是金(钟、镈、铙)、石(磬)、丝(琴、瑟)、竹(箫、篪)、匏(笙、竽)、土(埙、缶)、革(鼗、鼓)、木(柷、敔)八类。亦泛指音乐。葛洪《抱朴子·博喻》:"故离朱剖秋毫于百步,而不能辩八音之雅俗。"

【讲疏】

本文集中反映了柳开针对宋初沿袭晚唐五代淫靡骈偶文风而提倡古

道和古文的文学思想。首先,他提倡和喜好古文古道是有感而发的。即"子处今之世,好古文与古人之道"而"独贵尚之",正是因为看到宋初文风普遍崇尚唐末五代浮艳纤丽而致内容空虚的弊端,即"众人所鄙贱之(古文古道)"。所以他认为"今之世与古之世同矣,今之人与古之人亦同矣",即《上王学士第四书》所云"世如不好习于古"而"世之习于今,有能者尚皆好之矣"。故而他的提倡古文和古道有很强的现实意义。

其次,道统文统观。他所提倡的古道古文是有一个清晰的传承轨迹的,即:"吾之道,孔子、孟轲、扬雄、韩愈之道,吾之文,孔子、孟轲、扬雄、韩愈之文也。""俾知圣人之道易行,尊君敬长,孝乎父,慈乎子。大哉斯道也。"因此,他所说的古道,继承了韩愈以来孔子、孟子的儒家道德仁义,即在他文中反复申说的"圣人之道",从而在原道、征圣的基础上,提出了他的"宗经"说,即"圣人之经也,其数五"(《答陈昭华书》)。

第三,关于文与道的关系,他主张文是为道服务的,是为了宣扬儒家的仁义道德与教化作用。所以本文中他称"欲行古人之道,反类今人之文,譬乎游于海者,乘之以骥,可乎哉!苟不可,则吾从于古文"。也就是说他提倡古文,正是看到"今人之文"即时文的浮靡空泛而不能伸张"古道",故而他称"文章为道之筌也",是为了"张其道也"(《上王学士第四书》)。在此基础上,他对古文下了定义:"古文者,非在辞涩言苦,使人难读诵之;在于古其理,高其意,随言短长,应变作制,同古人之行事,是谓古文也。"他针对韩门后学皇甫湜、孙樵、樊宗师等尚奇好怪的文风,提倡古文"非辞涩言苦",要"随言短长",也是为了"古其理,高其意",即更好地阐发儒家道德仁义,起到伦理教化作用。这也就是他所谓的"文章为道之筌也,筌可妄作乎?筌之不良,获斯失矣。女恶容之厚于德,不恶德之厚于容也。文恶辞之华于理,不恶理之华与辞也"(卷五《上大名府王祐学士第三书》)。不过,尽管他在古文理论上提倡为文"简而深,淳而精",不可"辞涩言苦",但是其文章创作上却不可避免地具有辞涩言苦之病,具有一定的局限性。

第四,他认为文章的功用有二:一个是他提倡古文,反对"世之文"即时文,进而提倡古道的首要目的和宗旨,便在于"吾以此道化于民",即文章的道德教化作用,所谓"古之教民以道德仁义,今之教民亦以道德仁义""古之教民者,得其位则以言化之""将以言化于人""吾若从世之文也,安可垂教于民哉"。《昌黎集后序》也称"圣人不以好广于辞而为事也,在乎化天下,传来世,用道德而已"。另一个是关于用世济世及讽谏怨刺功能。

要之,正如前文所释他的名号之深意,他是以继承韩、柳的传道者而自居的,即"大哉斯道也,非吾一人之私者也,天下之至公者也"。"是吾行之","故吾著书自广,亦将以传授于人也"。也因此,他不"汲汲于富贵",不顾"穷饿而死",即文中所言"纵吾穷饿而死,死即死矣,吾之道岂能穷饿而死之哉!"从中可以看出他提倡古文以传道的坚定信念,并成为宋初古文运动之先驱。

【关键词解读】

道统　文统

道统观念,起于《孟子·尽心》,他认为由尧、舜、汤、文王、孔子一脉相承。韩愈在《原道》篇中提出了他的道统观:"斯道也,何道也,非老与佛之道也。尧以是传之舜,舜以是传之禹、汤、文武、周公、孔子、孟轲,轲之死,不得其传焉。"认为"孟氏醇乎醇者也,荀子扬雄,大醇而小疵"。"荀与扬,择焉而不精,语焉而不详。"柳宗元则广之,参以佛老。柳开继承韩愈而有所不同,即"吾之道,孔子、孟轲、扬雄、韩愈之道,吾之文,孔子、孟轲、扬雄、韩愈之文也"。《答臧丙第一书》云:"圣人之道,传之以有时也。三代已前,我得而知之,三代已后,我得而言之,在乎尧舜禹汤文武周公也。""孟轲氏没,圣人之道……扬雄、王通",与韩愈一样,反对佛老之道,不过在尧舜禹汤文武周公孟轲之外,把扬雄和王通作为道统的重要一环,最后归结到韩愈,这种道统观大多为宋代欧阳修等所认可和遵守。在文统上,他也与柳宗元杂以经史百家不同,认为"若用其经史百家之言,则杂也"(《上王学士第四书》)。在古文创作上,他自己的文章不免"体近艰涩",王士禛《池北偶谈》讥其"能言而不能行,非过论也"。这与他极力推崇扬雄有关。而其后王禹偁、欧阳修、苏轼都在提倡古文平易晓畅方面,对扬雄"以艰深之言文其浅陋"有所贬责。

【相关知识链接】

宋初结束了晚唐五代长期分裂割据的局面,大部分地区取得了统一,中央集权制度建立,农业、手工业都得到很大发展,人民生活比较安定,社会呈现了繁荣景象。统治者为了粉饰太平,提倡诗赋,君臣唱和不已,晚唐五代以来的浮靡文风也因此得以继续发展。正是在此社会时代政治背景以及创作风气之下,柳开、穆修等以继承韩柳古文传统为己任,儒学复古思潮得以发展。即所谓"本朝古文柳开仲涂,穆修伯长首为之倡"(《河南先生集》附录)。在一定程度上打击了宋初浮靡文风,为其后欧阳修古文运动开风气之先。虽然柳开在古文理论上主张"言疏而理简""简而深，淳而精""随言短长"，继承了韩愈"气盛言宜"说，强调文风平易的一面，以反对时文之讲求骈偶对仗和淫巧侈靡，但自身创作上成就并不高。此外，他虽然也提倡文章要具有"观其政""用于时""与时偕"之"刺其事"和"讽颂规戒"的政治功用，但实际中效果并不明显。所以，总体说来，柳开虽是宋初古文运动的开创者，但影响并不大，也即所谓"本朝柳公仲涂以古道发明之，后卒不能振"（《尹公墓表》）。

【延伸阅读】

以下所选篇目中，《昌黎集后序》和《答臧丙第一书》中亦对他的道统文统观反复申说，而在文与道的关系及宗经主张上，所选诸篇都有所论述，可与本文相互参看。关于文学的功用及文学与现实的关系上，《上王学士第四书》所谓"天下有道则用而为常法，无道则存而为具物，与时偕者也"，"故六经之用于时若是也"，"用于时不足为有道之资，纳于人不足为君子之观"，以及《昌黎集后序》所谓"观先生之文诗，皆用于世者也"云云，在《应责》的文学道德教化功能之外，别立一帜，具有一定的补充作用。

上王学士第四书

开再拜：文籍之生于今久也矣。天下有道则用而为常法，无道则存而为具物，与时偕者也。夫所以观其德也，亦所以观其政也，随其代而有焉，非止于古而绝于今矣。文不可遽为也，由乎心智而出于口。君子之言也度，小人之言也玩。号令于民者，其文矣哉！心正则正矣，心乱则乱矣。发于内而主于外，其心之谓也。形于外而体于内，其文之谓也。心与文一者也。君子用己心以通彼心，合则附之，离则诱之，咸然使至于善矣，故六经之用于时若是也。

或曰：今之文咸异子，子之言统其事而无不干者，亦何经哉？曰：几于苟矣。于身适其取舍之便，于物略其缓急之宜，非制乎久者也。曰：亦自得于心矣，恶不可久乎？曰：裁度以用之，构累以成之。役其心求于外，非由于心以出于内也。曰：杂乎经史百家之言，苦学而积用，不有其功且大乎？曰：如是小矣。君子之文,简而深,淳而精。若欲用其经史百家之言,则杂也。始于心而为君虚,终于文而成乃实,习乎古者也;始于心而为若实,终于文而成乃虚,习乎今者也。习古所以行今,求虚所以用实;能者知之矣,不能者反是。犹乎假彼之物,执为己有可乎?重之以华饰,为伪者于德何良哉!曰:世如不好于习古,子又何为言古乎?曰:世非不好也,未有其能者也。人好其所能也,不好其所不能也。世之习于今,有能者尚皆好之矣。设有能于古者,有不好者哉!曰:若是能之,其伦于经乎?曰:不可伦于经,伦则乱也。下而辅之,张其道也。

曰:子之文何谓也?有志于古未达矣。某不度鄙陋,近献旧文五通:书以喻其道也,序以列其志也,疏以刺其事也,箴以约其行也,论以陈其义也,言疏而理简,气质而体卑。用于时不足为有道之资,纳于人不足为君子之观。妄而贡于执事者,自知其过大矣。执事苟不摈斥,而时得容进于门,而今而后,益知其幸也。开再拜。

昌黎集后序

世谓先生得圣人之道,惜乎不能著书,兹为先生之少也。当时之人,亦有是语焉。余读先生之文,自年十七至于今,凡七年,日夜不离于手,始得其十之一二者哉。呜呼!先生之时,文章盛于古矣,犹有言也,以过于先生。况下先生之后,至于今乎!是谓世不知于先生者也。

夫子之于经书,在《易》则赞焉,在《诗》《书》则删焉,在《礼》《乐》则定焉,在《春秋》则约史而修焉,在经则因参也而语焉,非夫子特然而为也;在《语》则弟子记其言焉,亦非夫子自作也。圣人不以好广于辞而为事也,在乎化天下,传来世,用道德而已。若以辞广而为事也,则百子之纷然竞起异说,皆可先于夫子矣。虽孟子之为书能尊于夫子者,当在乱世也。扬子云作《太玄》《法言》,亦当王莽之时也。其要在于存圣人之道矣!自下至于先生,圣人之经籍虽皆残缺,其道犹备。先生于时作文章,讽颂规戒,答论问说,淳然一归于夫子之旨,而言之过于孟子与扬子云远矣。先生之于为文,有善者益而成之,有恶者化而革之。各婉其旨,使无勃然而生于乱者也。是与章句之徒,一贯而可言耶。

且孟子与扬子云不能行圣人之道于时,授圣人之言于人,所以作书而说焉。观先生之文诗,皆用于世者也。与《尚书》之号令,《春秋》之褒贬,《大易》之通变,《诗》之风赋,《礼》《乐》之沿袭,经之教授,语之训导,酌于先生之心,与夫子之旨,无有异趣者也。先生之于圣人之道,在于是而已矣,何必著书而后始为然也!有其道而无其人,吾所以悲也。有其人而人不知其道,益吾所以悲也。若先生者,不有人不知其道者乎?吾谓世不知于先生也,岂为诬言也哉!

答臧丙第一书

吾子遗我之书,辞意皆是也。然我谦谦不致退让于吾子者,以我之所守,非己之私者也,乃先圣人之所公传者也。故我得直其诚而不谢于吾子耳。

吾子言既止于古,心亦止于古矣;止于古者,是为公也,得其公,而岂以私责于我乎?乃观吾子之书,而达吾子之意,使我昭然弗惑于中也。诚为君子哉。吾子能得此道而行,则寸而日进之,安而时驰之,将见吾子望我之门而入矣。入我之门,则及乎圣人之堂奥,窥乎圣人之室家,是谓吾子达者也。达于此者,固为难矣。吾子勤而慎重之。我之今日能至于是者,始由吾子之道而来。吾子能如是也,我得以一一而言之耳。

呜呼!圣人之道,传之以有时矣。三代已前,我得而知之,三代已后,我得而言之,在乎尧、舜、禹、汤、文、武、周公也。执而行之,用化天下,固吾子与我皆知之耳,不足复烦于辞也。

昔先师夫子,大圣人也,过于尧、舜、文、武、周公辈。周之德既衰,古之道将绝。天之至仁也,爱其民不堪弊,废礼乱乐,如禽兽何。生吾先师,出于下也,付其德而不付其位,亦天之意厥有由乎?付其德者,以广流万世;不付其位者,忌拘于一时。尧、舜、禹、汤、文、武、周公皆得其位者也，功德虽被于当时，至于今则有阙焉，是谓以政行之者不远矣。先师夫子独有其德也，不任于当时之政，功德被乎今日之民，是谓以书存之者能久矣。先师夫子之书，吾子皆常得而观之耳。

厥后寖微，杨墨交乱，圣人之道复将坠矣。天之至仁也，婉而必顺，不可再生其人若先师夫子耳！将使后人知其德有尊卑，道有次序，故孟轲氏出而佐之，辞而辟之，圣人之道复存焉。孟轲氏之书，吾子又常得而观之耳。孟轲氏没，圣人之道火于秦，黄老于汉。天知其是也，再生扬雄氏以正之，圣人之道复明焉。扬雄氏之书，吾子又常得而观之耳。扬雄氏没，佛于魏隋之间，讹乱纷纷，用相为教。上扇其风，以流于下；下承其化，以毒于上。上下相蔽，民若夷狄，圣人之道，隤然告逝，无能持之者。天愤其烈，正不胜邪，重生王通氏以明之，而不耀于天下也。出百余年，俾韩愈骤登其区，广开以辞，圣人之道复大于唐焉。王通氏之书，吾子又常得而观之耳；韩愈氏之书，吾子亦常得而观之耳。夫数子之书，皆明先师夫子之道者也，岂徒虚言哉！

自韩愈氏没，无人焉。今我之所以成章者，亦将绍复先师夫子之道也。未知天使我之出耶，是我窃其器以居，则我何德而及于是者哉！吾子之言，良谓我得圣人之道也，则往之数子者，皆可及之耳。求将及之，则我忍从今之述作者乎？今之述作者，不足以观乎圣人之道也。故我之书，吾子亦常得而观之耳。吾子能以此期于我，我岂敢轻言报之哉！

《四部丛刊》影旧钞本《河东先生集》

【思考题】

结合柳开古文创作实际，谈一谈其古文理论及其影响。

王 禹 偁

【作者简介】

王禹偁(954—1001),字元之,济州巨野(今山东巨野)人。太宗太平兴国三年(983)进士及第,历官成武县主簿、右拾遗、左司谏、知制诰、翰林学士等。稍早于穆修,和柳开同时。"遇事敢言,喜臧否人物,以直躬行道为己任",因此"八年三黜"。咸平元年(998)出知黄州,故后世称他为王黄州。连遭罢黜而不改初衷,曾作《三黜赋》,表示"屈于身兮不屈其道,任百谪而何亏!"苏轼所撰《王元之画像赞并序》,称他"以雄风直道独立当世","耿然如秋霜夏日,不可狎玩"。卒于真宗咸平四年(1001),仅四十八岁。著有《小畜集》《小畜外集》。《宋史》卷二百九十三及《东都事略》有传。

答 张 扶 书

秀才张生足下:仆之登第也,与子之兄为同恩生[1],故仆兄事子之兄,父事子之父,子之与仆亦弟也。子又携文致书,问道于我,虽他人宜有答也,况子之于我哉!然仆顷尝为长洲令[2],因病起抄书,得目疾,不喜视书,书不读数年矣。虽强之,少顷必息其目,不数日不能竟一卷,用是见仆道益荒,而文益衰也。又四年之中,再为谪吏[3],顿挫摧辱,殆无生意。以私家之食之累,未即引去,黾勉于簿书间以度朝夕[4],尚有意讲道而评文乎?为子力读十数章,茫然难得其句,昧然难见其义[5],可谓好大而不同俗矣。

夫文,传道而明心也。古圣人不得已而为之也。且人能一乎心，至乎道，修身则无咎，事君则有立。及其无位也，惧乎心之所有，不得明乎外，道之所畜，不得传乎后，于是乎有言焉；又惧乎言之易泯也，于是乎有文焉。信哉，不得已而为之也！既不得已而为之，又欲乎句之难道邪？又欲乎义之难晓邪？必不然也。

请以六经明之：《诗》三百篇，皆俪其句，谐其音，可以播管弦，荐宗庙，子之所熟也。《书》者，上古之书，二帝三王之世之文也，言古文者，无出于此，则曰："惠迪吉，从逆凶。"[6] 又曰："德日新，万邦惟怀；志自满，九族乃离。"[7] 在《礼》《儒行》者，夫子之文也。则曰"衣冠中，动作慎，大让如慢，小让如伪"云云者[8]。在《乐》则曰："鼓无当于五声，五声不得不和；水无当于五色，五色不得不彰。"[9] 在《春秋》则全以属辞比事为教[10]，不可备引焉。在《易》则曰："乾道成男，坤道成女。日月运行，一寒一暑。"[11] 夫岂句之难道邪，夫岂义之难晓邪？

今为文而舍六经，又何法焉？若第取其《书》之所谓"吊由灵"[12]，《易》之所谓"朋盍簪"者[13]，模其语而谓之古，亦文之弊也。近世为古文之主者，韩吏部而已。吾观吏部之文，未始句之难道也，未始义之难晓也。其间称樊宗师之文必出于己，不袭蹈前人一言一句[14]；又称薛逢为文，以不同俗为主[15]。然樊、薛之文，不行于世；吏部之文，与六籍共尽。此盖吏部诲人不倦，进二子以劝学者。故吏部曰："吾不师今，不师古，不师难，不师易，不师多，不师少，惟师是尔。"[16]

今子年少志专，雅识古道，又其文不背经旨，甚可嘉也。姑能远师六经，近师吏部，使句之易道，义之易晓，又辅之以学，助之以气，吾将见子以文显于时也。某顿首。

《四部丛刊》影旧抄本《小畜集》卷十八

【题解】

王禹偁是宋初古文理论和创作实践都取得重大成就的批评家和作家，对于整个宋代散文讲求平易晓畅之艺术风格的形成产生了积极作用。与柳开、穆修等相比，在当时文坛影响更大。这与其继承韩柳师道说，以传道者为己任，善于延徒授学和奖掖后进有很大关系，如孙何、丁谓等便都得到他的称扬引举。本文及《再答张扶书》和《送孙何序》等都能看到他对后学"问道于我者"在"讲道而评文"上的循循善诱和谆谆教诲,亦开宋代古文之师道传统。

【注释】

1. 同恩生:科举同榜及第进士。因同时受皇恩,故称。
2. 然仆顷尝为长洲令:王禹偁宋太宗太平兴国八年(983)登进士第,授成武县(今属山东)主簿,迁大理评事。次年,改任长洲(今江苏苏州)知县。
3. 又四年之中,再为谪吏:王禹偁于太宗至道元年(995)因讪谤罪罢知滁州。诏还后又于真宗咸平元年(998)出知黄州。
4. 黾勉:亦作"黾俛"。勉励,尽力。《诗·邶风·谷风》:"黾勉同心,不宜有怒。"毛传:"言黾勉者,思与君子同心也。"苏轼《屈原庙赋》:"黾勉于乱世而不能去兮,又或为之臣佐。"亦有勉强之意。如葛洪《抱朴子·自叙》:"乃表请洪为参军,虽非所乐,然利可避地于南,故黾勉就焉。"吴兢《贞观政要·纳谏》:"虽黾勉听受,而意终不平。"
5. 昧然:昏茫无知的样子。昧:暗,不明。《庄子·田子方》:"臧丈人昧然而不应,泛然而辞。"元稹《献事表》:"若臣稹者,禀性驽钝,昧然无识。"
6. 惠迪吉,从逆凶:《书·大禹谟》:"惠迪吉,从逆凶。"孔传:"迪,道也。顺道吉,从逆凶。"
7. 德日新四句:《尚书·商书·仲虺之诰》:"德日新,万邦惟怀;志自满,九族乃离。王懋昭大德,建中于民,以义制事,以礼制心,垂裕后昆。"
8. 衣冠中四句:《礼记·儒行第四十一》:"儒有衣冠中,动作慎;其大让如慢,小让如伪,大则如威,小则如愧;其难进而易退也。粥粥若无能也。其容貌有如此者。"
9. 在《乐》则曰几句:出于《礼记·学记》:"古之学者,比物丑类。鼓无当于五声,五声弗得不和;水无当于五色,五色弗得不章;学无当于五官,五官弗得不治;师无当于五服,五服弗得不亲。"文中误为出于《乐记》。
10. 在《春秋》句:属辞比事,属音嘱 zhǔ,指连缀文辞,排比事实,记载历史。《礼记·经解》:"属辞比事,《春秋》教也。"
11. 在《易》则曰句:《易经·系词》:"鼓之以雷霆,润之以风雨,日月运行,一寒一暑,乾道成男,坤道成女。"
12. 吊由灵:《尚书·盘庚》:"朕及笃敬,恭承民命,用永地于新邑。肆予冲人,非废厥谋,吊由灵;非敢违卜,用宏兹贲。"吊:善,指迁都善事。灵各:灵格,专门负责占卜的人。
13. 朋盍簪:《易·豫》"九四"爻辞:"由豫,大有得;勿疑,朋盍簪。"王弼注:"盍,合也。簪,疾也。"以上所谓"吊由灵""朋盍簪"云云,是形容文字艰涩生僻,拗口难懂,也即韩愈《进学解》所云:"周《诰》殷《盘》,佶屈聱牙。"

14. 其间称樊宗师之文句：樊宗师，字绍述，南阳（今属河南）人。历官太子舍人、绵州刺史、绛州刺史等职。他是韩愈等人倡导的古文运动的参加者之一，为文流于艰涩怪僻，时号"涩体"。韩愈在《南阳樊绍述墓志铭》中云："多矣哉，古未尝有也！然而必出于己，不蹈袭前人一言一句，又何其难也！"

15. 又称薛逢为文句：韩愈《国子助教河东薛君墓志铭》："君讳公达，字大顺，薛姓。……为文有气力，务出于奇，以不同俗为主。"

16. 故吏部曰几句：韩愈《答刘正夫书》："有来问者，不敢不以诚答。或问：'为文宜何师？'必谨对曰：'宜师古圣贤人。'曰：'古圣贤人所为书具存，辞皆不同，宜何师？'必谨对曰：'师其意，不师其辞。'又问曰：'文宜易宜难？'必谨对曰：'无难易，惟其是尔。'如是而已。"

【讲　疏】

　　王禹偁的古文理论，也继承了韩愈革弊复古、文以明道及为文尚浅易的主张，但与柳开又有所不同。他反对宋初不良文风，具有很强的现实针对性。王禹偁对宋初文坛上沿袭晚唐五代旧习的"妖艳""靡漫"文风，表示了强烈不满，进而提出他的一系列文学主张。大体观点如下。

　　首先，在文与道的关系上，他认为"夫文，传道而明心也"。他还加入了儒家三不朽之"立言"说，认为立言为文都是为了传道，即"惧乎心之所有，不得明乎外，道之所畜，不得传乎后，于是乎有言焉；又惧乎言之易泯也，于是乎有文焉"。《送孙何序》亦称"不违仁义，拳拳然以立言为己任"。他所谓道虽也不出儒家六经之修身事君之古道，但他并不像韩愈、柳开等大谈仁义道德，其重点在如何写作古文。

　　其次，在古文语言内容上，他提出了"句易道，义易晓"的平易风格，以六经为例，认为六经之文都非"句之难道""义之难晓"的典范，故为文要远师六经，近师韩吏部。所以，他与柳开推崇扬雄不同，他反对扬雄"以文比天地，不当使人易度易测者"，认为扬雄《太玄》模仿《易》，但却没有《易》之"其义甚明而可晓也"的特点，故而说扬雄之文"不用于当时，又不行于后代"，"乃空文尔"，所以"不可取而为法矣"。进而批判了张扶为文"语皆迂而艰也，义皆昧而奥也"。

　　第三，反对模拟古人，主张创新。他所谓文宗六经，并不是"模其语而谓之古"，他认为这种模拟袭古"亦文之弊也"。故而他提倡韩愈"文必出于己，不袭蹈前人一言一句"，"以不同俗为主"，须"不师今，不师古，不师难，不师易，不师多，不师少，惟师是尔"。应是"落落焉，铿铿焉"的"一家之作"。（《冯氏家集前序》）

【关键词解读】

句易道,义易晓

关于"句易道,义易晓"或相反的"句难道,义难晓"这一理论范畴,在《答张扶书》和《再答张扶书》这两篇中最能集中反映王禹偁的古文思想。文论中共出现六次,足见其在他古文理论中的核心地位。这一点继承了韩愈"文从字顺""气盛言宜"和柳宗元"言畅而意美"的观点,同时也与宋初古文家柳开提倡"随言短长",反对"辞涩言苦",以及智圆所谓"古文之作","非止涩其文字,难其句读,然后为古文也"(《送庶几序》)等见解相一致,在当时形成了一定的文学思潮,并对欧阳修主张"当从常法,不可以为怪","其道易知而可法,其言易明而可行"以及"简而有法"的平易文风产生很大影响。

【相关知识链接】

王禹偁倡导古文,是针对宋初沿袭晚唐五代以来浮靡艳冶之文风而发的,《送孙何序》云:"咸通以来,斯文不竞,革弊复古,宜有所闻。"《五哀诗》亦云:"唐自咸通后,流散不复雅。因仍历五代,秉笔多艳冶。"值得注意的是,其"革弊复古"的理论,不但在"文"上主张易道易晓,反对扬雄之语艰义奥,而且在"道"上也更少儒家的仁义道德说教,更多的是强调儒家的辅时用世、直言诤谏的正直操守和文章的社会功用。如《再答张扶书》就指摘了扬雄之文"既不用于当时,又不行于后代","乃空文尔"。《送谭尧叟序》亦云:"读尧、舜、周、孔之书,师轲、雄、韩、柳之作,故其修身也誉闻于乡里,其从政也惠布于郡县。"《三黜赋》云:"屈于身兮不屈其道,任百谪而何亏?吾当守正直兮佩仁义,期终身以行之。"这种儒家正直士大夫操守,上继韩柳,下开欧曾王苏,其影响与其古文理论同样巨大。在创作上,诸如《待漏院记》《唐河店妪传》等古文,不但关切国事政治和社会现实,而且在语言上也平易晓畅,文从字顺,实践了他的理论主张,也因此影响更大。

王禹偁在诗歌创作上推重杜甫、白居易,如称"本与乐天为后进,敢期子美是前身",以及"韩柳文章李杜诗",这与他的古文理论是相通的。他是宋初"白体"诗人之一,但与李昉、李至之专意白居易、元稹之诗酒唱和不同,他更继承了白居易关心社会现实和民生疾苦的精神,而在语言上白居易乐府诗的浅显易懂也与其"易道易晓"的古文理论有契合之处。其诗

论和创作也是有感于宋初浮靡诗风而发的:"可怜诗道日已替,风骚委地何人收。"(《还扬州许书记家集》)

　　王禹偁学习杜甫和白居易及其相关文学理论,在宋代诗坛具有重要的文学史意义,并对北宋文坛巨匠欧阳修、苏轼、黄庭坚等产生很大影响。如欧阳修《书王元之画像侧》云:"想公风采常如在,顾我文章不足论。"苏轼《王元之画像赞并序》称颂王禹偁"以雄文直道独立当世","愿为执鞭不可得"。黄庭坚《题王黄州墨迹后》亦云:"世有斲泥手,或不待郢工。往时王黄州,谋围极匪躬。朝闻不及夕,百壬避其锋。九鼎安磐石,一身转秋蓬。"都对王禹偁道德文章推崇备至。其影响则如吴之振《宋诗钞·小畜集钞》序文所云:"元之独开有宋风气,于是欧阳文忠得以承流接响。文忠之诗,雄深过于元之,然元之固其滥觞矣。穆修、尹洙为古文于人所不为之时,元之则为杜诗于人所不为之时者也。"

【延伸阅读】

　　《再答张扶书》可以说是《答张扶书》的姊妹篇,尤其是关于他的古文语言内容上,《答张扶书》中他反复批判"句之难道,义之难晓",而在《再答张扶书》中则正面提出并反复论说古文语言当"句易道,义易晓",两书一反一正,一唱一和,可谓具有相得益彰、异曲同工之妙。《送孙何序》中所谓"六籍五常"、圣人之化、服勤古道、钻仰经旨、不违仁义、师载六经、树教立训、崇尚韩柳等,都可与本文中的文道关系等相互发明。《唱山歌》则反映了他对民歌俗谣的肯定态度,认为"男女互相调,其词非奔淫。修教不易俗,吾亦弗之禁"。这在宋代道学理学兴盛的背景下,显得尤为难能可贵。

再答张扶书

　　秀才张生足下:仆之前书,欲生之文,句易道,义易晓,遂引六经韩文以为证。生继为书启,谓扬雄以文比天地,而下云云者,甚乎哉,子之笃于道而好于古者也!仆为子条辨之,庶知仆之用心也。

　　子之所谓扬雄以文比天地,不当使人易度易测者,仆以为雄自大之辞也,非格言也,不可取而为法矣。夫天地易简者也,测天者知刚健不息而行四时,测地者知含弘光大而生万物;天地毕矣，何难测度哉。若较其寻尺广袤而后谓之尽，则天地一器也，安得言其广大乎？且雄之《太玄》，准《易》也。《易》之道，圣人演之，贤人注之，列于六经，悬为学科，其义甚明而可晓也。雄之《太玄》既不用于当时，又不行于后代，谓雄死已来，世无文王、周、孔，则信然矣；谓雄之文，过于伏羲，吾不信也。仆谓雄之《太玄》，乃空文尔。今子欲举进士，而以文比《太玄》，仆未之闻也。

子又谓"六经之文，语艰而义奥者十二三，易道而易晓者十七八"。其艰奥者非故为之，语当然矣。今子之文则不然。凡三十篇，语皆迂而艰也，义皆昧而奥也。岂子之文也过于六籍耶？若犹未也，子其择焉！

子谓韩吏部曰："仆之为文，意中以为好者，人必以为恶焉。或时应事作俗，下笔令人惭，及示人，人即以为好者。"此盖唐初之文，有六朝淫风，有四子艳格。至贞元、元和间，吏部首唱古道，人未之从。故吏部意中自是，而人能是之者百不一二，下笔自惭而人是之者十有八九，故吏部有是叹也。今吏部自是者，著之于集矣；自惭者，弃之无遗矣。仆独意《祭裴少卿文》在焉，其略云："儋石之储不供于私室，方丈之食每盛于宾筵。"此必吏部自惭，而当时人好之者也。今之世亦然也。子著书立言，师吏部之集可矣；应事作俗，取《祭裴文》可矣。夫何惑焉！

又谓"汉朝人莫不能文，独司马相如、刘向、扬雄为之最；是谓功用深，其文名远"者。数子之文，班固取之，列于《汉书》。若相如《上林赋》《喻蜀封禅文》，刘向谏山陵，扬雄议边事，皆子之所见也。曷尝语艰而义奥乎？谓功用深者，取其理之当尔，非语迂义暗，而谓之功用也。生其志之！

向有江翊黄者，自谓好古。仆见其文义尚浅，故答之曰："修之不已，则为闻人。"今子希慕高远，欲专以绝俗为主，故仆欲子之文句易道，义易晓也。孔子曰："由也兼人，故退之；求也不及，故进之。"亦仆之志也。某顿首。

送孙何序

天之文日月五星，地之文百谷草木，人之文六籍五常，舍是而称文者,吾未知其可也。

咸通以来,斯文不竞,革弊复古,宜其有闻。国家乘五代之末,接千岁之统,创业守文,垂三十载,圣人之化成矣,君子之儒兴矣。然而服勤古道,钻仰经旨,造次颠沛,不违仁义,拳拳然以立言为己任,盖亦鲜矣。富春孙生有是夫!

先是余自东观移直凤阁,同舍紫微郎广平宋公尝谓余曰:"子知进士孙何者邪?今之擅场而独步者也。"余因征其文,未获。会有以生之编集惠余者,凡数十篇,皆师戴六经,排斥百氏,落落然真韩柳之徒也。其间《尊儒》一篇,指班固之失,谓儒家者流,非出于司徒之职。使孟坚复生,亦当投杖而拜曰:"吾过矣!"又《徐偃王论》,明君之分,窒僭之萌,足使乱臣贼子闻而知惧。夫《易》之所患者,辨之不早辨也,斯可谓见霜而知冰矣。树教立训,他皆类此。且其数千万言,未始以名第为意,何其自待之多也!余是以喜识其面,而愿交其心者,有日矣!

今年冬,生再到阙下,始过吾门,博我新文,且先将以书。犹若寻常贡举人,恂恂然执先后礼,何其待我之薄也!观其气和而壮,辞直而温,与夫向之著述,相为表里,则五事之言貌,四教之文行,生实具焉。宜其在布衣为闻人,登仕宦为循吏,立朝为正臣,载笔为良史;司典谟,备顾问,为一代之名儒。过此则非吾所知也,岂止一名一第哉!

告归许田,序以为赠。余非多可而易与者也!凡百君子,宜贺圣朝得贤,吾道之不坠尔。

《四部丛刊》影旧抄本《小畜集》

【思考题】

试从对扬雄的态度上谈一谈王禹偁与柳开古文理论的不同。

石　介

【作者简介】

石介（1005—1045），字守道，兖州奉符（今山东泰安）人。曾居徂徕山下，世称徂徕先生。仁宗天圣八年（1030）进士，历任秘书省校书郎、郓州观察推官、镇南军节度掌书记、嘉州军事判官、国子监直讲等职。与胡瑗、孙复合称为"宋初三先生"。石介为人耿介，直言敢谏，"指切当时，是是非非，毫无顾忌"。曾著《唐鉴》，以诫奸臣、宦官，指切时政，无所讳忌。著有《易解》《唐鉴》《三朝圣政录》等，均已佚。有《徂徕集》二十卷存世。《宋史》卷四百三十二有传。

怪　说　中

或曰：天下不谓之怪，子谓之怪。今有子不谓怪，而天下谓之怪。请为子而言之，可乎？

曰：奚其为怪也？曰：昔杨翰林欲以文章为宗于天下[1]，忧天下未尽信己之道，于是盲天下人目，聋天下人耳。使天下人目盲，不见有周公、孔子、孟轲、扬雄、文中子[2]、吏部之道；使天下人耳聋，不闻有周公、孔子、孟轲、扬雄、文中子、吏部之道。俟周公、孔子、孟轲、扬雄、文中子、吏部之道灭，乃发其盲，开其聋，使天下惟见己之道，惟闻己之道，莫知其他。

今天下有杨亿之道四十年矣。今人欲反盲天下人目，聋天下人耳。使天下人目盲，不见有杨亿之道；使天下人耳聋，不闻有杨亿之道。俟杨亿道灭，乃发其盲，开其聋，使目惟见周公、孔子、孟轲、扬雄、文中子、吏部之道,耳惟闻周公、孔子、孟轲、扬雄、文中子、吏部之道。周公、孔子、孟轲、扬雄、文中子、吏部之道,尧、舜、禹、汤、文、武之道也,三才[3]、九畴[4]、五常之道也[5]。反厥常[6],则为怪矣。

夫《书》则有尧舜《典》[7]、皋陶益稷《谟》《禹贡》、箕子之《洪范》[8],诗则有大小雅、《周颂》《商颂》《鲁颂》,《春秋》则有圣人之经,《易》则有文王之繇[9]、周公之爻[10]、夫子之十翼[11]。今杨亿穷妍极态,缀风月,弄花草,淫巧侈丽,浮华纂组[12];刓镂圣人之经[13],破碎圣人之言,离析圣人之意,蠹伤圣人之道。使天下不为《书》之《典》《谟》《禹贡》《洪范》,《诗》之《雅》《颂》,《春秋》之经,《易》之繇、爻、十翼;而为杨亿之穷妍极态,缀风月,弄花草,淫巧侈丽,浮华纂组。其为怪大矣!

是人欲乎其怪而就于无怪,今天下反谓之怪而怪之,呜呼!

《正谊堂全书》本《石守道先生集》

【题解】

杨亿等"西昆体"在宋初独霸文坛近半个世纪,即文中所谓"今天下有杨亿之道四十年矣"。作为馆阁重臣,杨亿、刘筠、钱惟演等更迭唱和,点缀升平,亦如欧阳修所云"杨刘风采,耸动天下"(《六一诗话》)。石介是第一个站出来公开反对其淫巧侈艳文风的,《怪说》三篇如檄文般用语犀利,指名道姓,态度坚决,从中已可见其为文"梗概有气"。他大声疾呼"二三同志,极力排斥之,不使害于道",在当时引起很大轰动和激烈反响,致西昆文人"疾之如仇",可以说是宋代文学思潮争鸣的先声。虽不免偏激,但其在宋初古文运动的贡献尽显其中。石介的文学成就对后人影响很大,欧阳修、苏轼、刘概等都对他甚为赞扬。欧阳修说:"精魂已埋没,文章岂能磨! 寿命虽不长,所得固已多。"苏轼云:"堂堂世上文章主,幽幽地下埋今古;直饶泰山高万丈,争及徂徕三尺土。"刘概云:"生前谤议风霆震,死后文章天地齐。"

【注 释】

1. 杨翰林:杨亿(974—1020年),字大年,建宁州浦城(今福建省浦城县)人。淳化三年(992)赐进士及第,历任著作佐郎、知制诰、翰林学士、户部郎中等。重交游,性耿介,尚名节。杨亿博览强记,尤长于典章制度,曾参修《太宗实录》。景德二年

(1005)与王钦若主修《册府元龟》。著作多佚,今存《武夷新集》20 卷、《杨文公谈苑》15 卷。

2. 文中子:王通(580—617),字仲淹,号文中子,山西河津人。是隋代山西的一位私人教育家。王通死后,众弟子为了纪念他,弘扬他在儒学发展中所作的贡献,仿孔子门徒作《论语》而编《中说》一书,用讲授记录的形式保存下王通讲课时的主要内容。

3. 三才:天、地、人。《易·系辞下》:"有天道焉,有人道焉,有地道焉,兼三才而两之。"《易·说卦》:"是以立天之道,曰阴与阳;立地之道,曰柔与刚;立人之道,曰善与恶;兼三才而两之,故《易》六画而成卦"。《三字经》:"三才者,天地人。三光者,日月星。"

4. 九畴:畴,类。《尚书·洪范》:"天乃锡禹洪范九畴,彝伦攸叙。初一曰五行,次二曰敬用五事,次三曰农用八政,次四曰协用五纪,次五曰建用皇极,次六曰乂用三德,次七曰明用稽疑,次八曰念用庶征,次九曰向用五福、威用六极。"孔传:"天与禹,洛出书,神龟负文而出,列于背,有数至于九。禹遂因而第之,以成九类。"马融注:"从'五行'已下至'六极',《洛书》文也。"后泛指治理天下的谋筹策略。《魏书·高闾传》:"帝道昌则九畴叙,君德衰而彝伦斁。"王通《中说·周公》:"安得皇极之主,与之共叙九畴哉。"王昌龄《箜篌引》:"仆本东山为国忧,明光殿前论九畴。"

5. 五常:又称"五典",指五种行为规则,即儒家所提倡的仁、义、礼、智、信。语出《尚书·泰誓下》:"狎侮五常"。孔颖达疏云:"五常即五典,谓父义、母慈、兄友、弟恭、子孝。""三纲五常"之说源于西汉董仲舒的《春秋繁露》一书。最早则孔子提出君君、臣臣、父父、子子和仁义礼智信等伦理道德观念,孟子提出"父子有亲,君臣有义,夫妇有别,长幼有序,朋友有信"的"五伦"道德规范。

6. 反厥常:厥,它的,他们的,即前文所说的"周公、孔子、孟轲、扬雄、文中子、韩吏部之道","尧、舜、禹、汤、文、武之道","三才、九畴、五常之道",常指常道。

7. 尧舜《典》:《尧典》《舜典》俱为《尚书》篇章,记载了尧舜的言行。

8. 皋陶益稷《谟》《禹贡》、箕子之《洪范》:《皋陶谟》是《尚书》《虞夏书》中的一篇。皋陶,gāo yáo,又作咎陶、咎繇、皋繇,史书中多称为"大业",是舜帝的大臣,掌管刑法狱讼。谟,就是谋。《禹贡》是《尚书》中的一篇,是中国古代最古老的地理著作。箕子,名胥余,因封国于箕(今山西太谷县东北),故称箕子。箕子与纣同姓,是殷商贵族,性耿直,有才能,任太师辅朝政。箕子作为儒家前驱,其思想上承大禹,下开周公"明德保民"和孔子的"仁"。周武王灭商后向箕子咨询治国大道,箕子以《洪范》"九畴"传授之。

9. 文王之繇:繇,zhòu,通"籀"。古时占卜的文辞。《左传·闵公二年》:"成风闻成季之繇。"《左传·昭公七年》"且其繇曰",杜预注:"繇,卦辞。"司马迁《史记》、王充《论衡》、扬雄《法言》都称文王演八卦为六十四卦。

10. 周公之爻:《易》每卦有六爻,每爻下系之以辞,曰爻辞。马融、陆绩、孔颖达都主张爻辞为周公所作。

11. 夫子之十翼：十翼，即《易传》。"翼"有附翼、辅佐之义。《易传》共有十篇，包括《彖》上下、《象》上下、《文言》、《系辞》上下、《说卦》、《序卦》、《杂卦》等，故称"十翼"。相传孔子为《易》作注释。《史记·孔子世家》："孔子晚而喜易，序彖、系、象、说卦、文言。读易，韦编三绝。"《史记注》："正义曰：夫子作十翼，谓上彖、下彖、上象、下象、上系、下系、文言、序卦、说卦、杂卦也。"孔颖达《周易正义·序》："龙出于河，则八卦宣其象。麟伤于泽，则十翼彰其用。"

12. 纂组：原指精美的织锦，这里比喻文辞雕饰华美。《楚辞·招魂》："纂组绮缟，结琦璜些。"诸葛亮《便宜十六策·治人》："锦绣纂组，绮罗绫縠，玄黄衣帛，此非庶人之所服也。"张说《鄎国长公主神道碑》："丝竹五音之微靡，纂组九华之縟丽，经目所涉，莫不精诣。"吴兢《贞观政要·求谏》："雕琢害农事，纂组伤女工。"

13. 刓锼：wán sōu。磨损、挖刻、削坏，雕琢、刻镂。石介《上蔡副枢书》："声律为之本，雕锼为之饰。"

【讲疏】

本文中，石介站在儒家道统的立场上，以守道卫道者的身份，反对杨亿等"西昆体"之浮华纂组，蠹伤圣人之道，进而提倡五经古文。首先，原道及道统说。针对杨亿"以文章为宗于天下"，"今天下有杨亿之道四十年"的文坛局面，认为杨亿之道"反厥常道"，令"道灭"，进而提出了他的道统观，即尧舜禹汤文武周公孔子孟轲扬雄王通韩愈，这与柳开的道统观是相一致的。在此基础上，他提出了文宗五经的古文观和文统说。这种道统观，他在《尊韩》《与裴员外书》《上赵先生书》《上张兵部书》《上蔡副枢书》等文中反复强调，尤重韩愈。《尊韩》中云："孔子后，道屡废塞，辟于孟子，而大明于吏部。"他所谓"道"，除了韩愈、柳开等儒家的"教化仁义"和"人伦道德"，更多宣扬尊卑贵贱、父子夫妇之"三纲""五常"，即本文中的"五常之道"，《上蔡副枢书》的"三纲将绝"，是宋明道学理学思想的早期宣扬鼓吹者。

其次，着眼于杨亿等淫靡浮华文风之"刓锼圣人之经，破碎圣人之言，离析圣人之意，蠹伤圣人之道"，从内容和形式上给予全面总结，即"穷妍极态，缀风月，弄花草，淫巧侈丽，浮华纂组"，从而表明自己厌恶而坚决反对的鲜明态度。如道统说一样，这一点也在他文中反复申说，如《上蔡副枢书》云："今夫文者，以风云为之体，花木为之象，辞华为之质，韵句为之数，声律为之本，雕锼为之师，组绣为之美，浮浅为之容，华丹为之明，对偶为之纲，郑卫为之声。浮薄相扇，风流忘返；遗两仪、三纲、五常、九畴而为之文也，弃礼乐、孝弟、功业、教化、刑政、号令而为之文也。圣人职之，君子章之，庶人由之。君臣何由明，父子何由亲，夫妇何由顺，尊卑何由纪，贵贱何由叙，内外何由别？而化日以薄，风日以淫，俗日以僻，此其为今之时弊也。"足可以与本文相发明，对照参读。再如《上赵先生书》所云："今之为文，其主者不过句读妍巧，对偶的当而已。极美者不过事实繁多，声律调谐而已。雕镂篆刻伤其本，浮华缘饰丧其真，于教化仁义礼乐刑政，则缺然无仿佛者。""独斯文邈乎不可视于唐，居上者点画语言，组织章句。如彼画工，不知绘事后素以为质，但夸其藻火之明，丹漆之多。如彼追师，不知良玉不琢以为美，但夸其雕刻之工，文理之缛，载毫辇笔，穷山刊木，模刻其文字，布于天下，以为后进式。后进耳所习闻，声名赫奕，位望显盛者，惟是不知前人有孟轲、扬雄、董仲舒、司马相如、贾谊、韩吏部、柳宗元之才之雄也。目所常见，制作淫丽，文辞侈靡者，惟是不知前世有三代两汉巨唐之文之懿也。父训其子，兄教其弟，童而朱研其口，长而组绣于手，天下靡然向风，寖以成俗。"再如《与裴员外书》："文之弊已久。自柳河东王黄州孙汉公辈，相随而亡，世无文公儒师，天下不知所准的。……文之本日坏，枝叶竞出，道源益分，波派弥多，天下悠悠，其谁与归！轻薄之流，得斯自骋，故组巧纂组之辞，遍满九州而世不禁也；妖怪诡诞之说，肆行天地间而人不御也。"虽未如本文之直指杨亿，但显然是对西昆体的反复攻击。

第三，在本文所主张的文宗五经的基础上，从上面所列文献亦可明了他的"文统"观古文理论。即从孟轲到汉扬雄、董仲舒、司马相如、贾谊，再到唐韩愈、柳宗元、皇甫湜、李翱、李观、李汉、孟郊、张籍、元稹、白居易，再到本朝王禹偁、孙何等。

【关键词解读】

缀风月　弄花草

"缀风月、弄花草"是石介对杨亿等"西昆体"缺乏内容、只重形式的形象概括，也是其古文理论的核心范畴，他文中亦称之为"以风云为之体，花木为之象"。这种比喻，继承了隋唐以来反对六朝齐梁形式主义文风传统。如隋李谔秉承隋文帝强调"屏出轻浮，遏止华伪"之思想，在《上隋高祖革文华书》中指出齐梁文风为"连篇累牍，不出月露之形；积案盈箱，唯是风云之状"。白居易在《与元九书》中称"至于梁陈间，率不过嘲风雪，弄花草而已"。其中沿承之迹宛然。此后，历代批评家在主张复古，反对形式主义文风时，往往以此为喻进行批判，成为中国古代文论中一组相对稳定的范畴术语。

【相关知识链接】

杨亿早有文名,深得太宗、真宗赏识。于真宗景德三年(1006)入翰林,馆阁修书之余,与刘筠、钱惟演等更迭唱和,互相切磋,所作宗尚李商隐,"雕章丽句,脍炙人口","历览遗编,研味前作,挹其芳润"(《西昆酬唱集序》),号为"西昆体",风靡宋初文坛数十年之久,具压倒宋初白体、晚唐体及柳开等倡导古文之势。石介继柳开、王禹偁、姚铉、穆修之后,以更加鲜明的道统文统古文观,对杨亿进行了激烈的抨击,虽击中其华靡空乏之要害,然也不免于偏激。这主要是因为杨亿向来以刚正不阿和忠清鲠亮为人所称道,为文虽多浮华之气,但亦不乏胆识宏壮之作。关于对他为人为文的评价,如真宗称"杨亿真有气性,不通商量"。"亿性峭直,无所附会,文学固无及者,然或言其好窃议朝政,何也?"欧阳修称"杨文公亿以文章擅天下,然性特刚劲寡合"(《归田录》)。即便石介,也在赞赏其为人之余,不得不承认其文章亦有"笔力宏壮"的一面(《祥符诏书记》)。故而对于石介之指责杨亿,从宋代苏轼等便主张要一分为二地看待。如苏轼《议学校校贡举状》云:"近世士大夫文章华靡者,莫如杨亿;使杨亿尚在,则忠清鲠亮之士也,岂得以华靡少之"(《宋史》卷305)。继之云:"盖其清忠鲠亮之气,卒未大施,悉发于言,宜乎雄伟而浩博也。……至于文体之今古,时习使然,遑暇议是哉!"再如真德秀《杨文公书玉溪生诗》云:"当咸平、景德间,公文章擅天下,……唯其清忠大节,凛凛弗渝,不义富贵,视犹涕唾,此所以屹然为世之郭郭也与?"全祖望《杨文公论》云:"盖宋初词臣,前之如王学士元之,同时如刘学士子仪,皆以风节自见,而文公尤为铮铮。"此外,西昆体艺术之美及杨亿注重声律对偶之骈文,亦有其一定审美价值,不可一概否定。石介本人在古文理论上较之柳开、王禹偁等更多重道轻文倾向,实开宋代理学家文论之先河。

【延伸阅读】

关于石介的原道、宗经以及道统观上,在以下所选《尊韩》《与裴员外书》《上张兵部书》诸文中他也反复强调。而在反对杨亿西昆体的淫靡浮华文风上,他在《与裴员外书》中也屡次申说,这既可以看出是他的一贯主张,也通过选文强化了我们对他文学思想的认识。

尊　　韩

　　道始于伏羲氏，而成终于孔子。道已成终矣，不生圣人可也。故自孔子来二千余年矣，不生圣人。若孟轲氏、扬雄氏、王通氏、韩愈氏，祖述孔子而师尊之，其智足以为贤。孔子后，道屡废塞，辟于孟子，而大明于吏部。道已大明矣，不生贤人可也。故自吏部来三百有余年矣，不生贤人。若柳仲涂、孙汉公、张晦之、贾公竦，祖述吏部而师尊之，其智实降。

　　噫！伏羲氏、神农氏、黄帝氏、少昊氏、颛顼氏、高辛氏、唐尧氏、虞舜氏、禹、汤、文、武、周公、孔子者，十有四圣人，孔子为圣人之至。噫！孟轲氏、荀况氏、扬雄氏、王通氏、韩愈氏五贤人；吏部为贤人之至。不知更几千万亿年，复有孔子？不知更几千百数年，复有吏部？孔子之作《春秋》，自圣人来未有也；吏部《原道》《原人》《原毁》《行难》《对禹问》《佛骨表》《诤臣论》，自诸子以来未有也。呜呼至矣！

与裴员外书

　　裴君员外足下：前日专使至，厚贶长书。目骇心悚，流汗竟趾。非所当，非所当！

　　夫《咸》《章》《韶》《夏》，至乐也，不奏于夔牙之府，而奏于鄙俚，恶能审其声而知其音也。飞兔、騕褭，逸驭也，不骋于王乐之前，而鬻于市人，恶能审其骏而知其良也。然而馁甚者，人馈之以大牢，虽食之不知其旨，而知贪乎味也；如渴甚者，人饮之以旨酒，虽啜之不知其醇，而知嗜其甘也，固亦心腹饱饫而灵府浃洽也。

　　噫！文之弊已久，自柳河东、王黄州、孙汉公辈，相随而亡，世无文公儒师，天下不知所准的。犹学夫乐者，不知六律之有统，五音之有会，而淫哇之声，百千万变，徒嚱嚱恼人心，噪噪聒人耳，终莫能适夫节奏而和于人神。文之本日坏，枝叶竞出，道源益分，波派弥多，天下悠悠，其谁与归！轻薄之流，得斯自骋，故组巧篆组之辞，遍满九州而世不禁也；妖怪诡诞之说，肆行天地间而人不御也。

今天下大道榛塞，人无所由趋而之于尧舜周公孔子之圣人，唯诘屈一径而已。吾常思得孟韩大贤人出，为芟去其荆棘，逐去其狐狸，道大辟而无荒碛。人由之直至于圣，不由曲径小道，而依大路而行。憧憧往来，舟楫通焉。适中夏，之四海。东西南北，坦然廓如，动无有阻碍。往年官在汶上，始得士熙道，今春来南郡，又逢孙明复，韩孟兹遂生矣。斯文之弊，吾不复为忧；斯道之塞，吾不复以为惧也。然则吾愿与足下协施其力而助二人焉。来书过称，将走六服之外，至于百里而避之也，岂敢当。惟足下无中道叛去，幸甚！不宣。介再拜。

上张兵部书

介尝读《易》至《序卦》曰："剥者，剥也。物不可以终尽，故受之以复。"斯文也，剥且三十年矣。剥之将尽，其党朋进不已者：尧舜禹之道剥于癸；天受之汤，尧舜禹之道复。汤之道剥于受，天受之文武周公，汤之道复。文武周公之道剥于幽厉，天受之孔子，文武周公之道复。孔子之道始剥于杨墨，中剥于庄韩，又剥于秦莽，又剥于晋宋齐梁陈五代，终剥于佛老，天受之孟轲、荀卿、扬雄、王通、韩愈，孔子之道复。

今斯文也，剥已极矣而不复，天岂遂丧斯文哉？斯文丧，则尧、舜、禹、汤、周公、孔子之道不可见矣。嗟夫！小子不肖，然每至于斯，未尝不流涕横席，终夜不寐也。顾已无孟轲、荀卿、扬雄、文中子、吏部之力，不能亟复斯文，其心亦不敢须臾忘，此惟执事怜之。不宣。介顿首。

《正谊堂全书》本《石守道先生集》

【思考题】

试论石介古文理论的局限。

欧 阳 修

【作者简介】

欧阳修(1007—1072),字永叔,庐陵(今江西吉安)人,晚号醉翁,又号六一居士。天圣八年(1030)进士,官至枢密副使、参知政事。范仲淹为首的庆历新政的参与者,同时是宋初诗文革新的文坛领袖。著有《欧阳文忠公集》一百五十一卷,《新五代史》七十五卷,并曾与宋祁合著《新唐书》。《宋史》卷三百十九有传。

答吴充秀才书

修顿首白,先辈吴君足下[1]:前辱示书及文三篇,发而读之,浩乎若千万言之多,及少定而视焉,才数百言尔。非夫辞丰意雄,沛然有不可御之势[2],何以至此!然犹自患伥伥莫有开之使前者[3],此好学之谦言也。

修材不足用于时,仕不足荣于世,其毁誉不足轻重,气力不足动人。世之欲假誉以为重,借力而后进者,奚取于修焉!先辈学精文雄,其施于时,又非待修誉而为重,力而后进者也。然而惠然见临[4],若有所责,得非急于谋道,不择其人而问焉者欤?

夫学者,未始不为道[5],而至者鲜焉。非道之于人远也,学者有所溺焉尔。盖文之为言,难工而可喜,易悦而自足。世之学者,往往溺之,一有工焉,则曰,吾学足矣。甚者至弃百事不关于心,曰,吾文士也,职于文而已。此其所以至之鲜也。

昔孔子老而归鲁,六经之作,数年之顷尔[6]。然读《易》者如无《春秋》,读《书》者如无《诗》[7],何其用功少而至于至也。圣人之文,虽不可及,然大抵道胜者文不难而自至也。故孟子皇皇不暇著书[8],荀卿盖亦晚而有作[9]。若子云、仲淹,方勉焉以模言语[10],此道未足而强言者也。后之惑者,徒见前世之文传,以为学者文而已,故愈力愈勤而愈不至。此足下所谓终日不出于轩序[11],不能纵横高下皆如意者,道未足也。若道之充焉,虽行乎天地,入于渊泉,无不之也。

　　先辈之文,浩乎沛然,可谓善矣。而又志于为道,犹自以为未广,若不止焉,孟、荀可至而不难也。修学道而不至者,然幸不甘于所悦而溺于所止,因吾子之能不自止,又以励修之少进焉。幸甚幸甚。修白。

《四部丛刊》影元本《欧阳文忠公文集》卷四十七

【题解】

　　书信序跋是中国古代文论中最重要的批评文体形式,尤其是唐宋以来更加繁荣。唐宋古文运动中,韩柳欧曾等更是借师弟子之间的书信往来进行传道授业解惑,表达他们的古文理论特别是文道关系。如韩愈《答李翊书》和柳宗元《答韦中立论师道书》等便都是代表。本文亦不例外,为欧阳修古文理论的代表作品之一。这一方面与唐宋科举温卷风气有关,同时师弟子相传,也进一步推动了唐宋古文创作的繁荣。

【注 释】

　　1. 吴充:(1021—1080年),字冲卿,建州浦城(今属福建)人。景祐五年(1038)进士,官谷熟县主簿、国子监直讲、吴王宫教授、集贤校理、群牧判官、开封府推官、盐铁副使、知制诰、同知谏、河北安抚使、权三司使、翰林学士、枢密副使、枢密使等。熙宁九年(1076),王安石去国,遂代为同中书门下平章事、监修国史,请召还司马光等。与王珪并相,遭王珪、蔡确困毁。事迹见《东都事略》卷六十三,《宋史》卷三百一十二本传。

　　2. 沛然:盛大貌、充盛貌。《孟子·梁惠王上》:"天油然作云,沛然下雨,则苗浡然兴之矣。"高适《赠别沈四逸人》:"何意阛阓间,沛然江海深。"

　　3. 伥伥:无所适从貌。《礼记·仲尼燕居》:"治国而无礼,譬犹瞽之无相与,伥伥乎其何之。"《荀子·修身》:"人无法则伥伥然。"杨倞注:"伥伥,无所适貌也,言不知所措履。"

4. 惠然见临：惠，赐，敬辞。《诗经·邶风·终风》："终风且霾，惠然肯来。"

5. 夫学者，未始不为道：未始，未尝。韩愈《送陈秀才彤序》："盖学所以为道，文所以为理耳。"

6. 昔孔子老而归鲁三句：《史记·孔子世家》记载："孔子之去鲁凡十四岁而反乎鲁。"自称"吾自卫反鲁，然后乐正，雅颂各得其所"。三百五篇孔子皆弦歌之，以求合韶武雅颂之音。礼乐自此可得而述，以备王道，成六艺。孔子晚而喜易，序彖、系、象、说卦、文言。读易，韦编三绝。

7. 然读《易》者如无《春秋》二句：欧阳修《与乐秀才第一书》："古人之学者非一家，其为道虽同，言语文章，未尝相似。孔子之系《易》，周公之作《书》，奚斯之作《颂》，其辞皆不同，而各自以为经。"这在唐李翱已有此说，如其《答朱载言书》云："创意造言，皆不相师。故其读《春秋》也，如未尝有《诗》也；其读《诗》也，如未尝有《易》也；其读《易》也，如未尝有《书》也；其读屈原、庄周也，如未尝有六经也。"

8. 孟子皇皇不暇著书：《史记·孟子荀卿列传》记载，孟子"受业子思之门人"。和孔子一样，孟子也曾带领学生游历魏、齐、宋、鲁、滕、薛等国，由于他的政治主张也与孔子一样不被重用，故而晚年回到家乡聚徒讲学，并与学生万章等人著书立说，即"序《诗》《书》，述仲尼之意，作《孟子》七篇"。

9. 荀卿盖亦晚而有作：荀子（前313—前238），名况，儒家代表人物之一。荀子年五十始游学于齐，襄王时代"最为老师"，曾"三为祭酒"，后来春申君以为兰陵令。春申君死而荀卿废，晚年著书立说。

10. 若子云、仲淹二句：扬雄，字子云。曾模仿《易》作《太玄》，模仿《论语》作《法言》，即班固《汉书》所云："实好古而乐道，其意欲求文章成名于后世，以为经莫大于《易》，故作《太玄》；传莫大于《论语》，作《法言》；史篇莫善于《仓颉》，作《训纂》；箴莫善于《虞箴》，作《州箴》；赋莫深于《离骚》，反而广之；辞莫丽于相如，作四赋；皆斟酌其本，相与放依而驰骋云。"王通，字仲淹。曾模仿《春秋》作《元经》，模仿《论语》作《中说》。

11. 轩序：房门，屋室。轩：有窗的长廊或小屋。序：学校。

【讲疏】

欧阳修的文学思想极为丰富，自成体系，本文主要讲述他的文道观以及文学与社会政治现实的关系。首先，在文道关系上，他提出"道胜者文不难而自至"的命题。认为学道修身是根本，即"夫学者，未始不为道"，"修于身者无所不获"。在道胜、道足和道充的基础上，文章自然便写得"辞丰意雄"，"浩乎沛然"，也即"若道之充焉"，那么为文"虽行乎天地入于渊泉，无不之也"。反之，若"道未足也"，则为文便"不能纵横高下皆如意"。

其次，与此相关，在学文和学道的主次关系上，如果"以为学者文而已"而非"学者,未始不为道",专溺于文辞之工,那么效果就会相反,即"故愈力愈勤而愈不至",也就是学者如果溺于文辞之工,"道未足而强言",便如扬雄、王通方勉焉以模言语,而没有孟子、荀子之道胜而文不难自至的结果了。以上关于"道胜而文不难自至"的观点与韩愈"气盛则言之短长与声之高下者皆宜"相通,也即道足则纵横高下皆如意者。所以他的道胜、道足、道充的基础是"修身",即"修于身者无所不获"(《送徐无党南归序》),这与孟子的"养气"说也是相通的,也因此他在本文中称吴充之文"浩乎沛然","浩乎若千万言之多,及少定而视焉,才数百言尔。非夫辞丰意雄,沛然有不可御之势,何以至此!"

第三,与以上"原道"说相关,他提出了他的征圣、宗经说。认为为文要以圣人之文孔子、孟子、荀子以及六经之作为师,即《答祖择之书》所云:"学者当师经。师经必先求其意。意得则心定,心定则道纯,道纯则充于中者实,中充实则发为文者辉光,施于事者果致。"从此可以看出这一命题的前后关系。

第四,欧阳修虽然称"道胜者而文不难自至",但重道而不轻文,他赞同孔子所谓"言之无文,行而不远"之论,认为"言以载事,而文以饰言。事信言文,乃能表见于后世。《诗》《书》《易》《春秋》,皆善载事而尤文者,故其传久远"(《代人上王枢密求先集序书》)。也因此,他认为"其所以为圣贤者,修之于身,施之于事,见之于言,是三者所以能不朽而存也"(《送徐无党南归序》)。

第五,他反对"弃百事而不关于心",认为文学要关注社会现实,"施之于事","施之于时",所以他的"道"继承了柳宗元,是包含现实政治之道的。他文中亦多此观点,如《与张秀才第二书》云:"然而述三皇太古之道,舍近取远,务高言而鲜事实,此少过也。君子之于学也,务为道;为道必求知古;知古明道,而后履之以身,施之于事,而又见于文章而发之,以信后世。"所以他认为文章要有补于世,"中于时病而不为空言"(《与黄校书论文章书》),也即本文所谓"先辈学精文雄,其施于时,又非待修誉而为重,力而后进者也"。

【关键词解读】

穷而后工

欧阳修《梅圣俞诗集序》云:"予闻世谓诗人少达而多穷。夫岂然哉?盖世所传诗者,多出于古穷人之辞也。凡士之蕴其所有,而不得施于世者,多喜自放于山巅水涯。外见虫鱼草木风云鸟兽之状类,往往探其奇怪,内有忧思感愤之郁积,其兴于怨刺,以道羁臣寡妇之所叹,而写人情之难言,盖愈穷则愈工。然则非诗之能穷人,殆穷者而后工也。"这继承了屈原"发愤抒情"说(《惜诵》),司马迁的"发愤著书"说,及其韩愈的"不平则鸣"说,与汉代以来的"士不遇"主题一脉相承。再如欧阳修《薛简肃公文集序》亦云:"至于失志之人,穷居隐约,苦心危虑,而极于精思,与其有所感激发愤,惟无所施于世者,皆一寓于文辞。故曰穷者之言易工也。如唐之刘柳,无称于事业;而姚、宋不见于文章。"这正如韩愈《荆潭唱和诗序》所云:"和平之音淡薄,而愁思之声要妙。欢愉之辞难工,而穷苦之言易好。故文章之作恒发于羁旅草野,至若王公贵人,气满志得,不暇以为。"

【相关知识链接】

欧阳修为北宋古文运动领袖,他提倡韩愈古文,是针对杨亿等西昆体"时文"风靡一时而发的,具有革新文坛时弊的现实意义。《记旧本韩文后》云:"是时天下学者杨、刘之作,号为时文,能者取科第,擅名声,以夸荣当世,未尝有道韩文者。……遂相与作为古文。……其后天下学者亦渐趋于古,而韩文遂行于世,至于今盖三十余年矣。学者非韩不学也,可谓盛矣!"欧阳修反对杨亿等西昆体骈俪时文与石介《怪说》中所持的偏激态度不同,更见通达辩证。一方面,他对杨亿骈文有所肯定,如《归田录》所云"杨文公亿以文章擅天下,然性特刚劲寡合"。再如《六一诗话》云:"杨大年与钱刘数公唱和,自《西昆集》出,时人争效之,诗体一变。而先生老辈患其多用故事,至于语僻难晓,殊不知自是学者之弊。……盖其雄文博学,笔力有余,故无施而不可。非如前世号诗人者,区区于风云草木之类,为许洞所困者也。"另一方面,他自己也写作骈文,且"为一时偶俪之文,已绝出伦辈"(《欧阳文忠公神道碑》)。他在《论尹师鲁墓志》中亦云:"偶俪之文,苟合于理,未必为非,故不是此而非彼也。"他对待西昆体时文的态度上之所以较石介更为通达,正是看到石介矫枉过正,文风渐趋艰涩怪僻,并成为一时风气,称作"太学体"。即张方平所谓"尔来文格,日失其归,各出新意,相胜为奇,至太学盛建,而讲官石介益加崇长,因其好尚,寖以成风。以怪诞诋讪为高,以流荡猥琐为赡,逾越绳墨,惑误后学"(《续资治通鉴长编》卷一百五十八)。要之,北宋中叶古文运动之所以取得重大成就,欧曾王苏名家辈出,呈现一派繁荣景象,正与欧阳修廓清"西昆体"和"太学体"两股不正文风有极大关系。

【延伸阅读】

所选篇目中,《记旧本韩文后》与《答祖择之书》都体现了欧阳修对韩愈的推崇及其文与道的关系的反复强调,而《记旧本韩文后》更是能够看出他的古文理论是从反对杨亿西昆体出发的。关于文学与政治现实的关系上,即本文"弃百事而不关于心"的观点,他则在《送徐无党南归序》中提出"施之于事",《与黄校书论文章书》的"中于时病,不为空言","文章系乎治乱"等都可互相参看。此外,《梅圣俞诗集序》中的"简古纯粹""穷而后工"等观点,都可以让我们更全面地看到欧阳修的文学理论体系。

记旧本韩文后

予少家汉东。汉东僻陋,无学者;吾家又贫,无藏书。州南有大姓李氏者,其子尧辅颇好学。予为儿童时,多游其家。见有弊筐贮故书在壁间,发而视之,得唐《昌黎先生文集》六卷,脱落颠倒无次序。因乞李氏以归,读之,见其言深厚而雄博。然予犹少,未能悉究其义,徒见其浩然无涯若可爱。

是时天下学者杨、刘之作,号为时文。能者取科第,擅名声,以夸荣当世,未尝有道韩文者。予亦方举进士,以礼部诗赋为事。年十有七,试于州,为有司所黜。因取所藏韩氏之文复阅之,则喟然叹曰:学者当至于是而止尔。因怪时人之不道,而顾己亦未暇学,徒时时独念于予心:以谓方从进士干禄以养亲;苟得禄矣,当尽力于斯文,以偿其素志。

后七年,举进士及第,官于洛阳。而尹师鲁之徒皆在,遂相与作为古文。因出所藏《昌黎集》而补缀之,求人家所有旧本而校定之。其后天下学者亦渐趋于古,而韩文遂行于世,至于今盖三十余年矣。学者非韩不学也,可谓盛矣!

呜呼!道固有行于远而止于近,有忽于往而贵于今者,非惟世俗好恶之使然,亦其理有当然者。而孔孟惶惶于一时,而师法于千万世。韩氏之文,没而不见者二百年,而后大施于今。此又非特好恶之所上下,盖其久而愈明,不可磨灭,虽蔽于暂而终耀于无穷者,其道当然也。

予之始得于韩也,当其沉没弃废之时,予固知其不足以追时好而取势利,于是就而学之。则予之所为者,岂所以急名誉而干势利之用哉,亦志乎久而已矣。故予之仕,于进不为喜,退不为惧者,盖其志先定而所学者宜然也。

集本出于蜀,文字刻画颇精于今世俗本,而脱谬尤多。凡三十年间,闻人有善本者,必求而改正之。其最后卷秩不足,今不复补者,重增其故也。予家藏书万卷,独《昌黎先生集》为旧物也。呜呼!韩氏之文之道,万世所共尊,天下所共传而有也。予于此本,特以其旧物,而尤惜之!

读李翱文

予始读翱《复性书》三篇,曰:此《中庸》之义疏尔,智者诚其性,当读《中庸》,愚者虽读此不晓也,不作可焉。又读《与韩侍郎荐贤书》,以为翱特穷时愤世无荐己者,故丁宁如此,使其得志,亦未必;然以韩为秦汉间好侠行义之一豪俊,亦善论人者也。最后读《幽怀赋》,然后置书而叹,叹已复读不自休。恨翱不生于今,不得与之交;又恨予不得生翱时,与翱上下其论也。

凡昔翱一时人有道而能文者,莫若韩愈。愈尝有赋矣,不过羡二鸟之光荣,叹一饱之无时尔。此其心使光荣而饱,则不复云矣。若翱独不然!其赋曰:"众嚣嚣而杂处兮,咸叹老而嗟卑;视予心之不然兮,虑行道之犹非。"又怪神尧以一旅取天下,后世子孙不能以天下取河北,以为忧。呜呼!使当时君子皆易其叹老嗟卑之心为翱所忧之心,则唐之天下,岂有乱与亡哉!

然翱幸不生今时,见今之事,则其忧又甚矣。奈何今之人不忧也!余行天下,见人多矣,脱有一人能如翱忧者,又皆贱远,与翱无异。其余光荣而饱者,一闻忧世之言,不以为狂人,则以为病痴子,不怒则笑之矣。呜呼!在位而不肯自忧,又禁他人使皆不得忧,可叹也夫!景祐三年十月十七日欧阳修书。

送徐无党南归序

草木鸟兽之为物,众人之为人,其为生虽异,而为死则同,一归于腐坏澌尽泯灭而已。而众人之中,有圣贤者,固亦生且死于其间;而独异于草木鸟兽众人者,虽死而不朽,逾远而弥存也。其所以为圣贤者,修之于身,施之于事,见之于言,是三者所以能不朽而存也。

修于身者,无所不获;施于事者,有得有不得焉;其见于言者,则又有能有不能也。施于事矣,不见于言可也。自《诗》《书》《史记》所传,其人岂必皆能言之士哉?修于身矣,而不施于事,不见于言,亦可也。孔子弟子有能政事者矣,有能言语者矣;若颜回者,在陋巷,曲肱饥卧而已,其群居则默然终日如愚人,然自当时群弟子皆推尊之,以为不敢望而及,而后世更百千岁,亦未有能及之者。其不朽而存者,固不待施于事,况于言乎!

予读班固《艺文志》、唐四库书目,见其所列,自三代秦汉以来,著书之士,多者至百余篇,少者犹三四十篇。其人不可胜数,而散亡磨灭,百不一二存焉。予窃悲其人,文章丽矣,言语工矣,无异草木荣华之飘风,鸟兽好音之过耳也。方其用心与力之劳,亦何异众人之汲汲营营,而忽焉以死者,虽有迟有速,而卒与三者同归于泯灭。夫言之不可恃也盖如此!今之学者,莫不慕古圣贤之不朽,而勤一世以尽心于文字间者,皆可悲也。

东阳徐生,少从予学,为文章,稍稍见称于人。既去而与群士试于礼部,得高第,由是知名。其文辞日进,如水涌而山出。予欲摧其盛气,而勉其思也,故于其归,告以是言。然予固亦喜为文辞者,亦因以自警焉。

答祖择之书

修启。秀才人至,蒙示书一通,并诗赋杂文两策,谕之曰:"一览以为如何?"某既陋,不足以辱好学者之问,又其少贱而长穷,其素所为,未有足称,以取信于人。亦尝有人问者,以不足问之愚,而未尝答人之问。足下卒然及之,是以愧惧不知所言。虽然,不远数百里走使者以及门,意厚礼勤,何敢不报?

某闻古之学者,必严其师。师严然后道尊,道尊然后笃敬,笃敬然后能自守,能自守然后果于用,果于用然后不畏而不迁。三代之衰,学校废。至两汉,师道尚存,故其学者各守其经以自用。是以汉之政理文章,与其当时之事,后世莫及者,其所从来深矣。

后世师法渐坏,而今世无师,则学者不尊严,故自轻其道。轻之则不能至,不至则不能笃信,信不笃则不知所守,守不固则有所畏,而物可移。是故学者惟俯仰徇时,以希禄利为急,至于忘本趋末,流而不返。

夫以不信不固之心,守不至之学,虽欲果于自用,莫知其所以用之之道;又况有禄利之诱,刑祸之惧以迁之哉?此足下所谓志古知道之士,世所鲜而未有合者,由此也。

足下所为文,用意甚高,卓然有不顾世俗之心,直欲自到于古人。今世之人,用心如足下者有几?是则乡曲之中,能为足下之师者为谁?交游之间,能发足下之议论者谓谁?学不师,则守不一,议论不博,则无所发明而究其深。足下之言高趣远,甚善;然所守未一,而议论未精,此其病也。窃惟足下之交游,能为足下称才誉美者不少,今皆舍之,远而见及;乃知足下是欲求其不至。此古君子之用心也,是以言之不敢隐。

夫世无师矣,学者当师经。师经必先求其意。意得则心定,心定则道纯,道纯则充于中者实,中充实则发为文者辉光,施于事者果致。三代两汉之学,不过此也。足下患世未有合者,而不弃其愚,将某以为合;故敢道此,未知足下之意合否?

与黄校书论文章书

修顿首启:蒙问及邱舍人所示杂文十篇,窃尝览之,惊叹不已。其《毁誉》等数短篇,尤为笃论。然观其用意在于策论,此古人之所难工,是以不能无小阙。

其救弊之说甚详,而革弊未之能至;见其弊而识其所以革之者,才识兼通,然后其文博辩而深切,中于时病,而不为空言。盖见其弊,必见其所以弊之因,若贾生论秦之失,而推古养太子之礼,此可谓知其本矣。

然近世应科目文辞求若此者盖寡,必欲其极致,则宜少加意,然后焕乎其不可御矣。文章系乎治乱之说,未易谈。况乎愚昧,恶能当此,愧畏愧畏！修谨白。

梅圣俞诗集序

予闻世谓诗人少达而多穷。夫岂然哉？盖世所传诗者,多出于古穷人之辞也。凡士之蕴其所有,而不得施于世者,多喜自放于山巅水涯。外见虫鱼草木风云鸟兽之状类,往往探其奇怪,内有忧思感愤之郁积,其兴于怨刺,以道羁臣寡妇之所叹,而写人情之难言,盖愈穷则愈工。然则非诗之能穷人,殆穷者而后工也。

予友梅圣俞,少以荫补为吏,累举进士,辄抑于有司。困于州县凡十余年。年今五十,犹从辟书,为人之佐,郁其所蓄,不得奋见于事业。其家宛陵,幼习于诗,自为童子,出语已惊其长老。既长,学乎六经仁义之说。其为文章,简古纯粹,不求苟说于世。世之人徒知其诗而已。然时无贤愚,语诗者必求之圣俞。圣俞亦自以其不得志者,乐于诗而发之。故其平生所作,于诗尤多。世既知之矣,而未有荐于上者。昔王文康公尝见而叹曰:"二百年无此作矣！"虽知之深,亦不果荐也。若使其幸得用于朝廷,作为雅颂,以歌咏大宋之功德,荐之清庙,而追商周鲁《颂》之作者,岂不伟欤！奈何使其老不得志,而为穷者之诗,乃徒发于虫鱼物类,羁愁感叹之言！世徒喜其工,不知其穷之久而将老也,可不惜哉！

圣俞诗既多,不自收拾。其妻之兄子谢景初,惧其多而易失也,取其自洛阳至于吴兴已来所作,次为十卷。予尝嗜圣俞诗,而患不能尽得之。遽喜谢氏之能类次也,辄序而藏之。其后十五年,圣俞以疾卒于京师,余既哭而铭之,因索于其家,得其遗稿千余篇,并旧所藏,掇其尤者六百七十七篇,为一十五卷。呜呼！吾于圣俞诗,论之详矣。故不复云。

《四部丛刊》影元本《欧阳文忠公文集》

【思考题】

1. 结合庆历新政,深入理解欧阳修"弃百事而不关于心"的理论意义。
2. 试论欧阳修和石介在反对"西昆体"上有何不同。

王 安 石

【作者简介】

王安石(1021—1086),字介甫,号半山,抚州临川(今江西临川)人。庆历二年(1042)进士,历官淮南判官、鄞县知县、常州知州、三司度支判官等。熙宁二年(1069),神宗拔为参知政事(副宰相),积极推行新法。由于旧党反对,屡次罢相,屡次起用,晚年退居江宁。著有《临川集》一百卷。《宋史》卷三百二十七有传。

上 人 书

尝谓文者,礼教治政云尔。其书诸策而传之人,大体归然而已[1]。而曰"言之不文,行之不远"云者[2],徒谓辞之不可以已也[3],非圣人作文之本意也。

自孔子之死久,韩子作,望圣人于百千年中,卓然也。独子厚名与韩并,子厚非韩比也;然其文卒配韩以传,亦豪杰可畏者也。韩子尝语人以文矣,曰云云,子厚亦曰云云[4]。疑二子者,徒语人以其辞耳,作文之本意,不如是其已也。

孟子曰:"君子欲其自得之也。自得之则居之安;居之安则资之深;资之深则取诸左右逢其原。"[5]孟子之云尔,非直施于文而已,然亦可托以为作文之本意。

且所谓文者,务为有补于世而已矣;所谓辞者,犹器之有刻镂绘画也。诚使巧且华,不必适用;诚使适用,亦不必巧且华。要之以适用为本,以刻镂绘画为之容而已[6]。不适用,非所以为器也;不为之容,其亦若是乎?否也。然容亦未可已也,勿先之其可也。

某学文久,数挟此说以自治。始欲书之策而传之人,其试于事者,则有待矣。其为是非邪?未能自定也。执事[7],正人也,不阿其所好者。书杂文十篇献左右,愿赐之教,使之是非有定焉。

《四部丛刊》本《临川先生文集》

【题解】

唐宋古文八大家中的核心人物诸如韩愈、柳宗元、欧阳修、王安石、苏轼等都是当时政治革新的风云人物,大都重视文学的讽谏怨刺功能和社会政治作用,如韩愈主张文学通于时事、适于实用、用则施诸人等,柳宗元强调为文须"施之事实,以畏时及物为道","文之用,辞令褒贬,导扬讽谕而已","足以备用","足以竦动时听"等等。而北宋诗文革新理论与政治改革思想几乎是同步发展并相互渗透的。部分政治改革家则更强调文学为现实政治服务,这尤以王安石为最。本篇所选文论《上人书》可以说就是他变法的"万言书"(《上仁宗皇帝言事书》),二书之间的关系,借用欧阳修《答吴充秀才书》中所云"浩乎若千万言之多,及少定而视焉,才数百言尔"恰如其分。在这一点上,近代梁启超呼吁"小说界革命"为其变法维新张目,正可与王安石前后桴鼓相应,这应该不只是历史的巧合而已。

【注释】

1. 归然:归,合也。合并,归依,归属。《礼记·缁衣》:"私惠不归德。"谓不合于德义。归然即归之于礼教治政。
2. 言之不文,行之不远:《左传·襄公二十年》:"仲尼曰:'志有之,言以足志,文以足言。不言谁知其志?言之无文,行而不远。'"指文章没有文采,就不能流传久远。
3. 徒谓辞之不可以已也:《荀子·劝学》:"君子曰:学不可以已。"
4. 韩子尝语人文矣,曰云云,子厚亦曰云云:指韩愈《答李翊书》和柳宗元《答韦中立论师道书》等。
5. 孟子曰几句:《孟子·离娄下》:"君子深造之以道,欲其自得之也。自得之,则居之安;居之安,则资之深;资之深,则取之左右逢其原,故君子欲其自得之也。"朱熹集注:"自得于己,则所以处之者安固而不摇,处之安固,则所藉者深远而无尽。"
6. 以刻镂绘画为之容而已:容,修饰,形式。指文章要以适用为本,语言艺术形式是次要的,即"然容亦未可已也,勿先之其可也"。
7. 执事:参见王安石《与祖择之书》,比较可以看出,这里执事当指祖无择。祖无择(1006—1085年),字择之,上蔡人。历官光禄卿、秘书监、集贤院学士等职。宋神宗即位,祖无择任职通进银台司。后王安石与祖无择共同知制诰,期间为王安石所恶,讽求其罪,谪忠正军节度副使。著有《龙学文集》十六卷。《宋史》卷三三一有传。

【讲疏】

　　本文的核心观点是文学的功利价值观,即"文者,务为有补于世而已"。也就是文学要为政治服务,具有强烈的社会政治功用价值,即所谓"文者,礼教治政云尔"。其为政最终的落脚点则是"为民",在这一点上,他认为孟子最得"作文之本意",本文中虽未明言,但实则指孟子的"民本"思想。《答祖择之书》对此有进一步的阐发,即"治教政令,圣人之所谓文也,书之策,引而被之天下之民"。"故书之策而善,引而被之天下之民,反不善焉,无矣。""二帝、三王,引而被之天下之民而善者也。"其变法改革弊政,关切民生疾苦的政治理想,亦在他的创作中反映出来,诸如《河北民》《收盐》《发廪》《省兵》都是代表之作。

　　其次,在文和用,也即文辞和实用的关系上,他认为实用为本,文辞为末,二者是孰先孰后的主次关系。"有补于世"也就是要"适用",也即"所谓辞者,犹器之有刻镂绘画也。诚使巧且华,不必适用;诚使适用,亦不必巧且华。要之以适用为本,以刻镂绘画为之容而已。不适用,非所以为器也,不为之容,其亦若是乎?否也"。所以,他反对韩愈、柳宗元"语人以文","疑二子者,徒语人以其辞耳",认为"作文之本意,不如是而已也"。他讥讽韩愈提倡语言创新,却无补于世的文学观,即"力去陈言夸末俗,可怜无补费精神"。当然,这并不公正全面,题解中我们已经说得明白了,兹不赘述。需要指出的是,王安石并不是完全否定文辞之刻镂绘画及巧且华的容饰审美特征,即"然容亦末可已也,勿先之其可也",只不过是二者有先后主次而已。从大家熟知的"春风又绿江南岸"一诗中,他反复推敲用"入""过"还是"绿"字的典故中,已然透露出他不废文辞锻炼工巧的意旨了。此外,文与用的关系,也可说就是辞与意即语言形式和思想内容的关系。因为文章描写社会政治现实生活内容正是他功用观的体现,这主要体现在上书奏疏等应用文中。

　　第三,与前二点相关,王安石还谈到了立言不朽即"书诸策而传之人"的问题。于此文中开篇便对孔子"言之不文,行之不远"进行解读,认为其重点不在普遍认为的文章若想行之久远,即"传之人",就必须重视文辞修饰,即"徒谓辞之不可以已也",这非圣人作文之本意也。他认为圣人作文之本意是首句"文者,礼教治政云尔"。书之策,传之人,是为政,最终是为民。其本末先后关系,《与祖择之书》中亦反复强调:"治教政令,圣人之所谓文也,书之策,引而被之天下之民,一也。"这三个问题是"三而一"的。即"圣人之于道也,尽心得之;作而为治教政令也,则有本末先后,权势制义,而一之于极。其书之策也,则道其然而已矣"。进一步说就是:"甚者置其本,求之末,当后者反先之,无一焉不悖于极。彼其于道也,非心得之也,其书之策也,独能不悖耶?故书之策而善,引而被之天下之民,反不善焉,无矣。二帝、三王,引而被之天下之民而善者也;孔子、孟子,书之策而善者也;皆圣人也,易地则皆然。"所以,《与上人书》必须与《与祖择之书》对照参看,二者是本经与注疏的关系,前者也是写给祖择之的。在此文中,我们还可以看出,王安石对孔孟之道的解释,虽也有"礼教"之传统儒家思想内涵,但更多的是"政治之道"和"民本思想",而文与用的关系也就是唐宋古文家通谈的文与道的关系。

【关键词解读】

有补于世

在以儒家思想占主导地位的中国封建社会,关于文学价值功用论,可以说是中国古代文学理论中的重点之一。从先秦到近代,贯穿终始。而王安石"有补于世"的观点则是其中最简明也最屡屡被引用的经典批评范畴术语。从先秦两汉的诗言志说、兴观群怨、教化箴谏、移风易俗、美刺讽谕、劝善惩恶等,到魏晋南北朝隋唐时期的经国不朽、兴废治乱、文以明道、文以载道、补察时政、泄导人情、文章合为时而著、歌诗合为事而作、惟歌生民病、愿得天子知等,再到宋元明清近代的施之于事、弃百事不关于心、有补于世、有补于国、有为而作、警时鼓众、真诗史也、感国变、伤种族、哀民生、改良群治、小说新民、熏浸刺提、小说救国、运动社会、鼓吹风潮、立意在反抗、指归在动作等等(参见敏泽、党圣元著《文学价值论》),虽说法不同,但均可要之以"有补于世"一语。其最直接的源头可上溯东汉王充的"为世用者,百篇无害;不为世用者,一章无补"(《论衡·自纪》)。而影响后世则直达顾炎武所说的"文需有益于天下,有益于将来,多一篇,多一篇之益矣"(《日知录·文须有益于天下》)。

【相关知识链接】

同为北宋古文运动的代表,由于推行新学和新法的思想政治背景,王安石的文学思想与柳开、欧阳修等有相似之处,也有很大的不同。首先,在对于西昆体诗文的态度上与石介、欧阳修一样,给予了更严厉的打击。如《张刑部诗序》云:"杨、刘以其文词染当世,学者迷其端原,靡靡然穷日力以摹之,粉墨青朱,颠错丛庞,无文章黼黻之序,其属情借事,不可考据也。"《上邵学士书》云:"某尝患近世之文,辞弗顾于理,理弗顾于事,以襞积故实为有学,以雕绘语句为清新。譬之撷奇花之英,积而玩之,虽光华馨采,鲜缛可爱,求其根柢济用,则蔑如也。"亦着眼于杨、刘等"弗顾于事"和不能"济用"之缺陷,是他"适用为本"观点的反映。

其次,在对韩愈、柳宗元古文的评价上,柳开、王禹偁、石介、欧阳修都极力推尊,甚或顶礼膜拜,王安石则从适用为本的角度,认为二者虽卓然望圣人于百千年中,但诸如《答李翊书》和《答韦中立论师道书》之"尝语人以文"者,认为也是"徒语人以其辞耳",不能"有补于世",而指责韩愈"力去陈言夸未俗,可怜无补费精神"。《韩子》亦同此意。这与其提倡新学,敢于颠覆指摘传统儒家思想,如批判《春秋》为"断烂朝报"有一定关系。当然,他对韩愈还是很崇敬的,如曾编选的《四家诗》就包括杜甫、欧阳修、韩愈和李白。

【延伸阅读】

所选篇目中,《与祖择之书》可以说是《上人书》的姊妹篇,其中对"有补于世"和"书诸策而传之人"的立言不朽问题都有进一步的强调和论述,二书必须互相参看,才能够更加深入全面地理解王安石的文学思想。《答吴孝宗书》则对"文以明道"、文辞与圣人之经即宗经的关系等有所阐发,对理解本文中的"文与用"之关系有所补充。

与祖择之书

治教政令,圣人之所谓文也。书之策,引而被之天下之民,一也。圣人之于道也,盖心得之。作而为治教政令也,则有本末先后,权势制义,而一之于极。其书之策也,则道其然而已矣。

彼陋者不然,一适焉,一否焉,非流焉则泥,非过焉则不至。甚者置其本,求之末,当后者反先之,无一焉不悖于极。彼其于道也,非心得之也。其书之策也,独能不悖耶?故书之策而善,引而被之天下之民,反不善焉,无矣。二帝三王,引而被之天下之民而善者也;孔子、孟子,书之策而善者也:皆圣人也,易地则皆然。

　　某生十二年而学，学十四年矣。圣人之所谓文者，私有意焉；书之策则未也。间或怦然动于事而出于词，以警戒其躬。若施于友朋，褊迫陋庳，非敢谓之文也。乃者执事欲收而教之，使献焉。虽自知明，敢自盖邪？谨书所为书序原说若干篇，因叙所闻与所志，献左右，惟赐览观焉。

答吴孝宗书

　　比得周秀才所示书，即欲奉报。以多病多事，未能如志。重承手问，尤以感愧。知生事弥困，为之奈何！某亦以姻事见迫，又田入不足，故私计亦未能不以经心。然劳佚有命，当顺以听之耳。前书所示，大抵不出先志。若子经欲以文辞高世，则世之名能文辞者已无过矣。若欲以明道，则离圣人之经，皆不足以有明也。自秦汉已来，儒者唯扬雄为知言，然尚恨有所未尽。今学士大夫往往不足以知雄，则其于圣人之经，宜其有所未尽。

　　子经诚欲以文辞高世，则无为见问矣。诚欲以明道，则所欲为子经道者，非可以一言而尽也。子经所谓斜凿以矫矢，背枘以矫舟，此天下之所同，而舟矢已来未之改也。先志所论，有非天下之所同，而特出子经之新意者，则与矫舟矢之意为不类。又子经以为诗礼不可以相解；乃如某之学，则惟诗礼足以相解，以其理同故也。子经以谓如何？两家各多难，无由会合。许明年见过，幸甚！未尔自爱。

《四部丛刊》本《临川先生文集》

【思考题】

　　1. 结合熙丰变法及王安石仕宦经历，谈一谈你对"所谓文者，务为有补于世而已"的理解。
　　2. 试论王安石在"文与用"关系上的理论局限。

苏 轼

【作者简介】

苏轼(1037—1101),字子瞻,号东坡居士,眉山(今四川眉山)人。嘉祐二年(1057)进士,官至翰林学士、礼部尚书。因政见与新党、旧党都有所不合,一生几经贬谪,历责授黄州团练副使,出知杭、颍、定三州,晚年先后被贬官岭南的惠州和海南的琼州,卒于常州。著有《东坡全集》一百一十卷。《宋史》卷三百三十八有传。

书黄子思诗集后

予尝论书,以谓钟、王之迹[1],萧散简远,妙在笔画之外。至唐颜、柳[2],始集古今笔法而尽发之,极书之变,天下翕然以为宗师[3]。而钟、王之法益微。

至于诗亦然。苏、李之天成[4],曹、刘之自得[5],陶、谢之超然[6],盖亦至矣。而李太白、杜子美以英玮绝世之姿,凌跨百代,古今诗人尽废;然魏晋以来,高风绝尘[7],亦少衰矣[8]。李、杜之后,诗人继作,虽间有远韵,而才不逮意。独韦应物、柳宗元发纤秾于简古,寄至味于淡泊[9],非余子所及也。唐末司空图崎岖兵乱之间[10],而诗文高雅,犹有承平之遗风。其论诗曰:"梅止于酸,盐止于咸,饮食不可无盐梅,而其美常在咸酸之外。"[11]盖自列其诗之有得于文字之表者二十四韵[12],恨当时不识其妙,予三复其言而悲之。

闽人黄子思[13],庆历、皇祐间号能文者[14]。予尝闻前辈诵其诗,每得佳句妙语,反复数四,乃识其所谓[15]。信乎表圣之言,美在咸酸之外,可以一唱而三叹也。予既与其子几道、其孙师是游[16],得窥其家集。而子思笃行高志,为吏有异材[17],见于墓志详矣,予不复论,独评其诗如此。

文学古籍刊行社版《经进东坡文集事略》卷六十

【题解】

苏轼是北宋最重要的文学家和文学理论批评家,文学思想极为丰富,见解独特,形成了一个比较完整的理论体系。作为古文运动的核心人物,苏轼一直处于新旧党争的政治漩涡中,虽然也如欧王等关注社会现实,提倡文学的政治讽谏功用,如称"诗须要有为而作"(《题柳子厚诗》),认为黄庭坚诗"不为无补于世"(《书黄鲁直诗后》)等,但其在文学理论上的最大贡献则在探索文学艺术自身的审美风貌和内部创作规律上,并形成了一系列美学理论,本文所谈"意境论"便是其中之一。

【注释】

1. 钟、王之迹:钟繇(yáo)(151—230),字元常。颍川长社(今河南许昌)人。三国魏著名书法家、政治家。历任尚书郎、黄门侍郎、相国等。曹丕称帝,为廷尉、太尉等。与华歆、王朗并为三公。明帝继位,迁太傅,进封定陵侯。太和四年(230)卒,谥曰成。钟繇是楷书(小楷)的创始人,被后世尊为"楷书鼻祖",与东晋书法家王羲之并称为"钟王"。南朝庾肩吾《书品》将钟繇书法列为"上品之上",唐张怀瓘在《书断》中则评其书法为"神品"。王羲之(321—379),字逸少,祖籍琅琊(今属山东临沂),后迁会稽山阴(今浙江绍兴)。历任秘书郎、宁远将军、江州刺史、会稽内史、右将军等职。东晋著名书法家,兼善隶、草、楷、行各体,被誉为"书圣",并与其子王献之合称为"二王"。

2. 颜、柳:颜真卿(709—785),字清臣,京兆万年(今陕西西安)人,祖籍唐琅琊临沂(今山东临沂)。唐代著名书法家,与赵孟頫、柳公权、欧阳询并称"楷书四大家",并与柳公权并称"颜柳"。苏轼《东坡题跋》云:"诗至于杜子美,文至于韩退之,画至于吴道子,书至于颜鲁公,而古今之变,天下之能事尽矣。"柳公权(778—865),字诚悬,京兆华原(今陕西铜川市耀州区)人。官至太子少师,世称"柳少师"。柳公权书法以楷书著称,有"颜筋柳骨"之称。

3. 翕然:一致貌。《汉书·杨敞传》:"宫殿之内翕然同声。"《后汉书·窦融传》:"河西翕然归之。"

4. 苏、李之天成:苏李诗,相传是苏武、李陵赠答的五言古诗。萧统《文选》七首,

《古文苑》十首,此外还散见于《艺文类聚》及《初学记》等书。多为赠答留别、怀人思归、感伤人生,情调凄怨,王士禛称"'苏李诗'与古诗十九首是'同一风味'"(《渔洋诗话》),被视作五言诗成熟的一个标志。这些诗在六朝已被疑为拟作或赝品,如南朝宋颜延之认为"李陵众作,总杂不类,元是假托,非尽陵制"(《庭诰》)。《东坡题跋·题文选》虽亦称"李陵、苏武五言皆伪",但评价颇高,认为浑然天成,不事雕琢。

5. 曹、刘之自得:指建安文人曹植和刘桢。如严羽《沧浪诗话》云:"曹、刘体,子建、公干也。"文学史上以曹、刘并称,最早见于钟嵘《诗品序》:"次有轻薄之徒,笑曹、刘为古拙",又称"曹、刘殆文章之圣"云云。其后杜甫《寄高适》云:"方驾曹、刘不啻过",元稹《唐故工部员外郎杜君墓系铭》"气夺曹、刘",秦观《韩愈论》"曹植、刘公干之诗长于豪逸"等。自得,指自然而得,浑然天成。

6. 陶、谢之超然:指陶渊明、谢灵运。超然,一方面指人格精神的高超出众和离尘脱俗,如《楚辞·卜居》"宁超然高举以保真乎?"《老子》"虽有荣观,燕处超然。"董仲舒《春秋繁露·天地阴阳》:"以此见人之超然万物之上而最为天下贵也。"陶潜《劝农》:"若能超然,投迹高轨,敢不敛衽,敬赞德美。"进而指诗歌审美风貌的超然物外和自然淡泊的意境。

7. 高风绝尘:也就是淡泊有味的审美理想,在他的美学批评中,突出地表现在清、奇、和、雅、妙、趣、格、韵等审美范畴。参见张惠民、张进《简论苏轼高风绝尘之美的美学内涵》,苏州大学学报2004年第5期。

8. 而李太白、杜子美以英玮绝世之姿至少衰矣几句:曾季狸《艇斋诗话》云:"东坡《黄子思诗序》,论诗至李、杜,字画至颜、柳,无遗巧矣,然钟、王萧散简远之意,至颜、柳而尽;魏、晋诗人高风远韵,至李、杜而亦衰。此说最妙。大抵一盛则一衰,后世以为盛,则古意必已衰。物物皆然,不独诗字画然也。"

9. 独韦应物、柳宗元二句:《东坡题跋》卷二云:"柳子厚诗在陶渊明下,韦苏州上。……所贵乎枯淡者,谓其外枯而中膏,似淡而实美,渊明、子厚之流是也。"曾季狸《艇斋诗话》云:"前人论诗,初不知有韦苏州、柳子厚,论字亦不知有杨凝式。二者至东坡而后发此秘。遂以韦、柳配渊明,凝式配颜鲁公,东坡真有德于三子也。"

10. 唐末司空图崎岖兵乱之间:司空图字表圣,河中虞乡人。唐僖宗广明元年(880),黄巢起义军攻入长安。僖宗往凤翔,其奔赴行在,被封为知制诰、中书舍人。广明二年(881),僖宗逃到成都,他追随未及,又回到河中,一直过着隐居生活。开平二年(908),哀帝被弑,他绝食殉唐,终年七十二岁。

11. 其论诗曰几句:司空图《与李生论诗书》云:"古今之喻多矣,而愚以为辨于味而后可以言诗也。江岭之南,凡足资于适口者,若醯,非不酸也,止于酸而已;若鹾,非不咸也,止于咸而已。华之人以充饥而遽辍者,知其咸酸之外,醇美有所乏耳。"

12. 二十四韵:即司空图《二十四诗品》。

13. 黄子思:黄孝先,字子思,福建浦城人。天圣二年(1024)进士。历任广州尉、宿州司理。以善治狱,迁大理寺,知咸阳。通判石州,累赠大中大夫、职方郎中。终太常博士。著诗二十卷。

14. 庆历、皇祐：宋仁宗年号，庆历(1041—1048)，皇祐(1049—1053)。

15. 予尝闻前辈诵其诗几句：黄子思《题厅壁》云："天寒霜落雁来楼，岁晚川空雁不归。江海一身多少事，清风明月我沾衣。"关于其"佳句妙语"，再如"风帘燕引五六子，露井榴开三四花""恩同花上露，留得不多时"等，皆是。

16. 予既与其子几道、其孙师是游：苏轼、苏辙兄弟与黄几道"相交几十年，过从甚密"，可参见苏轼《祭黄几道文》、苏辙《黄几道郎中同年挽词二首》等。关于其孙师是，苏轼《泗州除夜雪中黄师是送酥酒二首》云："使君半夜分酥酒，惊起妻孥一笑哗。"此外还有《送黄师是赴两浙宪》等文。

17. 子思笃行高志，为吏有异材：蔡襄《送黄子思寺丞知咸阳序》："子思黄君业儒，以才名于时。前此为狱官，涖囚必直其情，而未尝以色语威之，今之为县从可知矣。故序其行，既属子思以为令之重，而又庆咸阳之民幸也。"

【讲疏】

本文的核心观点就是诗歌艺术的意境论。我们结合其他相关文献来综合论述。首先，滋味论。本文所谓"信乎表圣之言，美在咸酸之外，可以一唱而三叹也"，以及"唐末司空图崎岖兵乱之间，而诗文高雅，犹有承平之遗风，其论诗曰：'梅止于酸，盐止于咸，饮食不可无盐梅，而其美常在咸酸之外。'"云云，也即司空图《与李生论诗书》中所说的"辨于味而后可以言诗也"，以及"味外之旨"和"韵外之致"，本文中又称"寄至味于淡泊"。这种滋味论源于钟嵘《诗品序》所谓"五言诗是众作之有滋味者也"及"味之者无极"云云，也就是钟嵘对"兴"的解释"文已尽而意有余也"。这与苏轼"一唱三叹"同一道理，最早则与庄子的"意内言外"道家思想有关，也影响了南宋严羽《沧浪诗话》所谓"诗者，言有尽而意无穷"之说。

其次，象外之象，景外之景。这种"咸酸之外""妙在笔墨之外"的滋味意境论，在司空图《与极浦书》中又称为"象外之象""景外之景"。苏轼继承了这点，往往以绘画书法等艺术来说明。如论绘画，在《王维吴道子画》文中云："吴生虽妙绝，犹以画工论。摩诘得之于象外，有如仙翮谢笼樊。"《题文与可墨竹》云："时时出木石，荒怪轶象外。"《跋赵云子画》中称绘画要"笔略到而意已具"。论书法，《试吴说笔》云"锋藏笔中，力出字外"，《孙莘老求墨妙亭诗》称"字外出力中藏棱"等等。都与本文开篇便以钟王书法之"萧散简远，妙在笔墨之外"同一机杼。这种余味无穷的艺术意境论就是苏轼所说的"言止而意不尽，尤为极致"（《东坡文谈录》）。

第三，境与意会。苏轼在《题陶渊明饮酒诗后》还直接提出了"意境说"。文云："'采菊东篱下，悠然见南山。'因采菊而见山，境与意会，此句最有妙处。近岁俗本皆作望南山，则此一篇神气索然矣。"这种"意境说"

在中唐最为发达,如王昌龄的"三境"说,即情境、物境、意境,刘禹锡的"义得而言丧,境生于象外"说,灵澈上人的"意与境会,所趣旨远"说,以及殷璠的"兴象"论和皎然的"采奇于象外""两重意以上,皆文外之旨"等等,不可枚举。而刘勰《文心雕龙》所谓"神与物游""情在词外曰隐"等也与司空图《与王驾评诗书》所谓"思与境偕"相类。

最后,自然论。苏轼认为苏、李、曹、刘、陶、谢、韦、柳等人之诗最得意境之美,是因为他们的诗都具有"天成""自得""超然""简古""淡泊"的自然之美。他在《书吴道子画后》中说:"诗至于杜子美,文至于韩退之,书至于颜鲁公,画至于吴道子,而古今之变,天下之能事毕矣。"之所以有如此高的评价,是因为他们"得自然之数","出新意于法度之中,寄妙理于豪放之外"。再如《答谢民师书》中所谓"文理自然,姿态横生"以及"前生子美只君是,信手拈得俱天成"云云,都是说这种自然天成之作,无堆砌雕琢之习,才能具有一唱三叹的意境之美。这最早在皎然《诗式》中所说的"至丽而自然,至苦而无迹,至近而意远"云云,便已把自然与意境结合起来。

【关键词解读】

发纤秾于简古,寄至味于淡泊

"平淡"是宋人最崇尚的诗歌美学风貌之一,这在苏轼对柳宗元、韦应物和陶渊明诗歌的高度评价中得以集中体现。即本文中称韦、柳"发纤秾于简古,寄至味于淡泊"。与自然一样,"平淡""淡泊"也是他关于"咸酸之外"意境论的美学风貌之一。这种平淡不是平平无奇,索然无味,而是具有"味外之旨",是"似淡而实美"。如《评韩柳诗》所云:"所贵乎枯淡者,谓其外枯而中膏,似淡而实美。渊明、子厚之流是也。若中边皆枯淡,亦何足道。"也就是他称陶渊明之诗"质而实绮,癯而实腴"(苏辙《追和陶渊明诗引》)。周紫芝《竹坡诗话》也记载他的话说:"大凡为文,当使气象峥嵘,五色绚烂,渐老渐熟,乃造平淡。"这种平淡论在苏轼之前,梅尧臣和欧阳修已反复强调。如梅尧臣《读邵不疑学士诗》"作诗无古今,唯造平淡难"。《依韵和晏相公》所谓"因吟适情性,稍欲到平淡"。《和绮翁游齐山寺次韵》所谓"重以平淡若古乐,听之疏越如朱弦"。欧阳修《鉴画》称"萧条淡泊,此难画之意"。他评价梅尧臣也称其"以闲远古淡为意"。可见,平淡、古淡、淡泊之美已成为宋人普遍的一种审美倾向。

【相关知识链接】

　　文艺创作与文艺理论是相通的,尤其是六朝以来书法绘画创作的繁荣,其中一些理论概念术语等往往与文学创作和批评交融互用,极大地丰富了文学理论批评内涵。苏轼多才多艺,书法等更在中国艺术史上占有重要地位,而他以书法、绘画和音乐等评诗论文亦不止本文,可以说是他文学批评的重要特色之一。如《书李伯时山庄图后》中谈道与艺以及形之于心和形之于手之关系,《文与可筼筜谷偃竹记》之画竹有道和成竹在胸,《书晁补之所藏与可画三首》及《琴诗》之虚静物化,《魏晋胜流画赞》之迁想妙得和想象虚构,《书黄鉴画雀》和《书戴嵩画牛》之"观物要审"和"耕当问奴,织当问婢"的熟悉生活和虚心学习,《文与可飞白赞》称其书法"尽万物之态"的自然风神,《高邮陈直躬处士画雁》之自然真美,《书鄢陵王主簿所画折枝二首》之清新传神,《书吴道子画后》之"出新意于法度之中,寄妙理于豪放之外",《王维吴道子画》之"得于象外"等等,都继承了六朝以来书画理论,将书画理论融于文学批评之中。正如《宣和画谱》称他"深得杜甫作诗体制而移于画"一样,他将诗书、诗画艺术创作和理论整合在一起,在中国文学批评史和艺术史上地位独特,影响深远。

【延伸阅读】

　　本文主要体现了苏轼与滋味、淡泊、自然等范畴关联密切的审美风格之意境论,所选文论不但对此有所补充和强化,诸如《题陶渊明饮酒诗后》《评韩柳诗》等篇即是,而且基本能够透视出苏轼系统完整的文学理论体系。如关于文学的功能作用、抒情本质及文学与现实的关系上,《凫绎先生文集叙》所谓"言必中当世之过",《题柳子厚诗》"诗须要有为而作",《江行唱和集叙》"有所不能自已而作者"等。关于文学创作构思灵感及认识实践上,如《答谢民师书》"求物之妙,如系风捕影"之灵感说等。《答谢民师书》中所谓技道两进、学而务求道、渭滨千亩在胸中、了然于口于手云云,将文学艺术创作的知与能、认识与实践的关系阐说得深刻透辟。关于艺术形象的摹写塑造上,《文说》等所谓"随物赋形""常行于所当行""常止于不可不止""尽物之态"云云,不可备言,读者当自得之。

凫绎先生文集叙

　　孔子曰:"吾犹及史之阙文也。有马者借人乘之,今亡矣。"

夫史之不阙文,与马之不借人也,岂有损益于世也哉?然且识之,以为世之君子长者日以远矣。后生不复见其流风遗烈,是以日趋于智巧便佞,而莫之止。是二者虽不足以损益,而君子长者之泽在焉,则孔子识之。又况其足以损益于世者乎?

昔吾先君适京师,与卿士大夫游,归以语轼曰:"自今以往,文章其日工,而道将散矣。士慕远而忽近,贵华而贱实,吾已见其兆矣。"以鲁人凫绎先生之诗文十余篇示轼曰:"小子识之,后数十年,天下无复为斯文者也。"先生之诗文,皆有为而作,精悍确苦,言必中当世之过。凿凿乎如五谷必可以疗饥,断断乎如药石必可以伐病,其游谈以为高,枝词以为观美者,先生无一言焉。

其后二十余年,先君既没,而其言存。士之为文者,莫不超然出于形器之表,微言高论既已鄙陋汉唐,而其反复论难,正言不讳如先生之文者,世莫之贵矣。轼是以悲于孔子之言,而怀先君之遗训,益求先生之文,而得之于其子复,乃录而藏之。先生讳太初,字醇之,姓颜氏,先师兖公之四十七世孙云。

答谢民师书

轼启:近奉违亟辱问讯,具审起居佳胜,感慰深矣!轼受性刚简,学迂材下,坐废累年,不敢复齿搢绅。自还海北,见平生亲旧,惘然如隔世人;况与左右无一日之雅,而敢求交乎?数赐见临,倾盖如故,幸甚过望,不可言也!

所示书教及诗赋杂文,观之熟矣。大略如行云流水,初无定质,但常行于所当行,常止于所不可不止。文理自然,姿态横生。

孔子曰:"言之不文,行之不远。"又曰:"辞达而已矣。"夫言止于达意,即疑若不文,是大不然。求物之妙,如系风捕影,能使是物了然于心者,盖千万人而不一遇也;而况能使了然于口与手者乎?是之谓词达。词至于能达,则文不可胜用矣。

扬雄好为艰深之词以文浅易之说,若正言之,则人人知之矣。此正所谓雕虫篆刻者。其《太玄》《法言》皆是类也,而独悔于赋,何哉!终身雕篆而独变其音节,便谓之经,可乎?屈原作

《离骚经》,盖风雅之再变者,虽与日月争光可也,可以其似赋而谓之雕虫乎?使贾谊见孔子,升堂有余矣,而乃以赋鄙之,至与司马相如同科。雄之陋如此比者甚众,可与知者道,难与俗人言也。因论文偶及之耳。

欧阳文忠公言:文章如精金美玉,市有定价,非人所能以口舌定贵贱也。纷纷多言,岂能有益于左右,愧悚不已。

所须惠力法雨堂两字,轼本不善作大字,强作终不佳。又舟中局迫难写,未能如教。然轼方过临江,当往游焉。或僧有所欲记录,当为作数句留院中,慰左右念亲之意。今日至峡山寺,少留即去,愈远。惟万万以时自爱,不宣。

范文正公文集叙

庆历三年,轼始总角入乡校。士有自京师来者,以鲁人石守道所作《庆历圣德诗》示乡先生。轼从旁窃观,则能诵习其词。问先生以所颂十一人者,何人也?先生曰:"童子何用知之。"轼曰:"此天人也耶,则不敢知,若亦人耳,何为其不可?"先生奇轼言,尽以告之。且曰:"韩范富欧阳,此四人者,人杰也。"时虽未尽了,则已私识之矣。

嘉祐二年,始举进士至京师,则范公殁。既葬而墓碑出,读之至流涕,曰:"吾得其为人,盖十有五年而不一见其面,岂非命也欤?"是岁登第,始见知于欧阳公。因公以识韩富,皆以国士待轼,曰:"恨子不识范文正公。"其后三年,过许,始识公之仲子今丞相尧夫。又六年,始见其叔彝叟京师。又十一年,遂与其季德孺同僚于徐,皆一见如旧,且以公遗稿见属为叙。又十三年,乃克为之。

呜呼!公之功德,盖不待文而显;其文,亦不待叙而传。然不敢辞者,自以八岁知敬爱公,今四十七年矣。彼三杰者,皆得从之游,而公独不识,以为平生之恨。若获挂名其文字中,以自托于门下士之末,岂非畴昔之愿也哉!

古之君子,如伊尹、太公、管仲、乐毅之流,其王霸之略,皆定于畎亩中,非仕而后学者也。淮阴侯见高帝于汉中,论刘项短长,画取三秦,如指诸掌;及佐帝定天下,汉中之言,无一不酬者。诸葛孔明卧草庐中,与先主论曹操、孙权,规取刘璋,因蜀之资,以争天下,终身不易其言。此岂口传耳受尝试为之,而侥幸其或成者哉?

公在天圣中,居太夫人忧,则已有忧天下致太平之意;故为万言书以遗宰相,天下传诵。至用为将,擢为执政,考其平生所为,无出此书者。今其集二十卷,为诗赋二百六十八,为文一百六十五。其于仁义礼乐、忠信孝弟,盖如饥渴之于饮食,欲须臾忘而不可得;如火之热,如水之湿,盖其天性有不得不然者。虽弄翰戏语,率然而作,必归于此。故天下信其诚,争师尊之。孔子曰:"有德者必有言。"非有言也,德之发于口者也。又曰:"我战则克,祭则受福。"非能战也,德之见于怒者也。元祐四年四月十一日。

江行唱和集叙

夫昔之为文者,非能为之为工,乃不能不为之为工也。山川之有云雾,草木之有华实,充满勃郁,而见于外,夫虽欲无有,其可得耶。自少闻家君之论文,以为古之圣人有所不能自已而作者;故轼与弟辙为文至多,而未尝敢有作文之意。

己亥之岁,侍行适楚,舟中无事,博弈饮酒,非所以为闺门之欢,而山川之秀美,风俗之朴陋,贤人君子之遗迹,与凡耳目之所接者,杂然有触于中,而发于咏叹。盖家君之作,与弟辙之文皆在,凡一百篇,谓之《南行集》。将以识一时之事,为他日之所寻绎,且以为得于谈笑之间,而非勉强所为之文也。时十二月八日,江陵驿书。

文　说

吾文如万斛泉源,不择地而出。在平地滔滔汩汩,虽一日千里无难。及其与石山曲折,随物赋形,而不可知也。所可知者,常行于所当行,常止于不可不止,如是而已矣。其他虽吾亦不能知也。

文学古籍刊行社版《经进东坡文集事略》

【思考题】

1. 请简要梳理自南朝钟、刘至苏轼以来意境论的发展脉络。
2. 试述苏轼书画艺术论与其文学理论的交融关系。

黄 庭 坚

【作者简介】

黄庭坚(1045—1105),字鲁直,号山谷,又号涪翁,洪州分宁(今江西修水)人。英宗治平四年(1067)进士。历官集贤校理、起居舍人,出知宣州、鄂州等,谪黔州、涪州、戎州、宜州。苏门四学士之首,江西诗派宗主,与苏轼并称"苏黄"。著有《山谷集》六十五卷。《宋史》卷四百四十四有传。

答洪驹父书

驹父外甥教授:别来三岁[1],未尝不思念。闲居绝不与人事相接[2],故不能作书,虽晋城亦未曾作书也[3]。专人来,得手书,审在官不废讲学[4],眠食安胜,诸稚子长茂,慰喜无量。

寄诗语意老重,数过读,不能去手,继以叹息,少加意读书,古人不难到也。诸文亦皆好,但少古人绳墨耳[5],可更熟读司马子长、韩退之文章[6]。

凡作一文,皆须有宗有趣,始终关键,有开有阖[7];如四渎虽纳百川,或汇而为广泽,汪洋千里,要自发源注海耳[8]。

老夫绍圣以前,不知作文章斧斤,取旧所作读之,皆可笑。绍圣以后,始知作文章[9],但以老病惰懒,不能下笔也。外甥勉之,为我雪耻。

《骂犬文》虽雄奇,然不作可也。东坡文章妙天下,其短处在好骂[10],慎勿袭其轨也[11]。

甚恨不得相见,极论诗与文章之善病,临书不能万一,千万强学自爱,少饮酒为佳。

所寄《释权》一篇,词笔纵横,极见日新之效。更须治经,深其渊源,乃可到古人耳[12]。青琐祭文[13],语意甚工,但用字时有未安处。自作语最难,老杜作诗,退之作文,无一字无来处,盖后人读书少,故谓韩、杜自作此语耳。古之能为文章者,真能陶冶万物,虽取古人之陈言入于翰墨,如灵丹一粒,点铁成金也[14]。

文章最为儒者末事,然索学之,又不可不知其曲折,幸熟思之。至于推之使高,如泰山之崇崛,如垂天之云[15];作之使雄壮,如沧江八月之涛[16],海运吞舟之鱼[17],又不可守绳墨令俭陋也[18]。

《四部丛刊》影宋本《豫章黄先生文集》卷十九

【题解】

洪刍(1066—约1130),字驹父,豫章(今江西南昌)人。黄庭坚的外甥。1089年,任黄州监酒官(酒正),好饮,黄庭坚屡警之,本文亦是。哲宗绍圣元年(1094)与弟洪炎同举进士,主晋州州学教授。崇宁三年(1104)入元佑党籍。靖康(1126—1127)中为谏议大夫。建炎元年(1127)三月,金人入汴,唯终日饮酒。后被金人以屠城为胁迫,参与张邦昌篡立事件,"监守自犯奸",六月高宗命马伸弹劾他,被降为散朝大夫。高宗建炎二年(1128)八月,流放沙门岛(今山东蓬莱海中孤岛),"永不放还",卒于岛中。洪刍性格殚洽开豁,恃才狂傲。放浪江湖,不求闻达。洪氏兄弟四人,驹父与伯兄明龟父、叔弟炎玉父,皆入江西宗派,号"三洪"。又并季弟羽鸿父,称"四洪"。他工于诗赋,当时文士颇重之。在未进士及第之前,即以诗闻名。绍圣元年(1094)有诗送王直方赴官河内,末云"眼中人物东西尽,肺病京华故倦游",潘邠老每诵而喜之。王直方亦云:"洪驹父有《过李公择尚书墓》一篇。其间云:'鹿场兔径白昼静,稻垄松口青嶂深。'说者以为大逼老杜。"其晚年诗尤见苍劲老成,陆游便极赞洪刍流放沙门岛诗"烟波不隔还乡梦,风月犹随过海身"之句。《四库全书总目提要》论其师承黄庭坚,"得豫章之格",认为"但以文论,固不愧酷似其舅之称"。以上都可与本文称其诗"语意老重"相参看。著有《老圃集》《豫章职方乘》《香谱》,编有《楚汉选书》。现存《洪驹父诗话》一卷为后人辑录,见郭绍虞《宋诗话辑轶》。《元佑党人传》有传。

【注释】

1. 别来三岁:指从徽宗建中靖国元年(1101)至徽宗崇宁二年(1103)。建中靖国元年(1101)初,黄庭坚在鄂州(今湖北武昌),王观复与洪驹父来会,山谷有诗纪之。复此信时山谷仍在鄂州,故称别来三岁。

2. 绝不与人事相接:因元祐党祸,政局动荡,黄庭坚屡次迁谪,期间监鄂州酒税。虽为避祸,摒绝一切人事往来,但不久仍以"幸灾谤国"的罪名,被再贬宜州(今广西省宜山县),并死于贬所。

3. 晋:即"进"。

4. 审:知悉,晓得。《类篇》:"审,知也。"司马迁《报任安书》:"审矣,何足怪乎?"《史记·礼书》:"君子审礼。"

5. 绳墨:原指木工画直线用的工具。如《礼记·经解》:"故衡诚县,不可欺以轻重;绳墨诚陈,不可欺以曲直;规矩诚设,不可欺以方圆。"《孟子·尽心上》:"大匠不为拙工改废绳墨。"屈原《离骚》:"背绳墨以追曲兮,竞周容以为度。"在这里喻为作诗的法度、规矩和准则。如张衡《思玄赋》:"倰余身而顺止兮,遵绳墨而不跌。"龚自珍《古史钩沉论》:"左执绳墨,右执规矩,笃信谦守,以待弹射。"

6. 诸文亦皆好三句:这里体现了黄庭坚主张为文要熟读古人文章,并学其规矩法度。这在它文中也反复申述。如《跋书柳子厚诗》:"予友生王观复作诗有古人态度,虽气格已超俗,但未能从容中玉佩之音,左准绳、右规矩尔。意者读书未破万卷,观古人之文章未能尽得其规模,及所总揽笼络,但知玩其山龙黼黻成章耶?"再如《与王庠周彦书》:"所寄诗文,反复读之,如对谈笑也。意所主张,甚近古人,但其波澜枝叶不若古人尔。意亦是读建安作者之诗与渊明、子美所作,未入神尔。"

7. 凡作一文四句:宗趣,即宗旨趣向,也就是文章的主题和大意。终始关键,指作品的结构布置等。如山谷称为文"每作一篇,先立大意。长篇须曲折三致意,乃可成章"(胡仔《苕溪渔隐丛话》)。再如主张"文章必谨布置",并称"每见后学,多告以《原道》命意曲折"(范温《潜溪诗眼》)。

8. 如四渎虽纳百川四句:指长江、黄河、淮河、济水。《尔雅·释水》:"江、河、淮、济为四渎。四渎者,发源注海者也。"《风俗通义·山泽》:"渎者,通也,所以通中国垢浊。"《史记·殷本纪》:"东为江,北为济,西为河,南为淮,四渎已修,万民乃有居。"古代天子祭天下名山大川,即五岳与四渎。

9. 老夫绍圣以前至绍圣以后六句:绍圣为宋哲宗年号(1094—1097)。黄庭坚于绍圣二年(1095)谪黔州。以此为界,前后文章风格成就迥异。如胡仔《苕溪渔隐丛话》后集云:"余读豫章先生传赞云:'山谷自黔州以后,句法尤高,笔势放纵,实天下之奇作。'"再如王构《修辞鉴衡》云:"黄鲁直自黔南归,诗变前体,且云:'须要唐律中作活计,乃可言诗,以少陵渊蓄云萃,变态百出,虽数十百韵,格律益严,盖操制诗家法度如此。'"斧斤,比喻为文重视雕琢修饰的方法技巧。

10. 东坡文章妙天下其短处在好骂:黄庭坚《书王知载朐山杂咏后》云:"诗者,人之情性也,非强谏争于廷,怨忿诟于道,怒邻骂坐之为也。"亦为此意。

11. 慎勿袭其轨:不要蹈其前辙,即切勿因袭东坡好骂的短处。

12. 更须治经三句:这里集中体现黄庭坚论文主张"宗经"的观点。它文也多有论述,如《与徐师川书》云:"其未至者探经术未深。"《与秦少章帖》:"文章虽未学,要须茂其根本,探其渊源。"《大雅堂记》:"夫无意而意已至,非广之以《国风》《雅颂》,深之以《离骚》《九歌》,安能咀嚼其意味,闯然入其门耶?"

13. 青琐祭文:青琐,原指皇宫门窗的青色花纹,亦指刻镂成格的窗户。《汉书》卷九十八:"曲阳侯根骄奢僭上,赤墀青琐。"孟康注:"以青画户边镂中,天子制也。"颜师古注:"青琐者,刻为连琐文,而以青涂之也。"这里当指祭刘斧之文。刘斧,生卒年均不详,约宋神宗熙宁中前后在世,生平事迹亦无考,人称刘斧秀才。著有《青琐高议》前集十卷、从集十卷,所记皆宋时怪异事迹。

14. 如灵丹一粒,点铁成金也:灵丹,古代道士炼的一种丹药,据说能使人长生不老。点铁成金,原指用手指一点使铁变成金的法术。典出《五灯会元》卷七灵照禅师语。这里比喻引用古人文章语句时稍稍改动原来的文字,就会变得很出色。

15. 垂天之云:庄子《逍遥游》云:"北冥有鱼,其名为鲲。鲲之大,不知其几千里也。化而为鸟,其名为鹏。鹏之背,不知其几千里也;怒而飞,其翼若垂天之云。"

16. 沧江八月之涛——以江水呈苍色,故称沧江。江潮、江涛是由于月球和太阳的引力,使海洋发生周期性的潮汐涨落现象。中国最著名的三大涌潮包括青州潮、广陵涛和钱塘潮。而钱塘潮也是世界三大涌潮之一,另两处分别是印度的恒河潮和亚马孙潮。苏轼《催试官考较戏作》:"八月十八潮,壮观天下无。鲲鹏水击三千里,组练长驱十万夫。红旗青盖互明灭,黑沙白浪相吞屠。人生会合古难必,此景此行那两得。愿君闻此添蜡烛,门外白袍如立鹄。"周密《武林旧事》"观潮"一文最为人称道。

17. 海运吞舟之鱼——海运,行于海上。语见《庄子·逍遥游》:"是鸟也,海运则将徙于南冥。南冥者,天池也。"吞舟之鱼,《庄子·庚桑楚》:"吞舟之鱼,砀而失水。"《列子·杨朱》:"吞舟之鱼,不游枝流;鸿鹄高飞,不集污池。"贾谊《吊屈原赋》:"彼寻常之污渎兮,岂能容吞舟之鱼!"

18. 俭陋——俭朴、粗陋。《汉书·地理志下》:"其民有先王遗教,君子深思,小人俭陋。"王若虚《文辨》:"若以文章正理论之,亦惟适其宜而已,岂专以是为贵哉。盖简而不已,其弊将至于俭陋而不足观矣。"

【讲疏】

作为苏门四学士之首,黄庭坚与苏轼共同奠定了有别于唐诗的宋诗独特风貌,诗学理论自成体系,形成江西宗派,影响深远。本文主要体现了他的如下文学观点。

首先,论诗重法度,但又不可守绳墨。主张守法度、谨布置、有绳墨是其创作理论的核心。如本文"凡作一文,皆须有宗有趣,终始关键,有开有阖"。认为洪驹父"诸文亦皆好,但少古人绳墨耳,可更熟读司马子长、韩退之文章"。诗歌法度绳墨要从古人诸如司马迁、韩退之、杜甫、欧阳修等而来,尤重杜甫。如《扬子建通神论序》云:"文章之工难矣。而有左氏、庄周、董仲舒、司马迁、相如、刘向、扬雄、韩愈、柳宗元及今世欧阳修、曾巩、苏轼、秦观之作,篇籍俱在,法度粲然,可讲而学也。"取法甚广。其《答何静翁》称"语约而意深,文章之法度,盖当如此"。他认为杜甫诗"渊蓄云萃,变态百出,虽数十百韵,格律甚严。盖操制诗家法度如此"(李颀《古今诗话》)。陈师道称:"豫章之学博矣,而得法于少陵,故其诗近之。"(胡仔《苕溪渔隐丛话》)

他所说的法度主要指诗文的创作技巧诸如命意、布局、句法、字法、诗眼、格律等,尤重句法。如范温《潜溪诗眼》云:"山谷言文章必谨布置,每见后学,多告以《原道》命意曲折。"论句法的,如"传得黄州新句法"(《次韵文潜立春日三绝句》),"句法提一律,坚城受我降"(《子瞻诗句妙一世乃云效黄庭坚体》),"寄我五字句,句法窥鲍谢"(《寄陈适用》),"句法俊逸清新,词源广大精神"(《再用前韵赠子勉》),"无人知句法,秋月自澄江""一洗万古凡马空,句法如此今谁工?""诗来清吹拂衣襟,句法词锋觉有神""拾遗句中有眼,彭泽意在无弦"等等。再如他称陈师道"作诗渊源,得老杜句法"(《答王子飞》),具体到本文来说,即评洪驹父云"青琐祭文,语意甚工,但用字时有未安处"。

他虽讲求法度,但又称"不可守绳墨令俭陋也",本文开篇称"但少古人绳墨耳",结句"又不可守绳墨令俭陋也",前后照应,已自见出其布置法度了。他认为守法度、合规律、讲锻炼,但要自然浑成,不着斧凿痕迹,即"不烦绳削而自合"。《题意可诗》云:"宁律不谐,不使句弱;用字不工,不使句俗,此庾开府之所长也,然有意于为诗也。至于陶渊明,则所谓不烦绳削而自合也。"《与王观复书》云:"观杜子美到夔州后诗,韩退之自潮州还朝后文章,皆不烦绳削而自合矣。""文章成就,更无斧凿痕,乃为佳耳。"等等。在这点上,又继承了苏轼无法之法的自然天成,并影响了后来吕本中的"活法说"。

其次,与此相关,他认为学古人法度,要做到融会贯通,活学活用,最终自成一家。而具体方法上则提出了著名的"点铁成金"说,即"自作语最难,老杜作诗,退之作文,无一字无来处,盖后人读书少,故谓韩、杜自作此语耳。古之能为文章者,真能陶冶万物,虽取古人之陈言入于翰墨,如灵丹一粒,点铁成金也"。也就是在继承中有创新,如所谓"文章最忌随人后"(《题谢敞王博喻》),"我不为牛后人"(赠高子勉),"随人作计终人后,自成一家始逼真"(《以右军书数种赠丘十四》)等等。

第三，要想学古人达到古人成就，就要多读书，做到学问广博。如本文所谓"少加意读书，古人不难到也""可更熟读司马子长、韩退之文章""盖后人读书少""更须治经，深其渊源，乃可到古人耳"云云。再如《论作诗文》称"词意高胜，要从学问中来"。他批评王观复诗"不谐律吕""或词气不逮初造意时"，是因为"读书未精博耳""观复下笔不凡，但恐读书少耳"(《题王观复所作文后》)。再如《与王观复书》云："所送新诗，皆兴寄高远，但语生硬，不谐律吕，或词气不逮初造意时，此病亦只是读书未精博耳。长袖善舞，多钱善贾，不虚语也。"

最后，他认为为文要含蓄蕴藉，不可过分直露，以骂为文，则失"温柔敦厚"之旨。即文中所谓"《骂犬文》虽奇，然不可作也。东坡文章妙天下，其短处在好骂，慎勿袭其轨也"。在《书王知载朐山杂咏后》亦称："诗者，人之情性也，非强谏争于廷，怨忿诟于道，怒邻骂坐之为也。……其发为讪谤侵陵，引颈以承戈，披襟而受矢，以快一朝之忿者，人皆以为诗之祸，是失诗之旨，非诗之过也。"受其影响，洪驹父之弟洪炎认为杜甫、白居易亦有此弊，即"老杜《新安》《石壕》《潼关》之什，白公《秦中吟》《乐游园》《紫阁村》诗，则几于骂矣，失诗之本旨也"(《豫章黄先生退听堂录序》)。

【关键词解读】

点铁成金

黄庭坚"点铁成金"说，是指"虽取古人之陈言入于翰墨"，但能够推陈出新，自成一家，化腐朽为神奇，也就是学古而不泥古，学古中要求新求变，最终形成自己的独特风格，这正是他"文章最忌随人后""随人作计终人后，自成一家始逼真"之文学思想的反映，也可以说是他"以俗为雅，以故为新"说的凝炼浓缩。他在《再次韵杨明叔小序》云："盖以俗为雅，以故为新，百战百胜。"之前梅尧臣、苏轼都有此说法。如陈师道《后山诗话》所载："闽士有好诗者，不用陈语常谈，写投梅圣俞，答书曰：'子诗诚工，但未能以故为新，以俗为雅尔。'"苏轼《题柳子厚诗》云："诗须要有为而作，用事当以故为新，以俗为雅。"可见已是宋人通谈。

和它相近的说法就是"夺胎换骨"说。惠洪《冷斋夜话》引其语云："然不易其意而造其语，谓之换骨法；窥入其意而形容之，谓之夺胎法。"张少康对此解释："换骨法是指吸取古人精彩的诗意境界而不袭其辞，别创新语来表现之；而夺胎法则是参考古人诗意而重新加以形容，以创造新的诗意境界。"(《中国文学理论批评发展史》)

【相关知识链接】

北宋后期,苏轼主盟文坛,在其周围聚焦了一批优秀作家,有苏门"四学士"(黄庭坚、秦观、晁补之、张耒)和苏门"六君子"(四学士之外加上陈师道和李廌)。其中黄庭坚出于苏门,但在创作和理论上又具有自己的特色和体系,同时影响了他周围的学生和亲友,并形成了中国古代文学史上第一个比较严格意义上的文学流派"江西诗派"。虽与苏轼并称"苏黄",但显然有与苏轼分庭抗礼之势。

"江西诗派"之名最早起于吕本中《江西诗社宗派图》,列黄庭坚以下陈师道、潘大临、洪刍、韩驹等二十六人,认为"其原流皆出豫章也"。到了宋末元初,方回在《瀛奎律髓》中倡"一祖三宗"之说,一祖为杜甫,三宗为黄庭坚、陈师道和陈与义。其影响之大,则如南宋陆九渊《与程帅》所云:"杜陵之出……诗家为之中兴。自此以来,作者相望。至豫章而益大肆其力……一时如陈、徐、韩、吕、三洪、二谢之流,翕然宗之,由是江西遂以诗社名天下,虽未极古之源委,而其植立不凡,斯亦宇宙之奇诡也。"其影响波及南宋,吕本中、陆游、杨万里等源于江西诗派,终则冲破其樊篱,自成体系。最重要的是还引起了南宋后期及宋末元初的文艺争鸣:或反对,如张戒、严羽等,或肯定如方回等,其是非功过又非本文所能胜述。

【延伸阅读】

《答洪驹父书》文虽短,却能够全面涉略和体现出黄庭坚的文学理论体系,故而为其文论中最重要、最具代表的一篇,而所选延伸阅读文献则分别从不同角度可与本文观点相互生发和对照补充。如《与王观复书》所云"此病只是读书未精博耳"之重学问积累,"理得而辞顺""不烦绳削而自合"之法度与自然,《与秦少章书》巧如作锦当学锦机、终在古人后之主张学习古人法度,《书王知载朐山杂咏后》"非强谏争于廷,怨忿诟于道,怒邻骂坐之为也"之强调温柔敦厚等。

与王观复书

庭坚顿首启:蒲元礼来,辱书勤恳千万。知在官虽劳勚,无日不勤翰墨,何慰如之!即日初夏,便有暑气,不审起居何如?

所送新诗,皆兴寄高远,但语生硬,不谐律吕,或词气不逮初造意时,此病亦只是读书未精博耳。长袖善舞,多钱善贾,不虚语也。南阳刘勰尝论文章之难云:"意翻空而易奇,文征实而难工。"此语亦是沈谢辈为儒林宗主时,好作奇语,故后生立论如此。好作奇语,自是文章病。但当以理为主,理得而辞顺,文章自然出群拔萃。观杜子美到夔州后诗,韩退之自潮州还朝后文章,皆不烦绳削而自合矣。

往年尝请问东坡先生作文章之法。东坡云:"但熟读《礼记·檀弓》当得之。"既而取《檀弓》二篇,读数百过,然后知后世作文章不及古人之病,如观日月也。文章盖自建安以来,好作奇语,故其气象衰苶,其病至今犹在。唯陈伯玉、韩退之、李习之,近世欧阳永叔、王介甫、苏子瞻、秦少游乃无此病耳。

公所论杜子美诗,亦未极其趣,试更深思之。若入蜀下峡年月,则诗中自可见,其曰:"九钻巴巽火,三蛰楚祠雷。"则往来两川九年,在夔府三年可知也。恐更须改定,乃可入石。

适多病,少安之余,宾客妄谓不肖有东归之期,日日到门,疲于应接。蒲元礼来告行,草草具此。世俗寒温礼数,非公所望于不肖者,故皆略之。三月二十四日。

与秦少章书

庭坚顿首:惠示与晁十书,笔势骎骎可喜。庭坚心醉于诗与楚词,似若有得。然终在古人后。至于论议文字,今日乃当付之少游及晁、张、无己,足下可从此四君子一二问之。前日王直方作楚词二篇来,亦可观。尝告之云:如世巧女,文绣妙一世,设欲作锦,当学锦机,乃能成锦。足下试以此思之。

书王知载朐山杂咏后

诗者,人之情性也,非强谏争于廷,怨忿诟于道,怒邻骂坐之为也。其人忠信笃敬,抱道而居,与时乖逢,遇物悲喜,同床而不察,并世而不闻;情之所不能堪,因发于呻吟调笑之声,胸次释然，而闻者亦有所劝勉，比律吕而可歌，列干羽而可舞，是诗之美也。其发为讪谤侵陵，引颈以承戈，披襟而受矢，以快一朝之忿者，人皆以为诗之祸，是失诗之旨，非诗之过也。故世相后或千岁，地相去或万里，诵其诗而想见其人，所居所养，如旦莫与之朝，邻里与之游也。营丘王知载，仕宦在予前。予在江湖浮沈，而知载已没于河外，不及相识也。而得其人于其诗，仕不遇而不怒，人不知而独乐，博物多闻之君子，有文正公家风者邪！惜乎不幸短命，不得发于事业，使予言信于流俗也。虽然，不期于流俗，此所以为君子者耶！元符元年八月乙巳，戎州寓舍退听堂书。江西黄庭坚责授涪州别驾戎州安置，年五十四。

《四部丛刊》影宋本《豫章黄先生文集》

【思考题】

1. 何谓"点铁成金"和"夺胎换骨"？
2. 试论黄庭坚文学思想与宋诗风貌之关系。

李 清 照

【作者简介】

李清照(1084—约1155),号易安居士,济南(今山东济南)人。父李格非与祖父同出于韩琦门下,早年以文章受知于苏轼,官至礼部员外郎。嫁太学士赵明诚。靖康之乱,夫病死建康,她则流离杭州、越州、金华等地,晚况凄苦。为宋代著名女词人,诗文亦颇有成就,《金石录后序》为宋代散文名篇。著有《漱玉词》一卷。近人辑有《李清照集》。《宋史》卷四百四十四《李格非传》后附传。

论 词

乐府声诗并著,最盛于唐[1]。开元、天宝间[2],有李八郎者,能歌,擅天下[3]。时新及第进士,开宴曲江[4],榜中一名士,先召李,使易服隐名姓,衣冠故敝,精神惨沮,与同之宴所。曰:"表弟愿与坐末。"众皆不顾。既酒行乐作,歌者进,时曹元谦、念奴为冠[5]。歌罢,众皆咨嗟称赏。名士忽指李曰:"请表弟歌。"众皆哂,或有怒者。及转喉发声,歌一曲,众皆泣下。罗拜,曰:"此李八郎也。"

自后郑卫之声日炽,流靡之变日烦。已有《菩萨蛮》《春光好》《莎鸡子》《更漏子》《浣溪沙》《梦江南》《渔父》等词[6],不可遍举。

五代干戈,四海瓜分豆剖,斯文道熄。独江南李氏君臣尚文雅,故于"小楼吹彻玉笙寒","吹皱一池春水"之词[7],语虽奇甚,所谓亡国之音哀以思也[8]!

逮至本朝,礼乐文武大备,又涵养百余年,始有柳屯田永者,变旧声作新声,出《乐章集》[9],大得声称于世。虽协音律,而词语尘下[10]。又有张子野、宋子京兄弟[11],沈唐、元绛、晁次膺辈继出[12],虽时时有妙语,而破碎何足名家!至晏元献、欧阳永叔、苏子瞻[13],学际天人,作为小歌词,直如酌蠡水于大海[14],然皆句读不葺之诗尔[15],又往往不协音律者。何耶?盖诗文分平侧,而歌词分五音,又分五声,又分六律,又分清浊轻重[16]。且如近世所谓《声声慢》《雨中花》《喜迁莺》,既押平声韵,又押入声韵[17]。《玉楼春》本押平声韵,又押上去声,又押入声[18]。本押仄声韵,如押上声则协,如押入声,则不可歌矣[19]。王介甫、曾子固,文章似西汉,若作一小歌词,则人必绝倒,不可读也[20]。

乃知别是一家,知之者少。后晏叔原、贺方回、秦少游、黄鲁直出[21],始能知之。又晏苦无铺叙[22]。贺苦少典重[23]。秦则专主情致,而少故实[24],譬如贫家美女,非不妍丽,而终乏富贵态。黄即尚故实,而多疵病,譬如良玉有瑕,价自减半矣[25]。

《海山仙馆丛书》本《苕溪渔隐丛话》后集卷三十三

【题解】

李清照不但是中国文学史上罕见的杰出女作家、著名词人,而且以一篇《论词》奠定了在中国文学批评史上的重要地位。北宋以来词学创作繁荣,但词学理论的发展则明显滞后,大都是一些比较零散的论述,也因此,李清照这篇较为完整的《论词》专文便显得格外醒目和珍贵。《论词》不但有宏阔的史学视野,而且其词"别是一家"的著名观点,不但是创作经验的总结,而且也成为古今学者关于词学之婉约和豪放之争的学术焦点。

【注释】

1. 乐府声诗并著二句:关于声诗,《礼记·乐记》云:"乐师辨乎声诗,故北面而弦。"欧阳修《相州昼锦堂记》云:"勒之金石,播之声诗。"声诗"与"徒诗"对举,是中国诗歌史上的两种基本类型。任中敏认为,"声诗"就是"表里声乐,发而为歌"的入乐之诗,而"徒诗"则是"信口而谣"不入声乐的诗。唐声诗地位重要,上承汉魏六朝乐府,下启宋词、元曲。声诗还与歌诗并举,二者有密切关系,也有一定的差别。详见任二北《唐声诗》,上海古籍出版社1982年出版。

2. 开元、天宝：唐玄宗年号，开元（713—741），天宝（742—756）。

3. 有李八郎者三句：李八郎即李衮，唐李肇《国史补》卷下云："李衮善歌，初于江外而名动京师。崔昭入朝，密载而至。乃邀宾客，请第一部乐及京邑之名倡，以为盛会。给言表弟，请登末座。令衮敝衣以出，合坐嗤笑。顷命酒，昭曰：'欲请表弟歌。'坐中又笑。及转喉一发，乐人皆大惊，曰：'此必李八郎也。'遂罗拜阶下。"李清照晚于李肇，可见《论词》此段乃隐括这一史实而成。

4. 时新及第进士二句：唐代进士及第后，首先新科进士们要到主考官的府邸通报姓名、籍贯，向主考官拜师谢恩，接下来参加曲江夜宴。其盛况如刘沧《及第后宴曲江》所云："及第新春选胜游，杏园初宴曲江头。紫毫粉壁题仙籍，柳色箫声拂御楼。霁景露光明远岸，晚空山翠坠芳洲。归时不省花间醉，绮陌香车似水流。"曲江位于西安城区东南部，为唐代著名的曲江皇家园林所在地。

5. 时曹元谦、念奴为冠：曹元谦，事迹不详。念奴是唐天宝年间著名的歌伎。元稹《连昌宫词》："力士传呼觅念奴，念奴潜伴诸郎宿。须臾觅得又连催，特敕街中许燃烛。春娇满眼睡红绡，掠削云鬟旋装束。飞上九天歌一声，二十五郎吹管逐。"自注："念奴，天宝中名倡，善歌。"王灼《碧鸡漫志》卷五引《开元天宝遗事》云："念奴每执板当席，声出朝霞之上。"《念奴娇》词调就因其而生。

6. 已有《菩萨蛮》等：都是唐教坊曲，用为词调名称。《菩萨蛮》，原为古缅甸乐，开元、天宝间传入中国。今存李白所作《菩萨蛮》词一首，为词调中之最古者。双调，四十四字。上下片各四句，均为两仄韵，两平韵。《春光好》，唐玄宗所制。据《碧鸡漫志》《羯鼓录》云："明皇尤爱羯鼓玉笛，云八音之领袖。时春雨始晴，景色明丽。帝曰：'对此岂可不为判断，命取羯鼓，临轩纵击，曲名《春光好》。'"《莎鸡子》，现存唐词中无《莎鸡子》，《词论》保存了这一词牌的文献资料，弥足珍贵。《更漏子》，毛氏《填词名解》："唐温庭筠做《秋思词》，中咏'更漏'，后以名词。"此调有两体，四十六字者始于温庭筠，唐宋词最多。一百四字者，唯有杜安世词。《浣溪沙》，此调有平仄两体。平韵体始于唐代韩偓，仄韵体始于南唐李煜。《梦江南》，本名《谢秋娘》，因白居易词中有"能不忆江南？"句，改名《忆江南》。又名《望江南》《江南好》《春去也》等。有单调、双调诸体。《渔歌子》，又名《渔父》，词调由张志和创制。

7. 独江南李氏君臣三句：李煜《山花子》："菡萏香销翠叶残，西风愁起绿波间。还与韶光共憔悴，不堪看。细雨梦回鸡塞远，小楼吹彻玉笙寒。多少泪珠无限恨，倚栏干。"冯延巳《谒金门》："风乍起，吹皱一池春水。闲引鸳鸯香径里，手挼红杏蕊。斗鸭阑干遍倚，碧玉搔头斜坠。终日望君君不至，举头闻鹊喜。"

8. 亡国之音哀以思：《礼记·乐记》："是故治世之音安以乐，其政和；乱世之音怨以怒，其政乖；亡国之音哀以思，其民困。声音之道，与政通矣。"

9. 始有柳屯田永者三句：柳永（987—1053），字耆卿，崇安（今福建武夷山）人。宋仁宗朝进士，官至屯田员外郎，故世称柳屯田。自称"奉旨填词柳三变"，并以"白衣卿相"自诩。所作多慢词，语言通俗，音律谐婉，当时流传极广，所谓"凡有井水饮处，皆能歌柳词"。柳永发展了词体，多以旧腔改造或自制的长调慢词。著有《乐章集》。

10. 虽协音律，而词语尘下：柳永继承敦煌曲子词，用民间口语写作大量"俚词"，陈师道《后山诗话》称"骫骳从俗，天下咏之"。王灼也认为柳词"浅近卑俗，自成一体，不知书者尤好之"（《碧鸡漫志》卷二）。

11. 张子野、宋子京兄弟：张先（990—1078），字子野，乌程（今浙江湖州吴兴）人。天圣八年（1030）进士，官至尚书都官郎中。善作慢词，与柳永齐名。著有《张子野词》。宋祁（998—1061），字子京，安州安陆（今湖北安陆）人。天圣二年（1024）进士，官翰林学士、史馆修撰、工部尚书等。与兄宋庠并有文名，时称"二宋"。因《玉楼春》词中有"红杏枝头春意闹"句，世称"红杏尚书"。宋庠（996—1066），字公序。官至兵部侍郎同平章事。

12. 沈唐、元绛、晁次膺辈：沈唐，字公述，官大名府签判。元绛（1008—1083），字厚之，钱塘人，累迁翰林学士，拜参知政事。著有《玉堂集》，《全宋词》存其词二首。晁端礼（1046—1113），字次膺。开德府清丰县（今属河南）人。熙宁六年（1073）进士，历单州城武主簿、瀛州防御推官、知州平恩县、泰宁军节度推官等。徽宗政和三年（1113），他进《并蒂芙蓉》词，大得徽宗称赏。于是以承事郎为大晟府协律，"与万俟雅言（咏）齐名，按月律进词"（《唐宋诸贤绝妙词选》卷七）。今传《闲斋琴趣外篇》六卷。

13. 晏元献、欧阳永叔、苏子瞻：晏殊（991—1055），字同叔，抚州临川人。擅小令，与欧阳修并称"晏欧"。著有《珠玉词》。欧阳修（1007—1072），字永叔，号醉翁、六一居士。吉州永丰（今江西省吉安市永丰县）人，官至翰林学士、枢密副使、参知政事。欧阳修的词有两种版本，一是《欧阳文忠公近体乐府》三卷，另一种是《醉翁琴趣外篇》六卷。苏轼继柳永之后，对词体进行了全面的改革，并在理论上破除了诗尊词卑的观念。苏轼"以诗为词"突破了音乐对词体的制约和束缚，把词变为一种独立的抒情诗体。王灼《碧鸡漫志》卷二说："东坡先生非醉心于音律者，偶尔作歌，指出向上一路，新天下耳目，弄笔者始知自振。"

14. 酌蠡水于大海：蠡：瓢瓢，用葫芦做的瓢。这里比喻极其容易。《汉书·东方朔传》："以蠡测海。"

15. 然皆句读不葺之诗尔：葺：整齐、整理、整治、修饰。句子长短不整齐。

16. 盖诗文分平侧五句：张炎《词源》以唇齿喉舌鼻为五音。五声指宫商角徵羽。六律指十二律吕中的阴、阳声律，阳六为律，阴六为吕。都是说作词须协音律。

17. 且如近世所谓《声声慢》三句：《声声慢》亦称《胜胜慢》《凤求凰》《寒松叹》《人在楼上》。蒋捷慢词，俱用"声"字入韵，故称此名。双调，有平韵体，又有仄韵体（一般押入声）。《雨中花》，宋人中以晏殊作此调为早，双调，五十一字，上片四句三仄韵，下片四句三仄韵。《喜迁莺》，又名《鹤冲天》《万年枝》《春光好》《燕归来》《早梅芳》《喜迁莺令》《烘春桃李》。有小令、长调之分。长调一百零三字、一百零五字各体均用仄体。小令四十七字，上片五句四平韵，下片五句两仄韵两平韵。

18. 《玉楼春》本押平声韵三句：《玉楼春》，《词谱》谓五代后蜀顾敻词起句有"月照玉楼春漏促""柳映玉楼春欲晚"句，欧阳炯起句有"日照玉楼花似锦""春早玉楼烟雨夜"句，因取以调名。又称《木兰花》《春晓曲》《西湖曲》《惜春容》《归朝欢令》《呈纤手》《归风便》《东邻妙》《梦乡亲》《续渔歌》等。双调五十六字,前后阕句式相同,各三仄韵,一韵到底。

19. 本押仄声韵四句:俞正燮《癸巳类稿·易安居士事辑》云:"谓本平可通侧,不拘上去入;若本侧则上去入不可相通。"

20. 王介甫、曾子固五句:前面批评苏轼以诗入词,这里当指不可以文入词。

21. 后晏叔原、贺方回、秦少游、黄鲁直出:晏几道(1030—1106),字叔原,号小山,抚州临川文港沙河(今属江西省南昌市进贤县)人。晏殊第七子。历任颍昌府许田镇监、乾宁军通判、开封府判官等。小令语言清丽,感情深挚。著有《小山词》。贺铸(1052—1125),字方回,人称贺梅子,自号庆湖遗老。卫州(今河南卫辉市)人。贺铸曾自编词集《东山乐府》,又名《东山寓声乐府》《东山乐府别集》。今存者名《东山词》。秦观(1049—1100),字少游,一字太虚,号淮海居士。扬州高邮(今属江苏)人。历任秘书省正字、国史院编修官等职。有《淮海居士长短句》,又名《淮海词》。黄庭坚(1045—1105),字鲁直,自号山谷道人,洪州分宁(今江西省九江市修水县)人。有《山谷琴趣外编》。

22. 晏苦无铺叙:《全宋词》收晏几道词260首,其中长调3首,其余均为小令。杜文澜《憩园词话》:"词之有令,唐五代尚矣。宋惟晏叔原最擅胜场,贺方回差堪接武。"小令字少篇短,不宜铺叙。

23. 贺苦少典重:贺铸词善于融化中晚唐诗句入词,他曾说:"吾笔端驱使李商隐、温庭筠,当奔命不暇。"由此而形成了深婉密丽的语言风格。

24. 秦则专主情致二句:《宋六十一家词选》例言:"少游以绝尘之才,早与胜流,不可一世,而一谪南荒,遽丧灵宝。故所为词,寄慨身世,闲雅有情思,酒边花下,一往而深,而怨悱不乱,悄乎得《小雅》之遗,后主而后,一人而已。"夏敬观:"少游词清丽婉约,辞情相称,诵之回肠荡气,自是词中上品。"(《淮海词跋》)王国维:"少游词境最为凄婉。"(《人间词话》)

25. 黄即尚故实四句:黄庭坚词喜用典故、俗语、僻字,雅俗并存,风格峭拔清刚,自具面目。陈师道《后山诗话》云:"退之以文为诗,子瞻以诗为词,如教坊雷大使之舞,虽极天下之工,要非本色。今代词手,唯秦七黄九耳,唐诸人不迨也。"所谓其多疵病,当如黄山谷《小山词序》所自语:"余少时间作乐府,以使酒玩世。道人法秀独罪余以笔墨劝淫,于我法中当下犁舌之狱,特未见叔原之作也。"

【讲疏】

本文主要体现了李清照如下词学观点。首先,描述了词的发生和发展历史。她着眼于词的音乐性质,认为词产生于唐开元天宝年间,与当时"乐府声诗"并著有关。其后中唐以来则日炽日烦,一些词牌如《菩萨蛮》《春光好》等沿用唐教坊曲牌名称,已经大量出现。五代则以南唐后主李煜君臣为最。宋经百余年后开始步入繁荣,宋初到北宋中叶的著名作家有柳永、张先、宋庠兄弟、沈唐、元绛、晁次膺、晏殊、欧阳修、苏轼、王安石、曾巩等。北宋后期著名作家则有晏几道、贺铸、秦观、黄庭坚等。脉络清晰,足见其宏阔的文学史眼光和学术视野。

其次,对历代词人词作进行品评褒贬,大多既有肯定,也同时指出不足。其批评标准一是要严守音律,另一方面在创作上要铺叙、典重、情致、故实四者兼备。胡仔《苕溪渔隐丛话》云:"易安历评诸公歌词,皆摘其短,无一免者,此论未公,吾不凭也。其意盖自谓能擅其长,以乐府名家者。退之诗云:'不知群儿愚,那用故谤伤,蚍蜉撼大树,可笑不自量。'正为此辈发也。"实则胡仔所评正不免偏颇。

第三,《论词》最重要的核心观点是,词"别是一家"。所谓"别是一家"是说词在创作上与诗不同,有其自身的特点,主要体现在音律上,即"盖诗文分平侧,而歌词分五音,又分五声,又分六律,又分清浊轻重。且如近世所谓《声声慢》《雨中花》《喜迁莺》,既押平声韵,又押入声韵。《玉楼春》本押平声韵,又押上去声,又押入声。本押仄声韵,如押上声则协,如押入声,则不可歌矣"。词与诗在押韵上的诸多不同,主要是着眼于词作为可合乐歌唱的歌词与诗的根本区别。从这一标准来看,整个北宋词人中,他所基本赞同的是协音律的柳永和知晓词与诗在押韵上有不同的晏几道、贺铸、秦观、黄庭坚,这些人虽然也有缺点,但主要缺点在语言、用典、铺叙、情致等方面。而她所极力批判的文坛巨匠晏殊、欧阳修、苏轼,她则认为虽然诸人"学际天人,作为小歌词,直如酌蠡水于大海",无可挑剔,但却犯了一个根本的错误,即"往往不协音律",所以只能称作"句读不葺之诗尔",也就是说,他们写的词实际上还是诗,或者说是以诗为词。这涉及到诗与词的文体辨析,是整个宋代词学理论争鸣的主要内容。顾易生等《宋金元文学批评史》认为:"李清照的词是'别是一家之说',主要在于维护词的合乐可歌的基本特征。配合乐曲而作的歌词,如不合乐而歌,则失其所以为词。"刘宁《女词人的独特贡献——谈李清照的〈词论〉》也认为《词论》提出了关于词的五个标准,但所谓"铺叙""典重"等标准都以"协律"为前提,故"《词论》不仅充分尊重了词的音乐特点,而且促进了后来词人对词独特抒情方式的规范概括,这当然是值得肯定的"。

【关键词解读】

词别是一家

李清照在《论词》中提出了"词别是一家"这一重要观点,认为词与诗是不同的。诗与词之间的辨体批评,是宋代文学批评和文体批评的重要内容之一，相关文献极为丰富，所持观点各异，形成了一股文艺争鸣思潮。关于诗、词之辨大体有两种不同的意见，一个是推尊词体，认为词与诗是两种截然不同的体裁，有各自不同的文体规范，故而风格也不同，一个重言志，一个重抒情。最著名的就是陈师道《后山诗话》所云："退之以文为诗，子瞻以诗为词，如教坊雷大使之舞，虽极天下之工，要非本色。今代词手，惟秦七黄九尔，唐诸人不逮也。"认为词当如秦观所作，含蓄婉约，这方得词之体，方为本色当行。如果如苏轼那般以诗为词，豪放怒张，必须"关西大汉执铁板，唱大江东去浪淘尽"方可，便失去了词体须"要眇宜修"的婉约本色；因为词当"十七八少女，执红牙笏板，歌杨柳岸晓风残月"，这是宋人及至明清学者推尊词体的共同主张。如沈祥龙《论词随笔》、王国维《人间词话》等都有详尽的论述和辨析。对此，可参见吴承学《文体学源流》一文。另一个便是，认为诗词只是一理，并对东坡"以诗为词"大为欣赏，采取一种兼容并包的态度。如王若虚就针对陈师道的著名言论，在《滹南诗话》中提出了他的不同意见："陈后山云：'子瞻以诗为词，虽工非本色。今代词手，唯秦七黄九耳。'予谓后山以子瞻词如诗，似矣，而以山谷为得体，复不可晓。晁无咎云：'东坡词小不谐律吕，盖横放杰出，曲子中缚不住者。'其评山谷则曰：'词固高妙，然不是当行家语，乃著腔子唱和诗耳。'此言得之。"再如："陈后山谓子瞻以诗为词，大是妄论，而世皆信之，独茅荆产辨其不然，谓公词为古今第一。今翰林赵公亦云此，与人意暗同。盖诗词只是一理，不容异观。"其它论及诗、词之辨的还颇多，如《石林诗话》云："张先郎中，字子野，能为诗及乐府，至老不衰……，遂掩其诗声，识者皆以为恨云。"《艇斋诗话》云："晏元献小词为本朝之冠，然小诗亦有工者。"《藏海诗话》云："晚唐诗失之太巧，只务外华，而气弱格卑，流为词体耳。"等等，可与知识链接相参看。

【相关知识链接】

整个宋代词论的核心是围绕婉约豪放两派的论争而展开的，前者以李清照、陈师道等为代表，坚持"词别是一家"，词与诗不同，要妙宜修，具有更加严格的音律，词在创作和风格上有自己的本色和当行之语，反对以诗为词，混淆诗与词之间的界限。李清照之外，如陈师道《后山诗话》云："退之以文为诗，子瞻以诗为词，如教坊雷大使之舞，虽极天下之工，要非本色。今代词手，惟柳七黄九尔，唐诸人不逮也。"再如晁补之所说"东坡词，人谓多不谐音律，然居士词横放杰出，自是曲子中缚不住者。黄鲁直间作小词，固高妙，然不是当家语，自是着腔子唱好诗"（胡仔《苕溪渔隐丛话》所引)。虽对苏词有所肯定,但总的说来是承认词与诗是有所不同的。

后者以苏轼、胡寅、王灼、范开为代表,认为词和诗在本质上是相同的,大多肯定苏辛以诗为词,扩大了词的题材和表现范围,具有开拓之功。如苏轼便称"微词婉转,盖诗之裔"(《祭张子野文》)。"颁示新词,此古人长短句诗也"(《与蔡景繁书》)。苏轼"以诗为词"的豪放词创作影响及于辛弃疾,自此在柳永、李清照之婉约词外别立一帜,并引来诸多批评家的交口称赞。如胡寅《题酒边词》云:"柳耆卿后出,掩众制而尽其妙,好之者以为不可复加。及眉山苏氏,一洗绮罗香泽之态,摆脱绸缪宛转之度,使人登高望远,举首高歌,而逸怀浩气超然乎尘垢之外。于是《花间》为皂隶,而柳氏为舆台矣。"王灼《碧鸡漫志》云:"东坡先生以文章余事作诗,溢而作词曲,高处出神入天,平处尚临镜笑春,不顾侪辈。或曰:'长短句诗也。'为此论者,乃是遭柳永野狐涎之毒。诗与乐府同出,岂当分异?"再如"东坡先生非醉心于音律者,偶尔作歌,指出向上一路,新天下耳目,弄笔者始知自振"。他更从儒家礼教的角度出发,对柳永和李清照进行了尖锐的批评,认为柳永"浅近卑俗",李清照词为"闾巷荒淫之语"。南宋后期批评家则大多同时对苏、辛豪放词给予全面肯定,如范开《稼轩词序》、刘克庄《辛稼轩集序》以及刘辰翁《辛稼轩词序》等都是词学理论名篇。如刘克庄云:"余谓耆卿直留连光景,歌颂太平尔;公所作大声鞺鞳,小声铿鍧,横绝六合,扫空万古,自有苍生以来所无。"刘辰翁云:"词至东坡,倾荡磊落,如诗如文,如天地奇观……及稼轩横竖烂漫,乃如禅宗棒喝,头头皆是;有如悲笳万鼓,平生不平,事并厄酒,但觉宾主酣畅,谈不暇顾。词至此亦足矣。"可见,豪放、婉约之争相当激烈,也正是由于这种词学争鸣,进一步推动了宋词创作的繁荣,在不同风格上都取得了巨大成就。

【思考题】

1. 试比较李清照词学观与胡寅、王灼等对苏词评价的不同。
2. 试论"词别是一家"。

张　戒

【作者简介】

张戒,生卒年不详,生活于南宋初年,正平人。宣和六年(1124)进士,绍兴五年(1135)赵鼎荐为国子监丞,曾历官殿中侍御史、司农少卿等职。因与赵鼎、岳飞一起反对和议,被劾革职。著有《岁寒堂诗话》二卷。传附见《宋史·赵鼎传》卷一百五十八。

岁寒堂诗话(选录)

建安、陶、阮以前,诗专以言志;潘、陆以后,诗专以咏物;兼而有之者,李、杜也。言志乃诗人之本意,咏物特诗人之余事。古诗苏、李、曹、刘、陶、阮,本不期于咏物,而咏物之工,卓然天成,不可复及;其情真,其味长,其气胜,视《三百篇》几于无愧,凡以得诗人之本意也。潘、陆以后,专意咏物,雕镌刻镂之工日以增,而诗人之本旨扫地尽矣。谢康乐"池塘生春草"[1],颜延之"明月照积雪"[2],谢玄晖"澄江静如练"[3],江文通"日暮碧云合"[4],王籍"鸟鸣山更幽"[5],谢贞"风定花犹落"[6],柳恽"亭皋木叶下"[7],何逊"夜雨滴空阶"[8],就其一篇之中,稍免雕镌,粗足意味,便称佳句;然比之陶、阮以前苏、李古诗,曹、刘之作,九牛一毛也[9]。大抵句中若无意味,譬之山无烟云,春无草树,岂复可观?阮嗣宗诗,专以意胜;陶渊明诗,专以味胜;曹子建诗,专以韵胜;杜子美诗,专以气胜。然意可学也,味亦可学也,若夫韵有高下,气有强弱,则不可强矣。此韩退之之文,曹子建、杜子美之诗,后世所以莫能及也。世徒见子美诗多粗俗,不知粗俗语在诗句中最难,非粗俗,乃高古之极也。自曹、刘死,至今一千年,惟子美一人能之。中间鲍照虽有此作,然仅称俊快,未至高古。元、白、张籍、王建乐府,专以道得人心中事为工,然其词浅近,其气卑弱[10]。至于卢仝,遂有"不唧溜钝汉"[11]"七碗吃不得"之句[12],乃信口乱道,不足言诗也。近世苏、黄亦喜用俗语,然时用之,亦颇安排勉强,不能如子美胸襟流出也。子美之诗,颜鲁公之书,雄姿杰出,千古独步,可仰而不可及耳。

  国朝诸人诗为一等,唐人诗为一等,六朝诗为一等,陶、阮、建安七子、两汉为一等,风骚为一等,学者须以次参究,盈科而后进可也[13]。黄鲁直自言学杜子美[14],子瞻自言学陶渊明[15],二人好恶,已自不同。鲁直学子美,但得其格律耳。子瞻则又专称渊明,且曰,曹、刘、鲍、谢、李、杜诸子皆不及也。夫鲍、谢不及则有之,若子建、李、杜之诗,亦何愧于渊明,即渊明之诗,妙在有味耳。而子建诗,微婉之情,洒落之韵,抑扬顿挫之气,固不可以优劣论也。古今诗人推陈王及古诗第一[16],此乃不易之论。至于李、杜,尤不可轻议。欧阳公喜太白诗,乃称其"清风明月不用一钱买,玉山自倒非人推"之句[17],此等句虽奇逸,然在太白诗中,特其浅浅者。鲁直云:"太白诗与汉、魏乐府争衡"[18],此语乃真知太白者。王介甫云:"白诗多说妇人,识见污下。"[19]介甫之论过矣。孔子删诗,三百五篇说妇人者过半,岂可亦谓之识见污下耶?元微之尝谓"自诗人以来,未有如子美者"[20],而复以太白为不及。故退之云:"不知群儿愚,那用故谤伤。"[21]退之于李、杜,但极口推尊,而未尝优劣,此乃公论也。子美诗奄有古今,学者能识国风骚人之旨,然后知子美用意处;识汉、魏诗,然后知子美遣词处。至于"掩颜、谢之孤高,杂徐、庾之流丽"[22],在子美不足道耳。欧阳公诗学退之,又学李太白。王介甫诗,山谷以为学三谢[23]。苏子瞻学刘梦得,学白乐天、太白,晚而学渊明[24]。鲁直自言学子美。人才高下,固有分限,然亦在所习,不可不谨。其始也学之,其终也岂能过之。屋下架屋,愈见其小。后有作者出,必欲与李、杜争衡,当复从汉、魏诗中出尔。

诗以用事为博,始于颜光禄而极于杜子美[25]。以押韵为工,始于韩退之而极于苏、黄。然诗者,志之所之也,情动于中而形于言[26],岂专意于咏物哉?子建"明月照高楼,流光正徘徊"[27],本以言妇人清夜独居愁思之切,非以咏月也,而后人咏月之句,虽极其工巧,终莫能及。渊明"狗吠深巷中,鸡鸣桑树颠"[28],本以言郊居闲适之趣,非以咏田园,而后人咏田园之句,虽极其工巧,终莫能及。故曰:"言之不足,故长言之;长言之不足,故咏叹之;咏叹之不足,故不知手之舞之,足之蹈之。"[29]后人所谓"含不尽之意"者此也[30]。用事押韵,何足道哉?苏、黄用事押韵之工,至矣尽矣,然究其实,乃诗人中一害。使后生只知用事押韵之为诗,而不知咏物之为工,言志之为本也,风雅自此扫地矣。

韵有不可及者,曹子建是也;味有不可及者,渊明是也;才力有不可及者,李太白、韩退之是也;意气有不可及者,杜子美是也。文章古今迥然不同,钟嵘《诗品》以古诗第一,子建次之,此论诚然。观子建"明月照高楼""高台多悲风"[31]"南国有佳人"[32]"惊风飘白日"[33]"谒帝承明庐"[34]等篇,音节铿锵抑扬,态度温润清和,金声而玉振之,辞不迫切,而意已独至,与三百五篇异世同律,此所谓韵不可及也。渊明"狗吠深巷中,鸡鸣桑树颠""采菊东篱下,悠然见南山"[35],此景物虽在目前,而非至闲至静之中,则不能到,此味不可及也。杜子美、李太白、韩退之三人,才力俱不可及,而就其中退之喜崛奇之态,太白多天仙之词,退之犹可学,太白不可及也。至于杜子美,则又不然,气吞曹、刘,固无与为敌。如放归鄜州,而云"维时遭艰虞,朝野少暇日。顾惭恩私被,诏许归蓬荜"[36];新婚戍边,而云"勿为新婚念,努力事戎行","罗襦不复施,对君洗红妆"[37];《壮游》云:"两宫各警跸,万里遥相望"[38];《洗兵马》云:"鹤驾通宵凤辇备,鸡鸣问寝龙楼晓"[39],凡此皆微而婉,正而有礼,孔子所谓"可以兴,可以观,可以群,可以怨,迩之事父,远之事君"者[40]。如"刺规多谏诤,端拱自光辉,俭约前王体,风流后代希"[41],"公若登台辅,临危莫爱身"[42],乃圣贤法言,非特诗人而已。

"萧萧马鸣,悠悠旆旌"[43],以"萧萧""悠悠"字,而出师整暇之情状,宛在目前。此语非惟创始之为难,乃中的之为工也。荆轲云:"风萧萧兮易水寒,壮士一去兮不复还。"[44]自常人观之,语既不多,又无新巧,然而此二语遂能写出天地愁惨之状,极壮士赴死如归之情,此亦所谓中的也。古诗"白杨多悲风,萧萧愁杀人"[45],"萧萧"两字,处处可用,然惟坟墓之间,白杨悲风,尤为至切,所以为奇。乐天云:"说喜不得方言喜,说怨不得言怨。"[46]乐天特得其粗尔。此句用"悲""愁"字,乃愈见其亲切处,何可少耶?诗人之工,特在一时情味,固不可预设法式也。

　　国风云:"爱而不见,搔首踟蹰。"[47]"瞻望弗及,伫立以泣。"[48]其词婉,其意微,不迫不露,此其所以可贵也。《古诗》云:"馨香盈怀袖,路远莫致之。"[49]李太白云:"皓齿终不发,芳心空自持。"[50]皆无愧于国风矣。杜牧之云:"多情却是总无情,惟觉尊前笑不成。"[51]意非不佳,然而词意浅露,略无余蕴。元、白、张籍,其病正在此,只知道得人心中事,而不知道尽则又浅露也。后来诗人能道得人心中事者少尔,尚何无余蕴之责哉?

　　《国风》《离骚》固不论,自汉、魏以来,诗妙于子建,成于李、杜,而坏于苏、黄。余之此论,固未易为俗人言也。子瞻以议论作诗,鲁直又专以补缀奇字,学者未得其所长,而先得其所短,诗人之意扫地矣。段师教康昆仑琵琶,且遣不近乐器十余年,忘其故态[52]。学诗亦然。苏、黄习气净尽,始可以论唐人诗。唐人声律习气净尽,始可以论六朝诗。镌刻之习气净尽,始可以论曹、刘、李、杜诗。《诗序》云:"情动于中而形于言,言之不足,故嗟叹之。"子建、李、杜皆情意有余,汹涌而后发者也。刘勰云:"因情造文,不为文造情。"[53]若他人之诗,皆为文造情耳。沈约云:"相如工为形似之言,二班长于情理之说。"[54]刘勰云:"情在词外曰隐,状溢目前曰秀。"[55]梅圣俞云:"含不尽之意见于言外,状难写之景如在目前。"[56]三人之论,其实一也。

无锡丁氏校印本《历代诗话续编·岁寒堂诗话》卷上

【题解】

在南宋,张戒的《岁寒堂诗话》与严羽《沧浪诗话》齐名,都是极具诗学理论体系之作,这与宋诗话普遍以资闲谈的零散片断形成鲜明对比,显得很突出。而且在兴趣、意境论和反对苏黄及江西诗风上,严羽明显受到张戒的影响。其地位正如清潘德舆《养一斋诗话》所云:"吾于宋人诗话,严羽以外,只服张戒《岁寒堂诗话》为中的。"张宗泰《跋岁寒堂诗话》亦云:"戒名不甚著,诗亦不多见,而其持论,乃远出诸家评诗者之上。"《岁寒堂诗话》上下两卷,上卷为诗学理论专文,下卷专论杜甫诗以体现他上卷中的学杜主张。

【注释】

1. 池塘生春草:谢灵运《登池上楼》:"潜虬媚幽姿,飞鸿响远音。薄霄愧云浮,栖川怍渊沉。进德智所拙,退耕力不任。徇禄反穷海,卧疴对空林。衾枕昧节候,褰开暂窥临。倾耳聆波澜,举目眺岖嵚。初景革绪风,新阳改故阴。池塘生春草,园柳变鸣禽。祁祁伤豳歌,萋萋感楚吟。索居易永久,离群难处心。持操岂独古,无闷征在今!"

2. 明月照积雪:此为谢灵运《岁暮》中名句:"殷忧不能寐,苦此夜难颓。明月照积雪,朔风劲且哀。运往无淹物,年逝觉已催。"误记为颜延之诗。

3. 澄江静如练:谢朓《晚登三山还望京邑》:"灞涘望长安,河阳视京县。白日丽飞甍,参差皆可见。余霞散成绮,澄江静如练。喧鸟覆春洲,杂英满芳甸。去矣方滞淫,怀哉罢欢宴。佳期怅何许,泪下如流霰。有情知望乡,谁能鬒不变?"

4. 日暮碧云合:江淹《休上人怨别》:"西北秋风至,楚客心忧哉。日暮碧云合,佳人殊未来。露彩方泛艳,月华始徘徊。宝书为君掩,瑶琴讵能开?相思巫山渚,怅望阳云台。膏炉绝沉燎,绮席生浮埃。桂水日千里,因之平生怀。"

5. 鸟鸣山更幽:王籍《入若耶溪》:"艅艎何泛泛,空水共悠悠。阴霞生远岫,阳景逐回流。蝉噪林逾静,鸟鸣山更幽。此地动归念,长年悲倦游。"

6. 风定花犹落:《南史》卷七十四《谢贞传》云:八岁尝为《春日闲居》诗,从舅王筠奇之,谓所亲曰:"至如'风定花犹落',乃追步惠连矣。"

7. 亭皋木叶下:柳恽《捣衣诗》:"行役滞风波,游人淹不归。亭皋木叶下,陇首秋云飞。寒园夕鸟集,思牖草虫悲。嗟矣当春服,安见御冬衣?"

8. 夜雨滴空阶:何逊《临行与故游夜别》:"历稔共追随,一旦辞群匹。复如东注水,未有西归日。夜雨滴空阶,晓灯暗离室。相悲各罢酒,何时同促膝。"

9. 九牛一毛:语出司马迁《报任少卿书》:"假令仆伏法受诛,若九牛亡一毛,与蝼蚁何以异?"王维《与魏居士书》:"才不出众,德在人下,存亡去就,如九牛一毛耳。"比喻极其微小。

10. 元白张籍王建乐府四句:王建的乐府诗和张籍齐名,世称张王乐府。关于张戒所言,明代批评家也多有此论。如陆时雍《诗镜总论》云:"元、白以潦倒成家,意必尽言,言必尽兴,然其力足以达之。"又云:"元、白之韵平以和,张、王之韵庳以急,其好尽则同,而元、白独未伤雅也。虽然,元、白好尽言耳,张、王好尽意也。尽言特烦,尽意则亵矣。"又云:"人情物态不可言者最多,必尽言之,则俚矣。知能言之为佳,而不知不言之为妙,此张籍、王建所以病也。张籍,小人之诗也,俚而佻。王建款情热语,其儿女子之所为乎?诗不入雅,虽美何观矣。"又云:"张籍、王建诗有三病:言之尽也,意之丑也,韵之庳也。言穷则尽,意亵则丑,韵软则庳。"再如王世贞《艺苑卮言》云:"乐府之所贵者,事与情而已。张籍善言情,王建善征事,而境皆不佳。"

11. 不唧溜钝汉:卢仝《扬州送伯龄过江》:"不唧溜钝汉,何由通姓名。"唧溜,机灵,头脑聪慧,动作敏捷。也作即溜、唧溜。钝汉,蠢人。

12. 七碗吃不得:卢仝《走笔谢孟谏议寄新茶》:"柴门反关无俗客,纱帽笼头自煎吃。碧云引风吹不断,白花浮光凝碗面。一碗喉吻润,两碗破孤闷。三碗搜枯肠,惟有文字五千卷。四碗发轻汗,平生不平事,尽向毛孔散。五碗肌骨清,六碗通仙灵。七碗吃不得也,唯觉两腋习习清风生。蓬莱山,在何处?玉川子乘此清风欲归去。"

13. 盈科而后进:《孟子·离娄下》:"源泉混混,不舍昼夜,盈科而后进,放乎四海。"科,坎也。泉水遇到坑洼,要充满之后才继续向前流淌。

14. 黄鲁直自言学杜子美:黄庭坚诗学杜甫,如《观崇德君墨竹歌》:"见我好吟爱画胜他人,直谓子美当前身。"又称"杜子美一生穷饿,作诗数千篇,与日月争光。""欲学诗,老杜足矣。"陈师道《答秦觏书》亦云:"豫章之学博矣,而得法于杜少陵,其学少陵而不为者也,故其诗近之,而其进则未已也。"方回也说:"山谷诗宋三百年第一人,本出于老杜。""老杜为唐诗之冠,黄陈诗为宋诗之冠,黄陈学老杜者也。""山谷诗本老杜骨法"等等。

15. 子瞻自言学陶渊明:苏辙《追和陶渊明诗引》:"吾于诗人,无所甚好,独好渊明之诗。渊明作诗不多,然其诗质而实绮,癯而实腴,自曹、刘、鲍、谢、李、杜诸人,皆莫及也。吾前后和其诗凡一百有九篇,至其得意,自谓不甚愧渊明。"

16. 陈王:曹植(192—232),字子建。生前曾为陈王,去世后谥号"思",因此又称陈思王。

17. 欧阳公喜太白诗三句:《欧阳文忠公集》卷一百二十九《笔说·李白杜甫诗优劣说》云:"'落日欲没岘山西,倒著接䍦花下迷。襄阳小儿齐拍手,拦街争唱《白铜鞮》。'此常言也。至于'清风明月不用一钱买,玉山自倒非人推',然后见其横放。其所以警动千古者,固不在此也。杜甫于白,得其一节而精强过之。至于天才自放,非甫可到也。"

18. 鲁直云二句:王琦注《李太白全集》卷三十四引《黄山谷文集》:"太白歌诗,度越六代,与汉、魏乐府争衡。"

19. 王介甫云三句:《苕溪渔隐丛话前集》卷六引《钟山语录》云:"荆公次第四家诗(杜甫、欧阳修、韩愈、李白),以李白最下,俗人多疑之。公曰:'白诗近俗,人易悦故也。白识见污下,十首九说妇人与酒,然其才豪俊,亦可取也。'"

20. 元微之尝谓三句:元稹《唐故工部员外郎杜君墓系铭》云:"则诗人以来,未有如子美者。……至若铺陈终始,排比声韵,大或千言,次犹数百;词气豪迈而风调清深,属对律切而脱弃凡近,则李尚不能历其藩翰,况堂奥乎?"

21. 退之云三句:韩愈《调张籍》诗句。
22. 掩颜谢之孤高二句:语见元稹《唐故工部员外郎杜君墓系铭》。
23. 三谢:陈师道《后山诗话》:"黄鲁直谓荆公之诗暮年方妙……又云'扶舆度阳焰,窈窕一川花',虽前人亦未易道也,然学三谢失于巧耳。"三谢,指谢灵运、谢惠连与谢朓。
24. 苏子瞻三句:陈师道《后山诗话》称"苏诗始学刘禹锡","晚学太白"。黄庭坚《跋子瞻和陶诗》:"子瞻谪海南,时宰欲杀之。饱吃惠州饭,细和渊明诗。"方东树《昭昧詹言》:"白傅意格,东坡所本。"
25. 颜光禄:颜延之,宋武帝时任金紫光禄大夫。
26. 诗者三句:《毛诗序》云:"诗者,志之所之也;在心为志,发言为诗。情动于中而形于言,言之不足,故嗟叹之;嗟叹之不足,故咏歌之;咏歌之不足,不知手之舞之,足之蹈之也。"
27. 明月照高楼二句:曹植《七哀》:"明月照高楼,流光正徘徊。上有愁思妇,悲叹有余哀。借问叹者谁?言是宕子妻。君行逾十年,孤妾常独栖。君若清路尘,妾若浊水泥。浮沉各异势,会合何时谐?愿为西南风,长逝入君怀。君怀良不开,贱妾当何依?"
28. 狗吠深巷中二句:陶渊明《归园田居》其一:"少无适俗韵,性本爱丘山。误落尘网中,一去三十年。羁鸟恋旧林,池鱼思故渊。开荒南野际,守拙归园田。方宅十余亩,草屋八九间。榆柳荫后檐,桃李罗堂前。暧暧远人村,依依墟里烟。狗吠深巷中,鸡鸣桑树颠。户庭无尘杂,虚室有余闲。久在樊笼里,复得返自然。"
29. 言之不足六句:《礼记·乐记》:"言之不足,故长言之。长言之不足,故嗟叹之。嗟叹之不足,故不知手之舞之,足之蹈之也。"
30. 含不尽之意:欧阳修《六一诗话》引用梅尧臣之言:"诗家必能状难写之景,如在目前,含不尽之意,见于言外,然后为至矣。"
31. 高台多悲风:曹植《杂诗六首·其一》:"高台多悲风,朝日照北林。之子在万里,江湖迥且深。方舟安可极,离思故难任!孤雁飞南游,过庭长哀吟。翘思慕远人,愿欲托遗音。形影忽不见,翩翩伤我心。"
32. 南国有佳人:曹植《杂诗六首·其四》:"南国有佳人,容华若桃李。朝游江北岸,夕宿潇湘沚。时俗薄朱颜,谁为发皓齿?俯仰岁将暮,荣耀难久恃。"
33. 惊风飘白日:曹植《箜篌引》:"置酒高殿上,亲交从我游。中厨办丰膳,烹羊宰肥牛。秦筝何慷慨,齐瑟和且柔。阳阿奏奇舞,京洛出名讴。乐饮过三爵,缓带倾庶羞。主称千金寿,宾奉万年酬。久要不可忘,薄终义所尤。谦谦君子德,磬折欲何求。惊风飘白日,光景驰西流。盛时不再来,百年忽我遒。生存华屋处,零落归山丘。先民谁不死,知命复何忧?"
34. 谒帝承明庐:曹植《赠白马王彪》:"谒帝承明庐,逝将归旧疆。清晨发皇邑,日夕过首阳。伊洛广且深,欲济川无梁。泛舟越洪涛,怨彼东路长。顾瞻恋城阙,引领情内伤。"

35. 采菊东篱下：陶渊明《饮酒》："结庐在人境，而无车马喧。问君何能尔，心远地自偏。采菊东篱下，悠然见南山。山气日夕佳，飞鸟相与还。此中有真意，欲辨已忘言。"

36. 维时遭艰虞四句：杜甫《北征》："杜子将北征，苍茫问家室。维时遭艰虞，朝野少暇日。顾惭恩私被，诏许归蓬筚。拜辞诣阙下，怵惕久未出。"

37. 勿为新婚念四句：杜甫《新婚别》："兔丝附蓬麻，引蔓故不长。嫁女与征夫，不如弃路旁。结发为妻子，席不暖君床。暮婚晨告别，无乃太匆忙。君行虽不远，守边赴河阳。妾身未分明，何以拜姑嫜？父母养我时，日夜令我藏。生女有所归，鸡狗亦得将。君今往死地，沉痛迫中肠。誓欲随君去，形势反苍黄。勿为新婚念，努力事戎行。妇人在军中，兵气恐不扬。自嗟贫家女，久致罗襦裳。罗襦不复施，对君洗红妆。仰视百鸟飞，大小必双翔。人事多错迕，与君永相望。"

38. 两宫各警跸二句：杜甫《壮游》："河朔风尘起，岷山行幸长。两宫各警跸，万里遥相望。崆峒杀气黑，少海旌旗黄。禹功亦命子，涿鹿亲戎行。"警跸：帝王出行时清道，禁止行人来往。

39. 鹤驾二句：杜甫《洗兵马》："青春复随冠冕入，紫禁正耐烟花绕。鹤驾通宵凤辇备，鸡鸣问寝龙楼晓。攀龙附凤势莫当，天下尽化为侯王。汝等岂知蒙帝力，时来不得夸身强。"鹤驾、凤辇：都指太子的车驾。太子为李俶（音处）。

40. 可以兴六句：《论语·阳货》：子曰："小子何莫学夫诗？诗可以兴，可以观，可以群，可以怨。迩之事父，远之事君，多识于鸟兽草木之名。"

41. 刺规多谏诤四句：杜甫《送卢十四弟侍御护韦尚书灵榇归上都二十四韵》："万姓疮痍合，群凶嗜欲肥。刺规多谏诤，端拱自光辉。俭约前王体，风流后代希。对扬期特达，衰朽再芳菲。"

42. 公若登台辅二句：杜甫《奉送严公入朝十韵》："鼎湖瞻望远，象阙宪章新。四海犹多难，中原忆旧臣。与时安反侧，自昔有经纶。感激张天步，从容静塞尘。南图回羽翮，北极捧星辰。漏鼓还思昼，宫莺罢啭春。空留玉帐术，愁杀锦城人。阁道通丹地，江潭隐白萍。此生那老蜀？不死会归秦！公若登台辅，临危莫爱身！"

43. 萧萧马鸣二句：《诗经·小雅·车攻》："萧萧马鸣，悠悠旆旌。徒御不惊，大庖不盈。之子于征，有闻无声。允矣君子，展也大成。"

44. 风萧萧兮易水寒二句：《史记·刺客列传》："风萧萧兮易水寒，壮士一去兮不复还。"

45. 白杨多悲风二句：《古诗十九首》："去者日以疏，生者日已亲。出郭门直视，但见丘与坟。古墓犁为田，松柏摧为薪。白杨多悲风，萧萧愁杀人！思还故里闾，欲归道无因。"

46. 乐天云三句：见旧题白居易《金针诗格》。

47. 爱而不见二句：《诗经·邶风·静女》诗句。

48. 展望弗及二句：《诗经·邶风·燕燕》诗句。

49. 馨香盈怀袖二句：《古诗十九首》："庭中有奇树，绿叶发华滋。攀条折其荣，将以遗所思。馨香盈怀袖,路远莫致之。此物何足贵,但感别经时。"

50. 皓齿终不发二句:李白《古风》:"美人出南国,灼灼芙蓉姿。皓齿终不发,芳心空自持。由来紫宫女,共妒青蛾眉。归去潇湘沚,沉吟何足悲。"

51. 多情却是总无情二句:杜牧《赠别》:"多情却似总无情,唯觉樽前笑不成。蜡烛有心还惜别,替人垂泪到天明。"

52. 段师教康昆仑琵琶三句:段安节《乐府杂录》记载,唐德宗令段善本教授昆仑琵琶,段奏曰:"且遣昆仑不近乐器十余年,使忘其本领,然后可教。"诏许之,后果尽段之艺。

53. 刘勰云三句:见《文心雕龙·情采》。

54. 沈约云三句:见沈约《宋书·谢灵运传》。

55. 刘勰云三句:见《文心雕龙·隐秀》。

56. 梅圣俞云三句:见前31注。

【讲疏】

首先,言志与咏物。张戒认为诗言人的本志,言志乃诗人之本意,咏物特诗人之余事。其言志说继承了汉代《毛诗序》"情志一也"的观点。如《毛诗序》云"情动于中而形于言,言之不足,故嗟叹之",所以他赞赏曹植、李杜皆情意有余,汹涌而发。在言志与咏物两种题材或表现方式之间,不可"专意于咏物",咏物是为了言志,曹植《七哀》和陶渊明《归园田居》诗不是为了咏物,是为了抒发他们的"愁思之切"和"闲适之趣",故而他认为"咏物之为工"要以"言志为之本也"。这实际涉及到了情景关系,即景为情发,要为情而造文而不可为文而造情。

其次,自然天成与刻意雕琢。他所说的咏物为末,并不是说诗不能咏物,而是不可"专意咏物",不可在咏物中"以用事为博,以押韵为工",咏物诗要学古诗苏李曹刘陶阮之作,"本不期于咏物,而咏物之工,卓然天成,不可复及",也就是"近世苏黄亦喜用俗语,然时用之,亦颇安排勉强,不能如子美胸襟流出也"。也是说用语用事要自然如从胸襟流出。这继承了钟嵘以来的自然论。他所谓"情真"也是说在言志抒情上要自然流露,情真意切。

第三,意境韵味和词意浅露。他提倡言志抒情和咏物用语都要自然天成,是因为只有这样的诗才能"其情真,其味长,其气胜",只有这样的诗才能"得诗人之本意也"。所以他提出了他的"意味气韵"说,即"大抵句中若无意味,譬之山无烟云,春无草树,岂复可观?阮嗣宗诗,专以意胜;陶渊明诗,专以味胜;曹子建诗,专以韵胜;杜子美诗,专以气胜"。他们的诗都是"妙在有味",具有"微婉之情,洒落之韵,抑扬顿挫之气"的意境美。

这种意境就是"含不尽之意",也就是曹植、陶渊明诗"所谓韵不可及也""此味不可及也""此皆微而婉"的韵味论。故而他认为"诗人之工,特在一时情味"。这种意境论继承了《毛诗序》"言之不足,故长言之;长言之不足,故咏叹之;咏叹之不足,故不知手之舞之,足之蹈之"。刘勰"情在词外曰隐,状溢目前曰秀"和梅尧臣的"含不尽之意见于言外,状难写之景如在目前"等。

在此意境论指导下,他反对杜牧诗"词意浅露,略无余蕴",反对元白"无余蕴",认为其病在于"只知道得人心中事,而不知道尽则又浅露也"。他以《国风》诗为比,认为"其词婉,其意微,不迫不露",其可贵之处正是严羽所谓"言有尽而意无穷"。与直白浅露相关,在诗用粗俗语的问题上,他认为虽然杜甫诗用粗俗语,但"非粗俗,乃高古之极也"。而鲍照、元白、张王之乐府诗以及近世苏黄喜用俗语,都是"专以道得人心中事为工,其词浅近,其气卑弱,未至高古",未能如杜甫之"雄姿杰出,千古独步,可仰而不可及耳"。

最后,反对苏黄习气,提出学诗宗旨。他上述诗论的形成,是针对北宋末年以来以苏黄为代表的宋诗弊端而发的,具有重要的现实意义。他认为"自汉魏以来,诗妙于子建,成于李杜,而坏于苏黄"。这是看到"子瞻以议论作诗,鲁直又专以补缀奇字"之弊,认为苏黄喜用俗语、用事为博、押韵为工,但是不能做到杜甫的自然从胸襟流出以及含不尽之意的境界,即"苏黄用事押韵之工,至矣尽矣,然究其实,乃诗人中一害"。所以他认为学诗要以汉魏以来曹植、陶渊明、李白、杜甫为标准,尤其杜甫诗"奄有古今,学者能识国风骚人之旨"。不可学苏黄宋诗,只有"苏黄习气净尽,始可以论唐人诗;唐人声律习气净尽,始可以论六朝诗;镌刻之习气净尽,始可以论曹刘李杜诗"。要"学其所长,去其所短",即严羽所谓"工夫从上头做下","入门须正,立志须高",否则"屋下架屋,愈见其小",只能取得事倍功半的效果。

【关键词解读】

中的

张戒在他的意境论中提出了"中的"说,即所谓"'萧萧马鸣,悠悠斾旌',以'萧萧''悠悠'字,而出师整暇之情状,宛在目前。此语非惟创始之为难,乃中的之为工也。荆轲云:'风萧萧兮易水寒,壮士一去兮不复还。'自常人观之,语既不多,又无新巧,然而此二语遂能写出天地愁惨之状,极壮士赴死如归之情,此亦所谓中的也。"可见,他所谓"中的",指的是"出师整暇之情状,宛在目前"与"此二语遂能写出天地愁惨之状,极壮士赴死如归之情"。这正是他本文结语中对刘勰"情在词外曰隐,状溢目前曰秀"和梅圣俞"含不尽之意见于言外,状难写之景如在目前"的概括,从而总结出自己的"意境论"范畴"中的"。这种意境论也就是"意与境会""思与境谐"的体现,是诗歌达到情景交融的最高境界。

【相关知识链接】

南宋的文学理论及诗话的繁荣是在反对苏黄及江西诗派以及唐诗宋诗之争中而发展起来的。其中以张戒和严羽最为鲜明激烈和彻底。二者有明显的前后继承关系,可以对照参看。如张戒反对"子瞻以议论作诗,鲁直又专以补缀奇字",进而提出他诗学杜甫及"含不尽之意""情味余蕴""情真味长"的意境论。严羽也是反对苏黄江西诗派"以文字为诗,以才学为诗,以议论为诗",进而提出他学诗"以盛唐为法"和"言有尽而意无穷"的兴趣妙悟之意境论。对苏黄江西诗派的态度,张戒认为诗"坏于苏黄",学诗必须"苏黄习气净尽",言辞可谓犀利;而严羽也自比"说苏黄江西诗病,真摘心肝刽子手",用语更加辛辣。

【延伸阅读】

本文所选为上卷诗学理论专文中的部分内容,以下延伸阅读文献加以补足,以见全貌。其中的咏物用意、意境论、自然论以及反对苏黄习气等均可与正文相互发明,对照参看。

《岁寒堂诗话》卷上(选录)

《国风》《离骚》固不论,自汉魏以来,诗妙于子建,成于李杜,而坏于苏黄。余之此论,固未易为俗人言也。子瞻以议论作诗,鲁直又专以补缀奇字,学者未得其所长,而先得其所短,诗人之意扫地矣。段师教康昆仑琵琶,且遣不近乐器十余年,忘其故态,学诗亦然。苏黄习气净尽,始可以论唐人诗。唐人声律习气净尽,始可以论六朝诗。镂刻之习气净尽,始可以论曹刘李杜诗。《诗序》云:"情动于中而形于言,言之不足,故嗟叹之。"子建李杜皆情意有余,汹涌而后发者也。刘勰云:"因情造文,不为文造情。"若他人之诗,皆为文造情耳。沈约云:"相如工为形似之言,二班长于情理之说。"刘勰云:"情在词外曰隐,状溢目前曰秀。"梅圣俞云:"含不尽之意,见于言外;状难写之景,如在目前。"三人之论,其实一也。

梅圣俞云:"状难写之景,如在目前。"元微之云:"道得人心中事。"此固白乐天长处,然情意失于太详,景物失于太露,遂成浅近,略无余蕴,此其所短处。如《长恨歌》虽播于乐府,人人称诵,然其实乃乐天少作,虽欲悔而不可追者也。其叙杨妃进见专宠行乐事,皆秽亵之语。首云"汉皇重色思倾国,御宇多年求不得",后云"渔阳鼙鼓动地来,惊破《霓裳羽衣曲》",又云"君王掩面救不得,回看血泪相和流",此固无礼之甚。"侍儿扶起娇无力,始是新承恩泽时",此下云云,殆可掩耳也。"遂令天下父母心,不重生男重生女",此等语乃乐天自以为得意处,然而亦浅陋甚。"夕殿萤飞思悄然,孤灯挑尽未成眠",此尤可笑,南内虽凄凉,何至挑孤灯耶?惟叙上皇还京云:"天旋地转回龙驭,到此踌躇不能去。马嵬坡下泥土中,不见玉颜空死处。君臣相顾尽沾衣,东望都门信马归。归来池苑皆依旧,太液芙蓉未央柳。"叙太真见方士云:"风吹仙袂飘飘举,犹似《霓裳羽衣》舞。玉容寂寞泪阑干,梨花一枝春带雨。"一篇之中,惟此数语稍佳尔。《长恨歌》,元和元年尉盩厔时作,是时年三十五,谪江州十一年,作《琵琶行》,二诗工拙,远不侔矣。如《琵琶行》虽未免于烦悉,然其语意甚当,后来作者,未易超越也。

柳柳州诗,字字如珠玉,精则精矣,然不若退之之变态百出也。使退之收敛而为子厚则易,使子厚开拓而为退之则难。意味可学,而才气则不可强也。

韦苏州诗,韵高而气清。王右丞诗,格老而味长。虽皆五言之宗匠,然互有得失,不无优劣。以标韵观之,右丞远不逮苏州。至于词不迫切,而味甚长,虽苏州亦所不及也。

世言白少傅诗格卑,虽诚有之,然亦不可不察也。元白张籍诗,皆自陶阮中出,专以道得人心中事为工,本不应格卑,但其词伤于太烦,其意伤于太尽,遂成冗长卑陋尔。比之吴融韩偓俳优之词,号为格卑,则有间矣。若收敛其词,而少加含蓄,其意味岂复可及也。苏端明子瞻喜之,良有由然。皮日休曰:"天下皆汲汲,乐天独恬然,天下皆闷闷,乐天独舍旃。仕若不得志,可为龟鉴焉。"此语得之。

论诗文当以文体为先,警策为后。若但取其警策而已,则"枫落吴江冷",岂足以定优劣?孟浩然"微云淡河汉,疏雨滴梧桐"之句,东野集中未必有也。然使浩然当退之大敌,如《城南联句》,亦必困矣。子瞻云:"浩然诗如内库法酒,却是上尊之规模,但欠酒才尔。"此论尽之。

韦苏州律诗似古,刘随州古诗似律,大抵下李杜韩退之一等,便不能兼。随州诗,韵度不能如韦苏州之高简,意味不能如王摩诘孟浩然之胜绝,然其笔力豪赡,气格老成,则皆过之。与杜子美并时,其得意处,子美之匹亚也。"长城"之目,盖不徒然。

杜牧之序李贺诗云:"骚人之苗裔。"又云:"少加以理,奴仆命《骚》可也。"牧之论太过。贺诗乃李白乐府中出,瑰奇谲怪则似之,秀逸天拔则不及也。贺有太白之语,而无太白之韵。元白张籍以意为主,而失于少文,贺以词为主,而失于少理,各得其一偏。故曰:"文质彬彬,然后君子。"

孔子曰:"《诗》三百,一言以蔽之,曰:'思无邪。'"世儒解释终不了。余尝观古今诗人,然后知斯言良有以也。《诗序》有云:"诗者,志之所之也。在心为志,发言为诗。情动于中,而形于言。"其正少,其邪多。孔子删诗,取其思无邪者而已。自建安七子、六朝、有唐及近世诸人,思无邪者,惟陶渊明杜子美耳,余皆不免落邪思也。六朝颜鲍徐庾,唐李义山,国朝黄鲁直,乃邪思之尤者。鲁直虽不多说妇人,然其韵度矜持,冶容太甚,读之足以荡人心魄,此正所谓邪思也。鲁直专学子美,然子美诗读之,使人凛然兴起,肃然生敬,《诗序》所谓"经夫妇,成孝敬,厚人伦,美教化,移风俗"者也,岂可与鲁直诗同年而语耶?

无锡丁氏校印本《历代诗话续编岁寒堂诗话》卷上

【思考题】

试比较张戒和严羽文学观的同异及其影响关系。

陆　游

【作者简介】

陆游(1125—1210),字务观,号放翁,越州山阴(今浙江绍兴)人。绍兴二十四年(1154)礼部试居前列,因名在秦桧孙秦埙之前,且"喜论恢复",遂被黜落。隆兴初,赐进士出身,官至宝章阁待制。南宋著名爱国诗人。著有《剑南诗稿》八十五卷,《渭南文集》五十卷,《南唐书》十八卷,《老学庵笔记》十卷等。《宋史》卷三百九十五有传。

九月一日夜读诗稿有感走笔作歌[1]

我昔学诗未有得,残余未免从人乞。力孱气馁心自知,妄取虚名有惭色[2]。四十从戎驻南郑[3],酣宴军中夜连日[4]。打球筑场一千步,阅马列厩三万匹[5]。华灯纵博声满楼[6],宝钗艳舞光照席[7]。琵琶弦急冰雹乱,羯鼓手匀风雨疾[8]。诗家三昧忽见前[9],屈贾在眼元历历[10]。天机云锦用在我,剪裁妙处非刀尺[11]。世间才杰固不乏,秋毫未合天地隔[12]。放翁老死何足论,《广陵散》绝还堪惜[13]。

题庐陵萧彦毓秀才诗卷后(其二)[14]

法不孤生自古同,痴人乃欲镂虚空[15]。君诗妙处吾能识,正在山程水驿中[16]。

读近人诗[17]

琢雕自是文章病,奇险尤伤气骨多[18]。君看大羹玄酒味[19],蟹螯蛤柱岂同科[20]。

示子遹[21]

我初学诗日,但欲工藻绘;中年始少悟,渐若窥宏大。怪奇亦间出,如石漱湍濑[22]。数仞李杜墙[23],常恨欠领会。元白才倚门,温李真自郐[24]。正令笔扛鼎,亦未造三昧[25]。诗为六艺一[26],岂用资狡狯[27]?汝果欲学诗,工夫在诗外。

中华书局排印本《陆游集·剑南诗稿》

【题解】

陆游诗文词兼擅,尤以诗的成就显著,仅现存的就有九千三百多首,自言"六十年间万首诗",是名副其实的多产作家。其中,在部分诗中表达了他的诗学主张。"以诗论诗"最著名的是杜甫《戏为六绝句》,其后南宋末年戴复古《论诗十绝》以及金元好问《论诗三十首》继之,多为组诗。本文"论诗诗"为编者所加,从中也可以看出陆游在"论诗诗"这一中国古代文学批评文体形式中承前启后的地位和意义。

【注释】

1. 九月一日夜读诗稿有感走笔作:此诗作于宋光宗绍熙三年(1192),作者六十八岁,时退居山阴(浙江绍兴)。夜读诗稿指在此前五年所刻成的《剑南诗稿》前集。
2. 我昔学诗未有得四句:陆游早年师从江西派诗人曾几,所为诗当也多从古人学问中来,即"残余未免从人乞",颇有悔意。后以从戎南郑为界,随着生活阅历的丰富,终于摆脱江西藩篱,自成一家。
3. 四十从戎驻南郑:宋孝宗乾道八年(1172),陆游接受四川宣抚使王炎邀请,来到南郑,担任四川宣抚使公署干办公事兼检法官,参加了九个月的从军生活。淳熙二年(1175),范成大镇蜀,邀陆游至其幕中任参议官。南郑县位于陕西省西南边陲、汉中盆地西南部,北临汉江,南依巴山。南宋高宗绍兴十四年(1144),分利州路为东西两路,东路辖兴元府,南郑县为府辖县及路、府治所。元代设陕西行中书省,改兴元府为兴元路,此为南郑县正式划归陕西之始。

4. 酣宴军中夜连日:以下极写军中生活的丰富多彩和快乐美好的回忆。

5. 打球筑场一千步二句:打球,军事训练活动,是我国古代军中用以练武的一种马上打球游戏。唐封演《封氏闻见记·打毬》:"开元、天宝中,玄宗数御楼观打毬为事。能者左萦右拂,盘旋宛转,殊可观。然马或奔逸,时致伤毙。"《宋史·礼志二四》:"打毬,本军中戏,太宗令有司详定其仪。三月,会鞠大明殿,有司除地,竖木东西为毬门……左右分朋主之,以承旨二人守门。"筑场:筑造场地,以为阅马场及球场。《诗经·豳风·七月》:"九月筑场圃。"郑玄笺:"筑坚以为场。"韩愈《汴泗交流赠张仆射》:"汴泗交流郡城角,筑场千步平如削。"阅马场,军队马队的操练场,阅马即阅兵。

6. 华灯纵博声满楼:陆游《鹊桥仙》:"华灯纵博,雕鞍驰射,谁记当年豪举。酒徒一一取封侯,独去作江边渔父。""博"字的偏旁"十、干或者戈"同为兵器,与"博"字有关的全是征伐、战争之类,本义当为搏斗、抵抗、对抗之义。后演化为赌博、博弈。李白《猛虎行》:"有时六博快壮心,绕床三匝呼一掷。"《梁园吟》:"连呼五白行六博,分曹赌酒酣驰辉。"《送外甥郑灌从军三首》之一:"六博争雄好彩来,金盘一掷万人开。"韩愈《送灵师》写道:"六博在一掷,枭卢叱回旋。"李益《杂曲歌辞汉宫少年行》:"分曹六博快一掷,迎欢先意笑语喧。"后引申为获取,得到。

7. 宝钗句:古代妇女所佩戴的华贵精美的首饰,诗中指军伎服饰艳丽,舞姿动人。

8. 羯鼓:古代的一种打击乐器,又称"两杖鼓"。南北朝时从西域传入,盛行于唐开元、天宝年间。据唐南卓《羯鼓录》记载,形状像漆桶,演奏时横放在小牙床上,两手持杖敲击演奏。

9. 诗家三昧:三昧一词,来源于梵语的音译,意思是止息杂念,使心神平静,为佛教的重要修行方法。借指事物的要领、真谛。陆游《示子遹》:"正令笔扛鼎,亦未造三昧。"

10. 历历:清晰貌。《古诗十九首·明月皎夜光》:"玉衡指孟冬,众星何历历。"杜甫《历历》诗:"历历开元事,分明在眼前。"宋孔平仲《月夜》诗:"更登高处望,历历见湖山。"

11. 天机云锦二句:天机,天上的织机。云锦,锦丝瑰丽如云彩的丝织物。比喻诗文华美精妙,浑成天然,无斧凿痕迹。如张炎《词源·杂论》:"美成词只当看他浑成处,于软媚中有气魄,采唐诗融化如自己者,乃其长;惜乎意趣却不高远。所以出奇方语,以白石骚雅句法润色之,真天机云锦也。"

12. 秋毫:亦作"秋豪",鸟兽在秋天新长出来的细毛,喻细微之物。《商君书·错法》:"夫离朱见秋豪百步之外,而不能以明目易人。"葛洪《抱朴子·自叙》:"秋毫之赠不入于门,纸笔之用皆出私财。"王安石《收盐》诗:"一民之生重天下,君子忍与争秋豪。"《东周列国志》:"颍考叔对曰:'此鸟名鸮,昼不见泰山,夜能察秋毫,明于细而暗于大也。'"

　　13. 《广陵散》绝:"广陵"是扬州的古称,"散"是操、引乐曲的意思。《广陵散》是一首流行于古代广陵地区的琴曲,其名称最早见于魏应璩《与刘孔才书》:"听广陵之清散。"《世说新语·雅量》载:"嵇中散临刑东市,神气不变。索琴弹之。奏《广陵》。曲终曰:'昔袁孝尼尝从吾学《广陵散》,吾靳固之,《广陵散》于今绝矣!'"

　　14. 题庐陵萧彦毓秀才诗卷后:此诗作于宋宁宗嘉泰二年(1202)陆游居于山阴期间,时年七十八岁。萧彦毓(一作彦育),字虞卿,号梅坡,西昌(今江西泰和)人,与周必大和杨万里都有往来。如周必大《萧彦育虞卿顷年示诗篇且求次诚斋待制所赠佳句之韵》(《周文忠集》卷四二),杨万里《跋萧彦毓梅坡诗集》(《诚斋集》卷三六)。

　　15. 法不孤生自古同二句:"法不孤起,仗境方生。道不虚行,遇缘则应",此语出自佛经,说的是一种整体观,旨在说明万物的变化,不是孤立的现象,任何事情的发生都是有因才有果的。这里指诗歌创作的构思问题。

　　16. 君诗妙处吾能识二句:桂林石刻陆游与杜思恭手札所言与此诗相近:"大抵此业在道途则愈工,……愿舟楫鞍马间加意勿辍,他日绝尘迈往之作,必得之此时为多。"(《广西通志》卷二百二十四)

　　17. 读近人诗:这首诗作于宋宁宗嘉定元年(1208)秋,陆游时居山阴,年八十四岁。

　　18. 琢雕自是文章病二句:黄庭坚《与王观复书》云:"所寄诗多佳句,犹恨雕琢功多。"又云:"好作奇语,自是文章病。"再如其《何君墓表》也说:"大抵诗欲工,而工亦非诗之极也。锻炼之久,乃失本旨,斫削之甚,反伤正气。"(《渭南文集》卷三十九)姜夔《白石道人诗说》亦云:"雕刻伤气。"

　　19. 君看大羹玄酒味:大羹实际上就是不和五味即不加任何调料的肉汁,又称"太羹"。玄酒,古代当酒用的水。《礼记·乐记》:"大飨之礼,尚玄酒而俎腥鱼,大羹不和,有遗味者矣。"郑玄注:"大羹,肉湆,不调以盐菜。"《左传·桓公二年》:"是以清庙茅屋,大路越席,大羹不致,粢食不凿,昭其俭也。"《新唐书·文艺传上·骆宾王》:"韩休之文如大羹玄酒,有典则,薄滋味。许景先如丰肌腻理,虽秾华可爱,而乏风骨。"李东阳《土室》诗:"大羹及元酒,此味久已识。"大羹不和,全靠自然本色,看似没有味道却饱含万种味道,比喻诗文风格平淡自然,韵味无穷。

　　20. 蟹螯蛤柱岂同科:蟹螯,螃蟹变形的第一对脚。蛤柱,即江瑶柱,又称干贝。《晋书·毕卓传》:"右手持酒杯,左手持蟹螯,拍浮酒船中,便足了一生矣。"韩翃《题张逸人园林》:"麈尾手中毛已脱,蟹螯尊上味初香。"梅尧臣《凝碧堂》诗:"可以持蟹螯,逍遥此居室。"这里指蟹螯蛤柱味道虽美,但却终不能如大羹玄酒摆上祭坛,借以主张为文当质朴自然,不事雕琢。

　　21. 示子遹:子遹(1178—1250),字怀祖,陆游幼子。历官新喻丞、溧阳令、严州知州、吏部侍郎等。

　　22. 怪奇亦间出二句:此句是说中年以后,创作上仍不免早年江西诗派习气,而写一些奇险瘦硬之诗。"如石漱湍濑",沿自欧阳修《水谷夜行寄子美圣俞》:"梅翁事清切,石齿漱寒濑。"

23. 数仞李杜墙:《论语·子张》:叔孙武叔语大夫于朝曰:"子贡贤于仲尼。"子服景伯以告子贡。子贡曰:"譬之宫墙,赐之墙也及肩,窥见室家之好。夫子之墙数仞,不得其门而入,不见宗庙之美,百官之富。得其门者或寡矣。夫子之云,不亦宜乎!"

24. 元白才倚门二句:《左传》季札观乐记载,吴国的季札在鲁国看周代的乐舞,对于各诸侯国的乐曲都有评论,但从邻国以下他就没有再表示意见。杜预注云:"邻第十三、曹第十四,言季子闻此二国歌,不复讥论之,以其微也。"比喻从某某以下就不值得评论。这里指元、白仅能达到李、杜门墙,温、李则更下一等,不足道了。

25. 正令笔扛鼎二句:形容文笔雄健,文章的气势极大。韩愈《病中赠张十八》:"龙文百斛鼎,笔力可独扛。"

26. 诗为六艺一:指儒家六经,即《易》《书》《诗》《礼》《乐》《春秋》。又指"礼、乐、射、御、书、数"等六种技艺。

27. 岂用资狡狯:狡狯,儿戏、游戏。陆游自注:"晋人谓戏为狡狯,今闽语尚尔。"《太平广记》卷三十六引《列异传·傅氏女》:"北地傅尚书小女,尝拆荻作鼠,以狡狯。"《魏书·萧昭业传》:"与群小共作鄙艺,掷涂赌跳,放鹰走狗诸杂狡狯。"这里指作诗须庄重认真,不可游戏取巧。

【讲疏】

综合所选诗来看,陆游的文学观点有如下几方面。首先,工夫在诗外。认为学者要有丰富的生活阅历,诗歌要反映广阔的社会现实。"我昔学诗未有得",所作不免模拟因袭,人云亦云,即"残余未免从人乞"。但自从"四十从戎驻南郑",汉中火热的军旅生涯,让其在创作中"天机云锦用在我",有了取之不尽的源泉,从而领悟懂得了"诗家三昧",也就是"汝果欲学诗,工夫在诗外"以及"正在山程水驿中"。

其次,文学不但能反映宏阔的社会生活,而且能够抒发作者羁愁病思之内心情感。所以"诗到此时学得句,羁愁病思恰相兼","夜来一笑寒灯下,始是金丹换骨时",这一点继承了韩愈"不平则鸣"以及欧阳修"穷而后工"的观点。再如《淡斋居士诗序》亦云:"盖人之情,悲愤积于中而无言,始发为诗,不然,无诗矣。苏武、李陵、陶潜、谢灵运、杜甫、李白,激于不能自已,故其诗为百代法。国朝林逋、魏野以布衣死,梅尧臣、石延年弃不用,苏舜钦、黄庭坚以废绌死。近时江西名家者,例以党籍禁锢,乃有才名,盖诗之兴本如此。"此外,他认为诗歌还要关注民生疾苦,如他反对《花间集》诗人"当斯时,天下岌岌,生民救死不暇,士大夫乃流宕如此,可叹也哉"(《跋花间集》)。

第三,在此基础上,他反对文学语言上藻绘雕琢,刻镂虚空,以及风格上奇险怪奇之作,提倡文章要气骨宏大。即"琢雕自是文章病,奇险尤伤气骨多","法不孤生自古同,痴人乃欲镂虚空","我初学诗日,但欲工藻绘。中年始少悟,渐若窥宏大。怪奇亦间出,如石漱湍濑"云云。归结点便是"工夫在诗外"和"正在山程水驿中"。

【关键词解读】

工夫在诗外

陆游文学理论的核心便是"工夫在诗外"。所谓学诗作诗"工夫在诗外"的"诗外"即指书本学问之外的社会生活。陆游早年从江西诗人曾几学诗,深入了解江西诗人以才学、学问、文字为诗的弊端。但是由于后期走出书斋,有了诸如南郑军旅生活的丰富阅历,从而主张诗歌要描写现实生活,只有多姿多彩的社会生活才是文学创作取之不尽、用之不竭的活水源泉。这也就是所谓直接经验和间接经验的区别。正如毛泽东《在延安文艺座谈会上的讲话》所指出的:"人民生活是一切文学艺术的取之不尽、用之不竭的唯一的源泉。这是唯一的源泉,因为只能有这样的源泉,此外不能有第二个源泉。……实际上,过去的文艺作品不是源而是流。……但是继承和借鉴决不可以变成替代自己的创造,这是决不能替代的。"

【相关知识链接】

以黄庭坚为首的江西诗派树立了有别于唐诗的宋诗独特风貌,影响深远,但其"以议论为诗,以才学为诗,以文字为诗"的弊端也为人所认识,反对者有南宋初年从江西入又从江西出的吕本中、陆游、杨万里以及张戒和后来的严羽等。大体说来,吕本中、张戒、严羽等从理论的角度进行总结和批判较为全面和激烈。而陆游和杨万里则在创作实践上完全摆脱了江西樊篱,独树一帜。

其次,严羽等反对江西诗人"以才学、学问、议论"为诗,进而从活法、韵味、兴趣等作诗和意境美学方面来补弊救偏,同时提出"以盛唐为法"的论诗宗旨,实则是以复古为革新,其落脚点还是从书本学问中来。而陆游和杨万里则完全从自身的创作经验出发,要求学诗作诗都要密切联系自身的现实生活,师法自然,即陆游"工夫在诗外""正在山程水驿中",杨万里所谓"闭门觅句非诗法,只是征行自有诗"(《下横山滩头望金华山》),"城里哦诗枉断髭,山中物物是诗题"(《寒食雨中同舍约游天竺得十六绝句呈陆务观》),"江山岂无意,邀我觅新诗"(《丰山小憩》),"不是风烟好,何缘句子新"(《过池阳舟中望九华山》),"春花秋月冬冰雪,不听陈言只听天"(《读张文潜诗》),等等皆是,可见陆游和杨万里之文学思想的相同之处。

【延伸阅读】

所选文论篇目中,《上辛给事书》阐明文如其人、文与实、文气论也即作者的道德修养在创作中的作用等,如所谓"如有是实,乃有是文",不可以"浮文眩世","以文知人","符檄书判,类皆可以洞见其人之心术才能","贤者之所养……其胸中之妙,充实洋溢,而后发见于外,气全力余","然知文之不容伪也,故务重其身而养其气"云云,可以看到陆游文学思想的另一侧面。此外,关于文学的抒情本质,如《澹斋居士诗序》所云"盖人之情,悲愤积于中而无言,始发为诗","激于不能自已","士气抑而不伸,大抵窃寓于诗","退以文章自娱","而愤世疾邪之气,凛然不少回挠"等,正与韩愈不平则鸣和欧阳修穷而后工一脉相承。

上辛给事书

某官阁下:君子之有文也,如日月之明,金石之声,江海之涛澜,虎豹之炳蔚,必有是实,乃有是文。夫心之所养,发而为言,言之所发,比而成文;人之邪正,至观其文则尽矣决矣,不可复隐矣。爝火不能为日月之明,瓦釜不能为金石之声,潢汙不能为江海之涛澜,犬羊不能为虎豹之炳蔚;而或谓庸人能以浮文眩世,乌有此理也哉?使诚有之,则所可眩者,亦庸人耳。

某闻前辈以文知人,非必巨篇大笔、苦心致力之词也。残章断稿,愤讥戏笑,所以娱忧而舒悲者,皆足知之。甚至于邮传之题咏,亲戚之书牍,军旅官府仓卒之间符檄书判类,皆可以洞见其人之心术才能,与夫平生穷达、寿夭,前知逆决,毫芒不失。如对棋枰,而指白黑,如观人面,而见其目衡鼻纵,不待思虑搜索而后得也。何其妙哉?故善观晁错者,不必待东市之诛,然后知其刻深之杀身;善观平津侯者,不必待淮南之谋,然后知其阿谀之易与;方发策决科时,其平生事业,已可望而知之矣。贤者之所养,动天地,开金石,其胸中之妙,充实洋溢,而后发见于外,气全力余,中正闳博,是岂可容一毫之伪于其间哉?

　　某束发好文,才短识近,不足以望作者之藩篱,然知文之不容伪也,故务重其身而养其气。贫贱流落,何所不有,而自信愈笃,自守愈坚,每以其全自养,以其余见之于文。文愈自喜,愈不合于世。夫欲以此求合于世,某则愚矣。而世遂谓某终无所合,某亦不敢谓其言为智也。恭惟阁下以皋陶之谟,周公之诰,《清庙》《生民》之诗,启迪人主而师表学者,虽乡殊壤绝,百世之下,犹将想望而师尊焉。某近在属部而不能承下风望余光,则是自绝于贤人君子之域矣。虽然,非敢以文之工拙为言也。某心之为邪为正,庶几阁下一读其文而尽得之。唐人有曰:士之致远,先器识而后文艺,是不得为知文者。天下岂有器识卑陋而文词超然者哉?狂率冒犯,死有余罪。

淡斋居士诗序

　　《诗》首《国风》,无非变者,虽周公之《豳》,亦变也。盖人之情,悲愤积于中而无言,始发为诗。不然,无诗矣。苏武、李陵、陶潜、谢灵运、杜甫、李白,激于不能自已,故其诗为百代法。国朝林逋、魏野以布衣死,梅尧臣、石延年弃不用,苏舜钦、黄庭坚以废绌死。近时江西名家者,例以党籍禁锢,乃有才名。盖诗之兴本如是。绍兴间,秦丞相桧用事,动以语言罪士大夫,士气抑而不伸;大抵窃寓于诗,亦多不免。若淡斋居士陈公德召者,故与秦公有学校旧,自揣必不合,因不复与相闻。退以文章自娱,诗尤中律吕,不怨不怒,而愤世疾邪之气凛然不少回挠,其不坐此得祸,亦仅脱尔。

中华书局排印本《陆游集·剑南诗稿》

【思考题】

　　1. 结合陆游前后期诗歌创作的不同,谈谈你对"功夫在诗外"的理解。

　　2. 试论陆游和杨万里与江西诗派的关系。

真 德 秀

【作者简介】

真德秀(1178—1235),字景元,后改希元,世称西山先生,建宁浦城(今福建浦城县)人。庆元五年(1199)进士,继中博学宏词科,历官起居舍人、太常少卿、户部尚书、翰林学士知制诰、参知政事等,谥曰文忠。宋代著名理学家。真氏之学出于詹体仁,而体仁乃朱熹门人,真氏实得朱熹嫡传。著有《西山真文忠公文集》《大学衍义》以及《文章正宗》二十四卷、《续集》二十卷等。《宋史》卷四百三十七有传。

文章正宗纲目序[1]

正宗云者,以后世文辞之多变,欲学者识其源流之正也。自昔集录文章者众矣,若杜预、挚虞诸家[2],往往堙没弗传[3]。今行于世者,惟梁昭明《文选》[4]、姚铉《文粹》而已[5]。由今眎之[6],二书所录,果皆得源流之正乎?夫士之于学,所以穷理而致用也。文虽学之一事,要亦不外乎此。故今所辑,以明义理切世用为主。其体本乎古,其指近乎经者,然后取焉,否则辞虽工亦不录。其目凡四:曰辞命、曰议论、曰叙事、曰诗赋,今凡二十余卷云。绍定执徐之岁正月甲申[7],学易斋书。

《四部丛刊》本《西山真文忠公文集》

【题解】

总集选本是中国古代文学理论的重要形式之一,编纂者往往通过选本序跋、编选体例、选文标准及目的宗旨等来体现他们的文学思想和文体学思想。继萧统《文选》后，宋代是中国总集编纂的繁荣时期，有《文苑英华》《唐文粹》《宋文鉴》《文章正宗》等四大总集。《文章正宗》作为一个以理学家之"明义理"为标准来选文的文章总集，因为"执理之过"，故而其影响不及宋人其它文章总集，其原因诚如顾炎武所云："真希元《文章正宗》所选诗一扫千古之陋，归之正旨。然病其以理为宗，不得诗人之趣。……岂非执理之过乎？"（《日知录》卷三）四库馆臣也看到这一点，称《文章正宗》"四五百年以来，自讲学家外，未有尊而用之者，岂非不近人情之事，终不能强行于天下欤？"（《四库全书总目》）

【注释】

1. 文章正宗：《文章正宗》二十卷，是集分辞命、议论、叙事、诗赋四类，录《左传》、《国语》以下至于唐末之作。总集之录《左传》《国语》自是编始，遂以后来坊刻古文之例。其持论甚严，大意主于论理而不论文。《续集》二十卷，皆北宋之文，阙诗赋、辞命二门，仅有叙事、议论。而末一卷议论之文，又有录无书，盖未成之本，旧附前集以行。

2. 杜预挚虞诸家：杜预（222—285），字元凯，京兆杜陵（今陕西西安东南）人，西晋时期著名的政治家、军事家和学者。历官尚书郎、河南尹、度支尚书、镇南大将军、当阳县侯、司隶校尉等。著有《春秋左氏经传集解》及《春秋释例》等。《隋书·经籍志》："《善文》五十卷，杜预撰。"宋时已亡佚，现仅存佚文两则。挚虞（250—300），字仲治，京兆长安人。泰始年间举贤良，历任太子舍人、闻喜县令、尚书郎、秘书监、卫尉卿、光禄勋、太常卿等，遭乱饿死。《隋书·经籍志·总集类》载"《文章流别集》四十一卷，《文章流别志论》二卷"。前书是各种作品的选集，后书是对各种文体和作家评论的专著。二书现都亡佚，仅存《志论》的十余则残文，严可均《全晋文》卷七十七有辑佚本。杜预所撰《善文》与挚虞《文章流别集》并为最早的文章总集。

3. 堙没：堙，yīn，堵塞，闷塞，气郁结不畅。古同"湮"，埋没。

4. 梁昭明《文选》：见本书第二册。

5. 姚铉文粹：姚铉，字宝臣，庐州人，太平兴国八年（983）登进士第。解褐大理评事，知潭州湘乡县。三次任殿中丞职，通判简州、宣州、升州三州，直使馆，迁任太常丞，充京西转运使，历任右正言、右司谏、河东转运使。所编《唐文粹》一百卷，选录唐人作品，以古体诗为主，不收四六文和近体诗，反映了序言中所谓"以古雅为命，不以雕篆为工，故侈言曼辞率皆不取"的选文标准。文体分类上分古赋九、诗十三、颂五、赞二、表奏书疏七、文四、论五、议四、古文八、碑十七、铭五、记七、箴诫铭一、书十二、序八、传录纪事二。共收文、赋一千一百零四篇，诗九百六十一首。《宋史》卷四百四十一《文苑传》有传。

6. 眂：shì，同视，观看，察视。《周礼·天官·太宰》："及执事，眂涤濯。"郑玄注：

"眂音视,本又作视。"《汉书·叙传上》:"历世莫眂,不知其将含景耀,吐英精,旷千载而流夜光也。"

7. 绍定执徐之岁:绍定(1228—1233),宋理宗年号。辰年曰执徐,此指绍定五年(1232)壬辰。古时以干支纪年,岁在辰为执徐。《尔雅·释天》:"(太岁)在辰曰执徐。"陆德明《释文》云:"执,蛰也。徐,舒也。言蛰物皆敷舒而出,故曰执徐也。"明唐顺之《雁训》:"执徐之岁,有雁集于顾舍人第,舍人筮之得《小过》焉。"

【讲疏】

《文章正宗纲目》集中反映了真德秀以理学思想指导下的文学思想和文体学思想。首先,真德秀论文以义理为本,故他的选文标准便是"以明义理切世用为主"。其目的是有感于"后世文辞之多变",故欲学者"识其源流之正也"。所以,他认为文学的功能,即"文虽学之一事","所以穷理而致用也"。具体来说,他的选文标准就是复古宗经,即"其体本乎古,其指近乎经者,然后取焉,否则辞虽工亦不录",完全是其理学思想和文学思想的体现。

其次,在文与道和理与情的关系上,他与北宋道学家一样,重道轻文,主理抑情。即文章必"发明义理""敷析治道",文章"发挥义理",故他所谓文是"鸣道之文","而非复文人之文"(《跋彭忠肃公文集》)。在此基础上,对于诗赋之作,他亦不废性情,认为"盖不必专言性命,而后为关于义理也",如果"其为性情心术之助,反有过于他文者",他还是从宗经的角度,认为诗经"其正言义理者盖无义,而讽咏之间,悠然得其性情之正,即所谓义理也"。所以他认为"兴寄高远""悠然自得之趣"的诗作如果"于君亲臣子大义,亦时有发焉,亦可取"。从这点来看,他更继承了汉儒"发乎情,止乎礼义"的儒教传统,较北宋道学家的"作文害道"之极端有很大不同。

第三,四目分类法,他把古今文章分为四目,即辞命、议论、叙事、诗赋四类,并对各类进行具体的阐释和界定。这开了中国古代文体分类史上合并归类的文体分类方法之先河,意义重大。

【关键词解读】

致用

在宋代,北宋古文家、道学家与南宋理学家对文与道之间的关系看法有所不同,进而关于文章之功用和价值的观点也有所区别。真德秀"穷理而致用"与"明义理切世用"的文学功用观,整体来说重视的是文章的儒家伦理教化作用,即"发挥义理,有补世教"者,这与北宋道学家相似,而与古文家之"世用"多指政治改革、针砭时弊、讽谏怨刺的文章功用观显然是不一样的。真德秀以此为收录标准,去取甚严,如刘克庄《后村诗话》云:"《文章正宗》初萌芽,以诗歌一门属予编类,且约以世教民彝为主。如仙释、闺情、宫怨之类,皆勿取。余取汉武帝《秋风词》。西山曰:'文中子亦以此词为悔心之萌,岂其然乎?'意不欲收,其严如此。然所谓'怀佳人兮不能忘',盖指公卿扈从者,似非为后宫而设。凡余所取,而西山去之者大半,又增入陶诗甚多,如三谢之类多不收。"四库馆臣对其以道学家眼光标准选文,颇有非议,称"盖道学之儒,与文章之士各明一义,固不可得而强同也"。顾炎武更严厉指摘其编选"执理之过",如《日知录》云:"真希元《文章正宗》所选诗,一扫千古之陋,归之正旨,然病其以理为宗,不得诗人之趣。且如《古诗十九首》,虽非一人之作,而汉代之风略具乎此。今以希元之所删者读之,'不如饮美酒,被服纨与素',何异《唐风·山有枢》之篇?"良人惟古欢,枉驾惠前绥",盖亦《邶风·雄雉于飞》之义。牵牛织女,意仿大东,兔丝女萝,情同车辖,十九作中,无甚优劣。必以坊淫正俗之旨,严为绳削,虽矫昭明之枉,恐失《国风》之义。六代浮华,固当刊落,必使徐、庾不得为人,陈、隋不得为代,毋乃太甚。岂非执理之过乎?"四库馆臣认为顾炎武"所论至为平允,深中其失"。并指出其所以未能如《文选》等总集流传之广的原因:"故德秀虽号名儒,其说亦卓然成理,而四五百年以来,自讲学家以外,未有尊而用之者,岂非不近人情之事,终不能强行于天下欤!"

【相关知识链接】

真德秀《文章正宗》是宋人文章总集的杰出之作,其编纂不但集中反映了真氏作为著名理学家的文学思想,而且蕴含着丰富的文体学思想,自成体系,可以说是其学术思想和文学思想的重要组成部分。尤其是他将历来文章分为辞命、议论、叙事、诗赋的四目分类方法,在中国古代文体分类史上独树一帜,向为古今学人所瞩目。总集是文体分类的渊薮,以《文苑英华》《唐文粹》《宋文鉴》《文章正宗》为代表的宋人四大总集是继《文选》后中国古代总集编纂的高峰和成熟时期,同时也奠定了中国古代文体分类方法之分类和并类的基础。

以总集为代表的中国古代文体分类,从《文心雕龙》三十三类、《文选》三十八类、《文苑英华》五十五类、《唐文粹》十六类、《宋文鉴》六十一类到《元文类》四十三类、《明文衡》三十八类、《文体明辨》一百二十七类等,都显示了文体分类日趋繁复的事实。这种繁杂细密的文体分类一直是中国古代文体分类的主流。与此同时,化繁为简、由博趋约的文体"合并归类"也同时进行着,其中最为重要的便是《文章正宗》"辞命、议论、叙事、诗赋"的"四分法"了。古今学者对其开创之功和深远影响屡有表述。如当代文体学专家钱仓水云:"采取了文体并类办法的,当首推宋代朱熹的再传弟子真德秀的《文章正宗》……就文体分类来讲,却确乎是一个大胆的、极有意义的,甚至是雷电般地令人耳目一新的归并,开了后世分门系类的先例。"赵逵夫先生也称:"这是我国文体分类上的一个很大的进步,具有开创的意义。……因为象'议论'、'叙事'这样的完全从形式和反映生活的方式上高度概括的划分,此前确实还没有过。"真氏四分法不但在理论上普遍为人们所认识所称道,最为重要的是,这种文体分类上的归类方法在实践中也影响深远,历元明清不乏效仿者。清人储欣、姚鼐、吴曾祺、李兆洛、曾国藩等总集编纂之分门别类诸如"六门""三门"法等,也大体依从真氏的分类方法并有所创新。

真氏"四分法"是对前人融合地继承。首先,是对汉代《独断》和《汉书·艺文志》文体分类理念的继承。其次,真氏"四分法"最直接的渊源当属曹丕的文体"四科"之并类模式。《文章正宗》虽仅"四分法"之简明扼要,但却是融合了功用性分类、功能性分类和形态性分类于一体的分类方法,在分类原则上有很大矛盾。真氏的这种集多种分类方法于一体的作法虽然违背了现代文体分类的"单一性"和"排他性"原则,但在中国古代文体分类的复杂态势中却显得甚为合理。真氏"四分法"已与中国现代文学分类中的"四分、五分、六分"法等方法相契合。其"辞命"属朝廷应用公文,故可视为应用文;"诗赋"则是典型的抒情文学文体,可视为抒情文。这样其"四目"便可以"应用、议论、叙事、抒情"来表述。

【延伸阅读】

我们所选《文章正宗纲目》之辞命、议论、叙事、诗赋是与其序言不可分割的整体组成部分,在"四目"中具体体现了他的选文标准和取舍原则,即"以明义理切世用为主。其体本乎古,其指近乎经者,然后取焉;否则辞虽工亦不录"。如《辞命》之"至偶俪之作兴,而去古益远矣"。《议论》之"大抵以六经语孟为祖","或发明义理,或敷析治道","一以圣贤为准的"。《叙事》之认为叙事之体有二,即《尚书》和《春秋》,亦是他的宗经观的体现。《诗赋》之"其正言义理者盖无几,而讽咏之间,悠然得其性情之正,即所谓义理也"等等皆是。而《日湖文集序》所谓"于书无所不观,而尤喜闻理义之说",《跋彭忠肃文集》所谓"然其发挥义理,有补世教者"云云,都能深化我们对真德秀及其宋代理学家文学思想的认识。

文章正宗纲目

辞命

按《周官》,太祝"作六辞以通上下亲疏远近,曰辞,曰命,曰语,曰会,曰祷,曰诔",内史"凡命诸侯及孤卿大夫则策命之",御史"掌赞书"。质诸先儒注释之说,则辞命以下皆王言也。太祝以下掌为之辞,则所谓代言者也。以书考之,其可见者有三:一曰诰,以之播告四方;汤诰、盘庚、大诰、多士、多方、康王之诰是也。二曰誓,以之行师誓众;甘誓、泰誓、牧誓、费誓、秦誓是也。三曰命,以之封国命官;微子、蔡仲、君陈、毕命、君牙、冏命、吕刑、文侯之命是也。他皆无传焉。意者王言之重,惟此三者,故圣人录之以示训乎?汉世有制,有诏,有册,有玺书,其名虽殊,要皆王言也。文章之施于朝廷,布之天下者,莫此为重。故今以为编之首。书之诸篇,圣人笔之为经,不当与后世文辞同录。独取春秋内外传所载周天子谕告诸侯之辞,列国往来应对之辞,下至两汉诏册而止。盖魏晋以降,文辞猥下,无复深纯温厚之指。至偶俪之作兴,而去古益远矣。学者欲知王言之体,当以书之诰誓命为祖,而参之以此编,则所谓正宗者,庶乎其可识矣。

议论

按议论之文,初无定体,都俞吁咈,发于君臣会聚之间,语言问答,见于师友切磋之际。与凡秉笔而书,缔思而作者皆是也。大抵以六经语孟为祖,而书之大禹、皋陶、益稷、仲虺之诰、伊训、太甲、咸有一德、说命、高宗肜日、旅獒、召诰、无逸、立政,则正告君之体,学者所当取法。然圣贤大训,不当与后之作者同录,今独取春秋内外传所载谏争论说之辞,先汉以后,诸臣所上书疏封事之属,以为议论之首。他所纂述,或发明义理,或敷析治道,或褒贬人物,以次而列焉。书记往来,虽不关大体,而其文卓然为世脍炙者,亦缀其末。学者之议论,一以圣贤为准的;则反正之评,诡道之辩,不得而惑。其文辞之法度,又必本之此编,则华实相副,彬彬乎可观矣。

叙事

按叙事起于古史官,其体有二:有纪一代之始终者,书之尧典、舜典,与春秋之经是也,后世本纪似之。有纪一事之始终者,禹贡、武成、金縢、顾命是也,后世志记之属似之。又有纪一人之始终者,则先秦盖未之有,而昉于汉司马氏;后之碑志事状之属似之。今于书之诸篇,与史之纪传,皆不复录。独取左氏史汉叙事之尤可喜者,与后世记序传志之典则简严者,以为作文之式。若夫有志于史笔者,自当深求春秋大义,而参之以迁固诸书,非此所能该也。

诗赋

按古者有诗,自虞赓歌,夏五子之歌始,而备于孔子所定三百五篇。若楚辞则又诗之变,而赋之祖也。朱文公尝言:"古今之诗,凡有三变。盖自书传所记,虞夏以来,下及汉魏自为一等。自晋宋间颜谢以后,下及唐初,自为一等。自沈宋以后,定著律诗,下及今日,又为一等。然自唐初以前,其为诗者固有高下,而法犹未变;至律诗出,而后诗之古法始皆大变矣!故尝欲抄取经史诸书所载韵语,下及文选古诗,以尽乎郭景纯、陶渊明之作,自为一编。而附于三百篇、楚辞之后,以为诗之根本准则。又于其下二等之中,择其近于古者,各为一编,以为之羽翼舆卫,其不合者,则悉去之,不使其接于胸次。要使方寸之中,无一字世俗语言意思,则其为诗,不期于高远而自高远矣。"今惟虞夏二歌,与三百五篇不录外,自余皆以文公之言为准,而拔其尤者,列之此编。律诗虽工,亦不得与。若箴铭颂赞,郊庙乐歌琴操,皆诗之属,间亦采摘一二,以附其间。至于辞赋,则有文公集注楚辞后语,今亦不录。或曰:此编以明义理为主,后世之诗,其有之乎?曰:三百五篇之诗,其正言义理者盖无几,而讽咏之间,悠然得其性情之正，即所谓义理也。后世之作，虽未可同日而语。然其间兴寄高远，读之使人忘宠辱，去鄙吝，脩然有自得之趣。而于君亲臣子大义，亦时有发焉。其为性情心术之助，反有过于他文者。盖不必颛言性命，而后为关于义理也。读者以是求之，斯得之矣。

跋彭忠肃文集

汉西都文章最盛，至有唐为尤盛。然其发挥义理，有补世教者，董仲舒氏、韩愈氏而止尔。国朝文治蔚兴，欧王曾苏，以大手笔追还古作，高处不减二子。至濂洛诸先生出，虽非有意为文，而片言只辞贯综至理，若《太极》《西铭》等作，直与六经相出入，又非董韩之可匹矣。然则文章在汉唐未足言盛，至我朝乃为盛尔。忠肃彭公以濂洛为师者也，故见诸著述，大抵鸣道之文，而非复文人之文。公之子横浦使君铉，以镂本寄余，敬题其末。

《四部丛刊》本《西山真文忠公文集》

【思考题】

1. 试论南宋理学家、北宋道学家及北宋古文家在文与道观念上的不同之处。
2. 浅析《文章正宗》"四分法"在中国古代文体分类史上的地位。

严 羽

【作者简介】

严羽是南宋后期著名的诗论家,约活动于宁宗和理宗年间(1195—1264)。严羽为人"粹温中有奇气",他一生未曾应举入仕,长年隐居乡里。所作诗篇,留存下来的共一百四十六首,另词二首。严羽的诗歌理论,集中在他所撰写的《沧浪诗话》里。《沧浪诗话》共分"诗辨""诗体""诗法""诗评"和"考证"五章。五个部分互有联系,合成一部体系严整的诗歌理论著作。"诗辨"阐述诗歌理论观点,是整个《诗话》的总纲。其中对诗歌的本质、形象思维、意境韵味等都有所阐述。

沧浪诗话·诗辨

夫学诗者以识为主,入门须正,立志须高,以汉魏晋盛唐为师,不作开元天宝以下人物。若自退屈[1],即有下劣诗魔入其肺腑之间,由立志之不高也。行有未至,可加工力。路头一差,愈骛愈远,由入门之不正也。故曰:学其上仅得其中;学其中斯为下矣。又曰:见过于师,仅堪传授;见与师齐,减师半德也[2]。工夫须从上做下,不可从下做上。先须熟读《楚辞》,朝夕风咏,以为之本;及读《古诗十九首》、乐府四篇[3];李陵、苏武、汉魏五言,皆须熟读;即以李杜二集枕藉观之,如今人之治经,然后博取盛唐名家,酝酿胸中,久之自然悟入。虽学之不至,亦不失正路。此乃是从顶颔上做来[4],谓之向上一路[5],谓之直截根源[6],谓之顿门[7],谓之单刀直入也[8]。

诗之法有五：曰体制、曰格力、曰气象、曰兴趣、曰音节。

诗之品有九：曰高、曰古、曰深、曰远、曰长、曰雄浑、曰飘逸、曰悲壮、曰凄婉。

其用工有三：曰起结、曰句法、曰字眼。

其大概有二：曰优游不迫、曰沉着痛快。

诗之极致有一：曰入神。诗而入神，至矣！尽矣！蔑以加矣！惟李杜得之，他人得之盖寡也。

禅家者流，乘有小大[9]，宗有南北[10]，道有邪正[11]。学者须从最上乘，具正法眼[12]，悟第一义[13]。若小乘禅，声闻、辟支果[14]，皆非正也。论诗如论禅，汉、魏、晋与盛唐之诗，则第一义也。大历以还之诗[15]，则小乘禅也，已落第二义矣。晚唐之诗，则声闻、辟支果也。学汉、魏、晋与盛唐诗者，临济下也[16]。学大历以还之诗者，曹洞下也[17]。大抵禅道惟在妙悟，诗道亦在妙悟。且孟襄阳学力下韩退之远甚，而其诗独出退之之上者[18]，一味妙悟而已。惟悟乃为当行，乃为本色。然悟有浅深，有分限，有透彻之悟，有但得一知半解之悟。汉、魏尚矣，不假悟也。谢灵运至盛唐诸公，透彻之悟也；他虽有悟者，皆非第一义也。吾评之非僭也，辩之非妄也，天下有可废之人，无可废之言。诗道如是也。若以为不然，则是见诗之不广，参诗之不熟耳。试取汉、魏之诗而熟参之，次取晋、宋之诗而熟参之，次取南北朝之诗而熟参之，次取沈、宋、王、杨、卢、骆、陈拾遗之诗而熟参之[19]，次取开元、天宝诸家之诗而熟参之，次独取李、杜二公之诗而熟参之，又取大历十才子之诗而熟参之[20]，又取元和之诗而熟参之[21]，又尽取晚唐诸家之诗而熟参之，又取本朝苏、黄以下诸家之诗而熟参之，其真是非自有不能隐者。倘犹于此而无见焉，则是野狐外道蒙蔽其真识，不可救药，终不悟也。

夫诗有别材，非关书也；诗有别趣，非关理也。然非多读书，多穷理，则不能极其至，所谓不涉理路、不落言筌者，上也。诗者，吟咏情性也。盛唐诸人惟在兴趣，羚羊挂角，无迹可求[22]。故其妙处，透彻玲珑，不可凑泊。如空中之音，相中之色，水中之月，镜中之象[23]，言有尽而意无穷。近代诸公乃作奇特解会[24]，遂以文字为诗,以才学为诗,以议论为诗;夫岂不工,终非古人之诗也,盖于一唱三叹之音[25],有所歉焉。且其作多务使事,不问兴致,用字必有来历,押韵必有出处,读之反覆终篇,不知着到何处。其末流甚者,叫噪怒张,殊乖忠厚之风,殆以骂詈为诗[26]。诗而至此,可谓一厄也。然则近代之诗无取乎?曰有之,我取其合于古人者而已。国初之诗,尚沿袭唐人,王黄州学白乐天[27],杨文公、刘中山学李商隐[28],盛文肃学韦苏州[29],欧阳公学韩退之古诗[30],梅圣俞学唐人平淡处[31]。至东坡、山谷始自出己意以为诗,唐人之风变矣。山谷用工尤为深刻[32],其后法席盛行,海内称为江西宗派[33]。近世赵紫芝、翁灵舒辈,独喜贾岛、姚合之诗,稍稍复就清苦之风[34]。江湖诗人多效其体[35],一时自谓之唐宗,不知止入声闻、辟支之果,岂盛唐诸公大乘正法眼者哉?嗟乎!正法眼之无传久矣!唐诗之说未唱,唐诗之道或有时而明也。今既唱其体曰唐诗矣,则学者谓唐诗诚止于是耳,得非诗道之重不幸邪!故予不自量度,辄定诗之宗旨,且借禅以为喻,推原汉魏以来,而截然谓当以盛唐为法后舍汉魏而独言盛唐者,谓古律之体备也,虽获罪于世之君子,不辞也。

清何文焕《历代诗话》本《沧浪诗话》

【题解】

诗话是中国古代文学理论批评史上的一种重要批评文体样式,它兴起和繁荣于宋代。关于其源流发展,郭绍虞先生云:"诗话之体,顾名思义,应当是一种有关诗的理论的著作。溯起渊源所自,可以远推到钟嵘的《诗品》,甚至推到诗三百篇或孔、孟论诗的片言只语。但是严格地讲,又只能以欧阳修的《六一诗话》为最早的著作。"宋人诗话较有代表的,北宋有欧阳修《六一诗话》、惠洪《冷斋夜话》、范温《潜溪诗眼》、叶梦得《石林诗话》等,大多还是"集以资闲谈"和"记事"的性质。南宋较北宋有了更大的发展,不但数量众多,而且从理论上也更加趋于系统和完整。代表的有张戒《岁寒堂诗话》、姜夔《白石道人诗话》、葛立方《韵语阳秋》、范晞文《对床夜语》以及严羽《沧浪诗话》等。其后宋元明清历代都出现了大量的诗话著作,而严羽《沧浪诗话》则是中国古代诗话中最重要、最系统的一部著作,影响深远。清何文焕的《历代诗话》和丁福保《历代诗话续编》以及王夫之的《清诗话》是较好的辑本。本文可参看郭绍虞先生的《沧浪诗话校释》,文献极为丰富完备。

【注释】

1. 退屈:退缩屈曲的意思。《五灯会元》卷十五:"彼既丈夫我亦尔,孰为不可! 良由诸人不肯承当,自生退屈。"

2. 见过于师四句:《传灯录》卷十六:"岂不闻智过于师,方堪传授,智与师齐,减师半德。"

3. 乐府四篇:《文选》乐府一类首列《乐府四首古辞》一题,包括《饮马长城窟行》《君子行》《伤歌行》《长歌行》四篇。

4. 顶𩕳:佛家语,指头顶。《篇海·类编》:"𩕳,顶𩕳,颠也。"《五灯会元》卷十八:"忽然踏着释迦顶𩕳,磕著圣僧额头,不免一场祸事。"

5. 向上一路:佛家语,宗门之极处称作向上一路,指不可思议之彻悟境界。《传灯录》卷七:"向上一路,千圣不传,学者劳形,如猿捉影。"

6. 直截根源:指读书要从源头上学起,也就是从顶头上做来。《传灯录》卷三十:"直截根源佛所印,摘叶寻枝我不能。"

7. 顿门:顿悟之门径方法。顿悟是禅宗法门,相对于渐悟法门,指迅速地、突然地领悟佛法的要领,主要是通过灵感来瞬间完成的。

8. 单刀直入:释道原《景德传灯录》第十二卷:"若是作家战将,便须单刀直入,更莫如何若何。"此外可参见《传灯录》卷九及《五灯会元》卷九,也作单刀趣入。

9. 乘有小大:佛经分大小二乘。大小乘的概念,主要是从教理与发心上加以区别,用于专门针对佛法三乘菩提中的声闻、缘觉二乘而言,以区别于菩萨乘或一乘。佛说法因人而异,人有智愚,故所说有深浅;其深妙者为大乘,浅小者为小乘。

10. 宗有南北:南宗、北宗是佛教禅宗的两个派别。禅宗自五祖弘忍之后,分为南北二宗。南宗为六祖慧能所创,主张"顿悟说",行于南方。北宗为神秀所创,主张"渐悟说",行于北方。后世南宗大行,多崇南抑北。此外,中国山水画也有分"南北宗"之说,并影响了书法、诗词等相关艺术门类的理论建构。严羽文学理论批评体系即是。

11. 道有邪正:《五灯会元》卷四:"有此眼目,方辨得邪正宗党。"

12. 正法眼:禅家语,指佛所说之正法。《五灯会元》卷一:"世尊在灵山会上,拈花示众,是时众皆默然,唯迦叶尊者破颜微笑。世尊曰,吾有正法眼藏付嘱摩柯迦叶。"

13. 第一义:慧远《大乘义章》:"第一义者,亦名真谛。"即无上甚深之妙理,甚深之理不可说。第一义谛即无声字是也,无声字者,谓离语言文字之相也。《楞伽经》卷二:"第一义者,圣智自觉所得,非言说妄想觉境界。"李颀《题神力师院》:"每闻第一义,心净琉璃光。"

14. 声闻、辟支果:佛家有三乘,一菩萨乘,二辟支乘,三声闻乘。菩萨乘普济众生,故谓之大乘。辟支、声闻仅求自度,故称之为小乘。

15. 大历以还句:大历为唐代宗(766—779)年号,代表诗人为大历十才子。大历以还之诗指中唐之诗。

16. 临济宗:禅宗南宗五个主要流派之一,始于临济义玄大师。义玄弘扬"般若为本、以空摄有、空有相融"的禅宗新法,主张"以心印心,心心不异"。至宋时,临济宗有杨歧、黄龙二派,其传特盛。

17. 曹洞:曹洞宗是我国佛教禅宗五家七宗之一,以洞山良价为宗祖。洞指洞山,曹指曹山,乃合师良价所住之江西宜丰县之洞山与徒本寂所住之吉水县之曹山之名,故称曹洞宗。

18. 且孟襄阳两句:可与陈师道《后山诗话》所云"退之于诗本无解处,以才高而好耳","退之以文为诗,虽极天下之工,要非本色","子瞻谓孟浩然之诗,韵高而才短"相参看。

19. 沈、宋:沈佺期、宋之问。

20. 大历十才子:唐代宗大历年间十位诗人。据姚合《极玄集》和《新唐书》载,十才子为李端、卢纶、吉中孚、韩翃、钱起、司空曙、苗发、崔峒、耿㴋、夏侯审。

21. 元和之诗:元和为唐宪宗(806—820)年号。指中唐以元稹、白居易为代表的元和诗风,号为"元和体"。

22. 羚羊挂角二句:《埤雅·释兽》:"羚羊夜眠以角悬树,足不着地,不留痕迹,以防敌患。"《传灯录》卷十六:"我若东道西道,汝则寻言逐句;我若羚羊挂角,你向什处扪摸?"卷十七:"如好猎狗,只解寻得有踪迹底;忽遇羚羊挂角,莫道迹,气亦不识。"

23. 空中之音三句:《宾退录》卷二:"王介甫如空中之音,相中之色,欲有寻绎,不可得矣。"《五灯会元》卷八:"应物现形如水中月,如何是月?"

24. 奇特解会:《五灯会元》所谓"奇特商量""寻言逐句,求觅解会"云云。

25. 一唱三叹之音:《礼记·乐记》:"清庙之瑟,朱弦而疏越。一唱而三叹,有遗音者矣。"《荀子·礼论》:"清庙之歌,一倡而三叹也。"

26. 其末流甚者四句:黄庭坚《答洪驹父书》:"东坡文章妙天下,其短处在好骂。"《书王知载朐山杂咏后》云:"诗者,人之情性也,非强谏争于廷,怨忿诟于道,怒邻骂坐之为也。"亦为此意。

27. 王黄州学白乐天:王禹偁尝至黄州,故称王黄州。宋初诗坛有三体,即方回所说:"宋铲五代旧习,诗有白体、昆体、晚唐体。"(《送罗寿可诗序》)"白体"诗人,是宋初效法白居易作诗的一批诗人,代表作家有李昉、徐铉等人。王禹偁也被看作白体诗人,但他的诗风与李昉、徐铉等人有很大不同。其诗平易流畅,简雅古淡,在宋初白体诗中独树一帜。

28. 杨文公、刘中山:杨亿谥曰文,故称杨文公。刘筠,中山人。时称杨刘。杨刘等诗学李商隐,号"西昆体"。

29. 盛文肃学韦苏州:盛度(970—1040),字公量,铜陵县石洞耆(今董店镇)人。北宋祥符七年(1014)进士,曾任翰林学士、兵部郎中、参知政事、知枢密院等。谥文肃。诗学韦应物。

30. 欧阳公学韩退之：欧阳修诗力矫昆体绮靡诗风，以气格为主，与韩愈古诗相近。

31. 梅圣俞学唐人平淡处：梅尧臣(1002—1060)，字圣俞，世称宛陵先生，宣州宣城(今属安徽)人。诗尚平淡自然。如《读邵不疑学士诗卷》："作诗无古今，惟造平淡难。"

32. 山谷用工尤深刻：朱熹《朱子语类》卷一百四十："黄费安排。"

33. 江西宗派：参见黄庭坚《答洪驹父书》所释。

34. 近世赵紫芝二句：赵师秀(1170—1220)，字紫芝，又字灵秀，亦称灵芝，号天乐，永嘉人。翁卷，字续古，一字灵舒，乐清人，生卒年未详。二者为"永嘉四灵"的代表人物。"永嘉四灵"指南宋四位浙江永嘉籍诗人徐照(字灵晖)、徐玑(号灵渊)、翁卷(字灵舒)、赵师秀(号灵秀)。因四人名号中都有一"灵"字，故名。该派以晚唐姚合、贾岛为宗，专攻近体尤其是五律，反对江西诗派"资书以为诗"的做法。

35. 江湖诗人："江湖诗派"是南宋后期继"永嘉四灵"后而兴起的一个诗派，因书商陈起刊刻《江湖集》而得名。集中所录诗人大多为布衣小吏，其中戴复古和刘克庄的创作和理论最有成就和影响。

【讲疏】

《沧浪诗话》包括诗辨、诗体、诗法、诗评和考辨五个部分，其中《诗辨》是其理论核心，主要观点包括以盛唐为法、以禅喻诗、熟参、妙悟、兴趣，以及唐宋诗之辨和对苏黄及江西诗派的批评等，依照行文逻辑关系，大体观点包括如下几个方面。

首先，学诗要以盛唐为法。开篇便称学诗者以汉魏晋盛唐为师，然后博取盛唐诸名家，酝酿胸中，最后结论"论诗之宗旨"，推原汉魏以来，而截然"以盛唐为法"，前后照应。通篇论诗的宗旨目的，是给学诗者指出一条正确的门径。同时指出，不能学的是"不作开元天宝以下人物"，尤其是不能学以苏黄和江西诗派为代表的宋诗。

其次，以禅喻诗。这个"以盛唐为法"的论诗宗旨的提出，是通过"借禅以为喻"而得出的，因为他认为"论诗如论禅"，这包涵几层递进的意思，其一便是禅宗有第一义、第二义、大小乘、南北宗、正邪道，所以学禅如学诗，要有"正法眼"，也即学诗要以识为主，"入门须正，立志须高"，学禅要学第一义、南宗、大乘之正道，学诗也同样要如此，即"工夫须从上做下，不可从下做上"，这是因为最终的效果是不同的，即"学其上，仅得其中；学其中，斯为下矣"。二者结合起来，就是第一段的总结："虽学之不至，亦不失正路。此乃从顶头上做来，谓之向上一路，谓之直截根源，谓之顿门，谓之单刀直入也。"一句话，入门须正，就要"以盛唐为法"，也即"论诗如论禅，汉魏晋等作与盛唐之诗，第一义也，是临济也；大历以还之诗、晚唐之诗，已落第二义和声闻辟支果也"。同样，宋人尤其是苏黄和江西诗派也"止入声闻、辟支之果，岂盛唐诸公正法眼者哉"。

第三，兴趣、妙悟、别材别趣、理路情性。那么，为什么学诗以汉魏晋盛唐，尤其是盛唐为法，而不学开元天宝以下尤其是宋诗呢？这主要是因为二者的审美风格和意境韵味截然不同，这一点也是通过以禅喻诗来进行说明的。一方面，他认为诗的最重要的特征是吟咏情性的，有它自身的特点即别材和别趣，这与文不同，不能在诗中讲理路、发议论，即"非关理路"，"不涉理路，不落言筌"，不能用事用典，抄书和掉书袋，也即"非关书也"。另一方面，他认为盛唐诗人之诗具有"兴趣""别趣"的美学特征，也就是具有"言有尽而意无穷"和一唱三叹的意境之美，这种意境之美也就是司空图等所谓"象外之象、景外之景、韵外之致、味外之旨"以及"不著一字，尽得风流"云云，他是借禅以为喻来说明的，即"羚羊挂角，无迹可求。故其妙处透彻玲珑，不可凑泊，如空中之音，相中之色，水中之月，镜中之象"，这都是禅宗术语。但是近代诸公也就是宋人以苏黄为代表的江西诗派却不懂诗的这种美学特征，而"作奇特解会"，出现了以"以文字为诗，以议论为诗，以才学为诗"，"务使事"，"用字必有来历，押韵必有出处"，"其末流者，叫噪怒张，殊乖忠厚之风，殆皆以骂詈为诗"。正因如此，便"不问兴致"，致使"一唱三叹之音，有所歉焉"。与"兴趣"相关，他提出了"妙悟"说，也是借禅以为喻，即"大抵禅道惟在妙悟，诗道亦在妙悟也"。诗的艺术本质和兴趣一样在于妙悟，所以"惟悟乃为当行，乃为本色"。他认为汉魏及谢灵运盛唐诸公之诗都具有"不假悟"和"透彻之悟"的审美风格。

第四，熟参、熟读和悟入。他认为以上观点和观念的形成必须通过多读书才能够认识和"悟入"，即深刻领会到。这他也是"借禅以为喻"，即参禅并且是熟参，否则"若以为不然，则是见诗之不广，参诗之不熟耳"。所以他主张熟参自汉魏、盛唐至本朝苏黄诸公之诗，这样以识为主，具正法眼，"其真是非亦有不能隐者"，也就是才能辨识历代诗歌的是非优劣高下，当然是看到汉魏晋盛唐尤其是盛唐诗人诗作的诸多美学优点，以及开元天宝以下尤其是宋诗之苏黄江西诗派诗人诗作的诸多缺陷，这样再反过来熟读楚辞、古诗十九首、乐府四篇、李陵苏武、汉魏五言、李杜二集，做到朝夕讽咏、枕籍观之的地步，进一步博取盛唐名家，酝酿胸中，久之自然悟入并领会到诗歌的妙处和真谛，这样学诗"入门须正""从顶头上做来"的学诗门径就能达到了，而严羽"论诗宗旨"的理论目的也显现出来，并发挥扭转宋人诗风之弊的作用了。

【关键词解读】

妙悟

由于禅宗发达,宋人好以"悟"论诗,其中严羽"妙悟"说最为透辟。张少康对此解释道:"妙悟"是佛学术语,尤为禅宗所重,指对佛法的心解和觉悟。严羽"以禅喻诗",其所谓"妙悟"是针对"兴趣"而说的。禅宗的妙悟,其特点是以心传心,不立文字。这种对佛性的领悟,是不可言喻的,只能自己心里去体会,如人喝水,冷暖自知。严羽以妙悟论诗,其实质是在强调诗歌艺术有自己特殊的特点,从主体对客体的关系、心对物的关系上说,它不是理性的认识,而是直感的默契。严羽认为对诗家来说,妙悟是高于一切的,因为艺术家必须懂得艺术的特殊规律,诗人必须深谙诗家之三昧,所以他说"惟悟乃为当行,乃为本色"。诗人当然要以把握诗歌的美学特征作为自己最主要的目的,善于熟练驾驭各种艺术表现方法,把领会诗歌艺术的特殊性作为诗人创作最重要的条件,在理论上提得如此明确,强调得如此突出,这在严羽以前还没有过。(以上详见张少康、刘三富《中国文学理论批评发展史》下)

【相关知识链接】

严羽《沧浪诗话·诗辨》所体现的文学思想与宋代宗教哲学思潮、文学创作实际及文学批评风气都息息相关。首先,以禅喻诗。宋代禅宗发达,文人学禅和以禅论诗也很普遍,如苏轼和黄庭坚俱为禅宗居士,佛教禅宗思想研究也颇有成就,苏轼构思论和意境论以及黄庭坚的"夺胎换骨"和"点铁成金"说便都与禅宗有关。而江西诗人和宋人诗话中关于参禅妙悟之论也蔚成风气。如吴可《藏海诗话》称"凡作诗如参禅,须有悟门"。《学诗诗》称"学诗浑似学参禅,竹榻蒲团不记年"。韩驹《赠赵伯鱼》称"学诗当如初学禅,未悟且遍参诸方。一朝悟罢正法眼,信手拈出皆成章"。再如曾季貍《艇斋诗话》所云:"后山论诗说换骨,东湖论诗说中的,东莱论诗说活法,子苍论诗说饱参,入处虽不同,其实皆一关捩,要知非悟不可。"诸如此类,不可枚举。严羽诗禅说则更见系统,而其以此指摘江西诗病也算是以其人之道还治其人之身了。而宋人以禅论诗当是直接受中唐皎然、灵澈、刘禹锡等以禅境论诗歌意境等方面的影响了。

其次,对苏黄江西诗人之弊进行批判,在南宋形成一股文艺思潮。在苏黄及江西诗人的创作努力下,宋诗形成了与唐诗迥然不同的美学风貌,但也确实出现了严羽所指出的"以文字为诗,以议论为诗,以才学为诗"的弊端。这从南宋初年,江西诗人吕本中以及由江西人最终摆脱其樊篱的陆游、杨万里开始,便已经注意到并予以批评。陆、杨开始更加关注现实,各自指出了"工夫在诗外"和"只是征行自有诗"等崭新观点。唐宋诗之争是宋人诗话中的重要理论之一,严羽之外,张戒《岁寒堂诗话》可为代表,攻击苏黄江西诗人也是不遗余力。如云:"诗以用事为博,始于颜光禄而极于杜子美。以押韵为工,始于韩退之而极于苏黄。""苏黄用事押韵之工,至矣尽矣,然究其实,乃诗人中一害,使后生只知用事押韵之为诗,而不知咏物之为工,言志之为本也,风骚自此扫地矣。"而严羽《诗辨》之诗学观点则是从反对苏黄和江西诗人而得出的,"其间说江西诗病,真取心肝刽子手"。本文须与《答吴景仙书》参照对读。严羽诗论对后世产生深远影响,如明代前后七子的"以盛唐为法"以及清王士禛的"神韵"说等都是对他的继承和发展。当然反对者亦不在少数,如清冯班《钝吟杂录》中专辟《严氏纠缪》一栏予以激烈反驳。

【延伸阅读】

向来学界论严羽《沧浪诗话》多侧重在《诗辨》一章,对其它四部分往往不够重视,这显然不能全面地认识严羽的诗学理论体系。因为《诗辨》固然是《沧浪诗话》的总纲,但以下四个部分则是对这一总纲的具体实施和体现。如《诗体》是其文体学思想的重要组成部分,而"以盛唐为法"这一论诗宗旨则在《诗法》和《诗评》中全面反映出来,其中的言论可与《诗辨》相互发明。此外,《答吴景仙书》向来被附于《沧浪诗话》之后,可以说是对《诗辨》一节的进一步申说,尤其是其中的辨体理论,在中国古代辨体批评史上具有重要的地位和影响。

沧浪诗话(节录)

诗法

学诗先除五俗:一曰俗体,二曰俗意,三曰俗句,四曰俗字,五曰俗韵。

有语忌,有语病。语病易除,语忌难除。语病古人亦有之,惟语忌则不可有。

　　须是本色,须是当行。

　　对句好可得,结句好难得;发句好尤难得。

　　发端忌作举止,收拾贵在出场。

　　不必太著题,不必多使事。

　　押韵不必有出处,用事不必拘来历。

　　看诗须着金刚眼睛,庶不眩于旁门小法。禅家有金刚眼睛之说。

　　辨家数如辨苍白,方可言诗。荆公评文章先体制而后文之工拙。

　　诗之是非不必争,试以己诗置之古人诗中,与识者观之而不能辨,则真古人矣。

诗评

　　大历以前,分明别是一副言语;晚唐分明别是一副言语;本朝诸公分明别是一副言语。如此见方许具一只眼。

　　唐人与本朝人诗,未论工拙,直是气象不同。

　　诗有词理意兴。南朝人尚词而病于理,本朝人尚理而病于意兴,唐人尚意兴而理在其中,汉魏之诗,词理意兴,无迹可求。

　　李杜二公,正不当优劣。太白有一二妙处,子美不能道;子美有一二妙处,太白不能作。

　　子美不能为太白之飘逸,太白不能为子美之沉郁。

　　李杜数公,如金鳷擘海,香象渡河,下视郊岛辈,直虫吟草间耳。

　　和韵最害人诗,古人酬唱不次韵,此风始盛于元、白、皮、陆,本朝诸贤乃以此而斗工,遂至往复有八九和者。

　　孟郊之诗,憔悴枯槁,其气局促不伸,退之许之如此,何耶？诗道本正大,孟郊自为之艰阻耳。

　　唐人好诗,多是征戍、迁谪、行旅、离别之作,往往能感动激发人意。

清何文焕《历代诗话》本《沧浪诗话》

答出继叔临安吴景仙书

仆之诗辨,乃断千百年公案,诚惊世绝俗之谈,至当归一之论。其间说江西诗病,真取心肝刽子手,以禅喻诗,莫此亲切。是自家实证实悟者,是自家闭门凿破此片田地,即非傍人篱壁,拾人涕唾得来者。李杜复生,不易吾言矣。而吾叔靳靳疑之,况他人乎?所见难合固如此,深可叹也!吾叔谓说禅,非文人儒者之言。本意但欲说得诗透彻,初无意于为文,其合文人儒者之言与否,不问也。高意又使回护,毋直致褒贬。仆意谓辨白是非,定其宗旨,正当明目张胆而言,使其词说沉着痛快,深切著明,显然易见,所谓不直则道不见,虽得罪于世之君子,不辞也。吾叔《诗说》,其文虽胜,然只是说诗之源流,世变之高下耳。虽取盛唐而无的。然使人知所趋向处,其间异户同门之说,乃一篇之要领。然晚唐、本朝谓其如此,可也。谓唐初以来至大历之诗异户同门,已不可矣,至于汉魏晋宋齐梁之诗,其品第相去,高下悬绝,乃混而称之,谓锱铢而较,实有不同处,大率异户而同门,岂其然乎?又谓韩柳不得为盛唐,犹未落晚唐,以其时则可矣。韩退之固当别论,若柳子厚五言古诗,尚在韦苏州之上,岂元白同时诸公所可望耶?高见如此,毋怪来书有甚不喜分诸体制之说。吾叔诚于此未了然也。作诗正须辨尽诸家体制,然后不为旁门所惑。今人作诗差入门户者,正以体制莫辨也。世之技艺,犹各有家数,市缣帛者,必分道地,然后知优劣,况文章乎?仆于作诗不敢自负,至识则自谓有一日之长,于古今体制,若辨苍素,甚者望而知之。来书又谓:"忽被人捉破发问,何以答之?"仆正欲人发问而不可得者,不遇盘根,安别利器。吾叔试以数十篇诗,隐其姓名,举以相试,为能别得体制否?惟辨之未精,故所作或杂而不纯。今观盛集中,尚有一二本朝立作处,毋乃坐是而然耶?又谓盛唐之诗"雄深雅健",仆谓此四字但可评文,于诗则用"健"字不得。不若《诗辨》雄浑悲壮之语为得诗之体也。毫厘之差,不可不辨。坡谷诸公之诗,如米元章之字,虽笔力劲健,终有子路事夫子时气象。盛唐诸公之诗,如颜鲁公书,既笔力雄壮,又气象浑厚,其不同如此。只此一字,便见我叔脚根未点地处也。所论屈原《离骚》,则深得之,实前辈之所未发,此一段文亦甚佳。大概论武帝以前皆好,无可议者。但李陵之诗,非房中感故人还汉而作,恐未深考。故东坡亦惑江汉之语,疑非少卿之诗,而不考其胡中也。妙喜自谓"参禅精子",仆亦自谓"参诗精子"。尝谒李友山论古今人诗,见仆辨析毫芒,每相激赏,因谓之曰:"吾论诗,若那吒太子析骨还父,析肉还母。"友山深以为然。当时临川相会匆匆,所惜多顺情放过,盖倾盖执手,无暇引惹,恐未能卒竟其辨也。鄙见若此,若不以为然,却愿有以相复,幸甚。

人民文学出版社郭绍虞校释《沧浪诗话校释》本

【思考题】

1. 结合《诗辨》简析唐诗和宋诗的不同风貌。
2. 试析宋代"以禅喻诗"的理论背景。

元 好 问

【作者简介】

元好问(1190—1257),字裕之,号遗山,太原秀容(今山西忻县)人。兴定五年(1221)进士,官至行尚书省左司员外郎。金代最著名的文学家。著有《遗山集》四十卷,编金人诗为《中州集》十卷,《壬辰杂编》等。《金史》卷一百二十六有传。

论诗三十首(选录)

(自注:丁丑岁三乡作)[1]

1,汉谣魏什久纷纭,正体无人与细论[2]。谁是诗中疏凿手?暂教泾渭各清浑[3]。

2,曹刘坐啸虎生风,四海无人角两雄[4]。可惜并州刘越石,不教横槊建安中[5]。

3,邺下风流在晋多,壮怀犹见缺壶歌[6]。风云若恨张华少,温李新声奈尔何[7]。

4,一语天然万古新,豪华落尽见真淳[8]。南窗白日羲皇上,未害渊明是晋人[9]。

5,纵横诗笔见高情,何物能浇块磊平[10]?老阮不狂谁会得?出门一笑大江横[11]。

6,心画心声总失真,文章仍复见为人[12]。高情千古闲居赋,争信安仁拜路尘[13]!

7，慷慨悲歌绝不传，穹庐一曲本天然[14]。中洲万古英雄气，也到阴山敕勒川[15]。

8，沈宋横驰翰墨场，风流初不废齐梁[16]。论功若准平吴例，合着黄金铸子昂[17]。

9，斗靡夸多费览观，陆文犹恨冗于潘[18]。心声只要传心了，布谷澜翻可是难[19]。

10，排比铺张特一途，藩篱如此亦区区[20]。少陵自有连城璧，争奈微之识碔砆[21]。

11，眼处心声句自神，暗中摸索总非真[22]。画图临出秦川景，亲到长安有几人[23]？

12，望帝春心托杜鹃，佳人锦瑟怨华年[24]。诗家总爱西昆好，独恨无人作郑笺[25]。

13，万古文章有坦途，纵横谁似玉川卢[26]？真书不入今人眼，儿辈从教鬼画符[27]。

14，出处殊涂听所安，山林何得贱衣冠[28]。华歆一掷金随重，大是渠侬被眼谩[29]。

18，东野穷愁死不休，高天厚地一诗囚[30]。江山万古潮阳笔，合在元龙百尺楼[31]。

21，窘步相仍死不前，唱酬无复见前贤[32]。纵横正有凌云笔，俯仰随人亦可怜[33]。

22，奇外无奇更出奇，一波才动万波随[34]。只知诗到苏黄尽，沧海横流却是谁[35]？

23，曲学虚荒小说欺，俳谐怒骂岂诗宜[36]？今人合笑古人拙，除却雅言都不知[37]。

24，有情芍药含春泪，无力蔷薇卧晓枝[38]。拈出退之山石句，始知渠是女郎诗[39]。

26，金入洪炉不厌频，精真那计受纤尘[40]。苏门果有忠臣在，肯放坡诗百态新[41]？

27，百年才觉古风回，元祐诸人次第来[42]。讳学金陵犹有说，竟将何罪废欧梅[43]？

28，古雅难将子美亲，精纯全失义山真[44]。论诗宁下涪翁拜,未作江西社里人⁴⁵。

29,池塘春草谢家春,万古千秋五字新⁴⁶。传语闭门陈正字,可怜无补费精神⁴⁷。

四部丛刊本《遗山先生文集》

【题解】

以诗论诗这种文学批评样式最早源于杜甫《戏为六绝句》,南宋戴复古《论诗十绝》篇幅加长,有所开拓。到了元好问始发扬光大,并影响深远,明清以来尤其清代不但作者众多,数量浩繁,而且一些著名作家批评家多模仿元好问,如王士祯《戏仿元遗山论诗绝句三十首》,袁枚《仿元遗山绝句三十首》等等。元好问论诗绝句不止此篇,其它诸如《论诗三首》《自题中州集后五首》以及论文诗《与张仲杰郎中论文》等。《论诗三十首》的重要贡献在于通过组诗形成了系统的诗学理论体系,本篇便集中而全面地反映了元好问的文学思想,可与他的整体文学理论相互对照参看。

【注释】

1. 丁丑岁三乡作:翁方纲《石洲诗话》:"金宣宗兴定元年丁丑,先生年二十八岁。"

2. 汉谣魏什二句:汉谣、魏什泛指汉、魏时代的诗。正体指《诗经》以来的风雅传统,与伪体相对立。

3. 谁是诗中疏凿手二句:疏凿谓治水时疏通、开凿河道,这里指别裁诗体的正伪。翁方纲《石洲诗话》:"正体云者,其发源长矣,由汉魏以上推其源,实从《三百篇》得之。盖自杜陵云'别裁伪体','法自儒家',此后更无有能疏凿河源者耳。"郭绍虞称:"此开宗明义第一章也。下所论量,正可窥其疏凿宗旨。"

4. 曹刘坐啸二句:曹、刘见《书黄子思诗集后》注。钟嵘《诗品》称曹植为"建安之杰","骨气奇高,词采华茂";刘桢诗"真骨凌霜,高风跨俗",所以称曹刘为"气豪",为"两雄"。可以看出,"建安风骨"是元好问论诗之宗旨和批评标准。

5. 可惜并州刘越石:刘琨(271-318),字越石,中山魏昌(今河北无极县)人。累迁至任并州刺史,都督并、冀、幽三州诸军事。善文学,通音律。《晋书》载,琨少负志气,有纵横之才。与范阳祖逖为友,闻逖被用,与亲故书曰:"吾枕戈待旦,志枭逆虏,常恐祖生先吾著鞭。"其意气相期如此。赞曰:"越石才雄,临危效忠,枕戈长息,投袂徼功。"钟嵘《诗品》:"其源出于王粲。善为凄戾之词,自有清拔之气。琨既体良才,又罹厄运,故善叙丧乱,多感恨之词。""横槊"一语,自苏轼《赤壁赋》称曹操横槊赋诗,后人遂以专指曹操。元稹《唐故工部员外郎杜君墓系铭》云"曹氏父子鞍马间为文,往往横槊赋诗",可知横槊一语,亦指曹植。这里殆以刘琨以诗人而为军事统帅,故借用此典。

  6. 邺下风流在晋多二句:邺下风流指以"三曹"及"建安七子"(严格上不包括孔融)为代表的邺下文人集团的文学创作和艺术风貌,即"建安风骨"。晋代诗人中,如左思、刘琨、郭璞等继承并体现了这种"邺下风流"。缺壶歌,《世说新语·豪爽》:"王处仲每酒后,辄咏'老骥伏枥,志在千里。烈士暮年,壮心不已。'以如意打唾壶,壶口尽缺。"王处仲即王敦。

  7. 风云两句:自注:"钟嵘评张华诗,恨其儿女情多,风云气少。"张华(232—300),字茂先,范阳方城(今河北固安)人。西晋著名政治家、文学家。曹魏时历任太常博士、河南尹丞、佐著作郎、中书郎,西晋时历任黄门侍郎、关内侯、中书令、散骑常侍、度支尚书、太子少傅、右光禄大夫、开府仪同三司、中书监、司空等。"温、李新声"指温庭筠、李商隐诗歌中绮丽婉艳一面。

  8. 一语天然二句:此元好问论诗重自然之旨。历代评论陶诗,如萧统称其"论怀抱则旷而且真",钟嵘"文体省净,殆无长语",王维"任天真",杨时"冲淡深粹,出于自然",朱熹"渊明诗平淡出于自然",严羽《沧浪诗话》"渊明之诗质而自然",都与元好问所论相近。豪华落尽见真淳,《苕溪渔隐丛话》前集引:"皮肤脱落尽,惟有真实在。"黄庭坚《别杨明书》:"皮毛剥落尽,惟有真实在。"

  9. 南窗白日羲皇上二句:陶渊明《与子俨等疏》:"常言五六月中,北窗下卧,遇凉风暂至,自谓是羲皇上人。""未害渊明是晋人"指晋诗大都尚绮靡,而陶渊明独尚自然,亦何害其为晋人。

  10. 纵横诗笔二句:《世说新语·任诞》:"阮籍胸中垒块,故须酒浇之。"

  11. 老阮不狂二句:阮籍之狂,如曾登广武城,观楚、汉古战场,慨叹"时无英雄,使竖子成名!"可见他政治上的济世之志。此外,阮籍《咏怀诗》李善注:"嗣宗身仕乱朝,常恐罹谤遇祸,因兹发咏,故每有忧生之嗟;虽志在刺讥而文多隐避。百代之下,难以情测也。"会得,理解。黄庭坚《王充道送水仙花五十枝欣然会心为之作咏》:"凌波仙子生尘袜,水上轻盈步微月。是谁招此断肠魂,种作寒花寄愁绝。含香体素欲倾城,山矾是弟梅是兄。坐对真成被花恼,出门一笑大江横。"

12. 心画心声二句:扬雄《法言·问神》:"故言,心声也;书,心画也。声画形,君子小人见矣。"这是中国古代文论中"言为心声""文如其人"的命题。

13. 高情二句:潘岳《闲居赋》,表现其厌倦官场、绝意仕途的高洁志向和归隐田园的隐逸情怀。《晋书·潘岳传》:"岳性轻躁,趋世利。与石崇等诣事贾谧,每候其出,与崇辄望尘而拜。"这从反面体现了潘岳未能做到"言为心声""文如其人"。

14. 慷慨悲歌二句:北朝民歌《敕勒歌》:"敕勒川,阴山下,天似穹庐,笼盖四野。天苍苍,野茫茫,风吹草低见牛羊。"是由鲜卑语译成汉语的。

15. 中州万古二句:元好问录金源一代诗人,题曰《中州集》。中州,河南的古称,又名中土、中原、中国,意为华夏之中。阴山山脉,内蒙古自治区中部山脉,东西走向,包括狼山、乌拉山、色尔腾山、大青山等。敕勒川,在内蒙古土默川平原。敕勒:种族名,北齐时居住在朔州(今内蒙古中部土默特右旗)一带。

16. 沈宋横驰二句:沈宋指初唐诗人沈佺期、宋之问。《新唐书·宋之问传》:"建安后迄江左,诗律屡变,至沈约、庾信,以音韵相婉附,属对精密。及之问、沈佺期,又加靡丽。回忌声病,约句准篇,如锦绣成文,学者宗之,号为'沈宋'。"沈宋诗风仍沿袭齐梁宫体靡丽诗风。

17. 论功若准二句:《吴越春秋》载:"范蠡既去……于是越王乃使良工铸金,象范蠡之形,置之坐侧。"此处借用范蠡助越王平定吴国之典赞誉陈子昂改变唐初诗风的功绩。

18. 斗靡夸多二句:韩愈《送陈秀才彤序》:"读书以为学,缵言以为文,非以夸多而斗靡也。"陆,陆机。潘,潘岳。自注:陆芜而潘净,语见《世说》。

19. 心声只要二句:布谷,鸟名。澜翻,形容言辞滔滔不绝。韩愈《记梦》:"挈携陬维口澜翻,百二十刻须臾间。"苏轼《戏用晁补之韵》:"知君忍饥空诵诗,口颊澜翻如布谷。"

20. 排比铺张二句:自注:事见元稹《子美墓志》。即元稹《唐故工部员外郎杜君墓系铭》:"则诗人以来,未有如子美者。……至若铺陈终始,排比声韵,大或千言,次犹数百;……则李尚不能历其藩翰,况堂奥乎?"

21. 少陵自有二句:战国时秦请以十五城易赵璧,故有连城璧之称。元稹字微之。碔砆,似玉之石。司马相如《子虚赋》:"碝石碔砆。"李善注:"碝石、碔砆,皆石之次玉。碔砆,赤地白采,葱茏白黑不分。"陈子昂《荆州大崇福观记》:"文彩构槛,砆硪砌阶。"赵翼《题陈东浦藩伯》:"连城有真璧,未可砆硪冒。"

22. 眼处心生二句:指诗人须接触现实自然实境,激发诗情,自能写出入神之句。若无现实生活感受,只在暗中摸索,写出来的便非天真自然之境。即宗廷辅所谓"景物兴会,无端凑泊,取之即是,自然入妙"(《古今论诗绝句》)。

23. 画图临出二句:宗廷辅《古今论诗绝句》:《少陵十载长安,长篇短咏,皆即事抒怀之作也》查初白云:"见得真,方道得出。"

24. 望帝春心二句:李商隐《锦瑟》:"锦瑟无端五十弦,一弦一柱思华年。庄生晓梦迷蝴蝶,望帝春心托杜鹃。沧海月明珠有泪,蓝田日暖玉生烟。此情可待成追忆?只是当时已惘然。"

25. 诗家总爱二句:宋初杨亿等馆阁之作,曰《西昆酬唱集》,学李商隐,号为"西昆体"。以李商隐诗为"西昆体",始见惠洪《冷斋夜话》,此后胡仔《苕溪渔隐丛话》、严羽《沧浪诗话》沿之。郑玄所作《诗经》笺注最为详尽。这里是说李商隐诗如《锦瑟》者,寓意甚晦,后之解者,言人人殊,故恨缺少妙解知音。

26. 万古文章二句:韩愈《寄卢仝》诗:"往年弄笔嘲同异,怪词惊众谤不已。近来自说寻坦途,犹上虚空跨骅骝。"玉川卢:卢仝自号玉川子。诗风奇诡险怪,人称"卢仝体"。即"仝之所作特异,自成一家,语尚奇谲,读者难解,识者易知。后来仿效比拟,遂为一格宗师"。

27. 真书不入二句:卢仝诗险怪,溺之者皆入邪径,此两句以狂草为譬。查慎行《十二种诗评》:"扫尽鬼怪一派。"

28. 出处殊途二句:宗廷辅《古今论诗绝句》:"山林台阁,各是一体。"郭绍虞称"是诗于山林台阁不相偏重,语至公允"。

29. 华歆一掷二句:华歆(157—232),字子鱼。平原高唐(今山东德州禹城)人。汉末魏初时名士。《世说新语·德行第一》:"管宁、华歆共园中锄菜。见地有片金,管挥锄与瓦石不异,华捉而掷去之。又尝同席读书,有乘轩冕过门者,宁读书如故,歆废书出观。宁割席分坐,曰:'子非吾友也。'"渠,方言,他。渠侬,他,他们。

30. 东野穷愁二句:孟郊,字东野。张为《诗人主客图》评其诗以"清奇僻苦主"。他和贾岛都以苦吟著称,苏轼称之"郊寒岛瘦"(《祭柳子玉文》),故元好问嘲之为"诗囚"。高天厚地:《诗·小雅·正月》:"谓天盖高,不敢不局;谓地盖厚,不敢不蹐。"

31. 江山万古二句:潮阳指韩愈,愈晚年被贬为潮州刺史。陈登,字元龙。《魏志·陈登传》:"如小人欲卧百尺楼上。"

32. 窘步相仍二句:所谓"窘步相仍"与"俯仰随人",是指诗人之间相互次韵唱酬,所为诗不免拘束于韵脚,寸步不得自由,俯仰随人,不能自然抒写真情。

33. 纵横正有凌云笔二句:杜甫《戏为六绝句》:"庾信文章老更成,凌云健笔意纵横。"

34. 奇外无奇二句:姜夔《白石道人诗说》:"波澜开合,如在江湖中,一波未平,一波已作。如兵家之阵,方以为正,又复是奇,方以为奇,忽复是正,出入变化,不可纪极,而法度不可乱。"

35. 只知诗到二句:刘克庄《后村诗话》:"元祐后,诗人迭起,一种则波澜富而句律疏,一种则锻炼精而性情远。要之不出苏、黄二体而已。"此诗多歧解。一说讥贬苏黄。一说以苏黄之诗正从唐诗变化而出,李杜诗汪洋澎湃,正开苏黄宋诗风气。

36. 曲学虚荒二句:这里是反对苏轼以俳谐骂詈为诗。黄庭坚《答洪驹父书》称东坡"其短处在好骂"。严羽《沧浪诗话·诗辨》亦云近代诸公"其末流甚者,叫噪怒张,殊乖忠厚之风,殆以骂詈为诗"。

37. 今人合笑二句:郭绍虞云:"此即元好问尚雅之旨,已见其诗文自警语中。"

38. 有情芍药二句:秦观《春日》:"一夕轻雷落万丝,霁光浮瓦碧参差。有情芍药含春泪,无力蔷薇卧晓枝。"

39. 拈出退之二句:《中州集·拟栩先生王中立》:"先生举秦少游《春雨》诗云:'有情芍药含春泪,无力蔷薇卧晓枝。'此诗非不工,若以退之'芭蕉叶大栀子肥'之句较之,则《春雨》为妇人语矣。"

40. 金入洪炉二句:元好问诗学苏轼,这二句是褒扬苏轼之词。如翁方纲《读元遗山诗》:"遗山接眉山,浩乎海波翻。效忠苏门后,此意岂易言。"

41. 苏门果有二句:苏诗固然如精真之金,但也不无缺陷,诗家古调,亦至苏而亡,故末句又以"百态新"贬之。有褒有贬,颇为公允。

42. 百年才觉二句:元祐(1083—1093),宋哲宗年号。《沧浪诗话》云:"元祐体,苏、黄、陈诸公。"

43. 讳学金陵二句:王安石罢相后居金陵,故以金陵称之。欧阳修、梅尧臣不满于宋初诗坛诸体如"晚唐体""白体""西昆体",矫而变之,实开宋诗风气之先。

44. 古雅难将二句:批评江西诗人学杜甫、李商隐而未得其古雅精纯。

45. 论诗宁下二句：黄庭坚别号涪翁。这里对江西诗派宗主黄庭坚表现了由衷赞叹，但正因看到江西诗派末流之弊如前二句所言，故而明确自己"未作江西社里人"。

46. 池塘春草二句：谢灵运《登池上楼》："池塘生春草，园柳变鸣禽。"《南史·谢方明传》："子惠连，年十岁能属文，族兄灵运嘉赏之，云：'每有篇章，对惠连辄得佳语。'尝于永嘉西堂思诗，竟日不就，忽梦见惠连，即得'池塘生春草'，大以为工。常云：'此语有神功，非吾语也。'"李白有"梦得春草句，将非惠连谁"（《感时留别从兄徐王延年从弟延陵》）。李群玉有"到日池塘春草绿，谢公应梦惠连来"（《送唐侍御福建省兄》）。梅尧臣有"池塘去后春，一夕生绿草。无由梦阿连，诗句何能好。"（《寄公异弟》）吴可云："春草池塘一句子，惊天动地至今传。"（《学诗诗》）

47. 传语闭门二句：陈师道，字无己，曾官秘书省正字。黄庭坚《病起荆江亭即事》："闭门觅句陈无己，对客挥毫秦少游。正字不知温饱未，西风吹泪古藤州。"王安石《韩子》："力去陈言夸未俗，可怜无补费精神。"

【讲疏】

《论诗三十首》通过对魏晋南北朝至唐宋历代诗人诗作的批评褒贬，显示出元好问的批评标准以及清晰而宏通的文学史观和批评史视野。具体观点主要有如下几个方面：

首先，崇尚以曹植、刘桢以及阮籍、刘琨等为代表的文质兼备，既有内容又有形式的建安风骨和邺下风流，以及其所体现出来的慷慨纵横、英雄壮怀的豪迈风格，反对唐初沈宋沿袭的齐梁文风，这对陈子昂的观点有所继承。同时对风云气少、儿女情多的张华，以及温李新声和秦观的女儿诗的靡弱风格进行了激烈抨击。

其次，文学要描写现实生活中的真情实感，如阮籍以诗浇胸中块磊，见其高情，"心声只要传心了"，"却是当年寂寞心"，反对斗靡夸多、排比铺张、切响浮声等只重语言形式的无病呻吟。

第三，主张文学创作和语言风格上要清新自然，浑然天成，反对雕琢苦吟和奇险僻涩。如陶渊明"一语天然万古新，豪华落尽见真淳"，以及"穹庐一曲本天然"，"眼处新生句自神，暗中摸索总非真"，"池塘春草谢家真，万古千秋五字新"，反对"传语闭门陈正字，可怜无补费精神"，反对孟郊、李贺、卢仝等人的奇险古怪和穷愁苦吟，即东野穷愁、秋虫山鬼和研磨苦心、雕琢搜字，主张描写银河九天、镜湖春好、夹岸桃花、云山水乐、江山万古等自然明丽的景物。

第四,对苏黄及江西诗人进行了尖锐的批判,认为他们俳谐怒骂,过于直露而无朱弦遗音和一波才动万波随的意境韵味,只重金入洪炉、点铁成金、闭门觅句而失却池塘春草的天然清新。

此外,还谈到了文如其人和文不如其人的问题,如"心画心声总失真,文章宁复见为人。高情千古闲居赋,争信安仁拜路尘"。谈到了文学不可模拟因古,要有创新,即"窘步相仍死不前,唱酬无复见前贤。纵横正有凌云笔,俯仰随人亦可怜"等等。要之,元好问《论诗三十首》中对魏晋至唐宋诗人的评价整体来说准确而公正,许多经典诗句都为文学史和批评史屡屡引用。

【关键词解读】

心声心画

"心声心画"说出于扬雄《法言·问神》:"故言,心声也;书,心画也。声画形,君子小人见矣。声画者,君子小人之所以动情乎?"这形成了中国文学史上"文如其人"的命题。元好问在此提出了"文不如其人"的论题,即"生活中既有言行一致、文如其人的现象,也有言不符行、文不符人的情况。"(童庆炳《文学理论教程》)钱钟书也指出:"心声心画,未为成事之说。然所言之物,可以饰伪;巨奸为忧国语,热中人作冰雪文,是也。其言之格调,则往往流露本相;狷急人之作风,不能尽变为澄淡,豪迈人之笔性,不能尽变为谨严。文如其人,在此不在彼也。"(《谈艺录》)

【相关知识链接】

元好问反对元祐苏黄诗风及对江西诗派的批判是金代文学思潮的反映。金诗创作深受北宋元祐苏黄诗风的影响,而其弊端也为当时著名作家批评家诸如王若虚、元好问所认识并起而抨击,所以具有明确的现实针对性。关于当时诗学苏黄之风气,如元好问《跋赵秉文和拟韦苏州》云:"百年来诗人多学坡谷。"《中州集》小传称诸多金源诗人"颇得苏门沾污""参涪翁而得法""仿苏才翁太甚"等等。学苏黄一直贯穿整个金代,如批评众多金诗人"诗学黄鲁直格""诗杂坡谷喜新奇""学江西诸公"云云,都可看出金文坛创作风貌。鉴于此,如南宋初以来张戒、严羽等反对江西诗派一样,金人批评家亦群起而攻之,如王若虚称黄庭坚"夺胎换骨"和"点铁成金"说"特剽窃之黠者耳。"(《滹南诗话》)再如《滹南诗话》引周昂云

"鲁直善为新样,然与少陵无涉","宋文至鲁直已是偏仄,后山而后,不胜其弊矣"。再如《中州集》评当时学江西诗之弊为"高者雕镌尖刻,下者横拟剽窃"。在这股批评金诗坛学苏黄和江西诗而产生流弊的文艺思潮中,以元好问及其《论诗三十首》最为有力,影响及于元代,其后赵秉文、李治、郝经等论诗反对苏黄江西诗派,提倡复古学汉魏唐诗等都与其有重要关系。

【延伸阅读】

《论诗三十首》可以说系统地反映了元好问的文学思想体系,所选文论文献中可从不同方面强化我们的认识。如关于文学的抒情本质,《陶然集序》所谓"皆以小夫贱妇满心而发,肆口而成","情性之外不知有文字云耳"。《东坡诗雅引》以"风雅"为宗,《杨叔能小亨集引》所谓"诗文似其为人",以及《东坡诗雅引》对苏黄诗风的颇有微词等等,不可一一具道,读者当自得之。

陶然集序(选录)

贞祐南渡后,诗学为盛。洛西辛敬之、淄川杨叔能、太原李长源、龙坊雷伯威、北平王子正之等,不啻十数人,称号专门;就诸人中其死生于诗者,汝海杨飞卿一人而已。李内翰钦叔工篇翰,而飞卿从之游,初得"树古叶黄早,僧闲头白迟"之句,大为钦叔所推激。从是游道日广,而学亦大进,客居东平将二十年,有诗近二千首,号《陶然集》。所赋《青梅》《瑞莲》《瓶声》《雪意》,或多至十余首;其立之之卓,钻之之坚,得之之难,积之之多乃如此。此其所以为贵也欤!

或病吾飞卿追琢功夫太过者,予释之曰:诗之极致,可以动天地,感鬼神,故传之师,本之经,真积之力久而有不能复古者。自"匪我愆期,子无良媒","自伯之东,首如飞蓬","爱而不见,搔首踟蹰","既见复关,载笑载言"之什观之,皆以小夫贱妇满心而发,肆口而成。见取于采诗之官,而圣人删诗亦不敢尽废。后世虽传之师,本之经,真积力久而不能至焉者,何古今难易不相侔之如是耶?盖秦以前,民俗醇厚,去先王之泽未远,质胜则野,故肆口成文,不害为合理。使今世小夫贱妇满心而发,肆口而成,适足以污简牍,尚可辱采诗官之求取耶! 故文字以来,诗为难;魏晋以来,复古为难;唐以来,合规矩准绳尤难。

夫因事以陈辞,辞不迫切而意独至,初不为难,后世以不得不难为难耳。古律歌行,篇章操引,吟咏讴谣,词调怨叹,诗之目既广,而诗评诗品诗说诗式亦不可胜读。大概以脱弃凡近,澡雪尘翳,驱驾声势,破碎阵敌,囚锁怪变,轩豁幽秘,笼络今古,移夺造化为工;钝滞僻涩,浅露浮躁,狂纵淫靡,诡诞琐碎陈腐为病。"毫发无遗恨","老去渐于诗律细","佳句法如何","新诗改罢自长吟","语不惊人死不休",杜少陵语也;"好句似仙堪换骨,陈言如贼莫经心",薛许昌语也;"乾坤有清气,散入诗人脾,千人万人中,一人两人知",贯休师语也;"看似寻常最奇崛,成如容易却艰难",半山翁语也;"诗律伤严近寡恩",唐子西语也。子西又言:"吾于他文不至寒涩,惟作诗极艰苦,悲吟累日,仅自成篇。初读时未见可羞处,姑置之,后数日取读,便觉瑕衅百出;辄复悲吟累日,反复改定,比之前作稍有加焉,后数日复取读,疵病复出。凡如此数四,乃敢示人,然终不能工。"李贺母谓贺必呕出心乃已,非过论也。今就子美而下论之,后世果以诗为专门之学,求追配古人,欲不死生于诗,其可已乎!

东坡诗雅引

五言以来,六朝之谢陶,唐之陈子昂、韦应物、柳子厚最为近风雅。自余多以杂体为之,诗之亡久矣。杂体愈备,则去风雅愈远,其理然也。近世苏子瞻绝爱陶柳二家,极其诗之所止,诚亦陶柳之亚;然评者尚以其能似陶柳,而不能不为风俗所移,为可恨耳! 夫诗至于子瞻,而且有不能近古之恨,后人无所望矣。乃作《东坡诗雅目录》一篇。正大己丑河南元某书于内乡刘邓州光父之东斋。

杨叔能小亨集引

贞祐南渡后,诗学大行,初亦未知适从,溪南辛敬之、淄川杨叔能以唐人为指归,敬之旧有声河南,叔能则未有知之者。兴定末,叔能与予会于京师,遂见礼部闲闲公及杨吏部之美,二公见其"幽怀久不写"及《甘罗庙诗》,啧啧称叹,以为今世少见其比。及将往关中,张左相信甫、李右司之纯、冯内翰子骏皆以长诗赠别,闲闲作引,谓其诗学退之"此日足可惜",颇能似之;至比之金膏水碧,物外自然奇宝,景星丹凤,承平不时见之嘉瑞。叔能用是名重天下,今三十年,然其客于楚,于汉沔,于燕赵魏齐鲁之间,行天下四方多矣,而其穷亦极矣。叔能天资淡泊,寡于言笑,俭素自守,诗文似其为人。其穷虽极,其以诗为业者不变也,其以唐人为指归者亦不变也。今年其所撰《小亨集》成,其子复见予镇州,以集引为请。予亦爱唐诗者,唯爱之笃而求之深,故似有所得。尝试妄论之。

　　诗与文特言语之别称耳。有所记述之谓文,吟咏性情之谓诗,其为言语则一也。唐诗所以绝出于三百篇之后者,知本焉尔矣。何谓本?诚是也。古圣贤道德言语,布在方册者多矣,且以"弗虑胡获,弗为胡成""无有作好""无有作恶""朴虽小,天下莫敢臣"较之,与"祈年孔夙,方社不莫""敬共明神,宜无悔怒"何异,但篇题句读不同而已。故由心而诚,由诚而言,由言而诗也。三者相为一,情动于中而形于言,言发乎迩而见乎远。同声相应,同气相求,虽小夫贱妇孤臣孽子之感讽,皆可以厚人伦、敦教化,无他道也。故曰不诚无物。夫惟不诚,故言无所主,心口别为二物,物我邈其千里,漠然而往,悠然而来;人之听之,若春风之过焉耳,其欲动天地感鬼神难矣。其是之谓本。唐人之诗,其知本乎,何温柔敦厚蔼然仁义之言之多也!幽忧憔悴,寒饥困惫,一寓于诗,而其阨穷而不悯,遗佚而不怨者,故在也。至于伤谗疾恶不平之气,不能自掩。责之愈深,其旨愈婉;怨之愈深,其辞愈缓。优柔厌饫,使人涵泳于先王之泽,情性之外不知有文字,幸矣,学者之得唐人为指归也!

　　初予学诗,以十数条自警,云:无怨怼,无谑浪,无鸷狠,无崖异,无狡讦,无婥阿,无傅会,无笼络,无炫鬻,无矫饰,无为坚白辨,无为贤圣癫,无为妾妇妒,无为仇敌谤伤,无为聋俗哄传,无为瞽师皮相,无为黥卒醉横,无为黠儿白捻,无为田舍翁木强,无为法家丑诋,无为牙郎转贩,无为市倡怨恩,无为琵琶娘人魂韵词,无为村夫子兔园策,无为算沙僧困义学,无为稠梗治禁词,无为天地一我今古一我,无为薄恶所移,无为正人端士所不道。信斯言也,予诗其庶几乎。惟其守之不固,竟为有志者之所先。今日读所为《小亨集》者,祇以增愧汗耳!

予既以如上为集引,又申之以《种松》之诗,因为复言,归而语乃翁:吾老矣,自为瓠壶之日久矣,非夫子亦何以发予之狂言。已酉秋八月初吉,河东元某序。

四部丛刊本《遗山先生文集》

【思考题】

结合《论诗三十首》,谈谈元好问对苏、黄及其江西诗派的褒贬批评。

王　若　虚

【作者简介】

王若虚(1174—1243),字从之,号慵夫,入元后自称滹南遗老。藁城(今河北藁城市)人。自幼颖悟好学,章宗承安二年(1197)进士。历官鄜州录事及管城、门山县令。其后荐入为国史院编修官,迁应奉翰林文字,授同泗州军州事,留为著作佐郎,迁平凉府判管,召为左司谏,后转延州刺史。金亡不仕,北归乡里。著作有《滹南遗老集》四十五卷。《金史》卷一百二十六《文艺传》有传。

滹南诗话(选录)

吾舅尝论诗云[1]:"文章以意为之主,字语为之役。主强而役弱,则无使不从,世人往往骄其所役,至跋扈难制,甚者反役其主。"可谓深中其病矣。又曰:"以巧为巧,其巧不足。巧拙相济,则使人不厌。惟甚巧者,乃能就拙为巧。所谓游戏者,一文一质,道之中也。雕琢太甚,则伤其全;经营过深,则失其本。"又曰:"颈联颔联,初无此说,特后人私立名字而已。大抵首二句论事,次二句犹须论事,首二句状景,次二句犹须状景,不能遽止,自然之势。诗之大略,不外此也。"其笃实之论哉。

乐天之诗,情致曲尽,入人肝脾,随物赋形,所在充满,殆与元气相伴。至长韵大篇,动数百千言,而顺适惬当,句句如一,无争张牵强之态,此岂捻断吟须悲鸣口吻者之所能至哉?而世或以浅易轻之,盖不足与言矣。

郊寒白俗[2],诗人类鄙薄之,然郑厚评诗[3],荆公、苏、黄辈,曾不比数,而云乐天如柳阴春莺,东野如草根秋虫,皆造化中一妙,何哉?哀乐之真,发乎情性,此诗之正理也。

东坡云:"论画以形似,见与儿童邻。赋诗必此诗,定非知诗人。"[4]夫所贵于画者,为其似耳;画而不似,则如勿画。命题赋诗,不必此诗,果为何语?然则坡之论非欤?曰:论妙在形似之外,而非遗其形似,不窘于题,而要不失其题,如是而已耳。世之人不本其实,无得于心,而借此论以为高。画山水者,未能正作一木一石,而托云烟杳霭,谓之气象。赋诗者茫昧僻远,按题而索之,不知所谓,乃曰格律贵尔。一有不然,则必相嗤点,以为浅易而寻常。不求是而求奇,真伪未知,而先论高下,亦自欺而已矣。岂坡公之本意也哉!

山谷之诗,有奇而无妙,有斩绝而无横放,铺张学问以为富,点化陈腐以为新,而浑然天成,如肺肝中流出者不足也。此所以力追东坡而不及欤?或谓论文者尊东坡,言诗者右山谷,此门生亲党之偏说,而至今词人多以为口实。同者袭其迹而不知返,异者畏其名而不敢非。善乎吾舅周君之论也,曰:"宋之文章,至鲁直已是偏仄处,陈后山而后,不胜其弊矣。人能中道而立,以巨眼观之,是非真伪,望而可见也。"若虚虽不解诗,颇以为然。近读《东都事略山谷传》云[5]:"庭坚长于诗,与秦观、张耒、晁补之游苏轼之门,号四学士。独江西君子以庭坚配轼,谓之苏、黄。"盖自当时已不以是为公论矣。
(以上《四部丛刊》影旧抄本《滹南遗老集》卷三十九)

古之诗人,虽趣尚不同,体制不一,要皆出于自得,至其辞达理顺,皆足以名家,何尝有以句法绳人者?鲁直开口论句法,此便是不及古人处,而门徒亲党以衣钵相传,号称法嗣,岂诗之真理也哉？

近岁诸公以作诗自名者甚众，然往往持论太高，开口辄以《三百篇》《十九首》为准，六朝而下，渐不满意，至宋人殆不齿矣。此固知本之说，然世间万变，皆与古不同，何独文章而可以一律限之乎？就使后人所作，可到《三百篇》，亦不肯悉安于是矣。何者？滑稽自喜，出奇巧以相夸，人情固有不能已焉者。宋人之诗，虽大体衰于前古，要亦有以自立，不必尽居其后也。遂鄙薄而不道，不已甚乎。少陵以文章为小技，程氏以诗为闲言语[6]，然则凡辞达理顺，无可瑕疵者，皆在所取可也。其余优劣，何足多较哉！

《四部丛刊》影旧抄本《滹南遗老集》卷四十

【题解】

王若虚《滹南遗老集》四十五卷，其中《文辨》四卷、《诗话》三卷集中阐述了他的文学思想，而《滹南诗话》则是元人诗话的代表。其文学批评在金代戛戛独造，别立一帜，这与其"谈辨蜂起""颇好议论"有直接关系，其《文辨》《诗话》不但是这方面的产物，而且其集中经史等论辨文便占三十三卷，可见一斑。其批评观点尖锐大胆，"足破宋人之拘挛"，"统观全集，偏驳之处诚有，然金元之间学有根柢者，实无人出若虚右"（《四库全书总目提要》）。

【注释】

1. 吾舅尝论诗云：周昂（？—1211），字德卿，真定（今河北正定）人，王若虚舅父。历官南和主簿、良乡令、监察御史、隆州都军，后复入翰林。李纯甫《屏山故人外传》云："德卿以孝友闻，又喜名节，蔼然仁义人也。文笔高雅，以杜子美、韩退之为法，诸儒皆师尊之。"王若虚师从舅父，论文主张多因之。著有《常山集》，已佚。传见《中州集·周昂传》。
2. 郊寒白俗：苏轼《祭柳子玉文》："元轻白俗，郊寒岛瘦。"
3. 郑厚评诗：郑厚（1100－1161），字景韦，一字叙友。莆田（今属福建）人。郑樵之从兄。宋绍兴五年（1135）进士。授左从事郎，泉州节度推官。因忤秦桧弄权被罢职。秦死又起用昭信军节度推官，后改左承高郎，知湘乡县。著有《诗杂说》十卷。《宋史翼》卷二七有传。
4. 东坡云几句：诗见苏轼《书鄢陵王主簿所画折枝二首》其一。

5.《东都事略·山谷传》：王称（一作王偁），字季平，眉州（今四川省眉山市）人。父王赏南宋高宗绍兴年间任实录修撰，王称承家学，搜集北宋历朝事迹，成《东都事略》，计一百三十卷。

6. 程氏以诗为闲言语：程颐《二程遗书》卷一八记载，或问："诗可学否？"曰："既学诗，须是用功，方合诗人格。既用功，甚妨事。古人诗云：'吟成五个字，用破一生心。'又谓：'可惜一生心，用在五个字。'此言甚当……某素不作诗，亦非是禁止不作，但不欲为此闲言语。且如今言能诗无如杜甫，如云：'穿花蛱蝶深深见，点水蜻蜓款款飞'，如此闲言语，道出做甚？"

【讲疏】

王若虚的文学思想是在对唐宋诗人的褒贬批评中而形成的，体现为极力推崇白居易、苏轼和对黄庭坚及其江西诗派的尖锐批判，以此建构起完整的理论体系。我们结合他的《文辨》《论诗诗》等进行分析和阐释。具体有如下几个方面：

首先，关于文学的内容和形式也即"意"与"字语"或"质"与"文"之间的关系。他主张要以思想内容为主，言辞字语之语言形式为辅，反对"雕琢太甚，经营过深"，认为这样会妨害文章内容即"伤其元"和"失其本"。如文中"文章以意为主，字语为之役。主强而役弱，则无使不从"。"所谓为游戏者，一文一质，道之中也。雕琢太甚，则伤其全。经营过深，则失其本"。所以他的辨证观点就是"一文一质，道之中也"，也就是孔子所谓"文质彬彬"。对此他以巧拙为喻，认为"以巧为巧，其巧不足"，故而在创作中当"巧拙相济"。《文辨》中他也指出"文章巧于外而拙于内者，可以惊四筵而不可适独坐，可以取口称而不可得首肯"。

其次，与此相关，他认为文艺的本质是描写和抒发作者的内心情感，这种感情要"真"，如从"肺肝中流出"，当"情致曲尽"，这样才能感染人"入人肝脾"。如他肯定白居易之诗"情致曲尽，入人肝脾"，"妙理宜人入肝脾"，认为"哀乐之真，发乎情性，此诗之正理也"。也因此，他反对山谷诗只注重学问之富和字句之奇，而无真情实感，如"山谷之诗，有奇而无妙，有斩绝而无横放，铺张学问以为富，点化陈腐以为新，而浑然天成，如肺肝中流出者不足也"。

第三，自然论。与他提倡"情真"有关，他提出了他所欣赏的美学风貌即"自然"美，诸如自然之势、随物赋形、浑然天成、自然真率等。如他在论诗歌的论事状景之关系上，认为"不能遽止，自然之势"。乐天诗"长韵大篇，动数百千言，而顺适惬当，句句如一，无争张牵强之态"。批判山谷之诗不能"浑然天成"。《文辨》中，他极赞陶渊明《归去来辞》为"一篇自然真率文字",反对后人模拟次韵,认为这"已自不宜"和"牵合而不类矣"。认为"文章正理","亦惟适其宜而已"。所以他赞赏苏轼"随物赋形"之论。他引陈师道批判扬雄好为艰深之辞,"好奇而卒不能奇",亦同此论。

第四,自得说。在自然论的基础上,他提出了"自得说",即得之于心和得之于自然。如云"古之诗人,虽趣尚不同,体制不一,要皆出于自得。至其辞达理顺,皆足以名家,何尝有以句法绳人哉?"《论诗诗》中提出:"文章自得方为贵,衣钵相传岂是真。"所以他的"自得"论同时有自主得之之意,也就是主张创新,反对因袭模拟。

第五,在神似与形似的关系上,他继承了苏轼"论画以形似,见与儿童邻。赋诗必此诗,定非知诗人"的主张,又有自己的理论发挥和补充。他认为形似是基础,是必要的,进而达神似的更高境界。即"论妙在形似之外,而非遗其形似,不窘于题,而要不失其题,如是而已耳"。同样的观点在《文辨》中也有表述:"邵公济尝言迁史杜诗意不在似,故佳。此缪妄之论也。使文章无形体邪,则不必似;若其有之,不似则不是。谓其不主故常,不专蹈袭可矣;而云意不在似,非梦中语乎?"

最后,关于文学发展观,尤其是南宋以来唐宋诗之争上,他显得颇为通达辨证,对当时学界于宋人不齿者不以为然,认为宋诗"要亦有以自立",反映了他"然世间万变,皆与古不同,何独文章而可以一律限制乎"的文学"通变"观,这在整个元明文学史上都可以说独树一帜,意义重大。

【关键词解读】

辞达理顺

《诗话》选录中凡两次出现"辞达理顺",这一命题与王若虚的文学观点诸如意与言语、文与质、情真论、自然论、自得说、神似形似等都有密切关系,可以说是他文学思想的核心范畴。顾易生等称他"以'辞达理顺'为创作的第一要义"。"辞达"说继承了孔子、苏轼以来的观点,而"理顺"之"理"在《文辨》《论诗诗》中也多次出现,如所谓妙理宜人、诗之正理、诗之真理、理尽辄止云云。顾易生等把"理"的内容总结为三个方面:其一,不失真为理。其二,不失题为理。其三,合于常识逻辑为理。并认为"王若虚主张辞达理顺,故所论平实,重情意,主自然,在内容与形式的关系上,颇多知本之论。但另一方面,因为他对诗文的艺术风格、韵趣等不屑多谈,故所论不免带些学究气,有迂执片面之处"(顾易生等《宋金元文学批评史》)。

【相关知识链接】

王若虚所处的时代与南宋批评家严羽大体同时,但在关于唐宋诗之争和创作取法对象的问题上,二者有同有异。相同之处,在于二者都严厉指责以黄庭坚为代表的"江西诗派"以才学、文字、议论为诗的弊端。不同之处有二:一是严羽同时反对以苏黄为代表的宋诗,而王若虚则极力推崇苏轼及其文学理论,对以欧阳修、苏轼为代表的宋诗有所肯定,体现了文学发展的通变观。二是在学诗的取法对象上,严羽着眼于以李杜为代表的盛唐诗的兴趣、妙悟等美学风貌,强调"以盛唐为法";而王若虚则着眼于以白居易为代表的语言平易、内容充实之作。

在金代文坛上,王若虚的文学主张也是独树一帜,与众不同。如同时代的文坛领袖赵秉文、李纯甫等在诗文创作上提倡"文多学奇古,诗多学风雅"。这种复古倾向体现在赵秉文作诗取法杜甫、韦应物、柳宗元,李纯甫为文师法《庄子》《左传》。王若虚则取径不同,能自树立,如元好问称其"文以欧苏为正脉,诗学白乐天"(《内翰王公墓表》)。元好问文学思想便受其影响,二者颇多相似之处。

【延伸阅读】

在《文辨》选录中,所谓"使文章无形体邪?则不必似;若其有之,不似则不足""自然真率""随物赋形"等,以及《论诗诗》中的自得论,及其对苏轼、白居易的肯定和对黄庭坚的批判,都可与本文节选《诗话》之文学观点相互印证。此外,《文辨》中还全面反映了王若虚通达的文体学思想,兹不赘论。

文辨(选录)

邵公济尝言迁史杜诗意不在似,故佳。此缪妄之论也。使文章无形体邪?则不必似;若其有之,不似则不是。谓其不主故常,不专蹈袭可矣;而云意不在似,非梦中语乎?

陈后山曰:"扬子云之文好奇而卒不能奇,故思苦而辞艰。善为文者因事出奇,江河之行,顺下而已。至其触山赴谷,风抟物激,然后尽天下之变。子云虽奇故不能奇也。"此论甚佳,可以为后学之法。

凡为文有遥想而言之者,有追忆而言之者,各有定所,不可乱也。《归去来辞》,将归而赋耳,既归之事,当想象而言之。今自问途而下,皆追录之语,其于畦径无乃窒乎?"已矣乎"云者,所以总结而为断也,不宜更及耘耔啸咏之事。退之《感二鸟赋》亦然。(以上《四部丛刊》影旧抄本《滹南遗老集》卷三十四)

《归去来辞》本是一篇自然真率文字,后人模拟,已自不宜,况可次其韵乎?韵则牵合而不类矣。

陈后山云:"退之之记,记其事耳;今之记乃论也。"予谓不然。唐人本短于议论,故每如此。议论虽多,何害为记?盖文之大体固有不同,而其理则一,殆后山妄为分别。正犹评东坡以诗为词也。且宋文视汉唐百体皆异,其开廓横放,自一代之变,而后山独怪其一二,何邪?(以上《滹南遗老集》卷三十五)

《后山诗话》云:"黄诗韩文有意故有工,左杜则无工矣。然学者必先黄韩,不由黄韩而为左杜,则失之拙易。"此颠倒语也。左杜冠绝古今,可谓天下之至工,而无以加之矣。黄韩信美,曾何可及,而反忧学者有拙易之失乎!且黄韩与二家亦殊不相似,初不必由此而为彼也。陈氏喜为高论而不中理,每每如此。

欧公散文自为一代之祖,而所不足者精洁峻健耳。五代史论曲折太过,往往支离蹉跌,或至涣散而不收,助词虚字亦多不惬,如《吴越世家论》尤甚也。

《湘山野录》云:"谢希深、尹师鲁、欧阳永叔各为钱思公作《河南驿记》,希深仅七百字,欧公五百字,师鲁止三百八十余字。欧公不伏在师鲁之下,别撰一记,更减十二字,尤完粹有法。师鲁曰:'欧九真一日千里也。'"予谓此特少年豪俊一时争胜而然耳,若以文章正理论之,亦惟适其宜而已,岂专以是为贵哉。盖简而不已,其弊将至于俭陋而不足观矣。

荆公谓东坡《醉白堂记》为韩、白优劣论,盖以拟伦之语差多,故戏云尔,而后人遂为口实。夫文岂有定法哉,意所至则为之题,意适然殊无害也。

东坡自言其文如"万斛泉源,不择地而出,滔滔汩汩,一日千里无难,及其与山石曲折,随物赋形,而不自知,所之者,常行于所当行，而止于不可不止"。论者或讥其太夸，予谓惟坡可以当之。夫以一日千里之势，随物赋形之能，而理尽辄止，未尝以驰骋自喜，此其横放超迈而不失为精纯也耶？

东坡之文具万变而一以贯之者也。为四六而无俳谐偶俪之弊，为小词而无脂粉纤艳之失，楚辞则略依仿其步骤而不以夺机杼为工，禅语则姑为谈笑之资而不以穷葛藤为胜，此其所以独兼众作莫可端倪。而世或谓四六不精于汪藻，小词不工于少游，禅语楚辞不深于鲁直，岂知东坡也哉！（以上《滹南遗老集》卷三十六）

吾舅周君德卿尝云：凡文章巧于外而拙于内者，可以惊四筵而不可适独坐，可以取口称而不可得首肯。至哉，其名言也。杜牧之云："杜诗韩笔愁来读，似倩麻姑痒处抓"，李义山云："公之斯文若元气，先时已入人肝脾"，此岂巧于外者之所能耶？

四六文章之病也，而近世以来，制诰表章率皆用之，君臣上下之相告语，欲其诚意交孚，而骈俪浮辞不啻如俳优之鄙，无乃失体耶？后有明王贤大臣禁绝之，亦千古之快也。

或问：文章有体乎？曰：无。又问：无体乎？曰：有。然则果何如？曰：定体则无，大体须有。

论 诗 诗

山谷于诗，每与东坡相抗，门人亲党遂谓过之。而今之作者，亦多以为然。予尝戏作四绝云。

骏步由来不可追，汗流余子费奔驰。谁言直待南迁后，始是江西不幸时。

信手拈来世已惊，三江衮衮笔头倾。莫将险语夸勍敌，公自无劳与若争。

戏论谁知是至公，蜻蜓信美恐生风。夺胎换骨何多样，都在先生一笑中。

文章自得方为贵，衣钵相传岂是真；已觉祖师低一着，纷纷法嗣复何人？

王子端云:"近来陡觉无佳思,纵有诗成似乐天。"其小乐天甚矣。予亦尝和为四绝。

　　功夫费尽漫穷年,病入膏肓不可镌。寄语雪溪王处士,恐君犹是管窥天。

　　东涂西抹斗新妍,时世梳妆亦可怜。人物世衰如鼠尾,后生未可议前贤。

　　妙理宜人入肺肝,麻姑搔痒岂胜鞭。世间笔墨成何事,此老胸中具一天。

　　百斛明珠一一圆,丝毫无恨彻中边。徒渠屡受群儿谤,不害三光万古悬。

《四部丛刊》影旧抄本《滹南遗老集》

【思考题】

1. 论王若虚的诗文批评思想。
2. 试述王若虚对金代诗学的贡献。

郝 经

【作者简介】

郝经(1223—1275),字伯常,祖籍泽州陵川(今山西晋城县),生于许州临颍(今河南许昌)。金亡后迁居河北,被元张柔、贾辅二世侯延为宾客,得读两家藏书。蒙哥汗三年(1253)初,深得忽必烈赏识而入其王府,后随忽必烈攻打鄂州。中统元年(1260)以翰林侍读学士充任国信使,奉诏使宋,被贾似道拘于真州达十六年。至元十一年(1274),忽必烈再次兴兵攻宋,郝被释,次年北归,至大都不久即病世。著有《春秋外传》《周易外传》《太极演》《原古录》《通鉴书法》《注三子》《一王雅》《行人志》等。版刻存世的有《续后汉书》与《陵川集》。通行的有《郝文忠公集》。传见《元史》卷一百五十七。

文弊解

事虚文而弃实用,弊亦久矣。自为己之学不明,天下之人狃于习而啗于利[1],是以背而驰之。力衒而为之谋[2],援笔为辞,缀辞为书,藉藉纷纷[3],不过夫记诵辞章之末,卒无用于世,而谓之文人,果何文耶？俾佛老二氏蠹于其间,文武之道坠于地,而天下沦于非类也宜矣。其不幸而不观于大庭氏之先[4],而不见夫文之质也。不幸而不游于孔氏之门,而不见夫文之用也。不幸而不穷夫六经之理,而不见夫文之实也。仰而观,俯而察,天地之间,众形之刻镂,众色之光绚,众声之呫嗫,众变之错踩,烂乎其文而若此也,不知孰为之而孰缀之,乃规规以为工,切切以为巧,斐斐以为丽,角胜而相尚,为文而无用,何哉!

三代之先,圣君贤臣,唯实是务,至于诰誓勅戒之辞,赓和之歌,皆核于实而晔于华,和顺积中而英华发外。故史臣赞曰:"聪明文思。"[5]孔子称之曰:"焕乎其有文章。"[6]自其发见者而言,不以文为本也。天人之道,以实为用,有实则有文,未有文而无其实者也。《易》之文,实理也;《书》之文,实辞也;《诗》之文,实情也;《春秋》之文,实政也;《礼》文实法,而《乐》文实音也。故六经无虚文,三代无文人。夫惟无文人,故所以为三代;无虚文,所以为六经。后世莫能及也。

余尝熟读《语》《孟》二书,意味无穷,感化不已。师弟对问之间而文若是,岂有意于文而后言邪?圣贤之膏腴,道德之精华,发而自然耳。故所以为孔子,所以为孟轲,后世亦莫能及也。孔氏之门,游、夏以文学称[7],未闻其执笔命题而作文也。则所谓文学者亦异矣。后世文士,工于文而拙于实,衒于辞章而忘于道义;故班马不免于刑[8],范晔、陆机、谢灵运不免于诛[9],陈叔宝、杨广不免于覆宗社[10],而柳柳州不免于卜人[11]。文何益耶!苟有其实矣,何患无文! 三代则亦已矣;至于后世,汉高帝奋起亡秦,王有天下,功并汤武,未尝为文也,如《大风》之歌[12],声震海岳而光犯日月。诸葛孔明仗义兴汉,委身事蜀,道合伊吕,而他文未见也,如出师之表,与商周命训相上下[13]。则有实者有文也,必矣!

方今道丧时弊,正气湮塞,生民坠溺,志士振起之秋也。可拘于虚文,溺于浅浅哉! 宜嚗六经之实,尽躬行之道,精百代之典,革虚文之弊,断作为之工;存心养性,磨厉以须天下之清。其行也,其达也,必不与草木并朽而无闻矣!

姚莹等辑《乾坤正气集》本《郝文忠公集》

【题解】

所谓"文弊",即开篇名义,"事虚文而弃实用",是郝经针对当时文坛的不良风气有感而发的,其目的为"革虚文之弊"。他认识到当时即"方今道丧时弊"的两个互相关联的弊端,欲弘扬儒家道德正气,拯救生民于坠溺之中,具有重大的现实意义。郝经的这种观点和见解在元代是一种共识,如赵孟頫《第一山人文集序》就称"宋之末年,文体大坏,治经者不以背于经旨为非,而以立说奇险为工;作赋者不以破碎纤靡为异,而以缀缉新巧为得。有司以是取士,以是应程文之变,至此尽矣"。看到古文之衰落的时代及其原因。此外如胡祗遹《今文之弊》、刘壎《答友人论时文书》等都对当时文坛弊端有所认识和论述,其中,郝经《文弊解》站在政治家、理学家、文学家的立场上,其观点最为全面和具有代表性。

【注释】

1. 天下之人狃于习而哈于利:狃,niǔ,因袭,拘泥,狃于习俗。哈同唊,拿利益引诱人。

2. 谍:同噪。

3. 藉藉纷纷:形容众多而杂乱的样子。藉藉:纷乱的样子。《汉书·刘旦传》:"华容夫人起舞曰:'发纷纷兮寘渠,骨藉藉兮亡居。'"

4. 大庭氏:中国远古时代氏族首领名,即神农氏族的八代首领之一。郑玄注《礼记·月令》:"炎帝,神农也。"《左传·昭公十八年》之注疏也称,先儒旧说皆云"炎帝号神农氏,一曰大庭氏"。

5. 聪明文思:《虞书·尧典》:昔在帝尧,聪明文思,光宅天下,将逊于位,让于虞舜,作尧典。

6. 焕乎其有文章:出自《论语·泰伯第八》。

7. 游、夏以文学称:子游(言偃)与子夏(卜商)的并称。两人为孔门十哲,均长与文学,参见《论语·先进》。曹植《与杨德祖书》:"昔尼父之文辞,与人通流。至于制《春秋》,游夏之徒乃不能措一辞。"张说《赠吏部尚书萧公神道碑》:"四科得游夏之门,六艺取钟王之隽。"

8. 班马不免于刑:司马迁因李陵之祸受宫刑。窦宪因擅权被杀,班固受株连,死于狱中。

9. 范晔、陆机、谢灵运不免于诛:宋文帝元嘉二十二年(445),范晔以谋反罪被杀。陆机于孙吴灭亡后出仕西晋,曾任平原内史、祭酒、著作郎等职,后死于"八王之乱",被夷三族。谢灵运于元嘉十年(433)因罪徙广州,密谋使人劫救自己,事发,被宋文帝刘义隆以"叛逆"罪名杀害。

10. 陈叔宝、杨广不免于覆宗社:陈叔宝为南朝陈最后一位皇帝,通称陈后主。在位时奢侈淫靡,不理朝政。隋军南下时,自恃有长江天险,不以为然。后隋军入建康,陈叔宝被俘国亡。隋炀帝杨广在位期间修建大运河,营建东都迁都洛阳,三征高句丽,滥用民力,天下大乱,导致了隋朝的覆亡,于公元618年在江都被部下缢杀。

11. 柳柳州不免于卜人:卜人,官名。《周礼》春官之属,掌管占卜。意为推断,预料。柳宗元《答韦中立论师道书》:仆自卜固无取。

12.《大风》之歌:刘邦《大风歌》:大风起兮云飞扬,威加海内兮归故乡,安得猛士兮守四方!

13.商周命训:《尚书》包括虞书、夏书、商书、周书。商书、周书主要是商周王朝史官所记载的誓、命、训、诰。

【讲疏】

本文典型反映了郝经作为理学家的古文观念,主要包括以下几个互相关联的方面:

首先,他提出学界的弊端为"事虚文而弃实用",这包括关于文学的内容和形式之间的关系,以及与此相关的文学的社会政治功用两个方面。我们先看内容与形式之间的关系,也即"文"与"实"的关系,其实也就是"文"与"理"或者说"文"与"道"之间的关系,因为其所谓"实"正是指六经之理和道,如文中所言:"《易》之文,实理也;《书》之文,实辞也;《诗》之文,实情也;《春秋》之文,实政也;《礼》文实法,而《乐》文实音也。"也就是说其文为六经之文,其实为儒家之道。在文与道的关系上,道为主,文为辅,二者有主次关系,即文中所谓"自其发见者而言,不以文为本也","天人之道,以实为用,有实则有文,未有文而无其实者也"。关于这一点,他在《答友人论文法书》中也反复提及,称之为"理"与"文法"或"理"与"法"。如云:"夫理,文之本也;法,文之末也","理者法之源,法者理之具,理启夫道,法工夫技"。所以他认为"有理则有法","以理为辞,而法自具"。明显地反映了作为一个理学家道为主文为辅、实用内而虚文外的古文观念。

当然他也并不一味地轻视文,他继承了孔子"焕乎其有文章"的"言之不文,行而不远"的观点,认为"至于诰誓勅戒之辞,赓和之歌,皆核于实而晔于华,和顺积中而英华外发","圣贤之膏腴,道德之精华,发自然耳"。

其次,他所谓"实用",是指在重视儒家的义理道德之"实"的基础上,落脚点则在政治伦理教化之"用",之"功用",也即文学社会政治作用。他认为文学要"有用于世",即"天下之人","不过夫记诵辞章之末,卒无用于世,而谓之文人,果何文耶?"关于儒家的伦理教化作用,他指出"不幸而不游于孔氏之门,而不见夫文之用也;不幸而不穷夫六经之理,而不见夫文之实也","余尝熟读语孟二书,意味无穷,感化不已","后世文士,工于文而拙于实,炫于辞章而忘于道义"云云,都指儒家孔孟伦理道德感化作用。关于社会政治功用,他则从关注社会现实之弊,关心生民坠溺和百姓疾苦出发,认为"方今道丧时弊,正气湮塞,生民坠溺,志士振起之秋也。可拘于虚文,溺于浅浅哉?宜嚼六经之实,尽躬行之道,精百代之典,革虚文之弊"。从中可以看出他的文学实用观已超出单纯的理学家身份,可见其雄伟的为国事功之心,即"磨厉以须天下之清",进而实现其"其行也,其达也,必不与草木并朽而无闻矣"的儒家"三不朽"宏伟志向。而在诸如《五经论·诗》中也反复论述"天下之治乱",可与此相印证。

第三,诗与情或者诗缘情的关系。他在总体的五经之文与儒家之道关系上之外,又看到诗经的文学抒情特征,即所谓"《诗》之文,实情也"。这个情是指诗人的喜怒哀乐之情,其"人情之通塞"关乎天下治乱,即《五经论·诗》所云:"天下之治乱,在于人情之通塞。甚矣人之情,恶塞而好通也!故天下之乱恒生于塞,而其治恒生于通。"所以,他认为诗的本质就是抒发人的内心喜怒哀乐之情,如云"昔者圣人惧民情之塞而弗通也,于是乎观乎诗。诗者,述乎人之情者也。情由感而动,故喜怒哀乐随所感而发"(《五经论·诗》)。这一点又迥异于面目可憎的宋明理学家面目,可见郝经的文学观并不狭隘,颇为通达。

【关键词解读】

实用

注重实用,关注文学的社会政治功用,有补于世,有用于世,这是儒家思想下中国古代文人士大夫的一贯传统,郝经亦不例外。而作为受忽必烈器重的政治家,他的文学观点与北宋大政治家王安石的观点可以说一脉相承,而本文所选《文弊解》更与王安石《上人书》文学理论极为契合,可以对照解读。如《上人书》所云"且所谓文者,务为有补于世而已矣"。《文弊解》:"不过夫记诵辞章之末,卒无用于世,而谓之文人,果何文耶?"再如二者的"适用"和"实用"观,《上人书》云:"诚使巧且华,不必适用;诚使适用,亦不必巧且华。要之以适用为本,以刻镂绘画为之容而已。"《文弊解》云:"事虚文而弃实用,弊已久矣。……天人之道,以实为用,有实则有文,未有文而无其实者也。"需要注意的是,以往"实用"观其意直译往往为"实际之用"。但在郝经这里,实用却是两层关联的含义:"实"指古文内容上的六经之文,具有道德伦理之义。他认为,有此"实",才能进而发挥文学的社会政治功用,而"道丧时弊"正是对应"实"和"用"的这两点文弊。

【相关知识链接】

《文弊解》中所体现的郝经的文学思想,正符合顾易生等总结的他的文学观念三方面即"理学、事功、文学",而这三点集于一身正与他的生平经历和教育背景有着很大的关系。政治仕宦经历上,他曾入忽必烈王府,颇受信任和礼遇。忽必烈继位后,郝经以翰林学士充国信使使宋。这对他重视文学"为世用"的经世事功思想有很大影响。在教育背景和哲学思想上,他家世业儒,其祖父为元好问之师,他自己又受业于元好问。此外他还曾问学于刘祁、赵复、杨奂,所以理学上承赵复、杨奂,文学上则受元好问、刘祁的沾溉颇深,所以他文学观念中的理学、事功、文学三方面可以说渊源有自。(详见顾易生、蒋凡、刘明今《宋金元文学批评史》)

【延伸阅读】

所选文论中,《五经论·诗》中的"诗者,述乎人之情者也。情由感而动,故喜怒哀乐随所感而发"。《唐宋近体诗选序》所谓"言愈简而义愈精""亦穷理之一事也"。《文说送孟驾之》所谓"物感于我,我应之以理而辞之耳,岂校其辞之工拙哉!是以六经之文,经天地,贯万世,与博厚高明并而不朽也"等等,都可与本文中的文学观点相互参看对照。

五经论·诗

天下之治乱,在于人情之通塞。甚矣人之情,恶塞而好通也!故天下之乱恒生于塞,而其治恒生于通。君人者,亦审夫通塞而已矣。激扬疏畅,导之而使就于通;剔抉涤荡,达之而使去乎塞。盖塞则上不信下,下不信上,上下交恶,蕴贼崇圯,反目以相瞁,愤心以相戾,板板愤愤,以及于乱;在《易》则为否。通则上孚于下,下孚于上,上下相孚,郁乎相扶,晔乎相辉,济济洋洋,以臻于治;在《易》则为泰。夫人之情犹水也,湮其流,窒其源,则必壅汩而内溃,穴地而突出,湍奔而肆行。不为疏之而又障之,则必沉沉沦沦,汹涌旁魄,靡发之而上行,愈障之而愈深,愈防之而愈沛,久且远溢;而一决则必襄山怀壑,放激冲触,肆其所之,其害有不可胜言者。故善治水者,疏而通之而已矣,瀹而注之而已矣;适其性,因其势,道之而已矣。

昔者圣人惧民情之塞而弗通也,于是乎观乎诗。诗者,述乎人之情者也。情由感而动,故喜怒哀乐随所感而发。感之浅也,或默识之而已,或形乎言而已;感之深也,言之不足,长言之,长言之不足咏歌之,诗之所由兴也。喜而为之美,怒而为之刺,其哀也为之闵,其乐也为之颂。美而不至于谀,刺而不至于詈,哀之也而不至于伤,乐之也而不至于淫。己不能尽而托之于人,人不能尽而托之于物,物不能尽而归之于天。上焉公卿大夫,下焉薪翁筍妇,有所感而必有所作;君而知之,天下之情,无不通矣。

故致治之君,观乎人情也,必如此乎取之,于是妇寺言之,史书之,瞽歌之,于其巡狩而采之,朝贡而陈之,太师声之。君人者俨然而坐听之,闻其安乐之音,循己而省之曰:吾何德何修而臻此欤?乃兢业祗惧,德日益加修,行日益加检,洁齐粢盛,作为乐歌,荐之郊庙,曰:兹先王之致也。其闻怨以怒、哀以思之音也,矍然而起,愀然而变,循己而省之曰:予得罪于天下矣,予负责于后世矣,予其迈天之诛矣;前言往行何者之愆,礼乐刑政何者之紊。惴惴乎蹈深渊也,恕恕乎履虎尾也,德日益修,行日益检,以销神人之怒,犹可及也。其不幸而万民怨嗟,四海扼腕,而君人者无闻知,患生而弗之觉,祸至而弗之悟,卒偾其社而沉其宗。此文武周召之所以治,宣王之所以中兴,厉之奔,幽之死,平桓之所以失政也。至矣哉,诗之于王政如是之切也!于人之情如是之通也!于治乱如是之较且明也!故有国君人者,不可以不读诗!

唐宋近体诗选序

事有至大,物有至多者,万言之文,不足以尽其理。诗四句何以毕之?所谓至简而至精粹者也。故必平帖精当,切至清新,理不晦而语不滞,庶几其至矣。五言难于七言,四句难于八句。何者?言愈简而义愈精也。譬如观山,诸山掩映,中有奇峰一二,则诸山皆美矣。若一二奇峰,平地而立,便有峭拔秀润气,非楼石、剑门、少华,则不能。此绝句全篇,诗人所尤重也。今集唐宋诸贤绝句全篇之可为矜式者,与夫杰辞丽句之可以警动精神者,条例而次第之,为订愚发蒙之具。虽末学,亦穷理之一事也,学者其无忽!岁甲辰八月二十五日陵川郝经题。

文说送孟驾之

或者尝曰：彼作文不工，彼工于作文。愚窃听而惑之，盖文可顺而不可作也。天地有真实正大之理，变而顺，有通明纯粹不已之文，是其所以为之，非矫揉造凿而然也。唯其变，是以有文；唯其顺，是以不已，皆自然也。故阴阳得以文乎天，刚柔得以文乎地，仁义得以文乎人；羽毛鳞介苞叶根荄，得以文乎物；清浊高下，得以文乎声；升降舒缀，得以文乎节；丽缛华采，得以文乎色；礼乐射御书数，得以文乎艺；德刑殿最号律，得以文乎政；城聚都鄙庐井，得以文乎居；华虫藻火山龙黼黻，得以文乎服。易其无有，利其兴革，化而新之，至至终终，为神道之极致，亦得其本然之理而已，焉有作为之赘哉！

大庭氏而上，文有理而无名；大庭氏而下，文有名而无书。陶唐氏而下，文有书而无法。仲尼氏而下，文有法而无作。仲尼之门，游夏以文学称，未闻其执笔命题而作文也。物感于我，我应之以理而辞之耳，岂校其辞之工拙哉！是以六经之文，经天地，贯万世，与博厚高明并而不朽也。仲尼氏没，本散而末分，源远而流别，文晦于理而文于辞，作之者工于辞而悖于理。故庄列以之文虚无，仪秦以之文狙诈，申韩以之文惨黩，屈宋以之文怨怼，卒致吕政焚书之厄。西汉古学文学之分，其弊则极于江左，冗矫之谈，浮屠之法，玉树后庭之曲，而符秦元魏高齐而下，血漂禹迹，寄斯文于霆击之余，风烬之外，邈乎葬于九原也。

厥后有唐杜氏文乎诗，而风雅复萌。韩氏文乎儒，而六经方爝。又属以晚唐弊俗，五季繁运。而有宋氏兴，欧苏周邵程张之徒，始文乎理，而复乎本。犹不能比隆三五，去杀胜残，致颂声，兴礼乐者，百千祀之蔽，不可一日而扩也。幸其用力之勤，俾斯文不遂灭，而吾民不为狐虫非类尔。由是而言，天地万物之文未之或变，而人文如是之穷，作之者不工欤？工矣，然而如是者何？《易》曰："物相杂，故曰文；文不当，故吉凶生焉。"文何尝不当，作为者之过也。不作不为，万理皆备，推而顺之，文在其中矣。故文作于人而穷于人,人亦作于文而穷于文。呜呼！文穷人邪？人穷文邪？

姚莹等辑《乾坤正气集》本《郝文忠公集》

【思考题】

1. 论郝经的文学创作渊源及其文学史地位和影响。
2. 试论郝经的文学主张。

方　回

【作者简介】

方回(1227—1306),字万里,别号虚谷。徽州歙县(今安徽歙县)人。南宋理宗景定三年(1262)进士,历随州教授,累迁知严州。宋亡降元,改授建德路总管兼府尹。不久罢官,晚年寓居钱塘,以卖文为生。因媚附贾似道和开城降元,为世所诟病。著有《桐江集》六十五卷、《瀛奎律髓》四十九卷。

瀛奎律髓(选录)

瀛者何？十八学士登瀛洲也[1]。奎者何？五星聚奎也[2]。律者何？五七言之近体也。髓者何？非得皮得骨之谓也。斯登也,斯聚也,而后八代五季之文弊革也。文之精者为诗,诗之精者为律。所选,诗格也;所注,诗话也。学者求之,髓由是可得也。方回者谁？家于歙,尝守睦[3],其字万里也。至元癸未良月旦日[4],紫阳虚谷居士方回撰。

怀古类:怀古者,见古迹,思古人,其事无他,兴亡贤愚而已。可以为法而不之法,可以为戒而不之戒,则又以悲夫后之人也。齐彭殇之修短[5],忘尧桀之是非,则异端之说也。有仁心者必为世道计,故不能自默于斯焉。

风怀类:晏元献《类要》有左风怀、右风怀二类[6],男为左,女为右。今取此义以类。凡娟情冶思之事,止于妓妾者流,或托辞寓讽而有正焉,不皆邪也。其或邪也,亦以为戒而不践可也。

春日类:"春日迟迟,我心伤悲",见于豳诗[7];"目极千里伤春心"[8],见于《楚辞》,皆情之所感也。浴沂咏归[9],不失其性情之正,在于知道之君子。

夏日类:南风之薰,以解民愠,以阜民财,舜之咏也[10]。"人皆畏炎热,我爱夏日长",唐文宗之咏也[11]。所处之时同而所感之怀不同,故宋玉有雌雄风之对焉[12]。

秋日类:悲哉,秋之为气,宋玉之辞极矣[13]。后之作者悲秋为多,中秋、九日诗不尽入节序,及泛述秋兴、秋怀精于言秋者属此。

晨朝类:闻鸡而起,戴星而行,以勤学,以综务,有不同;惟闻者乃云高卧晚起,亦各有其志也。

暮夜类:道途晚归,斋阁夜坐,眺暝色,数长更,诗思之幽致尤见于斯。

晴雨类:雨而晴,晴而雨,《洪范》所谓时若恒若,而天地之丰凶异焉[14]。诗人有喜有感,斯可以观。

雪类:《文选》以二谢《雪赋》《月赋》入物色类[15]。雪于诸物色中最难赋,今选诗家巨擘一句及雪,而全篇见雪意雪景者,亦取之。虽不专用禁体,然用事浅近者皆不取。

节序类:或问节序诗以冬至为首,何也？古历法皆起于冬至,有一阳之复,然后有三阳之泰,以此为首。邵康节诗云"冬至子之半"最佳。而"玄酒味方淡,大音声正希"[16],两句一意,故不取。今此选专以论诗,故诗非极工者不预焉。

月类:着题诗中,梅雪月最难赋,故特以为类。中秋月尤难赋,"此夜一轮满,清光何处无",僧贯休句也[17];"此生此夜不长好,明月明年何处看",东坡句也[18];"万山不隔中秋月",山谷一句尤奇[19]。然则月诗五言律,无出于杜少陵,故所取杜诗为多。而五七言共得四十首云尔。

拗字类:拗字诗,在老杜集七言律诗中谓之吴体[20]。老杜七言律一百五十九首,而此体凡十九出,不止句中拗一字往往神出鬼没,虽拗字甚多而骨骼愈峻峭。……唐诗多此类,独老杜吴体之所谓拗,则才小者不能为之矣。五言律亦有拗者,止为语句要浑成，气势要顿挫，则换易一两字平仄无害也。但不如七言吴体全拗尔。

卷二评梅尧臣《次韵景彝赴省直宿马上》：曲尽京师承平市井繁盛之状，或有所睹而不能忘情之意，流丽圆活，自然有味。

卷三评梅尧臣《夏日陪提刑彭学士登周襄王故城》：五、六平淡之中有滋味，亦工致。三、四亦无不工。

评欧阳修《戏答元珍》：此夷陵作。欧公自谓得意。盖"春风疑不到天涯"一句，未见其妙。若可惊异第二句，云"二月山城未见花"，即先问后答，明言其所谓也。以后句句有味。

卷十评杜甫《春日江村》：或问老杜诗如此等篇，细观似亦平易。自山谷始学老杜，而后山继之。山谷学老杜而不为此，后山之言也，未知不为如何。后山诗步骤老杜，而深奥幽远，咀嚼讽咏，一看不可了，必再看，再看不可了，必至三看四看，犹未深晓何如者耶！曰：后山述山谷之言矣，譬之弈焉，弟子高师一著，始及其师。老杜诗所以妙者，全在阖辟顿挫耳。平易之中有艰苦，若但学其平易而不从艰苦求之，则轻率下笔，不过如元白之宽耳，学者当思之。

评杜甫《春远》：后四句全是感慨，前四句言春事，而起势浑雄，无一字纤巧斗合。大抵老杜集成都时诗胜似关辅时，夔州时诗胜似成都时，而湖南时诗又胜似夔州时，一节高一节，愈老愈剥落也。

评梅尧臣《春寒》：梅诗淡而实丽，虽用工而不力。

卷十一评张耒《夏日杂兴》：亦自然有味。

卷十三评陈与义《十月》：简斋诗独是格高，可及子美。

卷十四评梅尧臣《晓》：圣俞诗淡而有味，此亦信手拈来，自然圆熟。起句似孟郊。

评吕本中《西归舟中怀通泰诸君》：起句十四字乃早行诗。次一联言景物而工，又一联言情而不胜其高矣。诗格峥嵘，非晚学所可及也。

卷十五杜甫《夕暝晚夜》：五言律近二十首，选此八首洁净精致者。多是中两句言景物，两句言情。若四句皆言景物，则必有情思贯其间。痛愤哀怨之意多,舒徐和易之调少。以老杜之为人,纯乎忠襟义气,而所遇之时丧乱不已,宜其然也。

评梅尧臣《闲居》:若论宋人诗,除陈黄绝高,以格律独鸣外,须还梅老五言律第一,可也。虽唐人亦只如此,而唐人工者太工,圣俞平淡有味。

卷二十四评梅尧臣《送徐君章秘丞知梁山军》:宋人诗善学盛唐,而或过之,当以梅圣俞为第一。善学老杜而才格特高,则当属之山谷。后山、简斋且如午市巴姑,集唐人之精者,仅能之下。一句难对,却云"危滩楚客愁",其神妙如此。是三诗者,又皆有尾句,令人一唱三叹。

卷二十六评陈与义《清明》:三四变体,又颇新异。呜呼!古今诗人,当以老杜、山谷、后山、简斋四家为"一祖三宗",余可预配飨者有数焉。

清康熙吴宝芝刊本《瀛奎律髓》

【题解】

《瀛奎律髓》是一部大型的唐宋律诗评选本,集中全面地反映了方回的文学思想。全书四十九卷,大体按作品题材分为四十九类,包括诸如登览类、朝省类、怀古类、风土类、升平类、宦情类、风怀类、老寿类、春日类、夏日类、秋日类、冬日类、晨朝类、暮夜类、节序类、晴雨类、茶类、酒类、梅花类、雪类、月类、闲适类、送别类、拗字类、变体类、着题类、陵庙类、旅况类、边塞类、宫闱类、忠愤类、山岩类、川泉类、庭宇类、论诗类、技艺类、远外类、消遣类、寄赠类、迁谪类、疾病类、释梵类、仙逸类、伤悼类等。每类下有小序,下选唐宋诗人律诗,有注释和评点。其特点正如《瀛奎律髓序》所云:"瀛者何?十八学士登瀛洲也。奎者何?五星聚奎也。律者何?五七言之近体也。髓者何?非得皮得骨之谓也。斯登也,斯聚也,而后八代五季之文弊革也。文之精者为诗,诗之精者为律。所选,诗格也;所注,诗话也。学者求之,髓由是可得也。"可见是一部集选诗、评诗、诗话为一体的理论巨著,在中国文学批评史上占有重要地位。

【注释】

1. 十八学士登瀛洲:唐太宗在做秦王时广纳英才,建文学馆,以杜如晦、房玄龄、于志宁、苏世长、姚思廉、薛收、褚亮、陆德明、孔颖达、李玄道、李守素、虞世南、蔡允恭、颜相时、许敬宗、薛元敬、盖文达、苏勖十八人为学士。当时被唐太宗选入文学馆者被称为"登瀛洲"。

2. 五星聚奎：奎星，俗称魁星，是中国古代天文学中二十八宿之一。汉《孝经援神契》中有"奎主文章"之说，因此后世认为"奎星"为天上文官之首，能主宰文运与文章兴衰。

3. 尝守睦：睦即睦州，北宋宣和三年(1121)改睦州为严州，南宋咸淳元年(1265)升严州为建德府。方回曾任严州(今浙江建德)知府。

4. 至元癸未良月旦日：元世祖忽必烈至元二十年(1283)十月初一。良月指吉祥的月份，即十月。《左传·庄公十六年》："公父定叔出奔卫，三年而复之……使以十月入，曰：'良月也，就盈数焉。'"古人以盈数为吉，数至十则小盈，故以十月为良月。旦日在这里特指农历初一日。

5. 齐彭殇之修短：彭，彭祖，古代传说中的长寿之人。殇，夭折，未成年而死。齐，等量齐观。王羲之《兰亭序》："固知一死生为虚诞，齐彭殇为妄作。"

6. 晏元献《类要》：晏殊(991—1055)，字同叔，北宋抚州府临川人。历官秘书省正字、尚书户部员外郎、翰林学士、参知政事、集贤殿学士、同平章事兼枢密使、礼部刑部兵部尚书等，封临淄公，谥号元献，世称晏元献。编有类书《类要》，今存残本。

7. 春日迟迟，我心伤悲：《诗经·豳风·七月》："春日迟迟，采蘩祁祁。女心伤悲，殆及公子同归。"

8. 目极千里伤春心：《楚辞·招魂》："湛湛江水兮上有枫，目极千里兮伤春心。"

9. 浴沂咏归：《论语·先进》："莫春者，春服既成，冠者五六人，童子六七人，浴乎沂，风乎舞雩，咏而归。"

10. 南风之薰：舜南游歌曰："南风之薰兮，可以解吾民之愠兮；南风之时兮，可以阜吾民之财兮。"

11. 人皆畏炎热，我爱夏日长：唐文宗李昂(809—840)，是唐朝第十四位皇帝。他和柳公权留下过"人皆苦炎热，我爱夏日长。熏风自南来，殿阁生微凉"的夏日联句。

12. 宋玉有雌雄风之对焉：宋玉《风赋》有"此所谓大王之雄风也"和"此所谓庶人之雌风也"之言。

13. 悲哉，秋之为气：宋玉《九辨》："悲哉！秋之为气也。萧瑟兮，草木摇落而变衰。"

14. 《洪范》所谓时若恒若：《尚书·洪范》："庶征：曰雨，曰旸，曰燠，曰寒，曰风。曰时五者来备，各以其叙，庶草蕃庑。一极备，凶；一极无，凶。曰休征：曰肃，时雨若；曰乂，时旸若；曰晢，时燠若；曰谋，时寒若；曰圣，时风若。曰咎征：曰狂，恒雨若；曰僭，恒旸若；曰豫，恒燠若；曰急，恒寒若；曰蒙，恒风若。"

15. 《文选》以二谢《雪赋》《月赋》入物色类：萧统《文选》选谢惠连《雪赋》和谢庄《月赋》。

16. 邵康节诗云：邵雍解《易》诗："冬至子之半，天心无改移。一阳初起处，万物未生时。玄酒味方淡,大音声正希。此言如不信,更请问庖牺。"

17. 此夜一轮满三句:唐诗僧(佚名):"徐徐东海出,渐渐上天衢。此夜一轮满,清光何处无。"方回认为僧贯休所做。

18. 此生此夜不长好二句:苏轼《中秋月》:"暮云收尽溢清寒,银汉无声转玉盘。此生此夜不长好,明月明年何处看。"

19. 万山不隔中秋月:黄庭坚《和黄龙清老三首》:"万山不隔中秋月,一雁能传寄远书。"

20. 吴体:杜甫《愁》诗题下自注:"强戏为吴体。"仇兆鳌注:"皮陆集中亦有吴体诗,乃当时俚俗为此体耳。诗流不屑效之。杜公篇什既众,时出变调;凡集中拗律,皆属此体。"

【讲疏】

《瀛奎律髓》集选诗、评点和诗话为一体,全面反映了方回的文学思想,我们结合他文分析总结如下:

首先,他力挺江西诗派,批判"四灵"和"江湖诗派",在南宋以来举世非之的宋元之际,提出"一祖三宗"之说,别立一帜。如云:"古今诗人当以老杜、山谷、后山、简斋为一祖三宗,余可豫配飨者有数焉。"(卷二十六注)"予平生持所见,以老杜为祖,……宋以后山谷一也,后山二也,简斋为三,……此诗之正派也。"(卷十六注)自此,"一祖三宗"成为文学史和批评史上谈论不尽的学术话题。

其次,在文艺的本质、文学创作和社会作用上,提出了诗言志、感物兴怀和兴观群怨说。如《朝省类》:"进思尽忠,退思补过,可以荣而无所愧。则声诗亦所以言志也。"《晨朝类》:"闻鸡而起,戴星而行……亦各有其志也。"《晴雨类》:"诗人有喜有感,斯可以观。"《暮夜类》:"道途晚归,斋阁夜坐,眺瞑色,数长更,诗思之幽致见于斯。"《冬日类》:"寒跧冱役,兴杂感殊,特著于此。"《春日类》:"春日迟迟,我心伤悲……皆情之所感也。"

第三,方回虽极力回护江西诗派,但对江西诗派末流于宋元之际仍埋头于书本学问,"以时文相尚""以奇险相高"之卑陋士习亦有所警醒,能够关注民生疾苦和国家兴亡治乱,这与他身历宋元之际那个动荡年代有关。如《忠愤类》小序云:"世不常治,于是有麦秀黍离之咏焉。"在具体评述反映唐宋动乱的诗篇时,常常表现出深深的伤痛之情和兴亡之感。再如《怀古类》:"怀古者,见古迹,思古人,其事无他,兴亡贤愚而已。可以为法而不之法,可以为戒而不之戒,则又以悲夫后之人也。"故而他批判杜甫、王维等《大明宫早朝诗》,认为虽然"俱伟丽可喜","然京师喋血之后,疮痍未复,四人虽夸美朝仪,不已泰乎?"

第四，针对"四灵"和"江湖诗派"的卑弱诗风，标举"格高"之说。如卷二十四评梅圣俞《送徐君章秘丞知梁山军》一诗云："善学老杜而才格特高，则当属之山谷、后山、简斋。"卷十三评陈与义《十月》诗云："简斋诗独具高格，可及子美。"再如卷十四许浑、卷十五陈子昂、卷二十张泽民、卷二十一曾几诗的评注中，一再以格高、格卑来评诗，也就是主张以江西诗派之格高来纠正四灵、江湖诗人之格卑。

第五，关于情景关系，他认为情景不分，景在情中，情在景中，不可简单地划分为一句景，一句情。如卷一评杜甫《登楼》一诗为"景中寓情"。卷十五评杜甫《旅夜书怀》称"中两句言景物，两句言情"，"若四句皆言景物，则必有情思贯其间"。卷二十三评杜甫《江亭》一诗称"水流心不竞，云在意俱迟"等诗句"景在情中，情在景中"，这对王夫之情景关系论当有很大影响。

第六，平淡自然美。在诗歌创作和文学风格上，方回主张"剥落浮华"而归于平淡自然的美学风貌。如卷十注云："大抵老杜集，成都时诗胜似夔辅时，夔州时诗胜似成都时，而湖南时诗又胜似夔州时。一节高一节，愈老愈剥落也。"这与他《程山吟稿序》中称赞杜甫晚年诗"莫不顿挫悲壮，剥浮落华"之意相同。这继承了梅尧臣、欧阳修、苏轼以来宋人崇尚平淡之美的传统，更直接受黄庭坚称杜甫夔州以后诗"平淡而山高水深"（《与王观复书》）的影响。

【关键词解读】

格高

关于方回所提"格高"说，张少康先生进行了全面的阐释，他认为，所谓"格高"，研究文学批评史者有各种不同说法：方孝岳谓"是注意于意在笔先，先在性情学问上讲求的"（《中国文学批评》）。郭绍虞谓"虚谷之所谓格高，即后山之所谓换骨"（《中国文学批评史》下册），复旦大学《中国文学批评史》谓"既指诗歌苍劲自然的风格，又指诗歌中所反映的高尚真率的人格"，这些解释都有一定道理，但似又不够完善，总觉与虚谷所说并不完全一致。方回《瀛奎律髓序》中说"所选，诗格也"，则其所谓格者，即诗格也。此诗格实际指诗歌之"立意"，立意直接影响到诗歌的情调、风味。诗歌的立意，即是指审美意象的构想，包含着思想内容、精神品格和艺术风貌、意境特色诸方面。（《中国文学理论批评发展史》下册）

【相关知识链接】

宋元之际的文学批评史,方回以其深具完整理论体系的大型唐宋律诗评选本《瀛奎律髓》著称于世,以诗歌之学向其求教者不胜其众。其文学思想继承江西诗派,这在南宋张戒、严羽及金元文人普遍反对江西诗派的文艺大潮之下,别立一帜,显得尤为引人瞩目。他不但提出"一祖三宗"之说,是江西诗派既衰之后的中兴功臣,而且也清醒地认识到江西诗派的弱点和弊端并有所纠正和补偏。最为重要的是,南宋张戒、严羽以来尖锐批驳以黄庭坚为代表的江西诗派,却也一笔抹杀了宋诗在唐诗高峰之后独辟蹊径,并形成一代独特诗风的功绩。而方回则全面肯定了宋诗新变之创造,肯定了宋诗之不同于唐人之处,这为唐宋诗之争作出了一个全面总结和回答,称得上是辨证通达的文学观。同时他对四灵和"江湖诗派"之颓靡诗风都有尖锐批评,如认为"姚合之诗专在小结裹,故四灵学之","有过花、竹、僧、鹤、琴、药、茶、酒,于此几物,一步不可离,而气象小矣"(《瀛奎律髓》卷十)。批评江湖诗人戴复古"止于诉穷乞怜而已","求尺书,干钱物,谒客声气,江湖间人皆学此等衰意思。所以令人厌之"(同上卷十四注)。可谓鞭辟犀利,一针见血。

要之,其功正如方孝岳所云:"(方回)为江西派的护法,而且也是江西派的救弊者。"(《中国文学批评》)顾易生等也总结道:"其《瀛奎律髓》一书于江西派既衰之后,复张一祖三宗之说,为江西派护法,有功于江西派自不待言。然方回诗学的意义不仅在此,更有超乎江西派者。其中最主要的即是其评诗时所特有的宋诗眼光。"(顾易生等《宋金元文学批评史》下册)

【延伸阅读】

所选《送罗寿可诗序》清晰梳理了以欧阳修、梅尧臣、王安石及苏轼、黄庭坚为代表的宋诗风貌是以反对宋初晚唐体、白体和昆体而形成的,并对江西诗派大力肯定,而于其盛衰流变也颇具宏通的文学史眼光,同时对南宋四灵、江湖诗派的形成和流弊都有全面描述,可以说是一部完整的宋代诗歌文学史和诗学批评史,其中的很多观点可以与我们的选文相对照,并起到很好的补充作用。

送罗寿可诗序

诗学晚唐,不自四灵始。宋划五代旧习,诗有白体、昆体、晚唐体。白体如李文正、徐常侍昆仲、王元之、王汉谋；昆体则有杨、刘《西昆集》传世，二宋、张乖崖、钱僖公、丁崖州皆是；晚唐体则九僧最逼真，寇莱公、鲁三交、林和靖、魏仲先父子、潘逍遥、赵清献之父，凡数十家，深涵茂育，气极势盛。欧阳公出焉，一变而为李太白、韩昌黎之诗，苏子美二难相为颉颃，梅圣俞则唐体之出类者也。晚唐于是退舍。苏长公踵欧阳公而起，王半山备众体，精绝句古五言或三谢，独黄双井专尚少陵，秦晁莫窥其藩。张文潜自然有唐风，别成一宗。

惟吕居仁克肖陈后山，弃所学学双井，黄致广大，陈极精微，天下诗人北面矣。立为江西派之说者，铨取或不尽然，胡致堂诋之。乃后陈简斋、曾文靖为渡江之巨擘，乾淳以来，尤范杨陆萧其尤也。道学宗师，于书无所不通，于文无所不能；诗其余事，而高古清劲，尽扫余子，又有一朱文公。嘉定而降，稍厌江西，永嘉四灵复为九僧，旧晚唐体非始于此四人也。后生晚进不知颠末，靡然宗之，涉其波而不究其源，日浅日下。然尚有余杭二赵，上饶二泉，典刑未泯。今学诗者不于三千年间上沂下沿，穷探邃索，而徒追逐近世六七十年间之所偏，非区区所敢知也。

清江罗君志仁寿可，介吾师友自堂陈公书，枣诗百篇见教，自谓改学四灵、后村，且善学古人者，仿佛其意度，隽远其滋味，不当尽用其语言事料，若脁若组，若冗若涩，若浅若俗，若粗若晦，若怒若怨，皆诗家之弊。细读深味，诗律未脱江西，有昆体意，崖岸骨髓似与赵紫芝诸人及刘潜夫不同。故予详道诗之所以然，为诗以送之。谓为不然者，寿可还旆，过东湖之上，复以参之自堂可也。

商务印书馆影印苑委别藏钞本《桐江集》

【思考题】

1. 试从《瀛奎律髓》看方回的宋诗观。
2. 论方回诗论的"一祖三宗"说。

张　炎

【作者简介】

张炎(1248—约1317),字叔夏,号玉田,晚号乐笑翁。祖籍西秦(陕西凤翔)人,生于杭州。为南宋初年名将张俊六世孙。宋亡后,至元十七年(1280)北上至元大都参加缮写《金字藏经》,留寓燕蓟十一年,于至元二十八年(1291)南归江浙,过着遗民生活。晚年穷困潦倒,曾卖卜为生。宋亡后,纵游浙东西,落拓而卒。工长短句,邓牧心《伯牙琴》称其以《春水》词得名,人称"张春水"。孔行素《至正直记》称其以《孤雁》词得名,人称"张孤雁"。为宋末元初著名遗民词人、词学理论家。著有词集《山中白云词》,又名《玉田词》,存词八卷,计三百首。著有《词源》二卷,为晚年之作。

词源(选录)

　　古之乐章、乐府、乐歌、乐曲[1],皆出于雅正。粤自隋、唐以来,声诗间为长短句[2]。至唐人则有尊前、花间集[3]。迄于崇宁[4],立大晟府[5],命周美成诸人讨论古音[6],审定古调,沦落之后,少得存者。由此八十四调之声稍传[7]。而美成诸人又复增演慢曲、引、近[8],或移宫换羽,为三犯、四犯之曲[9],按月律为之,其曲遂繁[10]。美成负一代词名,所作之词,浑厚和雅,善于融化词句[11],而于音谱,且间有未谐,可见其难矣。作词者多效其体制,失之软媚,而无所取。此惟美成为然,不能学也。所可仿效之词,岂一美成而已。旧有刊本六十家词[12],可歌可诵者,指不多屈。中间如秦少游、高竹屋、姜白石、史邦卿、吴梦窗[13],此数家格调不侔[14],句法挺异,俱能特立清新之意,删削靡曼之词,自成一家,各名于世。作词者能取诸人之所长,去诸人之所短[15],精加玩味,象而为之[16],岂不能与美成辈争雄长哉。余疏陋谫才[17],昔在先人侍侧[18],闻杨守斋、毛敏仲、徐南溪诸公商榷音律[19],尝知绪余,故生平好为词章,用功逾四十年,未见其进。今老矣,嗟古音之寥寥,虑雅词之落落,僭述管见,类列于后,与同志者商略之。

清　　空

词要清空,不要质实[20]。清空则古雅峭拔,质实则凝涩晦昧。姜白石词如野云孤飞,去留无迹。吴梦窗词如七宝楼台,眩人眼目,碎拆下来,不成片段。此清空质实之说。梦窗《声声慢》云:"檀栾金碧,婀娜蓬莱,游云不蘸芳洲。"[21]前八字恐亦太涩。如《唐多令》云:"何处合成愁。离人心上秋。纵芭蕉不雨也飕飕。都道晚凉天气好,有明月、怕登楼。前事梦中休。花空烟水流。燕辞归、客尚淹留。垂柳不萦裙带住,谩长是,系行舟。"[22]此词疏快,却不质实。如是者集中尚有,惜不多耳。白石词如《疏影》《暗香》《扬州慢》《一萼红》《琵琶仙》《探春》《八归》《淡黄柳》等曲,不惟清空,又且骚雅[23],读之使人神观飞越。

杂　　论

词之作必须合律[24],然律非易学,得之指授方可。若词人方始作词,必欲合律,恐无是理,所谓千里之程,起于足下,当渐而进可也。正如方得离俗为僧,便要坐禅守律[25],未曾见道,而病已至,岂能进于道哉。音律所当参究,词章先宜精思,俟语句妥溜,然后正之音谱,二者得兼,则可造极玄之域[26]。今词人才说音律,便以为难,正合前说,所以望望然而去之[27]。苟以此论制曲,音亦易谐,将于然而来矣[28]。

……

辛稼轩、刘改之作豪气词[29],非雅词也。于文章余暇,戏弄笔墨,为长短句之诗耳。元遗山极称稼轩词[30],及观遗山词,深于用事,精于炼句,有风流蕴藉处,不减周、秦。如《双莲》《雁邱》等作[31],妙在模寄情态,立意高远,初无稼轩豪迈之气。岂遗山欲表而出之,故云尔。

《榆园丛书》本《词源》

【题解】

《词源》成于张炎晚年,集中探讨了词学理论及作词方法,为宋代最系统的词学理论著作。共两卷。上卷是音乐音律论,下卷为理论创作论,计有《音谱》《拍眼》《制曲》《句法》《字面》《虚字》《清空》《意趣》《用事》《咏物》《节序》《赋情》《离情》《全曲》《杂论》等,末附《杨守斋作词五要》。其中《清空》《意趣》《赋情》《杂论》等章最能代表他的词学观点。江藩跋:"玉田生词与白石齐名,词之有姜张,如诗之有李杜也。姜张二君,皆能按谱制曲,是以词源论五音均拍,最为详赡。上卷详论五音十二律,律吕相生,以及宫调管色诸事,厘析精允。间系以图,与姜白石歌词九歌琴曲所记用字纪声之法,大略相同。下卷历论音谱、拍眼、制曲、句法、字面、虚字、清空、意趣、用事、咏物、节序、赋情、离情、令曲、杂论、五要十六篇,并足以见宋代乐府之制。"许增榆园丛书云:"叔夏所著《词源》二卷,穷声律之窅妙,启来学之准范,为填词家不可少之书。"

【注释】

1. 乐章、乐府、乐歌、乐曲:四者大同小异,在这里都指可配乐歌唱的诗。此外,词也往往称作乐府、乐章等。

2. 声诗间为长短句:初盛唐时以五七言诗入乐歌唱很普遍,如唐薛用弱的《集异记》所载开元中诗人王昌龄、高适、王之涣旗亭赌唱最为著名和代表,鲜明地体现了唐代配乐歌唱的乐府、声诗并著的局面。但五七言诗字句整齐,不能更好地与多变的乐谱相谐合,故常采用长短句以适应乐曲变化,也即声诗间为长短句,并逐渐导致了词体的正式确立。

3. 尊前、花间集:《尊前集》,编者未详,大概为五代或宋初人所编辑,北宋时已有此集。如宋人王灼《碧鸡漫志》及胡仔《苕溪渔隐丛话》等已记载称述该集。今所传最早为明吴讷《唐宋名贤百家词》本。该词集收录词家三十六人,选录李白、温庭筠、李煜等唐五代人词,凡二百六十首。所录范围较《花间集》要为广泛。《花间集》,后蜀人赵崇祚所编词集。集中收录晚唐至五代十八位词人,包括温庭筠、皇甫松、和凝、韦庄、薛昭蕴、牛峤、张泌、毛文锡、顾敻、牛希济、欧阳炯、孙光宪、魏承班、鹿虔扆、阎选、尹鹗、毛熙震、李珣。词共五百首,有欧阳炯所作《花间集序》。

4. 崇宁:宋徽宗(1102—1106)年号。

5. 大晟府:大晟府是北宋末年掌管音乐的官署,于崇宁四年(1105)置。所设长官为大司乐、典乐,其下所属有大乐令、协律郎、按协声律、制撰文字、运谱等。宣和二年(1120)废。其职能是整理古乐,创制新调。如姜夔《徵招》词序云:"政和间大晟府尝制数十曲,音节驳矣。"《宋史·乐志四》:"宜令大晟府议颁新乐,使雅正之声被于四海。"

6. 周美成诸人:周邦彦(1057—1121),字美成,钱塘人。于徽宗政和六年(1116)提举大晟府,招集词人、乐师整理古乐,创制新调,名为"大晟乐"。大晟词人按调填词,互相唱和,形成了以周帮彦为首的"大晟词派",其他成员有万俟咏、晁端礼、田为、晁冲之等。

7. 八十四调:中国古代乐律分十二律吕,十二律吕各有七音,凡八十四调。最早提出八十四调的是梁武帝萧衍,《隋书·音乐志》记载,他自造四通十二笛,又引入五正、二变之音,十二笛可得八十四调。隋万宝常,运用"改弦移柱"的方法"旋相为宫",得七调,十二宫,合八十四调。《御制律吕正义后编》载,五代时期律学家王朴称"均有七调,声有十二均,合八十四调"。

8. 慢曲引近:词调主要分慢、引、近、令四类。"慢曲"即慢曲子,与急曲子相对而言,又称为长调。唐代已有很多慢词。敦煌曲子词中有长至百字以上的词调,如《内家娇》一百四字,《倾杯乐》一百十字等。柳永是文人中第一个大量写作慢词的词人,其《乐章集》中自制新腔大半是慢词。如《木兰花慢》《上林春慢》之类。"引"与歌、谣、操、曲等一样,是乐府诗体的一种。唐宋大曲名目中有"引歌"一类。词中的引词大都来自大曲,是裁截大曲中前段部分而成,如《清波引》《婆罗门引》《望云涯引》《柘枝引》等。再如《石州引》《千秋岁引》《江城梅花引》之类。"近"又称为近拍,如《隔浦莲近拍》《快活年近拍》《郎儿近拍》以及《好事近》《祝英台近》《诉衷情近》之类。近词和引词一般都长于小令而短于慢词,所以又称它们为中调。

9. 或移宫换羽句:宫、羽为古代乐曲中的两种曲调名。周邦彦《意难忘·美人》:"知音见说无双,解移宫换羽,未怕周郎。"原指乐曲换调。这里指制作犯调之曲,即集取同一宫调中两个以上不同词调的乐句而成一新调。三犯四犯之曲,如《三犯渡江云》《玲珑四犯》之类。

10. 按月律为之:古乐分十二律以应十二月。王灼《碧鸡漫志》卷二记载,宋徽宗曾令大晟府,"依月用律,月进一曲"。杨缵《作词五要》云:"律不应月则不美,如十、十一月调须用正宫,元宵词必用仙吕宫(疑作南吕)为宜也。"

11. 善于融化诗句:宋陈振孙《直斋书录解题》卷二十云:"清真词多用唐人诗语,隐括入律,浑然天成。"沈义父《乐府指迷》亦云:"凡作词当以清真为主。盖清真最为知音,且无一点市井气,下字运意,皆有法度,往往自唐、宋诸贤诗句中来。"

12. 旧有刊本六十家词:此书久佚,内容不详。

13. 高竹屋、姜白石、史邦卿、吴梦窗：高观国(生卒年不详)，字宾王，号竹屋。山阴(今浙江绍兴)人。生活于南宋中期。与史达祖齐名，时称"高、史"。有词集《竹屋痴语》。姜夔(1154—1221)，字尧章，号白石道人，饶州鄱阳(今江西省鄱阳县)人。精通音律，能自度曲，其词格律谨严。著有词集《白石道人歌曲》。史达祖(1163—1220)，字邦卿，号梅溪，汴(今河南开封)人。曾为宰相韩侂胄堂客。有《梅溪词》一卷。吴文英(约 1200—1260)，字君特，号梦窗，晚年又号觉翁，四明(今浙江宁波)人。与贾似道友善。一生未第，游幕终身。有《梦窗词集》一部，存词三百四十余首。又名《梦窗稿》《梦窗甲乙丙丁稿》，现有四卷本与一卷本两种。

14. 不侔：不等，不同。《后汉书·荀彧传》："海内未喻其状，所受不侔其功。"

15. 能取诸人之所长二句：元陆辅之《词旨》云："周清真之典丽，姜白石之骚雅，史梅溪之句法，吴梦窗之字面，取四家之所长，去四家之所短，此翁(张炎，号乐笑翁)之要诀。"

16. 象而为之：依样而作。

17. 谫才：才能浅薄。谫，浅薄。《史记·李斯列传》："能薄而材谫。"又称谫能、谫识、谫陋等。

18. 先人：即张枢，字斗南，号寄闲。周密《浩然斋雅谈》卷下："云窗张枢字斗南，又号寄闲，忠烈循王五世孙也。笔墨萧爽，人物蕴藉，善音律，尝度《依声集》百阕，音韵谐美，真承平佳公子也。"张炎《词源》卷下："先人晓畅音律，有《寄闲集》，旁缀音谱，刊行于世。每作一词，必使歌者按之，稍有不协，随即改正。"著有《依声集》《寄闲集》，久佚。有词见周密《绝妙好词》《浩然斋雅谈》，《全宋词》辑其词九首。

19. 杨守斋、毛敏仲、徐南溪：杨瓒(生卒年不详)，字继翁，号守斋，又号紫霞翁，严陵人。约宋理宗淳祐初前后在世。善弹琴，能自度曲。周密《武林旧事》尝道其《一枝春守岁》词最为近世所称。《词源》附录他的《作词五要》，主张作词要择腔、择律、填词按谱、推律押韵与立新意。有词见《绝妙好词》。毛敏仲，名逊，生卒年不详，主要生活在南宋末期到元初时期。自幼好琴，少时投杨瓒门下研习琴谱，曾参与杨瓒《紫霞洞谱》的编撰。徐南溪，徐理，福建南溪人。和杨瓒同时。他从小学琴，精于音声算数，著有《钟律》《琴统》及《奥音玉谱》等，分别见于元代的《琴律发微》和明代的《西麓堂琴统》。

20. 词要清空二句：张炎以姜夔和吴文英词作具体对比，说明"清空"与"质实"为相对立的两种词学风貌。吴庠《清空质实说》："窃谓玉田所下界说，盖仅指词之气体言。若谈文理，又当别论。清之对待字为浊，非质也。在天有清气浊气，在地有清水浊水，在人得清则灵，近浊则秽。文辞亦然，无论长篇短制，古义今情，凡字里行间，有清气往来者，方为佳作。词虽小道，其理则同。质之对待字为文，非清也。质者，本质也，即词家之命意也。惟质故实，所谓意余于辞也。文者，文饰也，即词家之遣辞也。惟文故空，所谓辞余于意也。予故以为梦窗词，正是文而空，不是质而实；白石词正是质而实，不是文而空。不过梦窗文中有质，白石质外有文，而其传诵之作，又皆有清气往来，此其所以为名家也。"

21. 檀栾金碧婀娜蓬莱：这八字的确晦涩难懂。檀栾形容竹，金碧形容楼台，婀娜形容柳，全是形容词的堆砌，正是丽密质实，不够疏快自然。

22. 何处合成愁二句：用拆字法作词，心、秋两字合成愁，虽类文字游戏，但自然畅达，有清空之境。

23. 又且骚雅：张炎论词推崇姜夔，认为周邦彦词"意趣不高远"，应以"白石骚雅句法"来纠之。骚雅，指作词须符合《诗经》大小雅和《离骚》的语言韵味。陆辅之《词旨》记载，张炎作词取周、姜、史、吴四家之所长，于白石独取其骚雅。

24. 合律：合于音律、乐谱。

25. 坐禅：坐禅就是静坐修禅，闭目端坐，凝志静修，是佛教修持的主要方法之一。《增一阿含经》卷十二说："坐禅思惟，莫有懈怠。"守律就是遵守佛门的戒律。

26. 极玄之域：谓最精妙、最玄妙的境界。唐人姚合选唐诗名为《极玄集》，其《自序》云："此皆诗家射雕手也，合于众集中更选其极玄者，庶免后来之非。"

27. 望望然：失望貌，扫兴貌。《孟子·公孙丑上》："推恶恶之心，思与乡人立，其冠不正，望望然去之，若将浼焉。"朱熹集注："望望，去而不顾之貌。"唐彦谦《感物》："岂无鱼鳖交，望望为所憎。"

28. 于于然而来矣：于于然，舒缓自得之貌。韩愈《上宰相书》："于于焉而来矣。"袁中道《龚春所公传》："家酷贫，舌耕犹不给，环堵萧然。公于于然，略无几微侘傺。性舒缓，善诙谐，虽至绝粮断炊，犹晏然笑语。"

29. 辛稼轩：辛弃疾（1140—1207），字幼安，号稼轩，历城人。著有《稼轩词》。刘过（1154—1206），字改之，号龙洲道人，吉州太和（今江西泰和县）人，长于庐陵（今江西吉安）。其词风格豪放，近于辛弃疾，与刘克庄、刘辰翁有"辛派三刘"之誉。著有《龙洲集》《龙洲词》。

30. 元遗山极称稼轩词：元好问（1190—1257），字裕之，号遗山，太原秀容人。金兴定五年（1221）进士，曾为尚书省左司员外郎等官，金亡不仕。著有《遗山集》四十卷，编金人诗为《中州集》十卷。《金史》卷一百二十六有传。元好问《遗山自题乐府引》云："乐府以来，东坡为第一，以后便到辛稼轩。"

31. 双莲雁邱：元好问词《摸鱼儿·双莲》："问莲根、有丝多少，莲心知为谁苦？双花脉脉娇相向，只是旧家儿女。天已许。甚不教、白头生死鸳鸯浦？夕阳无语。算谢客烟中，湘妃江上，未是断肠处。香奁梦，好在灵芝瑞露。人间俯仰今古。海枯石烂情缘在，幽恨不埋黄土。相思树，流年度，无端又被西风误。兰舟少住。怕载酒重来，红衣半落，狼藉卧风雨。"《摸鱼儿·雁丘》："问世间，情为何物？直教生死相许。天南地北双飞客，老翅几回寒暑。欢乐趣，离别苦，就中更有痴儿女。君应有语。渺万里层云，千山暮雪，只影为谁去。横汾路，寂寞当年箫鼓，荒烟依旧平楚。招魂楚些何嗟及，山鬼暗啼风雨。天也妒，未信与、莺儿燕子俱黄土。千秋万古。为留待骚人，狂歌痛饮，来访雁丘处。"

【讲疏】

张炎《词源》在主张词风"雅正"的观点下，提出了清空、意趣、骚雅、协音等范畴。具体来说,有如下主要观点。首先,崇尚雅正之词。认为"古之乐章、乐府、乐歌、乐曲,皆出于雅正"。从音律上来说,雅正之词须古音古调,即"嗟古音之寥寥,虑雅词之落落",雅与俗对举,词中可融化诗句,但不可用俗语。如美成负一代词名,所作之词,浑厚和雅,是因为善于融化诗句。他认为柳永词"浅近卑俗"。

其次,词要清空,不要质实。清空与古雅、骚雅不可分,即"清空则古雅峭拔,质实则凝涩晦昧。姜白石词,如野云孤飞,去留无迹。吴梦窗词,如七宝楼台,眩人眼目,碎拆下来,不成片段。此清空质实之说"。从遣词造句和用语用事来说,就是要善于融化前人诗句且"自然而然",要求咏物"不留滞于物",用事则"不为事所使",这样才能词风疏快而不致凝涩质实。从取境造境上来说,他提倡描写空灵的虚境而非凝涩的实境。

第三,意趣高远,风流蕴藉。意趣又与清空不可分。《意趣》中他从"词以意为主,不要蹈袭前人语意"出发,认为苏轼、王安石、姜夔等词"此数词皆清空中有意趣,无笔力者未易到"。他所谓意趣即词中意境,即"气骨不衰,清丽中不断意脉""情景交炼,得言外意""有有余不尽之意始佳"云云,所以他欣赏元好问词"深于用事,精于炼句,有风流蕴藉处不减周秦"。认为"辛稼轩、刘改之作豪气词,非雅词也。于文章余暇,戏弄笔墨,为长短句之诗耳"。也就是"豪气词"有过于直露之弊,而缺少"立意高远""风流蕴藉"的含蓄不尽之意境。

第四,词之作必须合律。认为"音律所当参究,词章先宜精思。俟语句妥溜,然后正之音谱,二者得兼则可造极玄之域"。

第五,情景交融,得言外意。他重视词的抒情作用,但要性情醇厚,志趣高雅,而非郑卫之音,应当乐而不淫,哀而不伤。《赋情》云:"簸弄风月,陶写情性,词婉于诗;盖声出莺吭燕和之间,稍近于情可也。"描写情感要与景物结合起来,才有意境之美,即"皆景中带情而有骚雅","情至于离,则哀怨必至。苟能调感怆于融会中,斯为得矣"。"离情当如此作,全在情景交炼,得言外意。"

【关键词解读】

词以协音为先

张炎关于雅词的一个重要标准就是要严守音律,故而他反复强调"雅词协音,虽一字也不放过""词之作必须合律""词以协音为先"等。其音律之学得之于父亲张枢和前辈杨缵等,并受姜夔的影响。其缺陷在于,持律过严便会成为作词桎梏,影响他所主张的词要清空、意趣、情景交融等美学特征,因此也常为后人所诟病。

【相关知识链接】

张炎论词推重周、姜、史、吴四家。陆辅之《词旨》称"周清真之典丽,姜白石之骚雅,史梅溪之句法,吴梦窗之字面,取四家之所长,去四家之所短,此翁之要诀"。姜夔尤为其所重,后人并称"姜、张",其影响远及清代。清代词学繁荣,流派纷呈,其中以朱彝尊为代表的"浙西词派"便以姜张为宗,崇尚清真雅正。其词集选本《词综》所选词以"雅正"为指归,即"言情之作,易流于秽,此宋人选词,多以雅为归"(《词综发凡》)。再如《群雅集序》云:"盖昔贤论词,表出于雅正。"由于朱氏等浙派词人的弘扬,姜张在清初词坛影响益广。

【延伸阅读】

张炎《词源》是宋元词学最系统的理论著作,因为篇幅所限,我们只节选了一小部分进行讲解,难以窥其全貌。故而我们将其下卷余者全数录出,以见其整体的词学思想。此外,杨缵《作词五要》多在《词源》后附录,我们一并选录,从中亦可见其源流影响关系。

词源卷下(选录)

音谱

词以协音为先,音者何,谱是也。古人按律制谱,以词定声,此正声依永律和声之遗意。有法曲,有五十四大曲,有慢曲。若曰法曲,则以倍四头管品之,即筚篥也。其声清越。大曲则以倍六头管品之,其声流美。……

拍眼

法曲大曲慢曲之次,引近辅之,皆定拍眼。盖一曲有一曲之谱,一均有一均之拍,若停声待拍,方合乐曲之节。所以众部乐中用拍板,名曰齐乐,又曰乐句,即此论也。《南唐书》云:"王感化善歌讴,声振林木,系之乐部为歌板色。"后之乐棚前用歌板色二人,声与乐声相应,拍与乐拍相合。……

制曲

作慢词,看是甚题目,先择曲名,然后命意。命意既了,思量头如何起,尾如何结,方始选韵,而后述曲。最是过片,不要断了曲意,须要承上接下。……

句法

词中句法,要平妥精粹。一曲之中,安能句句高妙,只要拍搭衬副得去,于好发挥笔力处,极要用功,不可轻易放过,读之使人击节可也。……

字面

句法中有字面,盖词中一个生硬字用不得。须是深加锻炼,字字敲打得响,歌诵妥溜,方为本色语。如贺方回、吴梦窗,皆善于炼字面,多于温庭筠、李长吉诗中来。字面亦词中之起眼处,不可不留意也。

虚字

词与诗不同,词之句语,有二字、三字、四字,至六字、七八字者,若堆叠实字,读且不通,况付之雪儿乎。合用虚字呼唤,单字如正、但、任、甚之类,两字如莫是、还又、那堪之类,三字如更能消、最无端、又却是之类,此等虚字,却要用之得其所。若使尽用虚字,句语又俗,虽不质实,恐不无掩卷之诮。

意趣

词以意趣为主,要不蹈袭前人语意。……此数词皆清空中有意趣,无笔力者未易到。

用事

词用事最难,要体认著题,融化不涩。……此皆用事,不为事所使。

咏物

诗难于咏物,词为尤难。体认稍真,则拘而不畅,模写差远,则晦而不明。要须收纵联密,用事合题。一段意思,全在结句,斯为绝妙。……

节序

昔人咏节序,不惟不多,附之歌喉者,类是率俗,不过为应时纳祜之声耳。所谓清明"拆桐花烂漫"、端午"梅霖初歇"、七夕"炎光谢",若律以词家调度,则皆未然。……

赋情

簸弄风月,陶写性情,词婉于诗。盖声出莺吭燕舌间,稍近乎情可也。若邻乎郑卫,与缠令何异也。如陆雪溪《瑞鹤仙》云:"脸霞红印枕。睡觉来,冠儿还是不整。屏间麝煤冷。但眉山压翠,泪珠弹粉。堂深昼永,燕交飞风帘露井。恨无人说与相思,近日带围宽尽。重省。残灯朱幌,淡月纱窗,那时风景。阳台路远,云雨梦,便无准。待归来、先指花梢教看,却把心期细问。问因循过了青春,怎生意稳。"辛稼轩《祝英台近》云:"宝钗分,桃叶渡。烟柳暗南浦。怕上层楼,十日九风雨。断肠片片飞红,都无人管,凭谁劝、啼莺声住。鬓边觑。试把花卜归期,才簪又重数。罗帐灯昏,哽咽梦中语。是他春带愁来。春归何处。却不解带将愁去。"皆景中带情,而存骚雅。故其燕酣之乐,别离之愁,回文题叶之思,岘首西州之泪,一寓于词。若能屏去浮艳,乐而不淫,是亦汉魏乐府之遗意。

离情

"春草碧色,春水绿波,送君南浦,伤如之何。"歔情至于离,则哀怨必至。苟能调感怆于融会中,斯为得矣。白石《琵琶仙》云:"双桨来时,有人似旧曲,桃根桃叶。歌扇轻约飞花,蛾眉正愁绝。春渐远,汀洲自绿,更添了几声啼鴂。十里扬州,三生杜牧,前事休说。又还是宫烛分烟,奈愁里匆匆换时节。都把一襟芳思,与空阶榆荚。千万缕、藏鸦细柳,为玉尊、起舞回雪。想见西出阳关,故人初别。"秦少游《八六子》云:"倚危亭,恨如芳草,萋萋刬尽还生。念柳外青骢别后,水边红袂分时,怆然暗惊。无端天与娉婷。夜月一帘幽梦,春风十里柔情。怎奈向、欢娱渐随流水,素弦声断,翠绡香减,那堪片片飞花弄晚,濛濛残雨笼晴。正销凝。黄鹂又啼数声。"离情当如此作,全在情景交炼,得言外意。有如"劝君更尽一杯酒,西出阳关无故人",乃为绝唱。

令曲

词之难于令曲,如诗之难于绝句,不过十数句,一句一字闲不得。末句最当留意,有有余不尽之意始佳。当以唐《花间集》中韦庄、温飞卿为则。又如冯延巳、贺方回、吴梦窗亦有妙处。至若陈简斋"杏花疏影里,吹笛到天明"之句,真是自然而然。大抵前辈不留意于此,有一两曲脍炙人口,余多邻乎率易。近代词人,却有用力于此者。倘以为专门之学,亦词家射雕手。

杂论

词之语句,太宽则容易,太工则苦涩。如起头八字相对,中间八字相对,却须用功著一字眼,如诗眼亦同。若八字既工,下句便合稍宽,庶不窒塞。约莫宽易,又著一句工致者,便觉精粹。此词中之关键也。

词不宜强和人韵,若倡者之曲韵宽平,庶可赓歌。倘韵险又为人所先,则必牵强赓和,句意安能融贯,徒费苦思,未见有全章妥溜者。东坡《次章质夫杨花·水龙吟》韵,机锋相摩,起句便合让东坡出一头地,后片愈出愈奇,真是压倒今古。我辈倘遇险韵,不若祖其元韵,随意换易,或易韵答之,是亦古人三不和之说。

大词之料,可以敛为小词,小词之料,不可展为大词。若为大词,必是一句之意,引而为两三句,或引他意入来,捏合成章,必无一唱三叹。如少游《水龙吟》云:"小楼连苑横空,下窥绣毂雕鞍骤",犹且不免为东坡所诮。

近代词人用功者多,如《阳春白雪集》,如《绝妙词选》,亦自可观,但所取不精一。岂若周草窗所选《绝妙好词》之为精粹。惜此板不存,恐墨本亦有好事者藏之。

难莫难于寿词,倘尽言富贵则尘俗,尽言功名则谀佞,尽言神仙则迂阔虚诞,当总此三者而为之,无俗忌之辞,不失其寿可也。松椿龟鹤,有所不免,却要融化字面,语意新奇。

近代陈西麓所作,本制平正,亦有佳者。

词欲雅而正,志之所之,一为情所役,则失其雅正之音。耆卿、伯可不必论,虽美成亦有所不免。如"为伊泪落",如"最苦梦魂,今宵不到伊行",如"天便教人,霎时得见何妨",如"又恐伊,寻消问息,瘦损容光",如"许多烦恼,只为当时,一晌留情",所谓淳厚日变成浇风也。

诗之赋梅,惟和靖一联而已。世非无诗,不能与之齐驱耳。词之赋梅,惟姜白石《暗香》《疏影》二曲,前无古人,后无来者,自立新意,真为绝唱。太白云:"眼前有景道不得,崔颢题诗在上头。"诚哉是言也。

美成词只当看他浑成处,于软媚中有气魄。采唐诗融化如自己者,乃其所长。惜乎意趣却不高远。所以出奇之语,以白石骚雅句法润色之,真天机云锦也。

东坡词如《水龙吟·咏杨花》《咏闻笛》,又如《过秦楼》《洞仙歌》《卜算子》等作,皆清丽舒徐,高出人表。《哨遍》一曲,隐括《归去来辞》,更是精妙,周、秦诸人所不能到。

秦少游词体制淡雅,气骨不衰。清丽中不断意脉,咀嚼无滓,久而知味。

晁无咎词名冠柳,琢语平帖,此柳之所以易冠也。

近代杨守斋精于琴,故深知音律,有圈法周美成词。与之游者,周草窗、施梅川、徐雪江、奚秋崖、李商隐,每一聚首,必分题赋曲。但守斋持律甚严,一字不苟作,遂有《作词五要》。观此,则词欲协音,未易言也。

康、柳词亦自批风抹月中来,风月二字,在我发挥,二公则为风月所使耳。

《榆园丛书》本《词源》

【思考题】

1. 何谓"清空""意趣"?
2. 试论张炎词对姜夔的继承及其对"浙西词派"的影响。

刘 将 孙

【作者简介】

刘将孙(1257—?),字尚友,庐陵(今江西吉安)人。宋末举进士,入元官延平教官,主讲临汀书院。为刘辰翁之子,《四库总目提要》云:"将孙以文名于宋末,濡染家学,颇习父风,故当时有小须之目。"吴澄称他"浩瀚演迤,自成一家。"著有《养吾斋集》。《彊村丛书》辑有《养吾斋诗余》一卷。事迹见《新元史·刘辰翁传》。

黄公诲诗序

盖余尝怃然于世之论诗者也[1]。标江西竞宗支,尊晚唐过《风》《雅》。高者诡《选》体如删前,缀袭熟字,枝蔓类景,轧屈短调,动如夜半传衣[2],步三尺不可过。至韩苏名家,放为大言以概之。曰:"是文人之诗也。"于是常料格外,不敢别写物色;轻愁浅笑,不复可道性情。至散语则匍匐而仿课本小引之断续,卷舌而谱杂拟诸题之磔裂,类以为诗人当尔。吾求之"三百篇"之流丽,卜子夏之条畅[3],无是也。

诗与文岂当有异道哉?子曰:"辞达而已矣。"辞而不达,谁当知者?故缩之而五七言,邕之而长篇,发之而大制作,孰非文也,要于达而止。鹏之大也,斥鷃之小也,羽翼同,心腹手足无不同,一不具,则非其物矣。讵有此然而彼不然者?往往窘步者借之以盖惭,而效颦者因之而丧我[4],甚可叹也。

渝黄公诲过庐陵,示余《庄山小草》,诗文具在。诗不为某家某体,虽社友讲习,各随性所近,情景尽兴,已极刷洗,楚楚如清风之泛春服。文无论时文古作,而才力不乏,语必不俗,摩厉飞动,弄姿多态,粲粲如时花之照晴日。幸哉,言诗者之有如公诲也。

每见昌黎诸诗,凡小家数矜持称能者,其中无不有,第小绝杂赋,则精至。此老狡狯,特使人不可测。东坡神迈千古,至回文作词语,更可爱。于以见文人于诗,皆寝处而活脱之,宜诗人者之望而娟之[5]。魏公舒之射[6],素知者尚有不能尽,而尹夫人之绝世[7],自不可使相见而并立也。以公诲之能,何患他日之不极。吾之望公诲者,犹不止如今所观也。

公诲一门,中郎则有如西月焉;东家规矩,则有如梅洞焉[8]。之二君者,余畏友也。宜公诲之不凡,余复何以赠公诲哉!

《四库全书》本《养吾斋集》

【题解】

刘辰翁为刘将孙之父,其诗文评点在宋元文学批评史上影响很大,《世说新语评》更具理论的创新性,为中国小说评点之滥觞。刘将孙濡染家学,在文学理论上受其父影响很深。如《四库全书总目提要》云:"将孙濡染家学,颇习父风,故当日有小须之目。"如在关于文道关系上,刘辰翁主张文与理合二为一,这继承了他的老师大理学家欧阳守道的论文主张,即"文资与理,理资于学"。而本文中刘将孙肯定时文,认为与古文同理,也是受其父影响,因为刘辰翁就曾在论文中肯定时文,如称"韩文言适意尽,亦不过如时文止耳"(《答刘英伯书》)。而他在《题曾同父文后》一文则全面深入地论述了时文古文,这与自宋初以来普遍反对时文之论形成鲜明对比,意义重大。

【注释】

1. 怃然:失望、惊愕貌。
2. 夜半传衣:李商隐受教于令狐楚以作四六,被称为夜半传衣。李商隐《谢书》:"自蒙半夜传衣后,不羡王祥得佩刀。"
3. 卜子夏:卜商(前507—?):字子夏,尊称"卜子"或"卜子夏","孔门十哲"之一。《毛诗》传自子夏,《诗序》即为子夏作。汉徐防有"诗、书、礼乐,定自孔子;发明章句,始于子夏"之说。

4. 效矉：矉 pín，通"颦"。皱眉。即"东施效颦"。《庄子·天运》："故西施病心而矉其里，其里之丑人见之而美之，归亦捧心而矉其里。其里之富人见之，坚闭门而不出，贫人见之，挈妻子而走。彼知矉美，而不知矉之所以美。"

5. 媢：mào，嫉妒。

6. 魏公舒：魏舒（209—290），字阳元，任城樊（今邹县西）人。西晋大臣，善骑射。《晋书》卷四十一："魏舒，字阳元，任城樊人也。……身长八尺二寸，姿望秀伟，饮酒石余，而迟钝质朴，不为乡亲所重。……不修常人之节，不为皎历之事，每欲容才长物，终不显人之短。性好骑射，著韦衣。入山泽，以渔猎为事。"历官涢池长、浚仪令、尚书郎、相国参军、宜阳、荥阳两郡太守、散骑侍郎、冀州刺史、右仆射、右光禄大夫、仪同三司等。见识超凡，司马昭称赞他"魏舒堂堂，人之领袖也"。

7. 尹夫人：历史上有汉武帝婕妤尹夫人，地位仅次于皇后。西凉昭武皇后尹夫人，十六国时期杰出的女政治家，秀美聪颖，才思敏捷，善辩而有志节。还有曹操姬妾尹夫人，原为东汉末何太后的侄媳妇。丈夫死于董卓之手，曹操恋其美貌而纳为姬室。

8. 公诲一门四句：宋远，字梅洞，为宋末元初名儒，与滕宾、周秋阳、刘将孙等诗词酬唱，曾为黄公诲东宾。《江西通志》卷七十四："（黄）圭，字唐佐；（罗）志仁，字寿可。宋末同领乡荐，元初有诗名。以荐，圭授莆田丞，志仁授天长书院山长。庐陵刘辰翁尝称之曰：'黄西月五言，罗秋壶小词，他人莫能及也'。"故序中所提西月即黄圭，梅洞即宋远。刘将孙另有文《与黄西友宋梅洞郭外小步》。

【讲疏】

本文通过对宋元以来文学批评界标举"江西诗派"和尊崇"晚唐体"及"选体"而出现的弊端，提出了他道性情、辞达说等文学观点。我们结合其他文献论述如下：

首先，道性情和情景尽兴。他反对"轻愁浅笑"之无病呻吟，因其"不复可道性情"，认为"夫诗者，所以自乐吾之性清也"（《九皋诗集序》）。《本此诗序》亦云："诗本出于情性，哀乐俯仰，各随其兴。"情由景生，情景交融，故而他提出了要写真性情和真景物，即"情景尽兴"。反对"于是常料格外，不敢别写景色"，当"楚楚如清风之泛春服"，"粲粲如时花之照晴日"。

其次，提倡"辞达说"，即为文须流丽条畅。认为不论诗与文各种文体还是长篇短制，并无优劣之分，关键是创作时"要于达而止"，即"辞而不达，谁当知者？故缩之而五七言，畅之而长篇，发之而大制作，孰非文也，要于达而止"。

第三，反对模拟因袭，主张创新和自我树立。批判当时"至散语则匍匐而仿课本小引之断续，卷舌而谱杂拟诸题之磔裂"，因此而束缚了自己，不能够使行文"流丽""条畅"。以鹦鹏为喻,认为虽小,但如大鹏般羽翼心腹手足无不同,提倡自我创新意识,主张"不可丧我",即"往往窘步者借之以盖惭,而效颦者因之而丧我,甚可叹也"。

第四,诗不为某家某体,文无论时文古文。针对宋元以来辨体尊体风气之盛,刘将孙基于他的"辞达说"和"性情论",认为"诗与文岂当有异道哉",辞达而已矣。所以反对宋人对韩愈、杜甫等大家的"文人之诗"和"诗人之文"的评价。所以他提出了"诗不为某家某体",当打破体制束缚,只要随性所近、情景尽兴便可。同时对当时普遍反对的"时文",他也持肯定态度,认为"不知辞达而已,时文之精,即古文之理也"(《题曾同父文后》)。而他对韩愈、苏轼之小绝杂赋、回文词等杂体诗的肯定,尤能看出他圆通的文体观。

【关键词解读】

时文古文

刘将孙在《黄公诲诗序》中提出了"文无论古文时文"的观点,而在《题曾同父文后》则反复申说,认为"时文之精,即古文之理也",只要做到辞达,二者便无分别,并指出"能时文未有不能古文。能古文而不能时文者有矣,未有能时文为古文而有余憾者也"。这种观点可谓石破天惊,在宋元批评史上非同凡响。

我们知道,唐宋古文运动作为一种文体革新运动,可以说都是以反对时文而发起的。韩柳所谓古文反对的是当时的骈文,欧阳修则以反对宋初"西昆体"时文而带来宋代古文的繁荣。到了宋末元初,则以科举所试文体为时文,即刘孙所云"而后之谈文者,必以经赋论策为时文,碑铭叙题赞箴颂为古文"(《题曾同父文后》)。所以,"时文"尤其是科举时文简直就是弊端的代称,几乎人人喊打,如元刘壎就认为科举误国,乃宋亡原因之一,所以论文中便力排时文,这在宋元之际是一种普遍风气。正因如此,刘将孙在其辞达、情真之论的基础上为时文开护,便显得更加意义重大。

【相关知识链接】

宋代辨体批评蔚成风气,元祝尧就指出"宋时名公于文章必辨体"的著名论断。如黄庭坚"先体制而后文之工拙",张戒"论诗文当以文体为先,警策为后",倪思"文章以体制为先,精工次之"等等。其中针对韩愈的"以文为诗"和杜甫的"以诗为文"的诗文之辨是主要争辩之一,最为代表的就是陈师道所谓"诗文各有体,韩以文为诗,杜以诗为文,故不工耳",以及"退之以文为诗,子瞻以诗为词,如教坊雷大使之舞,虽极天下之工,要非本色"(《后山诗话》)。刘将孙在本文中反对批评界对"韩苏名家,放为大言而概之,曰'是文人之诗也'",提出了"诗与文岂当有异道哉"的重要论断,认为"诗不为某家某体","文不为时文古文",诗文同理,只要辞达而已矣。在《胡以实诗词序》中,又称"不知诗词与文同一机轴"的观点,这与"关键词"中所论时文古文之理论一样,都堪称宋元文体学史上的新人耳目之论。

【延伸阅读】

所选文论中,如《胡以实诗词序》所谓"不知诗词与文同一机轴","发乎情性,浅深疏密,各自极其中之所欲言",《本此诗序》所谓"诗本出于情性,哀乐俯仰,各尽其兴"等,都可与本文对照参看。

胡以实诗词序

文章之初,惟诗耳,诗之变为乐府。尝笑谈文者鄙诗为文章之小技,以词为巷陌之风流,概不知本末至此。余谓诗入对偶,特近体不得不尔。发乎情性,浅深疏密,各自极其中之所欲言。若必两两而并,若花红柳绿,江山水石,斤斤为格律,此岂复有情性哉?至于词,又特以涂歌俚下为近情,不知诗词与文同一机轴,果如世俗所云,则天地间诗仅百十对,可以无作;淫哇调笑,皆可谱以为宫商。此论未洗,诗词无本色。

夫谓之文者,其非直致之谓也。天之文为星斗,离离高下,未始纵横如一;水之文为风行波,鳞鳞汹涌,浪浪不相似。声成文谓之音,诗乃文之精者,词又近。自吾家先生教人,始乃有悟者,然或谓好奇,或谓非规矩绳墨,惟作者证之大方而信。对以意称者重于字,字以精炼者过于篇,篇以脉贯者严于法。脱落蹊径,而折旋蚁封;狭袖屈伸,而舞有余地。是固未易为不知者道。诚不意姻亲中有以实诗若词也。

凡天趣语难得,以实自证自悟,故一出而高。其远者矫首发于寥廓,近者悠然出于情愫。意空尘俗,径解悬合。所谓诗若词之妙,横中而起者,颠倒而出之者,与离而去。推而远者,如堕如吐,如拾而得。了莫之测者,往往有焉。即此能使予骇而敬,况其年之不可几,而学之不可既哉!故予于题其集端也,尚深望之!

须溪先生集序

于是先君子须溪先生弃人间世十六年矣!乃皇庆壬子,泉江文集刻本成,远征为序。呜呼!如之何使孺子僭妄,重贻笑于大方也!抑岁月不可以不之志,述其所以刻者,而感慨系之矣!

盖尝窃观于古今斯文之作,惟得于天者不可及。得于天者,不矫厉而高,不浚凿而深,不斫削而奇,不锻炼而精。若人之所为,高者虚,深者芜,奇者怪,精者苦。三千年间,惟韩欧苏独行而无并;两汉以来,六朝南北盛唐名家,岂不称雄一时,而竟莫之传者,天分浅而人力胜也。

先生登第十五年,立朝不满月,外庸无一考,当晦明绝续之交,胸中之郁郁者壹泄之于诗。其盘礴襞积而不得吐者,借文以自宣;脱于口者,曾不经意,其引而不发者,又何其极也!然场屋称文自先生而后,今古变化义理沉着,皆有味之言,至于今犹有遗者。师友学问自先生而后,知证之本心,遡之六经,辨濂洛而见洙泗,不但语录或问为已足。词章翰墨自先生而后,知大家数笔力情性,尽扫江湖晚唐锢习之陋。虽发舒不昌,不能震于一世之上,如前闻人,而家有其书,人诵其言,隐然掇流俗心髓而洗濯之,于以开将来而待有作。

尝论李汉称韩公摧陷廓清之功,雄伟不常,比于武事;东坡推欧公同于禹抑洪水,周公之膺惩,千载无异词。抑佛老,人知其为异端也;西昆体,世之所谓时文也。未有若学问之平沉,而文字之澜倒也。且视韩苏所遇为何如哉?而振拔一时至此。则先生之文,岂不有关于气运,力难而功倍。而其不幸,则可感者在是矣。

往年侍侧,尝授以诗卷,俾为选次,谨排比一卷以呈,不以为不然。丁酉以来,深惧散佚,编汇成集,季弟参之;婿项逢晋,笃志愿学,乃其父时楸审而授之。今刻为诗八十卷,文又如干。绪言如昨,荒忽队忘,不能有所发明,顾无以慰刻者之意,诚知其不韪不赎,而亦无所逃也。是岁十月之望癸卯,嗣子将孙谨书于昭武之光泽。

本此诗序

　　古今诗人自得语,非其自道,未必人能得之。如谢灵运"池塘生春草",自谓梦惠连至,如有神助。非其郑重自爱,兼家庭昆弟之乐,托之里许,此五字本无工致,或者人亦皆能及也。其二语为"园柳双鸣禽",此句乃似作意,又或以双为变,变不如双,双乃有一时自然之趣。灵运倘不自发其趣,后人当更爱下句耳。诗本出于情性,哀乐俯仰,各尽其兴。后之为诗者,锻炼夺其天成,删改失其初意,欣悲远而变化,非矣。人间好语,无非悠然自得于幽闲之表,而留意于兹事者,仅以为禽犊之资,此诗气之所以不昌也。

　　本此卷中诗,往往皆昆弟宾客之集,酒边花下,乘兴倡酬,非无谓而作此。其一笑倾怀,或四顾感赏,池塘春草之兴,具在目中。故其词情酣畅,如和风之醉人,更不自觉。正不必点缀清妍,词皆清美融适。四六俱料实句,称予尝评郊岛之诗,仅能作寒瘦语,如昌谷,亦特宜苦。如昌黎,非不奇古,然沛然者有文字之福焉。文章可能也,福不可能也。本此作虽不多,皆隐隐得福意。此予所以深喜而乐赞之也。

《四库全书》本《养吾斋集》

【思考题】

1. 论刘将孙文学思想对刘辰翁的继承和突破。
2. 论刘将孙的词学思想。

钟 嗣 成

【作者简介】

钟嗣成(约1279—约1360),字继先,号丑斋,祖籍大梁(今河南开封市)人,寄居杭州,屡试不第,一生坎坷,"累试有司,命不克遇,从吏则有司不能辟,亦不屑就,故其胸中耿耿者"。曾为江浙行省掾吏。著有元曲解题目录《录鬼簿》。散曲《丑斋乐府》,现存散曲小令五十一首。杂剧七种,包括《章台柳》《钱神论》《蟠桃会》《郑庄公》《斩陈余》《诈游云梦》《冯骥烧券》等,均已散佚。

录 鬼 簿 序[1]

贤愚寿夭,死生祸福之理,固兼乎气数而言,圣贤未尝不论也。盖阴阳之屈伸,即人鬼之生死[2],人而知夫生死之道,顺受其正,又岂有岩墙桎梏之厄哉[3]?虽然,人之生斯世也,但知以已死者为鬼,而不知未死者亦鬼也。酒罂饭囊[4],或醉或梦,块然泥土者[5],则其人虽生与已死之鬼何异?此曹固未暇论也。其或稍知义理[6],口发善言,而于学问之道,甘于暴弃,临终之后,漠然无闻[7],则又不若块然之鬼为愈也。

予尝见未死之鬼,吊已死之鬼,未之思也,特一间耳[8]。独不知天地开辟,亘古迄今,自有不死之鬼在,何则?圣贤之君臣,忠孝之士子,小善大功,著在方册者[9],日月炳焕,山川流峙,及乎千万劫无穷已[10],是则虽鬼而不鬼者也。

余因暇日,缅怀故人[11],门第卑微,职位不振[12],高才博识,俱有可录,岁月弥久,湮没无闻,遂传其本末,吊以乐章;复以前乎此者,叙其姓名,述其所作,冀乎初学之士,刻意词章,使冰寒于水,青胜于蓝[13],则亦幸矣。名之曰《录鬼簿》。嗟乎!余亦鬼也。使已死未死之鬼,作不死之鬼,得以传远,余又何幸焉!若夫高尚之士,性理之学[14],以为得罪于圣门者,吾党且啖蛤蜊[15],别与知味者道。

至顺元年龙集庚午月建甲申二十二日辛未古汴钟嗣成序[16]。

中国戏剧出版社《中国古典戏曲论著集成》本《录鬼簿》

【题解】

《录鬼簿》二卷,记载元代杂剧散曲作家小传和作品目录。是元代私家目录书的名作,以人类书,以剧作者为次,对每位作者都"传其本末,吊以乐章",并列其著作名目,成为后世研究戏剧史的重要参考资料。作于至顺元年(1330),共收一百五十二人,作品四百余种,书前有自序,开戏曲专题目录之先河。书中人物分为七类,对杂剧作家的里籍、生平、著述等情况,大都有简要的介绍,是现存元人记述元杂剧历史的重要文献资料。

【注释】

1. 录鬼簿:出于"点鬼簿"之名。唐张鷟《朝野佥载》卷六:"时杨(杨炯)之为文,好以古人姓名连用,如'张平子之略谈,陆士衡之所记','潘安仁宜其陋矣,仲长统何足知之',号为点鬼簿。"后用"点鬼簿"讥刺为诗作文好滥用古人姓名或堆砌典故。

2. 盖阴阳之诎伸二句:《礼记·月令》:"阴阳争,死生分。"孔颖达《正义》:"感阳气长者生,感阴气成者死。"诎同屈。

3. 人而知夫生死之道三句:《孟子·尽心上》:孟子曰:"莫非命也,顺受其正。是故知命者不立乎岩墙之下。尽其道而死者,正命也;桎梏死者,非正命也。"

4. 酒罂饭囊:意思是只会吃喝、不会做事的无用无能之人。王充《论衡·别通》:"饱食快饮,虑深求卧,腹为饭坑,肠为酒囊。"陶岳《荆湘近事》:"唐末马殷据湖南,称楚王,奢侈僭傲,诸院王子仆从烜赫,文武之道,未尝留意,时谓之酒囊饭袋。"罂,《说文》:"罂,缶也。"《方言五》:"自关而东,赵魏之郊,谓之瓮,或谓之罂。"《墨子》:"用瓦木罂,容十升以上者,五十步而十,盛水且用之。"又称罂盎、罂瓶等,泛指盛酒器。

5. 块然:木然无知貌。《庄子·应帝王》:"于事无与亲,雕琢复朴,块然独以其形立。"成玄英疏:"块然,无情之貌也。"张居正《葬地论》:"若体魄,块然无知,与土石等耳。虽得吉地,岂能使之通灵乎?"

6. 义理:这里犹道理,如苏轼《与章子厚书》:"追思所犯,真无义理。"原指伦理道德准则。董仲舒《春秋繁露·五行顺逆》:"故动众兴师,必应义理,出则祠兵,入则振旅,以闲习之。"《魏书·崔浩传》:"作家祭法,次序五宗,蒸尝之礼,丰俭之节,义理可观。"宋以来之性理之学也称为义理之学。张载《张子全书·义理》:"有急求义理复不得,于闲暇有时得。"《二程遗书》卷十八:"或读书讲明义理;或论古今人物,别其是非;或应事接物而处其当,皆穷理也。"

7. 漠然:寂然、寂静、清虚、淡泊貌。《庄子·天道》:"老子漠然不应。"成玄英疏:"漠然虚淡,何足介怀。"《淮南子·原道训》:"是故圣人内修其本而不外饰其末,保其精神偃其才智,故漠然无为而无不为也,澹然无治而无不治也。"《淮南子·修务训》:"无为者,寂然无声,漠然不动,引之不来,推之不往。"

8. 一间:很小的间隔,差距极小。《孟子·尽心下》:"孟子曰:'吾,今而后知。杀人,亲之重也!杀人之父,人亦杀其父;杀人之兄,人亦杀其兄。然则非自杀之也,一间耳。'"冯梦龙《东周列国志》:"公子重耳,仁人也。父子兄弟,相去一间耳。"

9. 方册:简牍、典籍。程大昌《演繁露·方册》:"方册云者,书之于版,亦或书之竹简也。通版为方,联简为册。"蔡邕《东鼎铭》:"保乂帝家,勋在方册。"张九龄《贺赦表》:"臣闻古之王政,虽在方册,将崇旧典,必俟圣君。"

10. 及乎千万劫无穷已:劫,道家谓天地一成一毁为一劫。古印度婆罗门教也认为宇宙经历若干万年会毁灭一次,然后再重新开始,这样一个周期叫做一"劫"。劫有小劫、中劫、大劫三种,用以描述我们所处世界的具体时间位置。《法苑珠林》卷三:"世间成时二十别劫,住时二十别劫,坏时二十别劫,空时二十别劫。此中以住合成,以空合坏,故各四十别劫,总此成坏合有八十别劫为一大劫。"《云笈七签》卷二:"天地改易,谓之大劫。"亦指命中注定的厄运、大难、大限。

11. 缅怀:遥想、追念。陶潜《扇上画赞》:"缅怀千载,托契孤游。"李白《登金陵冶城西北谢安墩》诗:"想象东山姿,缅怀右军言。"叶绍翁《四朝闻见录·岳侯追封》:"缅怀英概,申畀懋章。"

12. 门第卑微,职位不振:王国维《宋元戏曲史》云:"杂剧之作者,大抵布衣;否则为声掾令吏之属。"而《录鬼簿》中所载者更有教坊中优人。

13. 冰寒于水,青胜于蓝:荀况《劝学》:"君子曰:学不可以已。青,取之于蓝而青于蓝;冰,水为之而寒于水。"

14. 性理之学:宋代理学又称性理之学。其理论体系由张载、二程、朱熹等宋儒逐步完成。其最大特点,是由人性贯通天理,建构一个统一人格本体与宇宙本体的思想学说。宋代理学普遍表现出对人性问题的关注,并将性与天理联结起来,使体系化的性理学说得以建构。

15. 且噉蛤蜊:噉,dàn,同啖,意为吃或给人吃。《南史·王融传》:"(融)诣王僧祐,因遇沈昭略,未相识。昭略屡顾盼,谓主人曰:'是何年少?'融殊不平,谓曰:'仆出于扶桑,入于旸谷,照耀天下,谁云不知,而卿此问?'昭略云:'不知许事,且食蛤蜊。'"指姑且置之不问。

16. 至顺元年龙集庚午月建甲申二十二日辛未古汴：龙，星宿名，东方苍龙七宿的统称，也叫岁星。《左传·哀公二十八年》："蛇乘龙。"杜预注："龙，岁星。岁星，木也。木为青龙，即岁在庚午。"所谓"月建"，是把一年十二个月和天上的十二辰联系起来，也就是把黄道（即太阳一年在天空中移动一圈的路线）附近的一周天十二等分，由东向西配以十二支。十二支和十二月相配，依序称为建子月、建丑月、建寅月等等，这就叫"月建"。月建甲申，即月值甲申，七月也。古汴，河南开封简称汴，唐称"汴州"，即元代的汴梁。

【讲疏】

元代戏曲繁荣，但作家及演员的身份地位在传统士大夫眼中却是极其低微的，为人所轻视，大多淹没无闻，更别说在正史中能够立传。钟嗣成却把金元以来众多"门第卑微，职位不振"而具有"高才博识"的戏曲作家与"天地开辟，亘古及今"之"圣贤君臣，忠孝士子"并称，恐怕"岁月弥久，湮没无闻"，遂作《录鬼簿》，"使已死未死之鬼，作不死之鬼，得以传远"，认为这与"圣贤君臣，忠孝士子"之"小善大功，著在方册者"一样，"日月炳焕，山川流峙，及乎千万仞无穷已，是则虽鬼而不鬼者也"。一方面极大地提高了戏曲作家的历史地位，另一方面记载保留了珍贵的作家作品文献资料。而所谓"传其本末，吊以乐章"，"使已死未死之鬼，作不死之鬼，得以传远"云云，亦从儒家"三不朽"之立言不朽的角度来为众多低微作家立传扬名。

在《录鬼簿》中他以董解元为"前辈已死名公有乐府行于世者"之首，以关汉卿为"前辈已死名公才人有所编传奇行于世者"之首，极大地肯定了二者在中国戏曲发展史上的重要地位。通过吊语和评语可以看出，钟嗣成戏曲理论有诸如重视音律，肯定南北曲合套，注重戏曲大概、节要和关目等观点，以及认为创作上应"发越新鲜"，不可蹈袭，同时不可贪于俳偕等鲜明的批评观念。

【关键词解读】

不死之鬼

钟嗣成作《录鬼簿》，为"门第卑微，职位不振"的元曲作家立传，使之"作不死之鬼，得以传远"，这首先要具有反正统"高尚之士，性理之学"并不怕"得罪于圣门"的勇气，同时也看出他用儒家"三不朽"标准来抬高元曲作家地位的良苦用心。

【相关知识链接】

元代戏曲创作和演出繁荣兴盛,但戏曲批评整体来说成就并不高,这也是文学批评大多滞后于文学创作的一个普遍规律。除了钟嗣成《录鬼簿》之外,较著名的有胡祗遹、燕南芝庵和周德清等。胡祗遹在《赠宋氏序》《优伶赵文益诗序》及《黄氏诗卷序》等文中对戏剧的社会作用、戏剧与现实生活的关系以及"日新而不袭故常"的"变新"等都提出了自己的看法。燕南芝庵《唱论》主要谈论戏曲声乐理论、演唱方法及唱调风格等。周德清《中原音韵》主要讲北曲音韵,在《作词十要》中则谈到戏曲语言、押韵、用事、对偶、立意、造语、用字、格调、音律等。此外元末明初杨维桢的戏剧理论也很重要,他在《周月湖今乐府序》《优戏录序》《朱明优戏序》等文中提倡戏剧的古典诗词之美、戏剧的讽谏作用等。而元末明初的夏庭芝著有《青楼集》,记载青楼歌妓和大量的戏曲演员,与《录鬼簿》一样同为中国戏曲史上重要的文献。在这方面,宋末元初周密的《武林旧事》以及元陶宗仪《辍耕录》也大量记载保留了宋元戏曲史上的重要文献资料。

【思考题】

试述《录鬼簿》在中国戏曲史和文学批评史上的理论意义和文献价值。

杨 维 桢

【作者简介】

杨维桢(1296—1370),字廉夫,号铁崖,又号铁笛道人、铁心道人、铁冠道人、铁龙道人、梅花道人、抱遗老人、东维子等,会稽(浙江诸暨)人。元末诗坛领袖,诗、文、戏曲兼善,诗学李贺,号"铁崖体"。书法、音乐亦皆造诣颇深。著作有《春秋合题著说》《史义拾遗》《丽则遗音》《复古诗集》《东维子文集》《铁崖古乐府》等近二十种。生平事迹见宋濂《元故奉训大夫江西等处儒学提举杨君墓志铭》。

赵氏诗录序

评诗之品无异人品也,人有面目骨骼,有情性神气,诗之丑好高下亦然。风雅而降为骚,而降为十九首,十九首而降为陶杜,为二李[1],其情性不埜[2],神气不群,故其骨骼不庳,面目不鄙。嘻!此诗之品,在后无尚也。下是为齐梁,为晚唐季宋,其面目日鄙,骨骼日庳[3],其情性神气可知已。嘻!学诗于晚唐季宋之后,而欲上下陶杜二李,以薄乎骚雅[4],亦落落乎其难哉[5]!

然诗之情性神气,古今无间也。得古之情性神气,则古之诗在也。然而面目未识,而谓得其骨骼,妄矣[6]。骨骼未得,而谓得其情性,安矣。情性未得,而谓得其神气,益妄矣!

吾友宋生无逸[7],送其乡人赵璋之诗来。曰:"璋诗有志于古,非锢于代之积习而弗变者也。是敢晋于先生[8],求一言自信。"余既讶宋言,而覆其诗[9],如《桃源》《月蚀》,颇能力拔于晚唐季宋者。它日进不止,其于二李杜陶,庶亦识其面目。识其面目之久,庶乎情性神气者并得之。璋父勉乎哉!毋曰吾诗止于是而已也。至正丁亥九月望在姑苏锦秀坊写[10]。

《四部丛刊》本《东维子文集》

【题解】

本文中关于"文如其人"和"性情论"是杨维桢文学思想的核心,对晚明"性灵说"产生很大影响,这与其宛如六朝人物的"魏晋风度"个性和具有李贽、徐渭、公安三袁等"异端"思想密切相关。他自幼颖悟好学,能"日记文章千言",元泰定四年(1327)举进士,历官天台县尹、钱清盐场司令、江西儒学提举、杭州四务提举、建德路总管推官等。元修宋、辽、金三史,他作"正统辩"千言,总纂官欧阳玄极为赞叹,称"百年后,公论定于此矣"。元末农民起义爆发,张士诚屡召不赴,戏为诗云:"江南处处烽烟起,海上年年御酒来。如此烽烟如此酒,老夫怀抱几时开?"后徙居松江,筑园圃蓬台,门写榜文云:"客至不下楼,恕老懒;见客不答礼,恕老病;客问事不对,恕老默;发言无所避,恕老迂;饮酒不辍车,恕老狂。"入明,太祖朱元璋召其修史,婉拒,答曰"岂有老妇将就木而再理嫁者耶",宋濂因以赠诗曰:"不受君王五色诏,白衣宣至白衣还。"作为元代名士,杨维桢与陆居仁、钱惟善合称"元末三高士"。

【注释】

1. 二李:指李白和李贺。
2. 埜:同野。
3. 庳:低矮、矮小。如《周礼》:其民丰肉而庳。
4. 薄:迫近。
5. 落落乎:形容繁多而连续不断的样子。《辽史·文学传》:"罕嘉努对策,落落累数百言,概可见诸行事。"清郑梁《南雷文案序》:"要之原本于六经,取材于百氏,浩浩乎其胸中,而落落乎其笔端。"这里指学诗路径一错,再用功也难达目的。
6. 妄:虚妄,不真实。王充《论衡·问孔》:此言妄也。
7. 宋生无逸:宋禧(1312—?),字无逸,号庸庵,余姚(今浙江)人。至正十年(1350)乡贡,除繁昌教谕。元亡后,应诏修《元史》,书成不受聘职,以元遗民终老。师从杨维桢,黄宗羲《李杲堂先生墓志铭》:"明初杨铁崖、戴九灵,为文学宗老;唐丹崖、谢元功、赵谦比肩而作;宋无逸、郑千子皆杨门弟子,其时师友讲习,炳然阡陌,一时号为极盛。"
8. 晋:进。

9. 覆：再，重。再次检验、查核。

10. 至正丁亥：至正（1341—1370）是元惠宗（顺帝）的第三个年号，也是元朝的最后一个年号。至正丁亥是1347年。

【讲疏】

《赵氏诗录序》文虽短，但颇能全面地反映杨维桢的文学思想，结合他文阐述如下：

首先，诗品是人品的反映，也就是"文如其人"这一传统命题。开篇他认为"评诗之品无异人品也"，这是因为"人有面目骨体，有情性神气，诗之丑好高下亦然"。人之面目骨体如诗之语言文体等外在艺术形式，而人之情性神气则如诗之内容风格等内在实质。这继承了扬雄以来"心声心画"说等文如其人的文学风格问题，同时也属于文学与道德修养之间的关系理论问题。

其次，关于文艺的本质，他认为诗歌是作者情性抒发和神气外现的反映，文中反复提到"情性神气"，认为历代好诗都是"情性不野，神气不群"，而且古今诗作情性神气是一样的。再如《刘韶诗序》云："诗本情性，有性皆有情，有情皆有诗也，诗之状未有不以情出也。"再如"诗者，人之情性也，人各有情性，则人各有诗也"（《李仲虞诗序》）。这也是文如其人的一种表示。

第三，关于文学发展观及其对前代文学的态度上，杨维桢也从有无"情性神气"出发，肯定先秦风骚至盛唐李杜之诗，认为"风雅而降为骚，而降为《十九首》，《十九首》而降为陶杜，为二李，其情性不野，神气不群，故其骨骼不庳，面目不鄙"。认为"此诗之品，在后无尚也"。所以他对齐梁以来及其晚唐、季宋文学持否定态度，正是因为"其面目日鄙，骨骼日庳"而无情性神气也，从而为学者指出学诗路径。

第四，"有志于古"的复古倾向和"求诗于模拟之外"的创新意识。同样着眼于情性神气，他认为"诗之情性神气，古今无间也"，故而他提倡复古，因为"得古之情性神气，则古之诗在也"。但是这并不意味着他不重视面目骨骼等诗的外在形式，认为有一个渐进的过程，即"然而面目未识，而谓得其骨骼，妄矣。骨骼未得，而谓得其情性，妄矣。情性未得，而谓得其神气，益妄矣"。当然他的复古，并非完全模拟，而是有创新，有变化。如本文他欣赏宋无逸所评赵璋之诗是"有志于古"，但"非锢于代之积习而弗变者也"。再如《吴复诗录序》称"求诗于模拟之外"，"后人执笔呻吟，模朱拟白以为诗，尚为有诗也哉？故模拟愈逼，而去古愈远"。

【关键词解读】

铁崖体

杨维桢为元末诗坛领袖,其诗号为"铁崖体",名重一时。其生平遭际和个性禀赋与李贺相近,而其《铁崖古乐府》中的七古歌行也多效"李长吉体",题材多半为咏史、拟古之作,好追求新异,想象奇特,用辞奇异,风格独具,但也往往陷于怪异和晦涩。文中他所肯定的"为陶杜,为二李",二李便指李白和李贺。自宋代和金代末年到元代末年,李贺诗风影响很大,模仿李贺诗的风气可以说绵延不绝,如胡应麟称"元末诗人,竟师长吉"(《诗薮内编》卷三),而杨维桢的诗坛领袖地位,更加助长了这种风气。

【相关知识链接】

杨维桢在元末明初的文坛领袖地位,使得他的文学理论对明代复古派和性灵派都产生很大影响。首先,他的"得古之情性神气,则古之诗在也"的复古主张直接影响了明代前后七子的复古主义思潮。如明宋濂在《元故奉训大夫江西等处儒学提举杨君墓志铭》一文中就称他"非先秦两汉弗之学",而这正是明前后七子"文必秦汉,诗必盛唐"之所由来。其次,他的"诗本情性,有性皆有情,有情皆有诗也"、"诗之状未有不以情出也",以及"人各有情性,则人各有诗也"的"情性神气论",则直接影响了明代公安派的"性灵说",汤显祖的"情真论"以及李贽的"童心说"等。所以说,杨维桢在元明之间的文学批评史上,具有承前启后的地位和作用。

【延伸阅读】

所选文论中,如《张北山和陶集序》反对次韵倡和的模拟之作,认为"步韵倚声,谓之迹人以得诗,吾不信也"。《李仲虞诗序》所谓"诗者人之情性也,人各有情性,则人各有诗也。得于师者,其得为吾自家之诗哉"的情性创新论,《沈氏今乐府序》所谓"则亦随其人品而得之","情至而此,贺才子绝妙一世","不能擅其场者,情之两不至也"等等,都可与本文中杨氏的文学观点相互生发。

李仲虞诗序

删后求诗者尚家数,家数之大无止乎杜。宗杜者要随其人之资所得尔。资之拙者,又随其师之所传得之尔。诗得于师,固不若得于资之为优也。诗者,人之情性也,人各有情性,则人有各诗也。得于师者,其得为吾自家之诗哉!

天台李仲虞执诗为贽,见予于姑苏城南。且云学诗于乡先生丁仲容氏。明旦,则复谒,出诗一编,求予言以序。予夜读其诗。知其法得于少陵矣。如五言有云:"湛露仙盘白,朝阳虎殿红。诏起西河上,旌随斗柄东。西北干戈定,东南杼轴空。"置诸少陵集中,猝未能辨也。

盖仲虞纯明笃茂,博极文而多识当朝典故。虽在布衣,忧君忧国之识时见于咏歌之次。其资甚似杜者,故其为诗,不似之者或寡矣。吾求丁公之诗似杜者,或未之过,则知仲虞之诗到乎家数者,不得于其师而得于其资也,谂矣。

虽然,观杜者不唯见其律,而有见其骚者焉;不唯见其骚,而有见其雅者焉;不唯见其骚与雅也,而有见其史者焉。此杜诗之全也。仲虞资近杜矣,尚于其全者求其备云。至正戊子九月丙辰序。

张北山和陶集序

诗得于言,言得于志。人各有志有言,以为诗,非迹人以得之者也。东坡和渊明诗,非故假诗于渊明也。具解有合于渊明者,故和其诗,不知诗之为渊明、为东坡也。涪翁曰:"渊明千载人,东坡百世士。出处固不同,气味乃相似。"盖知东坡之诗可比渊明矣。

天台张北山著《和陶集》若干卷,藏于家。其孙师圣出其亲手泽,求余一言以传世。盖北山,宋人也,宋革,当天朝收用南士,趋者渊倒。征书至北山,北山独闭关弗起,自称东海大布衣终其身。嘻!正士之节,其有似义熙处士者欤?故其见诸和陶,盖必有合者。观其胸中,不合乎渊明者寡矣。步韵倚声,谓之迹人以得诗,吾不信也。

虽然,世之和陶者,不止北山也,又岂人人北山哉?吾尝评陶谢，爱山之乐同也，而有不同者，何也？康乐伐山开道，入数百人，自始宁至临海，敝敝焉不得一日以休，得一于山者觕矣。五柳先生断辕不出，一朝于篱落间见之，而悠然若莫逆也，其得于山者神矣。故五柳之咏南山，可学也；而于南山之得之神，不可学也。不可学，则其得于山者，亦康乐之役于山者而已耳。吾于知陶而不陶者亦云。至正八年夏五月六日。

沈氏今乐府序

或问骚可以被弦乎？曰：骚，诗之流，诗可以弦，则骚其不可乎？或于曰：骚无古今，而乐府有古今，何也？曰：骚之下为乐府，则亦骚之今矣。然乐府出于汉，可以言古；六朝而下皆今矣。又况今之今乎？吁！乐府曰今，则乐府之去汉也远矣。士之操觚于是者，文墨之游耳。其于声文缀于君臣夫妇仙释氏之典故，以警人视听，使痴儿女知有古今美恶成败之劝惩，则出于关庾氏传奇之变。或者以为治世之音，则辱国甚矣。吁！《关雎》《麟趾》之化，渐渍于声乐者，固若是其班乎？故曰：今乐府者，文墨之士之游也。然而媸雅邪正豪俊鄙野，则亦随其人品而得之。杨卢滕李冯贯马白皆一代词伯，而不能不游于是。虽依比声调，而其格力雄浑正大，有足传者。迩年以来，小叶俳辈类以今乐府自鸣，往往流于街谈市谚之陋，有渔樵欸乃之不如者。吾不知又十年二十年后，其变为何如也！

吴兴沈子厚氏，通文史，善为古歌诗，间亦游于乐府。记余数年前客太湖上，赋《铁龙引》一章。子厚连和余四章，皆效铁龙体。飘飘然有凌云气，心已异之。今年，余以海漕事往吴兴者阅月，子厚时时持酒肴与今乐府至，至必命吴娃度腔，引酒为吾寿。论其格力，有杨卢滕李冯贯马白诸词伯之风，而其句字，无小叶俳辈街谈市谚之陋，关庾氏而有传，子厚氏其无传，吾不信也已。书成帙，求一言以引重，因而论次乐府之有古今，为《沈氏今乐府序》。至正十二年夏四月十四日序。

《四部丛刊》本《东维子文集》

【思考题】

1. 论"铁崖体"和杨维桢的乐府诗。
2. 试论杨维桢的文学观。